Grundrisse der Rechtswissenschaft

Unter Mitarbeit von

Prof. Dr. Ernst v. Beling-München, Prof. Dr. G. J. Ebers-Köln a. Rh., Dr. Alexander Elster-Berlin, Prof. Dr. Friedrich Endemann-Heidelberg, Prof. Dr. Hans Fehr-Bern, Prof. Dr. Heinrich Gerland-Jena, Prof. Dr. Julius v. Gierke-Göttingen, Prof. Dr. Justus Wilh. Hedemann-Jena, Prof. Dr. Herbert Kraus-Königsberg i. Pr., Prof. Dr. Heinrich Lehmann-Köln a. Rh., Prof. Dr. Claudius Freih. v. Schwerin-Freiburg i. B., Prof. Dr. Fritz Stier-Somlo Köln a. Rh.

herausgegeben von den

Professoren Dr. Hans Fehr-Bern, Dr. Heinrich Gerland-Jena, Dr. Justus Wilh. Hedemann-Jena, Dr. Heinrich Lehmann-Köln a. Rh.

und dem redaktionellen Leiter
Professor Dr. Fritz Stier-Somlo-Köln a. Rh.

Vierter Band

Berlin und Leipzig 1926

Walter de Gruyter & Co.

vormals G. J. Göschen'sche Verlagshandlung - J. Guttentag, Verlagsbuchhandlung - Georg Reimer - Karl J. Trübner - Veit & Comp.

Familienrecht

des

Bürgerlichen Gesetzbuches

einschließlich Jugendfürsorgerecht

von

Dr. Heinrich Lehmann
ordentlichem Professor der Rechte

Berlin und Leipzig 1926
Walter de Gruyter & Co.
vormals G. J. Göschen'sche Verlagshandlung :: J. Guttentag, Verlagsbuchhandlung - Georg Reimer - Karl J. Trübner - Veit & Comp.

Druck von Metzger & Wittig in Leipzig.

Vorwort.

Die Mitarbeit am Aufbau der juristischen Fakultät und überhaupt der Universität Köln hat meine Kräfte in den letzten Jahren so in Anspruch genommen, daß die schriftstellerische Arbeit zurücktreten mußte. Deshalb vermag ich erst heute den Grundriß des Familienrechts vorzulegen.

Mein Streben ging dahin, neben der dogmatisch-systematischen Verarbeitung des Rechtsstoffes auch die treibenden Kräfte und Leitgedanken des „Familienrechts" herauszuarbeiten und seine Vorschriften und Einrichtungen zweckbegrifflich zu würdigen — selbstverständlich in den Grenzen, die durch die Anlage unserer Grundrisse gezogen sind.

Mir scheint, daß wir gegenüber einem Gesetz, das die Abstraktion so weit getrieben hat, wie das BGB., die inhaltliche Bedeutung seiner Rechtssätze mehr hervorheben, daß wir die wirtschaftliche und soziale Funktion seiner Einrichtungen stärker betonen müssen. Die Rechtswissenschaft darf nicht zu einer reinen Formenwissenschaft erstarren, wenn die Jünger des Rechts ihre Aufgabe als Mitschöpfer und Bildner passender Lebensformen richtig erfüllen sollen. Das können sie nur, wenn sie zum Sach- und Zweckdenken erzogen werden und sich stets vergegenwärtigen, daß die Rechtsordnung eine praktische und gerechte Lebensordnung sein will und soll.

Schopenhauer hat einmal gesagt, daß der innerste Kern jeder echten und wirklichen Erkenntnis eine Anschauung sei, daß alle großen Köpfe stets in Gegenwart der Anschauung gedacht haben. Auf den Juristen angewandt: Es gilt mehr aus den Dingen heraus, statt an die Dinge heran zu denken. Das ist es ja auch, wodurch sich die klassische Jurisprudenz der Römer von der nachklassischen und der Scholastik unterscheidet.

Möchte es mir gelungen sein, meiner Darstellung etwas von diesem Geist echt juristischer Betrachtungsweise einzuhauchen.

Köln, Silvesterabend 1925.

Heinrich Lehmann.

Inhaltsverzeichnis.

Einleitung.

I. Abschnitt. **Eherecht.**

III. Abschnitt. **Vormundschaftsrecht.**

Einleitung.

Begriff und Wesen des Familienrechts. § 1.

I. Begriff. Das Familienrecht soll die Familienbeziehungen regeln, d. h. die Lebensbeziehungen, die sich aus Ehe und Abstammung (Verwandtschaft) ergeben.

Für die Familie als soziale Erscheinung ist daneben noch das Merkmal der Hauszugehörigkeit bedeutsam, wonach auch Personen, die nicht mit den übrigen verwandt sind, zur Familie gerechnet werden, wenn sie in die häusliche Gemeinschaft aufgenommen sind, wie z. B. das Hausgesinde. Für den rechtlichen Begriff der Familie ist die Hauszugehörigkeit gleichgültig.

Familie im Rechtssinn ist die Gesamtheit der durch Ehe oder Verwandtschaft (Abstammung) verbundenen Personen.

Die Hauptbestandteile des Familienrechts des BGB. bilden danach Ehe- und Verwandschaftsrecht.

Kein Familienverhältnis im eigentlichen Sinne ist die Vormundschaft, aber sie ist Ersatz eines solchen. Die Altersvormundschaft ersetzt die mangelnde elterliche Fürsorge — und auch die Vormundschaft über Großjährige ist nach dem Vorbild der elterlichen Gewalt gestaltet. Andererseits verweist das Gesetz bei Regelung der elterlichen Gewalt mehrfach auf das Vormundschaftsrecht (1642/43, 1667). Nicht bloß der Zweck der Vormundschaft rechtfertigt ihre Regelung im Familienrecht, sondern auch ihre geschichtliche Verknüpfung mit der Familie, der nach deutschem Recht die Sorge und Vertretung ihrer schutzbedürftigen Angehörigen vorbehalten war.

Ehe-, Verwandtschafts- und Vormundschaftsrecht sind Ausflüsse eines einheitlichen germanischen Rechtsbegriffs der Munt (manus). Mundium, Muntrecht bedeutet Schutzrecht und Schutzpflicht über freie Personen auf Grund eines besonderen Verhältnisses, hier des Familienverhältnisses. Die familienrechtliche Munt stand dem Familienhaupte zu und sonderte sich in die ehemännliche, väterliche und vormundschaftliche Munt. Diese ging dann später auf die Sippe über, für die der nächste Schwertmage zunächst als „gekorener" Vormund die Verwaltung übte, bis zuletzt die Gesamtvormundschaft der Sippe zur Obervormundschaft verblaßte und der nächste Schwertmage als „geborener" Einzelvormund übrig blieb.

Danach zerfällt das Familienrecht des BGB. in drei Abschnitte:

1. Abschnitt. Eherecht, bei dem Verlöbnisrecht, persönliches Eherecht und eheliches Güterrecht geschieden werden, §§ 1297—1588.
2. Abschnitt. Verwandtschaftsrecht, §§ 1589—1772.
3. Abschnitt. Vormundschaftsrecht, §§ 1773—1921.

II. Das Familienrecht ist ein Teil der Privatrechtsordnung. Seinem Grundgehalt nach ist es Sozialrecht. Nur ausnahmsweise haben seine Vorschriften öffentlichrechtliche Natur.

Das Privatrecht hat die Aufgabe, die Entfaltung der freien Einzelpersönlichkeit zu gewährleisten. Dieser Aufgabe wird es gerecht, indem es dem Einzelnen einen bestimmten Anteil an den Lebensgütern zuweist, ihm einen Machtkreis schafft, und zugleich dessen grundsätzlich selbstherrliche Gestaltung ermöglicht. Das Vermögensrecht (Eigentums- und Sachenrecht) und das Verkehrsrecht (Schuldrecht) sind der Kern jeder Privatrechtsordnung.

Damit sind aber die Aufgaben der Privatrechtsordnung noch nicht erfüllt. Zwischen dem Einzelnen und dem Staat steht die Familie. Durch sie und in ihr bildet und gestaltet sich die Einzelpersönlichkeit, in ihr findet sie ihre Ergänzung. Die Familie steht geschichtlich sogar vor dem Staat, sie ist älter als er. Sie ist die Urzelle der staatlichen Gemeinschaft: in ihr hat der angeborene Geselligkeitstrieb seine erste Befriedigung gefunden.

Die Familie entsteht durch natürliche Vorgänge. Die Familienbeziehungen tragen als natürliche Beziehungen schon eine gewisse Regelung in sich: sie empfangen diese durch Natur, Religion und Sitte.

Der Staat kann sich wegen der Bedeutung der Familie für das Wohl des Einzelnen und der Gesamtheit mit dieser natürlichen Ordnung nicht begnügen, er muß die Familienbeziehungen auch einer rechtlichen Regelung unterwerfen und ihnen Schutz verleihen.

Zunächst sucht der Staat in der Familie die Stätte für die Entwicklung und Ergänzung der Einzelperson zu schützen. Dabei übt er wegen des vorwiegend sittlichen und religiösen Charakters der Familienbeziehungen weise Zurückhaltung, er überläßt ihre Gestaltung in weitem Umfang der Privatautonomie, erkennt die Selbstverwaltung der Familie an. Das sind privatrechtliche Wesenszüge. Auch die Formen, worin er die Familienbeziehungen schützt, entsprechen den im Vermögens- und Schuldrecht ausgebildeten.

So ist die Beziehung des Vaters zum Kinde als absolutes Recht ausgestaltet nach Art des Eigentums (1632), ebenso die des Vormundes zum Mündel. Die Rechte der Ehegatten gegeneinander sind trotz der Ausschließlichkeit des Verhältnisses der Gatten zueinander in der monogamischen Ehe nicht als absolute Rechte zu erfassen, sondern als relative (1353).

Diese Zwecke, Formen und Grundgedanken sprechen für die Einordnung des Familienrechts in das Privatrecht.

Auf der anderen Seite läßt die starke persönliche Verbundenheit und Abhängigkeit der Familienmitglieder die Gesamtinteressen viel mehr in den Vordergrund treten als im Vermögens- und Verkehrsrecht. Ein eigennütziger Gebrauch der Familienstellung müßte dem Familienverband gefährlich werden, aber auch der staatlichen Gemeinschaft selbst schaden; denn von der Rein- und Gesunderhaltung der Ehe und der Familienbeziehungen hängt letzthin die staatliche Wohlfahrt noch mehr ab, als von dem Gedeihen der einzelnen Privatwirtschaften. Deshalb müssen sich die Sonderinteressen der Einzelnen durch das Familienrecht eine starke Beschränkung zugunsten der höheren Einheit der Familie und der staatlichen Gemeinschaft gefallen lassen. Der für das Privatrecht charakteristische Grundsatz der Gleichordnung wird vielfach ersetzt durch den der Über- und Unterordnung. Das ist ein öffentlichrechtlicher Wesenszug.

Überordnung der Eltern und des Vormundes — Entscheidungsrecht des Mannes trotz grundsätzlicher Gleichordnung der Gatten.

Gleichwohl wäre es verfehlt, das Familienrecht wegen dieser Berücksichtigung der Gesamtinteressen grundsätzlich als Teil des öffentlichen Rechts zu betrachten. Zum öffentlichen Recht gehören nur die Vorschriften, die unmittelbar schützen wollen die Interessen des Staates, also des herrschenden, mit unabhängiger Herrschaftsgewalt ausgestatteten Gemeinwesens und seiner Teile, der öffentlichen Verbände (Provinz, Kreis, Stadt- und Landgemeinde), und die die einzelnen Rechtsträger gerade als Mitglieder eines solchen Verbandes mit diesem in Beziehung setzen. Solche Vorschriften sind selbstverständlich auch im Familienrecht des BGB. geradeso wie im Sachenrecht enthalten. Man denke an die Mitwirkung des Standesbeamten beim Eheschluß, an die Überwachung der Kindererziehung durch das Vormundschaftsgericht.

Aber in der Hauptsache sind die Gemeinschaftsinteressen, deren unmittelbaren Schutz das Familienrecht bezweckt, nicht solche des Staates und der öffentlichen Verbände, sondern eines engeren, im Staate bestehenden sozialen Verbandes, eben des Familienverbandes. Erst mittelbar wird aus ihrer Befriedigung das Gedeihen der staatlichen Gesamtheit erwartet. Rechte und Pflichten werden durch das Familienrecht dem Einzelnen grundsätzlich nicht in seiner Sonderexistenz, aber auch nicht in seiner Eigenschaft als Staatsglied — sondern in seiner organischen Verbindung mit den andern Gliedern der Familie, als Familienmitglied zugesprochen.

Die Normen, die das Interesse der sozialen Verbände unmittelbar schützen, die Beziehungen der menschlichen Willensträger als Gesellschaftswesen regeln, bilden das Sozialrecht. Das Sozialrecht darf nun aber keineswegs in seiner Gesamtheit als öffentliches Recht bezeichnet werden; es gibt unendlich viel Sozialrecht, das nicht Staatsrecht ist (v. Gierke, Deutsch. Privatr. I 27). Der Staat weist dem Sozialrecht — je nach dem Wert, das er ihm für sein eigenes Leben zumißt — eine verschiedene Stellung zu. Bald schützt er die Interessen der sozialen Verbände in den Formen und mit den Mitteln des Privatrechts — so grundsätzlich im Familienrecht; bald schützt er sie auch mit den Mitteln des öffentlichen Rechts, macht sie geradezu zu staatlichen Interessen — so zu einem erheblichen Teil im modernen Arbeitsrecht.

In 119 II RV. wird zwar gesagt: Die Reinerhaltung, Gesundung und soziale Förderung der Familie ist Aufgabe des Staates und der Gemeinden. Aber auch dadurch wird das Familienrecht nicht zum öffentlichen Recht. Dieser Satz ist nichts anderes als die Verheißung, die Familienbeziehungen bevorzugt zu schützen. Über die Formen und Mittel des Schutzes ist damit nichts gesagt. Einstweilen sind diese in der Hauptsache solche der Privatrechtsordnung. Die sog. „Sozialisierung des Familienrechts" bedeutet eine stärkere Betonung und Berücksichtigung der staatlichen Gesamtinteressen, läßt aber die Art der Durchführung des Programms offen.

Danach bilden den Grundstock des Familienrechts sozialrechtliche Normen nicht öffentlichrechtlicher Natur, die die Beziehungen der menschlichen Willensträger als Gesellschaftswesen und zwar Familienmitglieder ordnen.

Daneben finden sich individualrechtliche Normen von zweifellos privatrechtlicher Natur, die die Sonderinteressen der Einzelnen als solche schützen wollen, insbesondere die Entfaltung der Eigenpersönlichkeit trotz Einordnung in den Familienverband gewährleisten.

Endlich finden sich in geringem Umfang öffentlichrechtliche Vorschriften, die Beziehungen zwischen dem Staat als solchem und dem Einzelnen in seiner Eigenschaft als Staatsglied herstellen, z. B. die Mitwirkung von Behörden vorsehen, wie die des Standesbeamten, der Vormundschaftsbehörden, des Gemeindewaisenrats usw. Die neuere Entwicklung hat diesen öffentlichrechtlichen Einschlag des Familienrechts erheblich verstärkt. Das JugendwohlfahrtsG. erkennt z. B. dem Kinde neben dem privatrechtlichen Anspruch gegen die Eltern einen öffentlichrechtlichen Anspruch gegen den Staat auf Erziehung zu.

Treibende Kräfte und Leitgedanken des Familienrechts. — Kritische Stellungnahme zum BGB. § 2.

Auf keinem Gebiet des Privatrechts sieht sich der Gesetzgeber vor schwierigere Aufgaben gestellt als auf dem des Familienrechts. Nirgendwo sonst sind die Gegensätze größer, nirgendwo sonst außerrechtliche Mächte stärker als hier. Stehen doch in Widerstreit: Persönliches zu Überpersönlichem, sittliche Mächte, Weltanschauungen zur starren Rechtsordnung, nationale Eigenart zum Zweckgedanken, Kirche zum Staat, Geschlecht zu Geschlecht, Generation zu Generation, Einzelwirtschaft zur Gesamtwirtschaft, Sonderinteressen der Einzelnen zu gesellschaftlichen Forderungen des Staatswohles, der Volksgesundheit und Volkserziehung.

Nirgendwo sonst muß deshalb das positive Recht dem kritischen Blick mehr als die Verkörperung des ewig Gestrigen erscheinen. Für das BGB., das ein richtiges Kompromißwerk einer Übergangsepoche ist, gilt das in verstärktem Maße. Seine Hinneigung zur abstrakten, formaljuristischen Regelung, die den sachlichen Leitgedanken oft genug zurücktreten läßt, wirkt hier am unerfreulichsten. Wo das Gesetz Zurückhaltung übt, erscheint es kleinlich. Und auch wo es die Gegensätze auszugleichen versucht, vermißt man oft die Großzügigkeit. Namentlich zeigt sich das bei seiner Stellungnahme zur Frauenfrage.

Viel volkstümlicher ist demgegenüber die Regelung des Familienrechts im Schweizer ZG. ausgefallen! Man vergleiche etwa die Formelung der allgemeinen Rechte und Pflichten der Ehegatten in Art 159 Schweizer ZG.:

> Durch die Trauung werden die Ehegatten zur ehelichen Gemeinschaft verbunden.
>
> Sie verpflichten sich gegenseitig, das Wohl der Gemeinschaft in einträchtigem Zusammenwirken zu wahren und für die Kinder gemeinsam zu sorgen.
>
> Sie schulden einander Treue und Beistand.

Menschheitswert und Würde der Ehe kommen hier — ohne übertriebenes Moralisieren — weit schöner zur Geltung als in dem nüchternen Satz des § 1353 BGB. „die Ehegatten sind einander zur ehelichen Lebensgemeinschaft verpflichtet.“

Die wissenschaftliche Darstellung des Familienrechts des BGB. hat deshalb die Aufgabe, die treibenden Kräfte und Leitgedanken der Regelung möglichst sichtbar zu machen.

I. Persönlicher und sittlicher Charakter der Familienbeziehungen — Zurückhaltung des Gesetzes.

Durchaus im Vordergrund steht die große Bedeutung der Persönlichkeit für die Familie.

Vornehmlich gilt das für die Ehe. Körperlicher Geschlechtstrieb und seelisches Bedürfnis nach Liebe und Gegenliebe führen die Gatten zueinander, sie suchen zunächst sich selber. Die Ehe wird geschlossen als ein Individualbund zu gegenseitigem Genügen und gegenseitiger Ergänzung. In dem Maße, wie diese Absicht sich verwirklicht und in jedem Gatten eine verständnis- und liebevolle ergänzende Fürsorge für den andern ausgelöst wird, läutert sich dann dieser Eigenbund (Individualbund) zu einen Gemeinschaftsbund (Sozialbund).

Die Vertiefung des Eltern- und Kindesverhältnisses ist nicht minder eine Frage der Persönlichkeit, hängt davon ab, wieweit die Hilfsbedürftigkeit des Kindes und der Trieb der Zuneigung zum eigenen Blut seelische Kräfte in den Eltern und Kindern auslösen, ein aus Liebe, Fürsorge, Herrschaft und Unterwerfung eigentümlich gemischtes Verhältnis erzeugen.

Weil die Familienbeziehungen sich nicht in einer Naturverbindung erschöpfen, sondern im Persönlichen wurzeln, seelischen Bedürfnissen des Menschen entsprechen und diese befriedigen, tragen sie zugleich sittlichen Charakter. Unmittelbarer und eigentlicher Träger der Sittlichkeit ist immer die Einzelpersönlichkeit.

Das Beste bei der glücklichen Gestaltung des Familienlebens muß demnach von der Persönlichkeit, ihrer sittlichen Kraft erwartet werden — zumal die Verpflichtungen aus der Familiengemeinschaft sich nicht in einer einmaligen Leistung erschöpfen, sondern eine fortwährende, lebendige Hingabe der Mitglieder an die Gemeinschaft verlangen. Deshalb geziemt dem Gesetzgeber vor allem weise Zurückhaltung bei der Regelung des Familienrechts. Er kann nicht durch Vorschriften gewährleisten, daß die Zwecke der Familiengemeinschaft erreicht werden, er muß sich damit begnügen, ihre Förderung anzustreben, Störungen fernzuhalten. Die ideale Gestaltung muß Sache des Einzelfalles bleiben. Nirgendwo gilt mehr als hier, daß das Recht sich mit einem „ethischen Minimum" bescheiden, das Beste von der Freiwilligkeit des Einzelnen erwarten muß.

In der Ehe, wo die rechte eheliche Gesinnung herrscht, regelt sich meist alles von selbst. Der Staat hat hauptsächlich die Aufgabe, da einzugreifen, wo die sittlichen Kräfte versagen und die Beziehungen zwischen den Gatten Schaden gelitten haben. Hier muß er Mißbräuchen entgegentreten, die zur Verkümmerung der Persönlichkeit und der Vermögensinteressen des unterdrückten Teils führen können. Das BGB. hat dieser Erkenntnis nicht immer genügend Rechnung getragen und seine eherechtlichen Vorschriften zu sehr nach dem Ideal der vollkommenen Ehe aufgestellt, während sie doch vornehmlich für die zerstörte Ehe praktisch werden. Dieser Vorwurf trifft namentlich das eheliche Güterrecht.

Das Kindschaftsverhältnis verträgt und erfordert eine eingehende Regelung auch für den normalen Fall, weil die Erziehungsgewalt der Eltern über das unmündige Kind normiert und abgegrenzt werden muß: ebenso bedarf die wirtschaftliche Seite des Kindschaftsverhältnisses einer genaueren Ordnung.

Ganz anders liegen die Dinge für das Vormundschaftsverhältnis. Die Vormundschaft als Amt der Obhut und Vertretung schutzbedürftiger, nicht unter elterlicher Gewalt stehender Personen ist eine reine Rechtseinrichtung und erfährt ihre Regelung überhaupt erst durch die Rechtsordnung.

II. Die religiöse Seite der Familie — Staat und Kirche.

Die Familienbeziehungen bedürfen nicht bloß rechtlicher Regelung, sie haben auch eine religiöse Seite. Die beiden großen Mächte: Staat und Kirche sind an ihrer Ordnung gleichmäßig interessiert, besonders an der der Ehe.

Keine kann auf ihre Regelung verzichten, die Kirche nicht, wenn sie ihre religiösen Aufgaben erfüllen will, der Staat nicht, weil die Ehe als Grundlage aller rechtlichen Ordnung der rechtlichen Regelung und der dadurch erzeugten Rechtssicherheit bedarf, weil ferner bei dem Widerstreit der Kirchen die Ehe zwischen Angehörigen verschiedener Bekenntnisse und Bekenntnislosen ermöglicht werden muß. Der Staat kann heute einer einzelnen Kirche die Regelung gar nicht mehr übertragen, er muß die Voraussetzungen selbständig prüfen und aufstellen, unter denen er eine Ehe im Rechtssinn anerkennen und ihre Trennung gestatten will. Für den Staat sind dabei mehr praktische Gesichtspunkte, wirtschaftliche und bevölkerungspolitische maßgebend, die Kirchen lehnen sich dagegen an Offenbarungen und Dogmen an.

Aus diesen Gründen wird man sowohl der kirchlichen wie der staatlichen Gemeinschaft das Recht zusprechen müssen, die Ehe und die Familienbeziehungen im Hinblick auf ihre Zwecke selbständig zu regeln. Wünschenswert aber ist, daß diese Regelungen sich streng auf das Gebiet der eigentümlichen Aufgaben der fraglichen Gemeinschaft beschränken und alle unnötigen Widerstreite vermeiden, um so ihren Angehörigen einen modus vivendi zu eröffnen, wonach diese den beiderseitigen Vorschriften ohne Konflikte der Pflichten nachkommen können. Dieses hohe Ziel ist im wesentlichen durch das BGB. erreicht.

Das grundsätzliche Verhältnis der kirchlichen und staatlichen Ehegesetzgebungsgewalt hat viele Wandlungen durchgemacht. Die alleinige Zuständigkeit der Kirche, die im Mittelalter allgemein anerkannt war, wurde zuerst erschüttert durch die Reformatoren, die die Sakramentsnatur der Ehe leugneten und die Ehe für ein „weltlich Ding" erklärten. Die Gesetzgebung der Aufklärungszeit nahm Eherecht und Ehegerichtsbarkeit als ausschließlichen Herrschaftsbereich des Staates in Anspruch. In Deutschland wurde die obligatorische Zivilehe durch das ReichspersonenstandsG. v. 6. II. 1875 eingeführt und auch vom BGB. beibehalten. Obwohl das BGB. darüber hinaus die ganze rechtliche Seite der Ehe selbständig regelt, erkennt es an, daß die Ehe auch eine religiöse Seite hat und erklärt in § 1588, daß die kirchlichen Verpflichtungen in Ansehung der Ehe durch seine Vorschriften nicht berührt werden. Damit ist praktisch ein Ausgleich auf der oben angedeuteten Linie gewonnen und der religiöse Friede gewahrt. Demgegenüber darf in den Kauf genommen werden, daß die Normen des staatlichen Eherechts zuweilen strenger Einheitlichkeit und Folgerichtigkeit entbehren und Kompromißcharakter haben. Höher als die Konsequenz steht der religiöse Friede.

III. Nationale Tönung des Familienrechts.

Weil die allgemeinen sittlichen und religiösen Ideen, die in einer Volksgemeinschaft herrschen, auf dem Gebiete des Familienrechts vorwiegende Bedeutung haben, ist das Familienrecht mehr als alle anderen Teile einer Privatrechtsordnung national getönt. Der Privatrechtsangleichung, der Ausbildung eines Weltrechts stehen hier unüberwindliche Schwierigkeiten entgegen.

Diese Bodenständigkeit des Familienrechts erklärt, daß das deutsche Familienrecht seinen sozialrechtlichen Charakter ziemlich bewahrt und sich am freiesten gehalten hat von dem Einfluß des stark individualistischen römischen Rechts der späteren Kaiserzeit.

Römischrechtliche Gedanken sind zwar schon vor der eigentlichen Rezeption durch Vermittlung der Kirche in Deutschland eingedrungen — sog. Frührezeption. Man denke an den Grundsatz: consensus facit nuptias. Die Rezeption hat dagegen das persönliche Familienrecht sachlich kaum beeinflußt, ihm in der Hauptsache nur römischrechtliche Benennung und Rechtstechnik gebracht. Erheblicher war ihre Bedeutung für das Familiengüterrecht. Die Aufnahme des Dotalrechts hat z. B. die weitere Entwicklung der Verwaltungsgemeinschaft mitbestimmt. Die Stellung des Vaters zum Kindesvermögen und die Ausgestaltung der Vormundschaft tragen z. T. noch heute römischrechtliches Gepräge.

IV. Wirtschaftliche Bedeutung der Familie.

Die wirtschaftliche und soziale Bedeutung der Familie erschließt sich nur, wenn wir sie als Haushaltungsgemeinschaft erfassen. Dann umfaßt sie außer der Familie im Rechtssinn auch die sonstigen in die häusliche Gemeinschaft aufgenommenen Personen: Gesinde, Gesellen, Lehrlinge usw. (vgl. 1356/58, 1360, 1618—1623.)

Im Haushalt haben wir eine Zusammenfassung wirtschaftlicher Kräfte, einen Sozialverband, der nicht minder wichtig ist als die gewerbliche Unternehmung und zahlenmäßig diese weit übertrifft. Während die Unternehmung eine Erwerbsveranstaltung ist, bildet der Haushalt einen Sozialverband zur dauernden Beschaffung und Verwendung von Gütern für die eigene Versorgung.

Die Eingliederung in die Erzeugungs- und Verzehrgemeinschaft des Haushalts verlangt, daß, wer sich am Verzehr beteiligt, auch nach seinen Kräften an der Beschaffung der Güter teilnimmt (vgl. für die Frau (1356), für die Kinder (1617/18).

Die Bedeutung der Familie als Produktionsgemeinschaft ist freilich in dem Maße zurückgegangen, in dem wir von der geschlossenen Hauswirtschaft zur Tausch- Geld- und Kreditwirtschaft übergegangen sind. Ein Stück hauswirtschaftlicher Betätigung nach dem andern ist der Familienwirtschaft durch die Industrialisierung verloren gegangen, und damit hat sich der häusliche Lebenskreis zuerst des Mannes und dann der Frau immer mehr verkleinert.

Als das BGB. entstand, lag der Schwerpunkt für die meisten Haushalte im außerhäuslichen Arbeitseinkommen des Mannes. Schon diese wirtschaftliche Stellung des Mannes als Ernährer der Familie rechtfertigte in den Augen der Gesetzgeber seine rechtliche Anerkennung als Familienhaupt — ganz abgesehen von der geschichtlich überkommenen, in der christlichen Moral begründeten Vorrangstellung des Mannes. Seitdem ist aber der Anteil der Frau an der nationalen Erzeugung ständig gewachsen, sie ist in steigendem Maße aus dem Haus in die soziale Gemeinschaft ausgewandert. Immer mehr Frauen sehen sich genötigt, durch außerhäusliche Arbeit das sonst zum Unterhalt der Familie unzureichende Einkommen zu vergrößern. Nach der gewerblichen Betriebszählung von 1907 standen bereits 11 906391 gewerblich tätigen Männern 3529531 gewerblich tätige Frauen gegenüber. Damit ist die Nachprüfung der Frage unabweisbar geworden, ob das Verlangen der Frau auf völlige Gleichberechtigung mit dem Manne nicht schon allein durch diese wirtschaftliche Umwälzung gerechtfertigt wird.

Dafür läßt sich weiter anführen die große Bedeutung der Familie als Verzehrgemeinschaft; denn die Ordnung dieser Gemeinschaftsfragen liegt vorwiegend in den Händen der Frau. Das Haushalten, also das Auskommen mit einem bestimmten Einkommen wird in dem Maße, wie sich das Einkommen für die meisten Haushalte um das Existenzminimum bewegt, eine immer bedeutsamere Leistung. Zweckmäßige Verwendung ist heute mindestens so schwer wie ausreichende Güterbeschaffung.

Diese Erwägung dürfte das Verlangen der Frau nach Gleichberechtigung mit dem Manne auch für die Ehen stützen, wo die Beschaffung des Einkommens noch völlig in den Händen des Mannes liegt.

V. Die Bedeutung der Geschlechtsverschiedenheit für die Familie. — Frauenfrage.

Auf die wirtschaftliche Entwicklung beruft sich vor allem die moderne Frauenbewegung, die sich als eine rechtsbildende Kraft von höchster Bedeutung für die Gestaltung des Familienrechts erwiesen hat. Zur Zeit der Entstehung des BGB. war die Frauenbewegung noch im Anfangsstadium. Nachdem sie inzwischen ihre Forderungen nach politischer Gleichberechtigung der Frau und Teilnahme an der Staatsverwaltung durchgesetzt hat, sammelt sie alle Energie, um auch die völlige privatrechtliche Gleichstellung mit dem Manne für das Familienrecht zu erringen.

Schon das BGB. hatte zwar diesen Forderungen ein gewisses Verständnis entgegengebracht, aber doch im Grundsatz festgehalten am patriarchalischen und christlichen Eheideal. Danach ist die Ehe zwar eine Verbindung gleichwertiger, aber nicht gleichberechtigter Genossen; der rechtliche Vorrang gebührt dem Mann sowohl im Verhältnis der Gatten zueinander wie zu den Kindern. Dem gegenüber vertreten die Anhänger der Frauenbewegung ein streng individualistisches Eheideal und verlangen restlose Beseitigung der Vorherrschaft des Mannes. In diesem Verlangen vereinen sich die Anhänger eines folgerichtig durchgedachten Individualismus mit den Wortführern des Sozialismus. Daß auch diese sich für eine derartige individualistische Forderung eingesetzt haben, darf nicht wunder nehmen. Denn nach Bebels Buch „Die Frau und der Sozialismus" erstrebt der Sozialismus einen Gesellschaftszustand, „in dem volle Gleichberechtigung aller ohne Unterschied des Geschlechts zur Geltung kommt." Sozialismus ist eben nach Schäffles treffendem Wort „potenzierter Individualismus."

Auch Art 119 I der neuen Reichsverfassung erklärt sich zugunsten der individualistischen und sozialistischen Forderungen, wenn er sagt „Sie (die Ehe) beruht auf der Gleichberechtigung der beiden Geschlechter."

Indessen ist damit nur ein Programm aufgestellt, aber das geltende Bürgerliche Recht nicht unmittelbar umgestaltet. Alles hängt davon ab, ob die Kräfte, die die Aufnahme dieses Leitsatzes durchgesetzt haben, auch die Macht haben werden, ihn zu verwirklichen. Und so bleibt nach wie vor die Aufgabe für uns bestehen, kritisch zu prüfen, ob und inwieweit wir für die Durchführung eintreten dürfen und sollen.

Entsprechend der materialistischen Einstellung unserer Zeit legen die Anhänger des individualistischen Eheideals das Schwergewicht auf die schon betonte Veränderung in der wirtschaftlichen Stellung der Frau, auf ihre erzwungene Auswanderung aus dem Hause und ihre wachsende Beteiligung am Erwerbsleben — Vorgänge, die sich seit Ausgang des Weltkriegs mit beängstigender Schnelligkeit vollziehen. Sicher ist damit der Hauptgrund getroffen, der zu einer Nachprüfung des geltenden Familienrechts, namentlich des Familiengüterrechts, daraufhin zwingt, inwieweit es den Belangen der Frau gerecht wird. Aber zu einer völligen Beseitigung der eheherrlichen und väterlichen Vorrechte könnte das doch nur dann schlechthin nötigen, wenn diese Vorrechte bloß durch überholte wirtschaftliche Verhältnisse gerechtfertigt würden, wenn der Mann lediglich in seiner Eigenschaft als den Unterhalt in der Hauptsache beschaffende Teil zum Familienhaupt gemacht worden wäre. Gerade das läßt sich aber nicht sagen. Ihre eigentliche Rechtfertigung findet der Vorrang des Mannes im Gemeinschaftsgedanken.

Das Gedeihen der Familie bedingt eine einheitliche Lebensführung. Da das Gesetz nicht bei jeder Meinungsverschiedenheit den Richter oder Schiedsmann hineinsprechen lassen wollte, mußte es einem der Gatten die entscheidende Stimme geben, unter

Schutz des anderen gegen einen Mißbrauch dieses Rechtes. Wenn es in diesem Zwiespalt dem Mann die maßgebende Stimme zuerkannt, hat es die Wahl getroffen, die dem Durchschnitt der Lebensverhältnisse damals entsprach und auch heute noch entspricht. Von diesem grundsätzlichen Ausgangspunkt aus kann die wirtschaftliche Entwicklung höchstens dazu führen, die Vorrechte des Mannes bis auf das durch die Gemeinschaftsinteressen erforderte Mindestmaß zu beschränken. Es muß anerkannt werden, daß das BGB. hierin hätte weiter gehen können. Damit ist selbstverständlich die Frage nicht entschieden, ob es nicht dem Gemeinschaftsleben ebenso zuträglich gewesen wäre, dem Richter die Entscheidung zu übertragen, falls die Gatten sich nicht zu einem einheitlichen Vorgehen zusammenfinden können. Das soll erst später geprüft werden. Hier kam es nur darauf an, einen klaren Ausgangspunkt zu gewinnen und davor zu warnen, alles nur unter wirtschaftlichen Gesichtspunkten zu werten. Letzte Wertmaße kann man nur gewinnen aus dem Gedanken der Gemeinschaft.

VI. Die soziale Bedeutung der Familie.

1. Allgemeines. Die Hauptaufgaben des Staates.

Im Familienleben ist das Leben des Einzelnen mit dem der Gesellschaft aufs engste verwachsen, im Familienrecht muß sich deshalb die individuelle Freiheit des Einzelnen auch stärkere Einschränkungen gefallen lassen als auf irgendeinem anderen Gebiete des Privatrechtes — zunächst im Interesse des Gedeihens der Familie selbst und dann mittelbar im Interesse der großen staatlichen Gemeinschaft, die sich auf der Familie aufbaut. Denn Leben und Entwicklung eines Volkes, seine wirtschaftliche Blüte und seine politische Stellung sind durch die Gesundheit und Reinheit des Familienlebens bedingt. Die Familie ist die Quelle zur fortwährenden Erneuerung des Volkskörpers.

Dementsprechend erklärt Art 119 RV.:

> Die Ehe steht als Grundlage des Familienlebens und der Erhaltung und Vermehrung der Nation unter dem besonderen Schutz der Verfassung.
>
> Die Reinerhaltung, Gesundung und soziale Förderung der Familie ist Aufgabe des Staates und der Gemeinden. Kinderreiche Familien haben Anspruch auf ausgleichende Fürsorge.

Daraus ergibt sich, daß der Staat die Bedingungen, unter denen eine Ehe, d. h. eine rechtmäßige Geschlechtsverbindung zustande kommt, einer eingehenden Regelung unterwirft und daß er eine soziale Überwachung der Führung der Ehe vorsieht, sowie ihre Lösung erschwert.

Nicht minder, daß der Staat die Erziehung des Nachwuchses zu leiblicher, seelischer und gesellschaftlicher Tüchtigkeit als die oberste Pflicht und das natürliche Recht der Eltern anerkennt und überwacht, RV. 120. Wo die elterliche Fürsorge fehlt oder versagt, greift staatliche Obhut ein durch Ernennung eines unter gerichtlicher Aufsicht tätigen Vormundes oder Pflegers, notfalls durch staatliche Fürsorgeerziehung.

Darüber hinaus hat die neue Jugendwohlfahrtsgesetzgebung ein eigenes Recht des Kindes selbst auf eine derartige Erziehung nicht bloß den Eltern gegenüber, sondern auch dem Staat selbst gegenüber entwickelt. „Insoweit der Anspruch des Kindes auf Erziehung von der Familie nicht erfüllt wird, tritt unbeschadet der Mitarbeit freiwilliger Tätigkeit öffentliche Jugendhilfe ein" (§ 1 III RJWG.).

Da eine genügende Gewähr für die richtige Erziehung der Kinder nur in der ehelichen Familie geboten wird, ist es erklärlich, daß der Staat die uneheliche Geschlechtsverbindung ungern sieht und die aus ihr stammenden Kinder als „uneheliche" benachteiligt. Nach BGB. ist das uneheliche Kind mit dem natürlichen Vater nicht verwandt und hat bloß einen eingeschränkten Unterhaltsanspruch gegen ihn; der Mutter ist die elterliche Gewalt versagt, das Kind erhält einen Vormund. Die Bedenken, die sich gegen diese Regelung vom bevölkerungspolitischen Standpunkt aus erheben, haben im letzten Jahrzehnt namentlich der Bund für Mutterschutz und die Vereinigung der Berufsvormünder mit Nachdruck geltend gemacht. Heute ist die Überzeugung ziemlich allgemein verbreitet, daß die rechtliche und soziale Stellung der unehelichen Kinder schon im Staatsinteresse gehoben werden muß. Sie den ehelichen Kindern rechtlich völlig gleichzustellen, würde freilich den Bestand der Ehe und der Fortpflanzung des Volkes im ehelichen Familienleben gefährden und dem verfassungsmäßig zugesagten Schutz der Familie widersprechen (vgl. Art 119 RV.). Danach ist die Ankündigung des Art 121 RV. mit Vorsicht durchzuführen: „Den unehelichen Kindern sind durch die Gesetzgebung die gleichen Bedingungen für ihre leibliche, seelische und gesellschaftliche Entwicklung zu schaffen wie den ehelichen". Das kann, wenn ein Widerspruch zu Art 119 RW. vermieden werden soll, nur so verstanden werden, daß ihnen möglichst gleichwertige Bedingungen für ihre Entwicklung zu tüchtigen Menschen und Staatsbürgern geschaffen werden sollen.

2. Zwingender und ausschließlicher Charakter der familienrechtlichen Regeln und Einrichtungen.

Die eben kurz gewürdigte besondere Bedeutung der Familie für Leben und Wohlfahrt des Staates selbst macht es ohne weiteres verständlich, daß die familienrechtlichen Vorschriften zum größten Teil zwingenden Charakter haben, der Parteivereinbarung entzogen sind. Das muß um so mehr da gelten, wo die Rechtsregeln sich mit den Normen der Moral decken — eine abweichende Vereinbarung also einen Verstoß gegen die guten Sitten enthalten würde.

Die gleichen Erwägungen rechtfertigen den ausschließlichen Charakter der familienrechtlichen Einrichtungen. Das Familienrecht ist, ähnlich wie das Sachenrecht, gebundenes Recht. Andere als die gesetzlich anerkannten Rechtsverhältnisse können grundsätzlich nicht geschaffen werden.

Man kann z. B. niemanden als Bruder, Schwester oder Schwiegermutter annehmen, die Annahme an Kindesstatt ist von Gesetz nur unter genau bestimmten, einschränkenden Voraussetzungen zugelassen (§§ 1741 ff.).

Zwei Personen verschiedenen Geschlechts können nicht einen formlosen, obligatorisch wirksamen Vertrag zu körperlicher und geistiger Lebensgemeinschaft nach Art der Ehe schließen und damit eine „freie Ehe" mit rechtlichem Inhalt schaffen. Ein solcher Vertrag würde der rechtlichen Anerkennung entbehren.

3. Erhöhte Rechtssicherheit, Klarheit, Erkennbarkeit.

Wegen der sozialen Bedeutung der familienrechtlichen Beziehungen, namentlich ihrer Tragweite für dritte Personen, die mit den Familienmitgliedern in Berührung kommen, hat das Gesetz für erhöhte Rechtssicherheit, Klarheit und Erkennbarkeit gesorgt.

Weitgehende Mitwirkung von Behörden und Eintragungen in öffentliche Register sind vorgesehen. Die Ehe muß vor dem Standesbeamten unter persönlicher und gleichzeitiger Anwesenheit beider Teile unbedingt und unbefristet eingegangen werden und soll ins Heiratsregister eingetragen werden (1317/18). Zulässige Abweichungen des ehelichen Güterrechts vom gesetzlichen müssen, um dritten gegenüber zu wirken, im Güterrechtsregister verlautbart werden, 1435. Nichtigkeit und Anfechtung der Ehe können grundsätzlich nur durch Klage geltend gemacht werden (1329, 1341). Im Eheprozeß wirkt der Staatsanwalt mit und hat das staatliche Interesse an der Aufrechterhaltung der Ehe zu wahren (607 ZPO.). Auch in den Rechtsstreitigkeiten, die die Feststellung des Eltern- und Kindschaftsverhältnisses bezwecken (Familienstandssachen) ist er befugt mitzuwirken und Tatsachen zur Aufrechterhaltung des Familienverhältnisses geltend zu machen (640 ZPO.).

4. Sachliche Ordnung der Familienbeziehungen aus dem Gemeinschaftsgedanken.

Die bisher herausgearbeiteten Eigenheiten des Familienrechts sind mehr förmlicher Natur. Als Hauptfrage bleibt die, wie der Staat durch den sachlichen Inhalt seiner Vorschriften die möglichst vollkommene Erreichung der Zwecke der Familie fördern soll. Das kann nur geschehen durch Ordnung der Familienbeziehungen aus dem Gemeinschaftsgedanken heraus.

Damit der Staat, der weitere Sozialverband, gedeihen kann, muß vor allem die Einheit und Geschlossenheit der Familie, also des engeren Sozialverbandes, gewährleistet sein. Das ist ohne lebendige Hingabe der Mitglieder an die Familiengemeinschaft nicht denkbar, verlangt also, daß die einzelnen Mitglieder ihr Sonderinteresse am freien Ausleben ihrer Persönlichkeit hinter dem Gesamtinteresse der Familiengemeinschaft zurücktreten lassen. Das gilt auch für die an sich berechtigte Forderung der Frau auf völlige Gleichstellung mit dem Mann. Es ist die Schwäche der radikalen Wortführer eines folgerichtigen ethischen Individualismus, daß sie diese Rücksichtnahme auf die sittlichen Anforderungen, die sich aus dem Gemeinschaftsgedanken ergeben, vielfach vermissen lassen. Noch seltsamer berührt der Widerspruch, in den sich die Anhänger des Sozialismus mit dem Gemeinschaftsgedanken setzen, wenn sie für Ehe und Familie eine rein individualistische Ordnung befürworten.

Seit der Revolution haben wir unter dem Einfluß der sozialistischen Strömungen die sozialrechtliche Seite, die auch den Vermögensrechten innewohnt, schärfer betont. Eigentum verpflichtet, sein Gebrauch soll zugleich Dienst sein für das gemeine Beste (Art 153 III RV). Und wie viel mehr muß das gelten für die familienrechtlichen Beziehungen! Hier ist nicht einmal eine grundsätzlich eigennützige Ausgestaltung der Rechtsstellung erträglich, die Pflichtseite steht im Vordergrund. Die Familienrechte stehen den Einzelnen nicht zu in ihrem Sonderdasein, sondern in ihrer organischen Verknüpfung als Mitglieder des Familienverbandes. Sie sind Pflichtrechte. Die elterliche Gewalt wird den Eltern in erster Linie um des Kindes willen zugesprochen, nicht um ihrer selbst willen. Die Rechtsstellung des Vormundes ergibt sich aus seiner Amtsstellung; er darf, was er soll.

Aus diesen Gründen müssen auch Verzicht und Übertragbarkeit der Familienrechte grundsätzlich versagt werden.

Vgl. z. B. Unübertragbarkeit des Nutzungsrechts des Mannes am Frauengut (1408), des Vaters am Kindesvermögen (1658), des Aussteueranspruchs der Tochter (1623).

Auch Art und Schranken der Rechtsausübung ergeben sich aus dem Gemeinschaftsgedanken. Im Hinblick darauf verlangt und erfährt eine besondere Ausprägung der Grundsatz des § 242 BGB., wonach die Rechtsausübung nur so zulässig ist, wie es Treu und Glauben mit Rücksicht auf die Verkehrssitte entspricht. Anstelle der Verkehrssitte tritt im Familienrecht die Idee der richtigen, der rechten Gemeinschaft. Mißbrauch und unzulässig ist danach jede Ausübung von Familienrechten, die Treu und Glauben mit Rücksicht auf die Idee einer rechten Familiengemeinschaft widerspricht.

Die Gatten dürfen ihre Rechte nur so ausüben, wie es die rechte eheliche Gesinnung erfordert 1353/54, 1357/58; die Eltern die elterliche Gewalt nur so, wie es der rechten elterlichen Gesinnung entspricht, 1666. — Rechte Gesinnung ist aber nur eine solche, die mit einer rechten Gemeinschaft verträglich ist.

Wie das Gesetz im einzelnen der Mißachtung des Gemeinschaftsgedankens entgegentritt und seine Förderung erstrebt, kann nur bei den einzelnen Rechtseinrichtungen gezeigt werden. Hier muß der Hinweis auf die schon erwähnte soziale Überwachung der Eheführung und der elterlichen und vormundschaftlichen Fürsorgetätigkeit genügen.

Für eine zielbewußte planmäßige Familienpolitik bleibt jedenfalls noch viel zu tun. Namentlich müssen die Belange der kinderreichen Familien mehr berücksichtigt werden. Ihre Stärkung ist die wichtigste Vorbedingung für einen neuen Aufstieg des deutschen Volkes. Selbstverständlich kann das Bürgerliche Recht diese Aufgabe allein nicht lösen, vielmehr müssen [um mit Hitze (Geburtenrückgang und Sozialreform, 1917 S. 202) zu schließen] „alle Maßnahmen auf wirtschaftlichem, steuerpolitischem, sozialem und ethischem Gebiet in erster Linie daraufhin gewürdigt werden, ob und wie sie dem Familienleben dienlich sind. Das gilt für die Gesetzgebung, aber vielleicht noch mehr für die Verwaltung; es gilt für Reich, Staat und Gemeinde. Jeder Beamte muß sich von diesem Gedanken durchdringen lassen."

§ 3. Verwandtschaft und Schwägerschaft.

Verwandtschaft und Schwägerschaft sind familienrechtliche Grundbegriffe, die mannigfache Bedeutung haben und deshalb systematisch besser nicht erst beim Verwandtenrecht (vgl. II. Abschnitt 1589ff. BGB.), sondern vorab geklärt werden. Das Recht der Ehehindernisse setzt ihre Kenntnis voraus.

I. Die Verwandtschaft beruht auf der Abstammung.

Das BGB. versteht also unter Verwandtschaft nur die Blutsverwandtschaft. Das römische Recht dagegen hat zwei Verwandtschaftsbegriffe entwickelt, von denen der eine (agnatio) auf der väterlichen Gewalt und der andere (cognatio) auf der Abstammung beruhte. Das deutsche Recht unterscheidet die im Mannesstamm verwandten Männer als Schwertmagen von den übrigen durch Abstammung verbundenen: Spilmagen oder Kunkelmagen.

1. Sie ist entweder eine Verwandtschaft in gerader Linie — so zwischen Personen, die voneinander abstammen, oder eine solche in der Seitenlinie — so zwischen Personen, die gemeinsam von einer dritten Personen abstammen (1589, I).

Vater und Sohn sind in gerader Linie verwandt, Bruder und Schwester in der Seitenlinie. Die Ehegatten sind als solche überhaupt nicht miteinander verwandt.

Die Seitenverwandten unterscheidet man weiter in vollbürtige, die von demselben Elternpaar abstammen und halbbürtige, die nur einen Elternteil gemeinsam haben.

Im Leben bezeichnet man halbbürtige Seitenverwandte meist als Stiefverwandte und spricht von Stiefbruder, Stiefschwester usw. Mit dem Ausdruck Stiefverwandtschaft werden aber auch die Schwägerschaftsbeziehungen des Stiefvaters zum Stiefkind usw. getroffen (siehe unten II).

2. Der Grad der Verwandtschaft bestimmt sich nach der Zahl der sie vermittelnden Geburten, 1589 I 3; tot gradus, quot generationes.

Das BGB. hat sich damit die einfache, mechanische Berechnungsweise des römischen Rechts zu eigen gemacht. Das germanische Recht hat eine organische Zählung entwickelt und behandelt eine Person mit allen ihren Abkömmlingen als eine Einheit (Parentel oder Ordnung). Diese Zählung liegt der Beerbung zugrunde (1924 ff.). Im Anschluß an das germanische Recht zählt das kanonische Recht bei der Feststellung des Ehehindernisses nur nach einer Seite des Stammbaums und zwar bei Ungleichheit nach der längeren. Nach kanonischem Recht sind danach Geschwister im ersten Grade, nach BGB. im zweiten verwandt; Tante und Nichte nach kanonischem Recht im zweiten, nach BGB. im dritten.

3. Je nachdem die Verwandtschaft durch eheliche oder uneheliche Abstammung vermittelt wird, unterscheidet man eheliche und uneheliche Verwandtschaft. Die uneheliche Abstammung erzeugt verwandtschaftliche Beziehungen nur zwischen dem Kind und seiner Mutter und den mütterlichen Verwandten. Ein uneheliches Kind und dessen Vater gelten als nicht verwandt, 1589 II.

II. Die Schwägerschaft beruht auf der Verwandtschaft in Verbindung mit der Ehe. Die Verwandten eines Ehegatten sind mit dem andern verschwägert und umgekehrt (1590 I). Die Schwägerschaft dauert fort, auch wenn die Ehe, wodurch sie begründet wurde, aufgelöst ist (1590 II).

Der Schwägerschaftsbegriff des BGB. entspricht der römischrechtlichen affinitas. Die Schwägerschaft umfaßt nicht bloß die sogenannte „Verschwägerung" des täglichen Lebens, sondern auch Fälle der sog. Stiefverwandtschaft. Stiefvater und Stiefmutter sind mit den Stiefkindern nicht verwandt, sondern verschwägert — während die Stiefkinder unter sich verwandt sind (halbbürtige Verwandte); dies selbstverständlich nur, wenn sie wenigstens einen Elternteil gemeinsam haben. Die Schwägerschaft reicht andererseits nicht über den Kreis der Blutsverwandten des andern Gatten hinaus; der Ehemann ist mit dem Ehegatten der Schwester seiner Frau im Rechtssinne nicht verschwägert, mögen sie sich auch Schwager nennen.

1. Auch bei der Schwägerschaft unterscheidet man eine solche in gerader Linie — das Verhältnis des Gatten zu Abkömmlingen und Vorfahren des anderen, und eine solche in der Seitenlinie — die Beziehungen des Gatten zu den Seitenverwandten des andern (1590 I 2).

2. Der Grad der Schwägerschaft bestimmt sich nach dem Grade der sie vermittelnden Verwandtschaft (1590 I 2).

3. Die Schwägerschaft wird nur durch die Ehe, nicht aber durch uneheliche Beiwohnung begründet. Da aber das uneheliche Kind mit seiner Mutter und deren Verwandten verwandt ist, ist es mit dem Ehegatten eines dieser Verwandten verschwägert, wie auch sein Ehegatte mit diesen in Schwägerschaft steht.

III. Die rechtliche Bedeutung von Verwandtschaft und Schwägerschaft.

Beziehungen zwischen den durch Abstammung oder Ehe verbundenen Personen werden heute hauptsächlich im engeren Familienkreis von Gatten, Eltern und Kindern gepflegt, darüber hinaus sind sie im Laufe der Zeit immer schwächer geworden, das Gefühl für die Bedeutung eines geschlossenen Geschlechtsverbandes ist dem modernen, individualistisch denkenden Menschen verlorengegangen. Erst wenn die Beerbung in Frage kommt, wird es wieder lebendiger. Dementsprechend sind die Rechtswirkungen von Verwandtschaft und Schwägerschaft immer geringfügiger geworden.

1. Die Bedeutung der Verwandtschaft zeigt sich namentlich:

a) im Familienrecht,

α) in einer auf die Verwandten gerader Linie beschränkten Unterhaltspflicht (1601 ff.);

β) in der Aufstellung von Ehehindernissen für Verwandte gewisser Art und Grade (1310, 1311, 1327);

γ) in einer Beteiligung der Verwandten an der vormundschaftlichen Fürsorge (1308, 1673, 1847, 1862 I 2 [Recht auf Anhörung] 1776, 1899, 1900 und 1779 [Berufung zum Vormund] usw.).

b) im Erbrecht durch Anerkennung eines gesetzlichen Verwandtenerbrechts, für das die Parentelordnung maßgebend ist (1924 ff.).

c) im Prozeßrecht und Steuerrecht, in der Zubilligung eines Zeugnisverweigerungsrechts, (383 ZPO. StPO. 51ff. RAbgO. § 178), ferner in der Ausschließung von der Ausübung des Richteramtes (ZPO. 41, 3, StPO. 22, 3, FGG. § 6, 3);

d) im Strafrecht in den Bestimmungen über die Stellung des Angehörigen (52, 54, 232, 247, 257, 263, 292 StGB.).

2. Die Bedeutung der Schwägerschaft ist weit geringer. Im Familienrecht spielt sie eine Rolle als Ehehindernis (in gerader Linie 1310 I); eine Unterhaltspflicht begründet sie nicht; dagegen sind die Verschwägerten im Vormundschaftsrecht den Verwandten vielfach gleichgestellt (1308 II, 1673, 1847 usw.).

Das Schrifttum des Familienrechts. § 4.

I. Von Lehrbüchern und Gesamtdarstellungen seien genannt:

1. Enneccerus — Kipp — Wolff, II. Band, 2. Abt. Familienrecht, bearbeitet von Wolff und Kipp, (5) Bearb. 1925.
2. Cosack, II, 7. 8. Aufl., 1924.
3. Crome, IV, 1908.
4. Dernburg, IV, 1908.
5. Endemann, II, 2, 1908/09.
6. Kohler, III, 1, 1915.
7. Landsberg, II, 831ff.
8. Titze, 06. (Kurze Darstellung in der Sammlung Göschen.)
9. Mitteis, Heinrich, 1923 (ganz kurze Darstellung in der von Kohlrausch und Kaskel herausgegebenen Enzyklopädie).

II. Kommentare:

1. Planck-Unzner, (3) 1906, (4) 1924.
2. Staudinger-Engelmann (7/8) 1913.
3. Kommentar von Reichsgerichtsräten (5) 1923. 3. Bd.
4. Opet-von Blume, 1902/06.
5. A. B. Schmidt-A. Fuchs, 1907/09.
6. Goldmann-Lilienthal-Sternberg, III, 1921.

III. Einzeldarstellungen von allgemeiner Bedeutung.

Wieruszowski, Handbuch des Eherechts, 1900, 1904;
Neustadt, Krit. Studien zum FamR., 1907;
Weber, Marianne, Ehefrau und Mutter in der Rechtsentwicklung;
Das Ehebuch angeregt und herausgegeben von Graf Hermann Keyserling, 1925.
Heyer i. Staatslexikon d. GörresG. (4) I.

I. Abschnitt.

Eherecht.

§ 5. Wesen der Ehe. — Kirchliches und weltliches Eherecht.

I. Die Ehe ist die rechtlich anerkannte und geregelte vertragliche Verbindung von Mann und Frau zu ungeteilter und dauernder Lebensgemeinschaft.

Das Gesetz hat eine Begriffsbestimmung unterlassen. Gleichwohl ist man sich über die aufgestellten Merkmale einig, die dem sittlichen Idealbild einer Geschlechtsverbindung entsprechen, wie es der europäischen Kulturwelt gemeinsam ist.

Wesentlich ist zunächst die Anerkennung und Regelung einer solchen Verbindung durch die Rechtsordnung; die Ehe ist ein Rechtsverhältnis. Damit wäre an sich vereinbar, daß der Staat die nähere Regelung der Voraussetzungen und Formen des Eheschlusses einer anderen Macht, der Kirche, überlassen würde, wie das während des ganzen späteren Mittelalters der Fall war. Das BGB. steht nicht auf diesem Standpunkt, sondern regelt das Ehewesen selbständig mit Rücksicht auf die staatlichen Bedürfnisse. Die Regelung erfolgt ferner erschöpfend und ausschließlich, versagt also jeder anderen Geschlechtsverbindung als der nach den Vorschriften des Gesetzes geschlossenen — den Charakter und die Rechtsfolgen der Ehe. Es gibt nach BGB. nur eine Ehe und das ist die seinen Vorschriften entsprechende.

II. Die Ehe als innigste Lebensgemeinschaft zweier Menschen, die mit der Fortpflanzung des Geschlechts geradezu an der göttlichen Schöpfertätigkeit teilnehmen, ist eben deshalb auch ein religiöses Verhältnis. Ihre Beziehung zur Religion zeigt sich bei allen Völkern und kommt namentlich in den religiösen Formen der Eheschließung zur Erscheinung.

Vor allem wird die religiöse Natur des Ehebundes von der katholischen Kirche betont. Ihr ist die Ehe ein geistlich Ding, eine von Gott eingesetzte Einrichtung, ein Sakrament. Daher nimmt sie die Ehegesetzgebung und Ehegerichtsbarkeit —

soweit es sich nicht um die bürgerliche Seite (Registrierung und vermögensrechtliche Wirkungen) handelt — ausschließlich für sich in Anspruch; sie verlangt für die kirchliche Eheordnung, die in der Offenbarung wurzelt, den Vorrang vor dem weltlichen Recht.

In dieser Schärfe ist der kirchliche Standpunkt erst allmählich entwickelt worden. Bis zum 10. Jahrhundert hat die Kirche die staatliche Ordnung des Ehewesens hingenommen und nur versucht, das weltliche Recht in einzelnen Punkten zu beeinflussen. In dem Maße, wie das kirchliche Gesetzgebungsrecht auch auf anderen Gebieten anerkannt und die kirchliche Eheordnung ausgebildet wurde, eroberte im späteren Mittelalter die Kirche das ganze Gebiet des Ehewesens für sich, das weltliche Eherecht verschwand.

Erst der neuzeitliche, paritätische Staat vermochte das verlorene Gebiet zurückzugewinnen und die Ordnung des Ehewesens als eine ausschließliche Aufgabe der weltlichen Gesetzgebung durchzuführen.

Das geistige Rüstzeug lieferten ihm die Lehren der Reformatoren — nach Luther ist die Ehe ein „äußerlich, weltlich Ding" — die Unterscheidung der gallikanischen Theologen zwischen dem Ehevertrag und dem Sakrament, und die Schriften der Naturrechtslehrer und Philosophen der Aufklärungszeit, die die Sakramentsnatur der Ehe leugneten und diese als einen reinen contractus civilis auffaßten.

Die praktische Notwendigkeit zur Ausbildung eines staatlichen, konfessionslosen Eherechts ergab sich aus den Grundsätzen der Glaubens- und Gewissensfreiheit und der Gleichberechtigung der Konfessionen; die Mischehen und die Ehen der Dissidenten (Freigläubigen) konnten den Vorschriften eines konfessionellen Eherechts nicht wohl unterworfen werden.

Auch das selbständige, staatliche Eherecht, das ohne Rücksicht auf kirchliche Anforderungen das Ehewesen rein aus staatlichen Notwendigkeiten zu ordnen sucht, hat sich erst allmählich ausgebildet, namentlich ließ es der Staat lange bei den kirchlichen Formen der Eheschließung bewenden und regelte anfänglich nur die Ehehindernisse und die Ehescheidung selbständig, so z. B. das Preuß. ALR. und das Österr. Allg. Bürg. Gesetzbuch.

Wo der Staat auch eine bürgerlichrechtliche Form der Eheschließung geschaffen hat, spricht man von Zivilehe und zwar:

von Notzivilehe, wo eine solche Form nur für gewisse Gruppen (Dissidenten, Juden) vorgesehen ist oder für den Fall, daß der Geistliche die kirchliche Trauung verweigert — so noch heute in Deutschösterreich;

von fakultativer (Wahl-) Zivilehe, wo den Brautleuten die Wahl zwischen der kirchlichen und staatlichen Form gelassen wird — so in England, Schweden, Norwegen, Island, Dänemark, der Tschecho-Slowakei;

von obligatorischer Zivilehe, wo der Staat nur die Ehe als gültig anerkennt, die in den von ihm vorgeschriebenen Formen geschlossen ist — so in Deutschland, Frankreich, Holland, Belgien, Italien, der Schweiz, Ungarn, Rumänien, Portugal, Sowjet-Rußland.

Den Gedanken der bürgerlichen Ehe in reiner Form für alle Staatsbürger hat zuerst Frankreich (1792) verwirklicht.

Le mariage sera célébré publiquement devant l'officier civil du domicile de l'une des deux parties (art. 165 c. c.).

Für Deutschland hat erst das ReichspersonenstandsG. v. 5. II. 1876 die obligatorische Zivilehe eingeführt, die kirchliche Gerichtsbarkeit beseitigt und die Ehehindernisse (aber nicht deren Wirkungen) näher bestimmt. Das BGB. hat den eherechtlichen Inhalt des PersonenstandsG. in der Hauptsache übernommen, ihn aber folgerichtig zu einem geschlossenen Eherecht ausgestaltet. Dessen Inhalt steht in wesentlichen Punkten mit dem Eherecht der katholischen Kirche in Widerspruch, namentlich was die Voraussetzungen und die Form der Eheschließung (Zwangszivilehe) und das Scheidungsrecht angeht. Daran wäre das Zustandekommen des BGB. beinahe gescheitert, wenn nicht einige Zugeständnisse an die kirchlichen Kreise (Zentrum) die Hauptgewissensbedenken ausgeräumt hätten.

Rein förmliche Bedeutung hatte die Änderung der Überschrift des I. Abschnittes des IV. Buchs in „Bürgerliche Ehe" statt „Ehe". Damit wird nicht zugegeben, daß es neben der „bürgerlichen" noch eine zweite, die „kirchliche" Ehe gibt, sondern nur gesagt, daß das Gesetz nur die bürgerliche Seite der (einen) Ehe regelt. Das darin liegende mittelbare Zugeständnis, daß die Ehe auch eine religiöse Seite habe, daß die Beziehungen der Brautleute und Ehegatten zu ihrer Religionsgemeinschaft ihnen besondere kirchliche Pflichten auferlegen könne, kommt noch klarer zum Ausdruck in dem ausdrücklichen Hinweis des § 1588 (des sog. Kaiserparagraphen) auf diese Pflichten. Rechtliche Bedeutung hat dieser Paragraph aber nicht; das Gesetz will auf die kirchlichen Pflichten nur so weit hinweisen, als sie seinen Normen nicht widersprechen.

Eine Annäherung an die katholische Auffassung liegt in der Änderung der Eheschließungsform (1317) gegenüber dem PersonenstandsG. Nach diesem wurde die Eheschließung vollendet erst durch den Ausspruch des Standesbeamten, daß er die Eheleute nunmehr kraft des Gesetzes für rechtmäßig verbundene Eheleute erkläre. Der Zusammenspruch war also entsprechend der protestantischen Auffassung die entscheidende Handlung. Nach 1318 BGB. dagegen wird eine solche Erklärung des Standesbeamten nur mehr durch eine Sollvorschrift vorgeschrieben und hat rein feststellende Bedeutung; die entscheidende Handlung liegt entsprechend der katholischen Auffassung in der vorhergegangenen Selbsttrauung durch die Verlobten.

Das sachlich wertvollste Zugeständnis war die Zulassung der bloßen Aufhebung der ehelichen Gemeinschaft statt der völligen Scheidung (vgl. § 27 dieses Buches).

III. Wenn die Rechtsordnung das Ehewesen auch selbständig regelt, so schließt das nicht aus, daß sie sachlich stark von dem Inhalt des kirchlichen Eherechts, das viele Jahrhunderte allein herrschend war, beeinflußt wird. Nicht minder ist selbstverständlich, daß die gesetzliche Eheordnung nach dem sittlichen Ideal einer geschlechtlichen Verbindung von Mann und Weib gestaltet ist. Daraus ergeben sich folgende Rechtsgrundsätze:

1. Der Grundsatz der freien Vertragsehe der Gatten. Als Begründungsakt der ehelichen Gemeinschaft ist anerkannt nur die freie Einigung der künftigen Gatten selbst, deren freier Vertrag. Das allein entspricht dem Gedanken der Ehe als eines Treubundes voll ausgereifter, sittlicher Persönlichkeiten. Raub- und Kaufehe gehören überwundenen Kulturepochen an. Die katholische Kirche hat das Verdienst, diesem Gedanken im Anschluß an das spätere römische Recht zum Sieg verholfen zu haben. Consensus facit nuptias.

2. Der Grundsatz der Ungeteiltheit der Gemeinschaft. Auch das Ziel der Rechtseinrichtung der Ehe liegt in der Herstellung völliger Lebensgemeinschaft; dem sittlichen Ideal genügt die rein leibliche Geschlechtsverbindung nicht, es erfordert auch geistige Gemeinschaft, die dem seelischen Bedürfnis nach Liebe und Gegenliebe, nach Ergänzung der Persönlichkeit gerecht wird.

Schön drückt das aus die römischrechtliche Begriffsbestimmung: nuptiae sunt coniunctio maris et feminae et consortium omnis vitae, divini et humani iuris communicatio, D. 23, 2, l. 21.

Weil das Ziel der Rechtseinrichtung, nämlich die Herstellung vollkommener Lebensgemeinschaft, aus dem sittlichen Ideal der Geschlechtsverbindung gewonnen wird, ist es gleichgültig, ob der Ehevertrag subjektiv diesen Zweck verfolgt oder z. B. nur eine Namensheirat sein soll. Darauf kann die Rechtsordnung keine Rücksicht nehmen, die Rechtsfolgen der Ehe, also namentlich die Verpflichtung zu voller Lebensgemeinschaft, treten unabdingbar ein, sobald der Vertrag formgerecht geschlossen ist.

3. Der Grundsatz der Einpaarigkeit der Ehe, der Einehe. Volle gegenseitige Hingabe ist mit der Vielmännerei und Vielweiberei unverträglich und nur bei Einheit der Ehe (Monogamie) denkbar. Die Ehe der heutigen Kulturwelt ist die Einehe.

4. Der Grundsatz der Unauflöslichkeit der Ehe. Die Idee einer vollkommenen Lebensgemeinschaft verlangt, daß ihre Dauer

über die Wechselfälle des Geschicks hinausgehoben und unabhängig gemacht wird von der Willkür des einen oder des anderen Teils, zumal, wenn Kinder dem Ehebund entsprossen sind, deren Erziehung durch die Zerstörung des elterlichen Heimes Schaden leiden muß.

Daher darf die Lösung des Bandes keinesfalls ins Belieben der Gatten gestellt werden. Fraglich kann nur sein, ob die Trennung der Ehe unter erschwerten, richterlich nachzuprüfenden Voraussetzungen ausnahmsweise zuzulassen ist.

Die katholische Kirche lehnt derartige Ausnahmen aus religiösen und ethischen Gründen schlechthin ab und erblickt in der Unlöslichkeit der Ehe einen Wesenszug der von Christus selbst gestifteten Einrichtung.

Protestantismus und neuzeitlicher Staat, für die mystische Beweggründe ausscheiden, sehen in der ausnahmslosen Unlöslichkeit eine Überspannung an sich berechtigter sittlicher und sozialer Erwägungen. Sie erkennen die Löslichkeit ausnahmsweise an, wenn die Festhaltung der Gatten am Ehebande zu einem die Persönlichkeit zerbrechenden oder doch für sie unerträglichen Zwange führen müßte. Über die nähere Bestimmung der Ausnahmefälle gehen die Ansichten und Rechtsordnungen auseinander.

Statistisches: Die Zahl der Eheschließungen betrug im Deutschen Reiche 1913: 513283 (7,7‰), 1915: 278208 (4,1‰), 1919: 844339 (13,4‰), 1920: 894978 (14,5‰) 1923: 581277 (9,4‰), 1924: 440071 (7,1‰).

Die Zahl der Ehescheidungen betrug 1913: 17835, 1919: 22022, 1920: 36542, 1921: 39216, 1922: 36587, 1923: 33939. Auf 100000 Einwohner kamen also 1913: 26,6; 1919: 35,0; 1920: 59,1; 1921: 62,9; 1922: 59,7; 1923: 55,0.

§ 6. I. Titel. Das Verlöbnis.

Geschichtliche Entwicklung.

1. Das spätere römische Recht unterscheidet von dem Vertrag auf gegenwärtige Schließung der Ehe (sponsalia de praesenti) den Vertrag auf künftige Schließung (sponsalia de futuro, Verlöbnis), der formlos und unklagbar war.

2. Das germanische Recht zerlegte nach Übergang zur Kaufehe den Eheschluß in zwei Teile, den Kaufvertrag (die Verlobung) und die Übergabe der Braut (traditio, Trauung). An dieser Zweiteilung hielt man fest, als aus der Kaufehe ein freier Vertrag zwischen den Eheleuten selbst wurde. Dem eigentlichen Eheschluß ließ man vorhergehen einen förmlichen Vorvertrag, gerichtet auf Abgabe der Eheschließungserklärungen. Aus ihm erwuchsen schuldrechtliche und personenrechtliche Wirkungen; die Verpflichtung zur Eingehung der Ehe war klagbar und vollstreckbar.

3. Das kanonische Verlöbnisrecht, das das weltliche verdrängte, übernahm die Erfüllungsklage (ohne Vollstreckungszwang) aus dem deutschen Recht — actio matrimonialis oder ex sponsu — schloß sich aber im übrigen dem römischen Recht an, also: Formlosigkeit des Verlöbnisses, das nicht als Teil der Eheschließung, sondern als selbständiger Vorvertrag aufgefaßt wurde.

1907 hat die katholische Kirche das Verlöbnisrecht reformiert. Nach cod. iur. canonici (1017 § 1) ist Voraussetzung der Gültigkeit schriftlicher Abschluß vor Pfarrer oder Bischof oder zwei Zeugen. Keine Klage auf Eheschließung mehr!

4. Die staatliche Gesetzgebung der Neuzeit hat sich immer mehr vom Gedanken des Erfüllungszwanges abgewandt und die Wirkung des Verlöbnisses auf einen Schadensersatzanspruch bei ungerechtfertigtem Rücktritt beschränkt; so schon praktisch Preuß. ALR. II 1, § 82, Sächs. BGB. 1579, das englische, schweizerische, schwedische, dänische Recht — und das BGB. 1297ff.

I. Wesen und Rechtsnatur des Verlöbnisses nach BGB.

Der Eheschließung geht in der Regel ein Brautstand (Verlöbnis) voraus. Dieser wird begründet durch das wechselseitige Versprechen künftiger Eheschließung (ebenfalls Verlöbnis genannt) Sein Zweck ist nicht, eine Prüfungszeit einzuleiten, sonst könnte grundloser Rücktritt nicht ersatzpflichtig machen (1298), sein Zweck ist vielmehr, den Übergang vom Fremdsein zum späteren ehelichen Vertrautsein zu erleichtern, und die engeren Beziehungen zwischen den Brautleuten der Gesellschaft gegenüber zu rechtfertigen.

Über die Rechtsnatur des Verlöbnisses herrscht Streit. Es stehen sich gegenüber die sog. Vertragstheorie und die Tatsächlichkeitstheorie. Nach jener ist das Verlöbnis ein schuldrechtlicher Vertrag, nach dieser ein rein tatsächliches, besser ein rein soziales Verhältnis. Die Stellungnahme zu diesen Theorien ist praktisch bedeutsam, weil über die näheren Voraussetzungen eines wirksamen Verlöbnisses im Gesetz nichts gesagt ist. Wissenschaft und Rechtsprechung müssen diese Voraussetzungen also finden. Man hat das meist im Wege apriorischer Konstruktion versucht. Für den, der sich zur Vertragstheorie bekennt, ergibt sich dann im Wege logischer Schlußfolgerung von selbst, daß für den Verlöbnisvertrag alle Erfordernisse maßgebend sind, die der Allgemeine Teil des BGB. für einen wirksamen Vertrag aufstellt. So die herrschende Lehre und das RG. **61** 270, **80** 89. Danach wäre z. B. ein Verlöbnis eines zwanzigjährigen Mädchens kein Verlöbnis im Rechtssinn, wenn der gesetzliche Vertreter seine Zustimmung versagen würde; also kein Ersatzanspruch der grundlos verlassenen Braut (1298, 1300), kein Zeugnisverweigerungsrecht nach Zivil- und Strafprozeßrecht (383, 408 ZPO. 51, 76 StPO.), kein Strafausschließungsgrund bei Notstand und

Begünstigung. (52, 54, 257 II StGB.). Für den Anhänger der Tatsächlichkeitstheorie würden alle diese Fragen anders zu entscheiden sein, wenn es sich bei dem sog. Verlöbnis um ein ernsthaftes Eheversprechen willensreifer Menschen handeln würde.

Diese verschiedenen Ergebnisse machen stutzig und zeigen deutlich die Unzulänglichkeit aller apriorischen Konstruktion. Der Prüfstein der Konstruktion muß immer das Ergebnis sein, das Recht ist aus den Dingen herauszuholen, nicht an sie heranzubringen. Alle Begriffe sind so zu handhaben, daß sie einen möglichst hohen praktischen Lebenswert haben, möglichst gesunde Ergebnisse liefern. Also zweckforschende Auslegung und Konstruktion, teleologische Methode!

Auf das Verlöbnis angewandt! Da das Gesetz den Tatbestand des Verlöbnisses nicht näher regelt und sowohl die Theorien des schuldrechtlichen wie des sozialen (tatsächlichen) Vertrages logisch haltbar und mit dem System des Gesetzes vereinbar sind, ist der Begriff des Verlöbnisses so zu gestalten, daß möglichst alle sozialen Tatbestände, deren Unterstellung unter den Verlöbnisbegriff wegen der daran geknüpften Wirkungen als gerecht und zweckmäßig empfunden wird, auch wirklich unter den Begriff fallen. Bei dieser Fragestellung leuchtet ein, daß die Ergebnisse der Vertragstheorie durchaus unbefriedigend sind. Denn sie läßt gerade die minderjährigen Personen schutzlos, die des Schutzes der Verlöbniswirkungen am meisten bedürfen. Warum die geschwängerte und dann grundlos verlassene Braut mehr Anspruch auf Ersatz haben soll, wenn sie 30 Jahre alt ist statt 20, ist nicht einzusehen. Diese Ungerechtigkeit unterstellt aber die Vertragstheorie dem Gesetz! Das gibt den Ausschlag zugunsten der Tatsächlichkeitstheorie! Sie liefert die gesunderen Ergebnisse und das Gesetz will immer die zweckmäßigste Lösung.

Wenn das RG. **61**, 272 meint, die verlassene minderjährige Braut sei nach der Tatsächlichkeitstheorie nicht besser gestellt, der andere Teil könne dann wegen der Unwirksamkeitsgründe z. B. der fehlenden väterlichen Einwilligung zurücktreten, so seien dem die Ausführungen in RG. **58**, 254 gegenübergestellt: „Ganz allgemein läßt sich auch hier nicht sagen, daß die Versagung der väterlichen Einwilligung den Rücktritt des Kindes rechtfertigt. Verweigert der Vater die Einwilligung aus verwerflichen oder nichtigen Gründen, so kann eine sittliche Pflicht, am Verlöbnis festzuhalten, unter Umständen wohl bestehen bleiben."

Aber die Tatsächlichkeitstheorie soll die gesetzlichen Folgen des Verlöbnisbruches, die Ersatzansprüche aus 1298 nicht „ungekünstelt" erklären können (so Wolff § 4 I); sie als Ansprüche aus unerlaubter Handlung aufzufassen, gehe nicht an; wenn es wahr wäre, daß das Verlöbnis keine vertragliche Eheschließungspflicht begründe, so würde der grundlose Rücktritt keine Rechtswidrigkeit enthalten. Als ob man die Ersatzpflicht nicht ganz ungezwungen daraus erklären könnte, daß der Zurücktretende die von ihm erregte Erwartung des anderen Teils auf späteren Eheschluß ohne hinreichenden Grund enttäuscht. Der allgemeine Grundsatz von der Unzulässigkeit des gegensätzlichen Verhaltens (venire contra factum proprium) gibt eine völlig genügende Rechtfertigung der Ersatzpflicht. An unerlaubte Handlung ist beim Rücktritt nicht zu denken, aber auch die Annahme einer Rechtswidrigkeit unnötig. Handelt der wegen Irrtums Anfechtende etwa rechtswidrig? Trotzdem muß er nach 122 den enttäuschten Gegner entschädigen. Da die Theorie des rein sozialen Vertrages auch die Versagung des Rechtszwangs zur Eingehung der Ehe am besten erklärt, das Verlöbnis erzeugt eben keine rechtliche, sondern nur eine moralische Verpflichtung zur Eingehung der Ehe, so verdient sie in jeder Beziehung den Vorzug.

Danach ist das Verlöbnis zu kennzeichnen als ein rein sozialer Vertrag, der keine rechtliche, sondern nur eine sittliche Pflicht zur Eingehung der Ehe erzeugt, wohl aber bei grundlosem Rücktritt eine Verpflichtung zum Schadensersatz begründet wegen der getäuschten Erwartung der Eheschließung.

II. Der Verlöbnistatbestand.

Das Verlöbnis wird begründet durch einen Vertrag, genauer die erklärte Willensübereinstimmung zweier Personen verschiedenen Geschlechts, miteinander die Ehe eingehen zu wollen. Dieser Vertrag ist rechtlich nicht geregelt, er gehört rein dem sozialen Leben an. Die näheren Anforderungen an sein Vorhandensein sind aus den Anschauungen der Gesellschaftsschichten zu entnehmen, denen die Verlobten angehören. Danach ist ganz allgemeine Vorbedingung, daß die Beteiligten sich ernstlich binden wollten und nach dem tatsächlichen Grad ihrer geistigen Reife binden konnten. Auf Geschäftsfähigkeit im Rechtssinne legt die Gesellschaft keinen Wert. Wesentlich ist der Austausch von Eheversprechen. Ob danach ein Verlöbnis vorliegt, läßt sich nur nach den gesamten Umständen des Einzelfalles beurteilen.

Allgemein ist zu sagen:

1. Das Verlöbnis unterliegt keiner Form. Das macht die Abgrenzung zur bloßen Liebschaft schwierig. Wo einzelne Gesellschaftsschichten Formen ausgebildet haben (Ringwechsel, Anzeige), erleichtern diese die Feststellung eines Verlöbnisses, sind aber nicht

wesentlich. Einer Feststellungsklage auf Bestehen oder Nichtbestehen des Verlöbnisses steht nichts im Wege.

2. Verlobungsfähigkeit deckt sich nicht mit Geschäftsfähigkeit, sondern verlangt nur tatsächlich genügende geistige Reife und Klarheit, um die Bedeutung des Eheversprechens zu erfassen.

3. Mangel der Ernstlichkeit schließt die Annahme eines Verlöbnisses aus. Nichtig ist das simulierte Verlöbnis z. B. das zwischen Dirne und Verbrecher, um der Zeugnispflicht zu entgehen.

4. Irrtum, Zwang, Betrug begründen zwar kein Anfechtungsrecht nach 119 und 123, geben aber ein Recht zur Auflösung. Lag dem Irrtum ein Verschulden des Irrenden zugrunde, muß er den anderen Teil nach 1298 entschädigen.

5. Stellvertetung (im Willen) ist als Verstoß gegen die guten Sitten grundsätzlich nicht anzuerkennen.

6. Bedingung und Befristung können das Verlöbnis unsittlich machen (z. B. die Bedingung, daß der Geschlechtsverkehr Folgen habe), brauchen das aber nicht.

7. Bestehen von Ehehindernissen steht der Annahme einer Verlobung nicht schlechthin im Wege. Ist das Hindernis unbehebbar (Geschwisterverlobung), erkennt auch die Gesellschaft ein solches Verlöbnis nicht an, weil es auf eine unmögliche oder verbotene Eheschließung gerichtet ist. Ein Verlöbnis während bestehender Ehe wird meist unsittlich sein.

III. Die Verlöbniswirkungen.

1. Während seines Bestehens erzeugt das Verlöbnis keinerlei familienrechtliche Wirkungen, vor allem keine rechtliche Verpflichtung zur Eingehung der Ehe. „Aus einem Verlöbnis kann nicht auf Eingehung der Ehe geklagt werden“ (1297 I).

Der Grund für diese Stellungnahme liegt in der hohen Meinung des Gesetzes vom Wesen der Ehe als eines Treubundes ausgereifter Persönlichkeiten. Damit ist jeder Zwang zur Eingehung der Ehe unverträglich; es ist nicht einmal ein mittelbarer Willensdruck durch Vertragsstrafversprechen zulässig, dieses ist nichtig (1297 II).

888 II ZPO. versagt außerdem noch einer Verurteilung zur Eheschließung die Vollstreckbarkeit, was nur mehr für ein etwaiges ausländisches Urteil bedeutsam ist.

Mit der Verneinung des Rechtszwangs hängt innerlich zusammen die Freiheit zum Rücktritt vom Verlöbnis, die in 1298 mittelbar anerkannt ist. Der Rücktritt löst das Verlöbnis stets und ausnahmslos auf; jedoch ist zwischen berechtigtem, aus wichtigem Grunde vollzogenem Rücktritt und unberechtigtem, grundlosem, zu unterscheiden; nur dieser erzeugt eine Schadensersatzpflicht.

Das Verlöbnis hat aber gewisse personenrechtliche Wirkungen der Ehe selbst. Der Verlobte ist „Angehöriger" im Sinne des StGB., was einen Strafausschließungsgrund bei „Notstand" und „Begünstigung" begründet (52, 54, 257 II StGB.), der Verlobte hat ein Recht zur Verweigerung des Zeugnisses und Sachgutachtens im Zivil- und Strafprozeß (383, 408 ZPO.; 51, 76 StPO.).

Die Erleichterungen zugunsten der Ehegatten bei Erbvertrag und Erbverzicht kommen auch den Verlobten zugute (2275 III, 2276 II, 2279 II, 2290 III, 2347, 2352, 3 BGB.).

2. Nach Beendigung des Verlöbnisses.

a) Unberechtigter Rücktritt erzeugt Schadensersatzansprüche.

Häufig hat der Rücktritt Nachteile für den anderen Verlobten oder dritte zur Folge, die im Vertrauen auf das Zustandekommen der Ehe gehandelt haben, z. B. die Aussteuer ist schon beschafft worden, ein Verlöbnisschmaus hat stattgefunden, eine Stellung ist aufgegeben worden usw.

Wenn nun auch der Rücktritt mit Rücksicht auf die Persönlichkeit unbedingt freistehen muß, entspricht es doch der Billigkeit, den, der sein Wort ohne wichtigen Grund nicht einlöst, mit einer Entschädigungspflicht gegenüber dem vertrauenden Teil zu belasten. Das ist der Gedanke der Unzulässigkeit des gegensätzlichen Verhaltens (venire contra factum proprium), wie er auch in 122 BGB. anerkannt ist.

α) Nur der unberechtigte Rücktritt macht ersatzpflichtig. Unberechtigt aber ist der Rücktritt, wenn er „ohne wichtigen Grund" erfolgt (1298 III). Wie der unberechtigt Zurücktretende wird behandelt, wer durch sein Verschulden dem andern einen wichtigen Rücktrittsgrund gibt (1299), also z. B. der Verlobte, der durch seine Untreue den andern zur Lösung des Verlöbnisses veranlaßt. Ebenso muß trotz Schweigens des Gesetzes behandelt werden, wer schuldhaft einen Rücktrittsgrund gibt und dann selbst aus wichtigem Grund zurücktritt, z. B. wegen einer durch Untreue erlangten Geschlechtskrankheit.

β) Als wichtiger Grund werden von der Rechtsprechung nur Tatsachen anerkannt, wonach einem Verlobten die Erfüllung des Eheversprechens billigerweise nicht zugemutet werden kann, wenn man die Anschauungen der Gesellschaftskreise der Verlobten berücksichtigt und die Umstände des einzelnen Falles objektiv würdigt. — Also z. B. Untreue, Mißhandlungen, Beleidigungen Angehöriger, schwere Krankheit, Vermögensverfall, schwere Charakterfehler, nicht dagegen ohne weiteres Versagung der nach 1305 nötigen väterlichen Einwilligung (RG. 58, 254), erst recht nicht der Mangel der elterlichen Einwilligung bei Volljährigkeit.

Auch die Erlangung der Überzeugung: zueinander nicht zu passen, ist kein wichtiger Grund im Sinne des Gesetzes, obwohl moralisch darin der allerwichtigste Grund zum Rücktritt erblickt werden muß; andernfalls würde der Ersatzanspruch in den meisten Fällen bedeutungslos sein.

γ) Der Ersatzanspruch geht nicht auf das positive Interesse an der Eheschließung (das Erfüllungsinteresse), sondern nur auf das negative Interesse an der Kenntnis der Nichterfüllung des Eheversprechens (das Vertrauensinteresse). Zu ersetzen sind also nicht die Vorteile, die die Ehe gebracht hätte, sondern nur die Nachteile, die man nicht erlitten hätte, wenn man den späteren Rücktritt schon damals vorhergesehen hätte.

δ) Ersatzberechtigt sind außer dem andern Verlobten auch dessen Eltern sowie Personen, die an Stelle der Eltern gehandelt haben (Pflegeeltern, Angehörige, Freunde usw.). Der Inhalt der Ansprüche ist aber je nach der Person der Ersatzberechtigten verschieden.

Eltern und Dritte können nur Ersatz des Schadens verlangen, der daraus erwachsen ist, daß sie während der Verlobungszeit in Erwartung der Ehe Aufwendungen gemacht haben oder Verbindlichkeiten eingegangen sind (1298 I, 1); man denke an die Kosten des Verlobungsschmauses, der Verlobungsanzeigen, der Aussteuer, einer Reise zu Verwandten usw.

Der verlassene Verlobte kann darüber hinaus auch das sonstige Vertrauensinteresse ersetzt verlangen, also namentlich die Einbußen durch andere Maßnahmen, die das Vermögen oder die Erwerbsstellung betrafen, z. B. durch Aufgabe einer Stellung, Aufgabe einer Wohnung, Wohnsitzverlegung.

ε) Grundsätzlich werden nur Vermögensnachteile, nicht aber Schädigungen in den persönlichen Verhältnissen ersetzt, also z. B. nicht der Schaden, den die Braut durch Ablehnung des Heiratsantrags eines anderen Bewerbers in der Zwischenzeit erlitten hat; das war keine Ausschlagung eines vermögensrechtlichen Erwerbes.

Nur in einem Falle macht das Gesetz eine Ausnahme; es gibt der unbescholtenen Braut, die dem Bräutigam die Beiwohnung gestattet hat, einen Anspruch auf Ersatz auch des nicht vermögensrechtlichen Schadens. (Deflorationsanspruch, Kranzgeld). Dieser Genugtuungsanspruch ist höchstpersönlich und geht auf billige Entschädigung in Kapital oder Rente, namentlich wegen der verringerten Heiratsaussicht. Er erwächst nicht aus unerlaubter Handlung, sondern aus der getäuschten Erwartung der Braut, ihr Fehltritt werde ihr wegen der versprochenen Ehe keinen Schaden bringen.

Unbescholtenheit ist nicht gleich Jungfräulichkeit (auch eine Witwe hat den Anspruch), sondern Unversehrtheit der Geschlechtsehre. Sie fehlt, wenn die tatsächlichen Grundlagen eines makellosen Rufes infolge geschlechtlicher Verfehlung erweislich verlorengegangen sind und dadurch auch in den Augen dritter der sittliche Wert gelitten hat. Der Bräutigam selbst aber, dem sich die Braut vor der Verlobung hingegeben hat, darf sie nicht beschelten. RG. **52**, 46, **98**, 13.

b) Alle Endigungsgründe des Verlöbnisses außer der Heirat — also berechtigter und unberechtigter Rücktritt, wechselseitiges Einverständnis, Unmöglichkeit der Erfüllung und Tod — erzeugen grundsätzlich einen Anspruch jedes Verlobten auf Herausgabe der Brautgeschenke nach Bereicherungsrecht (1301). Das ist aber nachgiebiges Recht, für den Fall des Todes eines Verlobten ist sogar im Zweifel der Ausschluß der Rückforderung als gewollt anzusehen (1301, 2).

Den Brautgeschenken steht gleich, was zum Zeichen des Verlöbnisses gegeben wird (Verlobungsring), wohl auch die Briefe. Der Rückforderungsanspruch ergibt sich schon nach dem Recht der Voraussetzung; die Anwendbarkeit des Bereicherungsrechts führt nach 815 zum Ausschluß des Rückforderungsrechts für den Geber, der ohne wichtigen Grund zurückgetreten ist oder den Rücktritt des anderen schuldhaft veranlaßt hat.

c) Beide Ansprüche verjähren in 2 Jahren von der Auflösung des Verlöbnisses an (1302). Das gilt nicht für Ansprüche aus andern Gesichtspunkten, z. B. aus unerlaubter Handlung, etwa aus einem Betrug oder einer Nötigung bei Eingehung des Verlöbnisses.

II. Titel. Die Eingehung der Ehe.

I. Kapitel. Die Form der Eheschließung. § 7.

Geschichtliche Entwicklung.

1. Wenn man vom Frauenraub absieht, der der geschichtlichen Vorzeit angehört, darf man als die germanische Form der Eheschließung den Frauenkauf (emptio puellae) bezeichnen. Er zerfiel in zwei Teile: in den Kaufvertrag, die Verlobung, und in die Übergabe der Braut, die Trauung (traditio puellae). Ursprünglich war das ein Vertragsschluß zwischen den Sippen: mit dem Muntwalt der Braut wurden die Bedingungen des Kaufs vereinbart und ihm der Kaufpreis gezahlt; bei der Trauung übergab der Muntwalt dem Bräutigam die Braut. Allmählich traten die Brautleute selbst in den Vordergrund, die Braut verlobt sich mit dem Bräutigam, sie wird ihm nicht mehr über-

geben, sondern die Brautleute werden unter Teilnahme der Sippe zusammengegeben, der Kaufpreis wird zur Gabe des Bräutigams an die Braut zwecks Witwenversorgung. Die Kirche setzt durch, daß der Trauung ein Kirchgang und geistliche Segnung der Ehe folgt, im 11. Jahrhundert wird die Trauung vor die Kirchentür verlegt und in Gegenwart des Geistlichen vorgenommen, der das Paar segnet: „aus dem Zusammengeben wird ein Zusammensprechen" (Sohm). Endlich bemächtigt sich die Kirche der Trauung ganz; die Laientrauung wird durch die kirchliche Trauung des Geistlichen verdrängt, der sie zuerst noch vor, seit dem 16. Jahrhundert in der Kirche vornimmt.

2. Nach katholischer, dem römischen Recht entsprechenden Auffassung liegt aber das Wesentliche bei der Eheschließung nicht in der Trauung durch den Geistlichen, sondern in dem freien Vertragsschluß der Brautleute selbst, miteinander die Ehe eingehen zu wollen, consensus facit nuptias. Das ergibt sich auch aus der sakramentalen Natur der Ehe, wonach die Spender des Sakraments die Gatten selber sind, nicht etwa der assistierende oder kopulierende Priester. Die „priesterliche Trauung" folgt also dem Eheschluß nach, bedeutet nur Feststellung und Einsegnung.

Durch Verlegung des ehebegründenden Aktes in die Konsenserklärung der Gatten wurde die Ehe auf eine höhere Stufe gehoben, und ihrem persönlichen und sittlichen Charakter in besonderem Maße Rechnung getragen. Indessen ergab sich aus dem Satz, daß zur Gültigkeit des Eheschlußes die einfache Konsenserklärung genüge, auch die nachteilige Folge, daß heimliche Ehen (matrimonia clandestina) geschlossen werden konnten, und daß die Unterscheidung der Verlobung (sponsalia de futuro) vom eigentlichen Eheschluß (sponsalia de praesenti sc. matrimonio) erschwert wurde.

Um diesen Mißständen abzuhelfen und die Offenkundigkeit der Eheschließung zu sichern, machte das Konzil von Trient 1563 (decretum tametsi, sessio XXIV de ref. matrim. c. 1.) die Mitwirkung eines Geistlichen und zweier Zeugen zu einer wesentlichen Form der Eheschließung, deren Mangel einen Ehenichtigkeitsgrund bedeutet.

Zuständig war der eigene Pfarrer (parochus proprius), d. h. der Pfarrer des Domizils, Quasidomizils oder (bei Heimatlosen) des Aufenthaltsortes eines der Verlobten (und der entsprechende ordinarius proprius). Es genügte „passive Assistenz", es war also eine Überrumpelung möglich.

Die tridentinische Eheschließungsform galt aber nur da, wo das decretum tametsi verkündet war, was in manchen nicht katholischen oder gemischt-konfessionellen Ländern (Großbritannien, nordische Staaten, in großen Teilen Deutschlands und der Schweiz) unterblieben ist. Daher konnte hier eine Ehe nach vortridentinischem Recht geschlossen werden und wurde auch die bloße Zivilehe als kirchlich gültige Ehe anerkannt. Dem machte die Bulle Pius X „Provida" vom 18. Januar 1906 ein Ende, indem sie für alle Ehen die tridentinische Form vorschrieb.

Am 3. August 1907 erging dann das Dekret „ne temere", das die tridentinische Form so umgestaltete, wie sie heute im wesentlichen in den codex iuris canonici von 1917 c. 1094ff. übergegangen ist. Zur Gültigkeit der Ehe genügt heute nicht mehr rein passive Assistenz, vielmehr muß der Pfarrer freiwillig mitwirken (neque vi neque metu gravi constrictus). Zuständig ist heute jeder Pfarrer innerhalb seines Sprengels, an Stelle des parochus proprius ist also getreten der Ortspfarrer (oder der ordinarius loci bzw. der von ihnen ermächtigte Priester). Sind die zuständigen Geistlichen nicht wohl erreichbar, so kann ausnahmsweise die Ehe nach can. 1098 vor 2 Zeugen geschlossen werden, wenn Lebensgefahr besteht oder die Unerreichbarkeit voraussichtlich einen Monat dauern wird.

Nach can. 1099 cod. iur. can. gilt die kirchliche Eheschließungsform nicht bloß für die Ehen von Katholiken sondern auch von Katholiken mit Akatholiken (Mischehen). Dagegen gilt sie nicht für rein akatholische Ehen! Die nicht vor dem katholischen Pfarrer eingegangene Mischehe ist also nach katholischem Kirchenrecht ein „Konkubinat", während die standesamtliche Trauung von Akatholiken nach dem Satz „consensus facit nuptias" als gültige Ehe im kirchlichen Sinne anerkannt wird.

3. In der evangelischen Kirche hat sich ein einheitliches Eherecht nur langsam entwickelt. Seit dem 18. Jahrhundert wird die kirchliche Trauung als der die Ehe begründende Akt anerkannt, d. h. die Ehe wird auf Grund der vor dem Pfarrer abgegebenen Eheschließungserklärungen der Brautleute durch die Handlung des Geistlichen (Zusammensprechen und Segnung) geschlossen.

4. Das Bestreben, die kirchliche und staatliche Seite der Ehe zu trennen und ein selbständiges weltliches Eherecht zu schaffen, hat im Lauf des 19. Jahrhunderts zum Sieg weltlicher Eheschließungsformen in fast allen Kulturstaaten geführt. Die Zwangszivilehe, schon eine Forderung der Grundrechte (1848) ist in Preußen durch Ges. v. 9. März 1874 und für das deutsche Reich durch das PersonenstandsG. v. 6. II. 1875 eingeführt worden — Kulturkampf!

Danach kann eine gültige Ehe nur vor dem Standesbeamten in Gegenwart zweier Zeugen geschlossen werden; der Standesbeamte hat an die Verlobten einzeln und nacheinander die Frage zu richten, ob sie die Ehe miteinander eingehen wollen und nach bejahender Antwort zu erklären, daß sie nunmehr kraft des Gesetzes rechtmäßig verbundene Eheleute seien.

Das BGB. hat diese Form im wesentlichen übernommen (1317), sie aber ihres kirchenfeindlichen Charakters entkleidet (1588).

Die Eheschließungsform des BGB.

Das BGB. stellt wesentliche Erfordernisse auf (Mußvorschriften) und nicht wesentliche (bloße Ordnungs- oder Sollvorschriften); das Fehlen der ersteren macht die Ehe ungültig, das der letzteren hindert die Gültigkeit nicht, macht aber den Eheschluß unerlaubt. Die Förmlichkeiten gehen z. T. der Eheschließung voraus, z. T. betreffen sie den Akt selbst, z. T. folgen sie ihm nach. Mußerfordernisse sind nur für den Akt selbst aufgestellt.

I. Vorhergehende Förmlichkeiten, von deren Beobachtung die Gültigkeit der Ehe nicht abhängt — Sollvorschriften.

Der Eheschließung soll regelmäßig ein vom Standesbeamten anzuordnendes Aufgebot (Bekanntmachung der Personalien) vorhergehen, um Ehehindernisse zur amtlichen Kenntnis zu bringen und den Abschluß unerlaubter Ehen zu hindern (1316, PersStG. 44—50).

Diesen Zweck vermag das Aufgebot aber heute allenfalls noch auf dem Lande und in der Kleinstadt zu erreichen, da die Form der Bekanntmachung (vierzehntägiger Aushang am Rats- oder Gemeindehaus der Wohnsitz- bzw. Aufenthaltsgemeinde, Zeitungsanzeige nur bei Auslandsgemeinden) unzeitgemäß ist. Die aus dem kanonischen Recht stammende Einrichtung ist veraltet. Das Aufgebot darf unterbleiben bei lebensgefährlicher Erkrankung eines Verlobten (1316 II), ferner auf Grund Befreiung (1316 III, 1322), allgemein bei der sog. Kriegstrauung.

Der Mangel des Aufgebots ist aufschiebendes Ehehindernis. Eine Verschweigungswirkung, wie im kanonischen Recht, kommt ihm nicht mehr zu; wer ein trennendes Ehehindernis kennt, kann auch nach der Eheschließung noch die Ehenichtigkeitsklage anstellen (632 I ZPO.).

II. Förmlichkeiten des Eheschließungsaktes selbst.

1. Wesentliche Förmlichkeiten, (Mußerfordernisse), deren Mangel die Nichtigkeit der Ehe (oder doch ihre Vernichtbarkeit) zur Folge hat (1317).

Die persönlich und gleichzeitig anwesenden Verlobten müssen vor einem Standesbeamten unbedingt und unbefristet erklären, die Ehe miteinander eingehen zu wollen. Der Beamte kann die Entgegennahme der Erklärungen verweigern, er muß bereit sein (1317).

Mangel der Amtsbefugnis dessen, der das Amt eines Standesbeamten öffentlich ausübt, wird durch die Gutgläubigkeit (Unkenntnis des Amtsmangels) auch nur eines der Verlobten ersetzt (1319).

Also Unzulässigkeit der Vertretung und Botenschaft, auch beim hohen Adel! Die Erklärung des Eheschließungswillens braucht nicht durch ein „Ja" zu erfolgen, sondern kann auch durch Schreiben oder Zeichensprache (so bei Stummen) geschehen. Die Mitwirkung des Standesbeamten besteht in der regelmäßig stillschweigend geäußerten Bereitschaft, die Erklärungen entgegenzunehmen, und in der Entgegennahme (aktive Assistenz); der in 1318 vorgeschriebene Ausspruch, daß die Verlobten Eheleute seien, ist nach BGB. anders als nach dem PersonenstandsG. nicht mehr wesentlich.

2. Unwesentliche Förmlichkeiten (Sollvorschriften), deren Mangel die Gültigkeit der Ehe nicht berührt.

a) Mitwirken soll der zuständige Standesbeamte oder der von diesem schriftlich ermächtigte Standesbeamte (1320/21).

Der St.B. ist ein von der höheren Verwaltungsbehörde (in Preußen: Oberpräsident) für einen bestimmten Bezirk bestellter (unmittelbarer oder mittelbarer) Staatsbeamter. Seit RG. v. 11. Juni 1920 können auch Frauen St.B. sein. Wo der Standesbeamtenbezirk mit dem Gemeindebezirk zusammenfällt, nimmt meist der Gemeindevorstand die Geschäfte des St.B. wahr, kann sie aber auch mit Genehmigung der höheren Verwaltungsbehörde anderen Gemeindebeamten widerruflich übertragen. Außerhalb seines Bezirkes ist er nicht bloß unzuständig, sondern überhaupt nicht St.B. Deshalb die Schutzvorschrift des § 1319 BGB. Innerhalb seines Bezirks ist er nur zuständig nach Maßgabe des § 1320, also grundsätzlich nur, wenn in seinem Bezirk einer der Verlobten seinen Wohnsitz oder gewöhnlichen Aufenthalt hat; unter mehreren zuständigen haben die Verlobten die Wahl (1320 IV).

Die Aufsicht über die Standesbeamten führt die untere Verwaltungsbehörde (in Preußen: Landrat für Landgemeinden, Regierungspräsident für Stadtgemeinden). Lehnt der Standesbeamte zu Unrecht eine Amtshandlung, z. B. die Mitwirkung bei der Eheschließung ab, kann er dazu auf Antrag auch durch das Gericht angehalten werden (PStG. 11.) Kommen Ehehindernisse zur Kenntnis des St.B., hat er seine Mitwirkung abzulehnen (PStG. 48).

b) Zwei Zeugen sollen zugezogen werden (Näheres 1318).

c) Der Standesbeamte soll — nachdem er sich die Überzeugung von der Persönlichkeit der Erschienenen verschafft hat (PStG. 13 Nr. 3) — an die Verlobten einzeln und nacheinander die Frage richten, ob sie die Ehe miteinander eingehen wollen (1318).

d) Nach Bejahung dieser Frage soll der Standesbeamte aussprechen, daß die Verlobten, „kraft dieses Gesetzes" (also kraft des Bürgerlichen Gesetzbuchs) „nunmehr rechtmäßig verbundene Eheleute" sind (1318).

Dieser Ausspruch hat aber nur feststellende Bedeutung, ist unwesentlich, vorheriger Tod eines der Verlobten wäre unschädlich.

III. Dem Eheschluß nachfolgende Förmlichkeiten (Sollvorschriften).

Der Standesbeamte soll die Eheschließung ins Heiratsregister eintragen (1318 III). Die näheren Vorschriften trifft PerſStG. 54.

Die Eintragung ins Heiratsregister ist zur Gültigkeit nicht wesentlich, ist aber von doppelter Bedeutung:

a) sie beweist den Eheschließungsvorgang, so wie er beurkundet ist (15 PersStG.);

b) sie macht die wegen eines wesentlichen Formmangels nichtige Ehe zu einer „vernichtbaren", also zu einer Ehe, die bis zur Nichtigkeitsklage als eine bestehende zu behandeln ist, und nach 1324 II zu einer vollgültigen werden kann.

Auf die Eintragung haben die Heiratenden einen öffentlichrechtlichen Anspruch in allen Fällen außer dem der formellen Nichtigkeit.

II. Kapitel. Die sachlichen Voraussetzungen der Eheschließung. — Fehlerhafte Ehe und Ehehindernisse.

§ 8. A. Allgemeines. Grundgedanken und Art der Regelung.

Die Eheschließung hat außer förmlichen Voraussetzungen auch sachliche. Sie ergeben sich einmal aus dem Vertragscharakter der Ehe; diese muß den allgemeinen rechtsgeschäftlichen Voraussetzungen entsprechen. Sie ergeben sich sodann aus besonderen eherechtlichen Gesichtspunkten, sittlichen, religiösen, sozialen und politischen Rücksichten; die allgemeinen Vertragsvorschriften genügen hier nicht.

Deshalb sind die Voraussetzungen der Eheschließung besonders geregelt, aber zum großen Teil im Anschluß an das kanonische Recht unter dem Gesichtspunkt des Ehehindernisses, des Fehlens einer Voraussetzung, impedimentum. Das kirchliche Recht unterscheidet zwischen trennenden Ehehindernissen (impedimenta dirimentia), die dem gültigen Zustandekommen der Ehe entgegenstehen und bloß aufschiebenden Ehehindernissen (impedimenta impedientia), die zwar den Abschluß verbieten, unerlaubt machen, die Gültigkeit der trotzdem geschlossenen Ehe aber nicht berühren. Diese Scheidung hat auch das BGB. übernommen.

Bei den impedimenta dirimentia unterschied die bisherige kirchliche Lehre (beeinflußt durch die protestantische Doktrin) weiter zwischen impedimenta dirimentia publica und privata; erstere führen, weil im öffentlichen Interesse aufgestellt, zur Annulation der Ehe, letztere begründen, weil bloß dem Sonderinteresse der Gatten dienend, nur ein Akkusationsrecht des Beteiligten. Auch diese Lehre klingt an bei der Scheidung des BGB. zwischen Nichtigkeits- und Anfechtungsgründen (1323ff.), wird aber vom codex iuris canonici nicht mehr beibehalten.

Die Regelung des BGB. ist formell wenig glücklich und übersichtlich. Denn der II. Titel (Eingehung der Ehe) zählt in den §§ 1303ff. nur einen Teil der Gültigkeitsvoraussetzungen unter dem Gesichtspunkt eines Ehehindernisses auf, ein anderer wichtiger Teil ist im III. Titel unter dem Gesichtspunkt eines Anfechtungsgrundes geregelt: Irrtum, Zwang, Betrug. In diesem Titel sind zudem einzelne der Ehehindernisse des II. Titels noch einmal behandelt, insofern sie nämlich die Nichtigkeit oder Anfechtbarkeit der Ehe begründen. Denn die Folgen einer Verletzung der Vorschriften des II. Titels werden nicht in diesem Titel, sondern erst im III. Titel geregelt. Man muß also doppelt nachschlagen, um einen vollen Überblick über die Voraussetzungen der Eheschließung und die Folgen ihres Fehlens zu erhalten. Unsere Darstellung wird deshalb zuerst die verschiedene Ausgestaltung der Rechtsfolgen entwickeln und erst dann die Ehehindernisse nach ihren Wirkungen gruppiert aufzählen.

Statistisches: Die Zahl der rechtskräftigen Urteile, die auf Nichtigkeit der Ehe auf Grund einer Nichtigkeits- oder Anfechtungsklage lauteten, betrug im Deutschen Reich 1913: 258, 1919: 388, 1920: 654, 1921: 656, 1922: 643, 1923: 597.

B. Fehlerhafte Ehe. Die verschiedenen Arten der Unwirksamkeit. § 9.

Fehlerhaft nennen wir die Ehe, der materielle oder formelle Mängel anhaften, welche ihre volle Wirksamkeit ausschließen. Der verschiedenen Bedeutung der Voraussetzungen, der Art und dem Grade der Fehlerhaftigkeit entsprechen drei verschiedene Grade mangelnder Wirksamkeit, nämlich: völlige Nichtigkeit, Vernichtbarkeit und Anfechtbarkeit.

I. Die völlige Nichtigkeit.

Völlig nichtig ist die Ehe, wenn nicht einmal der äußere Tatbestand eines Eheschlusses vorliegt. Das ist der Fall:

1. bei einer Ehe zwischen Personen gleichen Geschlechts, selbst wenn die „Ehe" ins Heiratsregister eingetragen wird,

2. bei einer Ehe, die mit einem wesentlichen Formmangel behaftet und nicht ins Heiratsregister eingetragen ist (1324).

Eheschluß vor einem Nichtstandesbeamten, den keiner der Gatten für einen solchen ansieht, oder vor einem nicht bereiten Standesbeamten, ferner die nicht persönlich oder nicht gleichzeitig, endlich die betagt oder bedingt abgeschlossene Ehe.

Hier ist rechtlich nichts vorhanden, jeder kann die Nichtigkeit geltend machen, sie ist von Amts wegen zu beachten; die sog. Ehegatten können ohne weiteres wieder heiraten, die Kinder sind unehelich.

II. Vernichtbarkeit.

Regelmäßig ist aber die Ehe, der ein Nichtigkeitsgrund anhaftet, kein reines Nichts, sondern zunächst als gültig zu behandeln, bis sie auf erhobene Nichtigkeitsklage eines Interessenten hin für nichtig erklärt worden ist und das Urteil bei Lebzeiten der Ehegatten die Rechtskraft erlangt hat. Die Ehe ist also nicht im gewöhnlichen Sinn nichtig, sondern vernichtbar. Daß das Gesetz eine gerichtliche Prüfung und Feststellung des Nichtigkeitsgrundes verlangt (1328), ehe die Nichtigkeit von jedermann geltend gemacht werden kann, rechtfertigt sich aus der sittlichen Bedeutung der Ehe und ihrer Wichtigkeit für die Lebensstellung der Gatten und

Nachkommen. Es wäre z. B. unerträglich, wenn die Gatten auf Grund fälschlich angenommenen Nichtigkeitsgrundes sich neu verheiraten könnten.

Das Nichtigkeitsurteil zerstört den Schein der Ehe, der durch den formgerechten Eheschluß oder doch ihre Eintragung erzeugt worden ist. Deshalb ist ein Urteil unnötig, wo die Ehe schon durch Tod oder Scheidung aufgelöst ist (1329); hier ist der Schein der Ehe bereits durch die Macht der Tatsachen oder einen Richterspruch zerstört.

Die Ehenichtigkeit ist danach der Anfechtbarkeit stark angenähert und unterscheidet sich praktisch von ihr nur durch den größeren Kreis der Klageberechtigten. Man darf sie als eine erweiterte Eheanfechtbarkeit bezeichnen, erweitert, weil es sich um Unwirksamkeitsgründe handelt, die im öffentlichen Interesse aufgestellt sind (impedimenta dirimentia publica).

Der besondere Begriff der „Ehenichtigkeit" hat infolge der unklaren Fassung des § 1329 der Theorie große Schwierigkeiten gemacht. Das Gesetz sagt in 1329, daß die Ehenichtigkeit, solange nicht die Ehe für nichtig erklärt oder aufgelöst sei, nur im Wege der Nichtigkeitsklage geltend gemacht werden könne. Das leistet der Auffassung Vorschub, daß es sich um eine echte Nichtigkeit handele und nur die Geltendmachung beschränkt sei. Aber diese Formulierung kann nicht darüber hinwegtäuschen, daß die nichtige Ehe bis dahin die Wirkungen der gültigen auslöst. Eine ungültige Ehe könnte nicht durch „Tod" oder „Scheidung" „aufgelöst" werden. Deshalb ist das Nichtigkeitsurteil auch kein reines Feststellungsurteil, sondern ein Gestaltungsurteil, das die bereits eingetretenen Wirkungen mit rückwirkender Kraft beseitigt.

Das Gesetz hätte bei dieser Gestaltung der Dinge besser getan, den Begriff der Nichtigkeit auf die Fälle der Gruppe I zu beschränken und die Fälle der Vernichtbarkeit mit denen der Anfechtbarkeit unter dem großen Nenner der Eheanfechtbarkeit zusammenzufassen, was die Bildung von Untergruppen je nach den beteiligten öffentlichen oder privaten Interessen und dem größeren oder kleineren Kreis der Anfechtungsberechtigten nicht ausgeschlossen hätte. Die Ehenichtigkeit ist wieder ein Beispiel für die unnötige Vorliebe des Gesetzes zu begrifflichen Haarspaltereien.

1. Das Gesetz kennt 5 Fälle der Vernichtbarkeit:
   a) die formwidrige, aber ins Heiratsregister eingetragene Ehe (1324 II);
   b) Die Ehe der Geschäftsunfähigen, Bewußtlosen oder zeitweise Geistesgestörten (1235);
   c) Die Ehe eines bereits gültig Verheirateten (1325);
   d) Die Ehe von Verwandten oder Verschwägerten (in gerader Linie) und die Geschwisterehe (1327);

e) Die Ehe des ehebrecherischen Gatten mit demjenigen, mit dem er Ehebruch getrieben hat, wenn dieser Ehebruch als Scheidungsgrund im Scheidungsurteil festgestellt ist (1328).

Der Anerkennung solcher Ehen widersprechen überall gewichtige öffentliche Belange.

2. Die Klageberechtigung. Weil öffentliche Belange im Spiele sind, ist der Kreis der Klageberechtigten weit gezogen. Während die Eheanfechtungsklage regelmäßig nur dem in seinen Interessen verletzten Ehegatten zusteht, ist zur Geltendmachung der Nichtigkeit jeder Interessent befugt: jeder Ehegatte, der Staatsanwalt, der Ehegatte einer früheren Ehe dann, wenn die neue wegen Bigamie nichtig ist, endlich sonstige Dritte, für die von der Ehenichtigkeit ein Recht oder eine Pflicht anhängt (632 ZPO.). Namentlich kann also jemand die Klage anstellen, um die Wirksamkeit einer Verfügung der Frau über ihr Vermögen herbeizuführen, die nach dem gesetzlichen Güterrecht mangels Zustimmung des Mannes als wirkungslos zu behandeln wäre (1395).

3. Die vorläufige Wirksamkeit. Da die Ehe bis zur Rechtskraft des Nichtigkeitsurteils die Wirkungen der gültigen Ehe auslöst, erhält die Frau Namen, Wohnsitz, Staatsangehörigkeit des Mannes, das Güterrecht gilt, die Kinder sind ehelich. Der Folgerung, daß die Ehegatten zur ehelichen Lebensgemeinschaft, also auch zur Leistung der ehelichen Pflicht verbunden sind, kann man für die blutschänderische und bigamische Ehe vorbeugen durch Berufung auf das Mißbrauchsverbot des § 1353 II BGB. und durch die Erwirkung einer einstweiligen Verfügung (627 ZPO.).

Als vorläufig wirksame Ehe kann die vernichtbare Ehe auch aufgelöst werden und zwar durch Tod oder Scheidung. Die Scheidung wirkt aber hier ausnahmsweise nicht als Trennung bloß für die Zukunft, sondern ist Vernichtung auch für die Vergangenheit.

4. Rückwirkung des Urteils und Ausnahmen davon. Die Vernichtung der Ehe durch Nichtigkeits- oder Scheidungsurteil oder Tod hat rückwirkende Kraft, die Ehe ist als von Anfang an nichtig zu behandeln — ganz wie bei der Anfechtung (arg. 1343) Folglich muß der Mann die Nutzungen des Frauengutes herausgeben, bald nach 985ff. (Herausgabeanspruch des Eigentümers) bald nach 812 (Bereicherungsanspruch). Die Kinder werden unehelich.

Der Witwe eines Offiziers, die in vernichteter zweiter Ehe lebte, hat das RG. den Anspruch auf Nachzahlung der Pension zuerkannt. (RG. **88**, 326).

Im Interesse der Verkehrssicherheit, des redlichen Gatten und der Kinder sind drei Ausnahmen von diesen Grundsätzen gemacht:

a) Gutgläubigen Dritten gegenüber ist die Berufung auf die Nichtigkeit beschränkt (1344). Unredlich ist, wer die Vernichtbarkeit kennt. Geschützt wird der Redliche nur, wenn zwischen ihm und einem der Gatten ein Rechtsgeschäft vorgenommen oder ein rechtskräftiges Urteil ergangen ist; dann ist das sonst unwirksame Rechtsgeschäft oder Urteil zu seinen Gunsten als wirksam aufrechtzuerhalten. Wirksam bleibt also z. B. der Erwerb verbrauchbarer Sachen der Frau aus einer Veräußerung des Mannes nach 1376 Nr. 1. Wer dagegen dem Mann im Vertrauen auf das reiche Frauengut kreditiert hat, kann nicht in die Nutzungen des Frauengutes vollstrecken, die der Mann bei wirksamer Ehe gemäß 1383 erworben hätte; anders wenn er sich ein rechtsgeschäftliches Pfandrecht hätte bestellen lassen.

b) Der redliche, d. h. zur Zeit der Eheschließung in Unkenntnis der Nichtigkeit befindliche Gatte kann vom unredlichen Teil verlangen, in vermögensrechtlicher Beziehung so gestellt zu werden, als ob die Ehe wegen der alleinigen Schuld des unredlichen geschieden worden wäre (1345). Er kann dann Unterhalt nach 1578 beanspruchen, Schenkungen widerrufen (1584) und Vermögensauseinandersetzung verlangen. Der redliche Mann braucht also z. B. der unredlichen Frau die Nutzungen des eingebrachten Gutes nicht herauszugeben.

Wenn beide redlich sind, kommt ein Schutz des Gutgläubigen gegenüber dem Schlechtgläubigen nicht in Frage, es bleibt bei den Nichtigkeitsfolgen. Aber auch der Redliche kann es dem Unredlichen gegenüber dabei bewenden lassen. Seine Entscheidung erfolgt durch rechtsgestaltende Erklärung, die an keine Form gebunden und unwiderruflich ist. Den Schwebezustand kann der andere Ehegatte beseitigen durch eine Aufforderung, sich innerhalb angemessener Frist zu entscheiden, nach deren Ablauf das Recht zur Wahl der Scheidungsfolgen erlischt (1347).

c) Die aus einer vernichtbaren Ehe stammenden Kinder gelten als ehelich, wenn auch nur einer der Gatten redlich war, erst recht, wenn beide es waren (1699) (vgl. § 34 dieses Buches).

6. Ausnahmsweise Heilung der Nichtigkeit.

Nach 1329 scheint jede vernichtbare Ehe spätestens durch den Tod eines der Gatten der Vernichtung anheimzufallen. Henle spricht deshalb auch von „zerfallender“ Ehe. Aber das Gesetz erkennt hier ausnahmsweise eine Heilung der Nichtigkeit für drei Fälle an:

a) Für die formwidrig geschlossene, aber ins Heiratsregister eingetragene Ehe, wenn die Gatten zehn Jahre oder bei früherem Tode eines Gatten bis dahin mindestens drei Jahre als Ehegatten miteinander gelebt haben (1324 II) — ohne daß die Nichtigkeitsklage erhoben worden wäre.

b) Für die Ehe eines Geschäftsunfähigen, Bewußtlosen oder zeitweise Geistesgestörten durch formlose Bestätigung nach dem Wegfall der Störung (1325 II) — sofern nicht schon vorher die Ehe für nichtig erklärt oder aufgelöst worden ist.

Die Bestätigung ist die mit Kenntnis des Nichtigkeitsgrundes dem andern Gatten gegenüber abgegebene Erklärung, die Ehe fortsetzen zu wollen — was auch stillschweigend z. B. durch Fortsetzung der Geschlechtsgemeinschaft geschehen kann.

c) Für die wegen Ehebruchs nach 1312 verbotene Ehe infolge nachträglicher Befreiung, (1328 II).

Gerade bei diesen Fällen der Heilung der Ehenichtigkeit zeigt sich die Undurchführbarkeit des strengen, römischrechtlichen Nichtigkeitsbegriffs des Allgemeinen Teils. („Quod ab initio vitiosum est, non potest tractu temporis convalescere" und „Bestätigung eines nichtigen Geschäfts bedarf der Formen des Neuabschlusses" vgl. § 27 II 1 c des Grundr. d. Allgem. Teils). Soziale Vorgänge, die das Schicksal einer Reihe von Menschen entscheidend bestimmen, wie z. B. der Eheschluß, kann man nicht gut, weil sie den rechtlichen Vorschriften nicht völlig entsprechen, als nicht vorhanden betrachten. Ihre Behandlung nach Art der Anfechtbarkeit ist das Richtige. So auch das BGB. Es drückt sich freilich ungenau aus, wenn es sagt, die Ehe sei auf Grund der Heilung „als von Anfang an gültig anzusehen". Die vernichtbare Ehe ist ja schon ohnedies vorläufig als gültig zu behandeln. Infolge der Heilung wird die Behandlung eine endgültige, die Vernichtbarkeit ist getilgt. Das kommt dem Wegfall des Anfechtungsrechts gleich.

7. Das Verfahren bei der Nichtigkeitsklage, die zu den „Ehesachen" gehört (606 ZPO.), untersteht wichtigen Sondervorschriften — um das öffentliche Interesse am Bestand der Ehe, an Klarheit und Rechtssicherheit der eherechtlichen Beziehungen zu wahren.

a) Die Geltung des Verhandlungsgrundsatzes — wonach die Parteien des Zivilprozesses Inhalt und Umfang des Rechtsschutzes und der Stoffsammlung bestimmen — ist in wichtigen Punkten ausgeschaltet; andernfalls könnten gültige Ehen unberechtigt vernichtet, vernichtbare aber vollgültig werden.

Die Vorschriften über die Wirkungen des gerichtlichen Geständnisses, des Anerkenntnisses, der Eideszuschiebung sind unanwendbar (617 ZPO.). Kein Anerkenntnis- oder Versäumnisurteil gegen den

Beklagten! Das Gericht kann das persönliche Erscheinen der Parteien erzwingen (619 ZPO.), und um Klarheit über das Bestehen der Ehe zu erhalten, nicht vorgebrachte Tatsachen berücksichtigen und von Amts wegen Beweise aufnehmen (622 ZPO.).

b) Die Staatsanwaltschaft ist zur Mitwirkung befugt und hat das staatliche Interesse an der Aufrechterhaltung der Ehe zu wahren (607 ZPO.).

c) Das Urteil wirkt — wenn es bei Lebzeiten beider Gatten rechtskräftig wird — für und gegen alle (629 ZPO.).

Eine Ausnahme wird gemacht für den Fall der Doppelehe zugunsten des Ehegatten der ersten Ehe, mit dem der bigamische Gatte früher verheiratet war; das Urteil, das die wegen Doppelehe erhobene Nichtigkeitsklage abweist, wirkt gegen ihn nur dann, wenn er am Rechtsstreit teilgenommen hat. Andernfalls behält er sein Recht, auf Nichtigkeit der zweiten Ehe zu klagen (629 I, 2 ZPO.).

III. Die Anfechtbarkeit.

Der schwächste Grad der Eheunwirksamkeit ist die Anfechtbarkeit. Sie ist ihrem Wesen nach von der Anfechtbarkeit des Allgemeinen Teils nicht verschieden, bedeutet eine, von dem Willen eines bestimmten Interessenten abhängige Nichtigkeit, verbunden mit der Annahme vorläufiger Geltung (vgl. Grundriß des Allgem. Teils S. 123/24). Zunächst treten also die Wirkungen einer vollgültigen Ehe trotz des ihr anhaftenden Mangels ein, können aber durch das Gestaltungsgeschäft der Anfechtung mit rückwirkender Kraft von dem verletzten Gatten wieder beseitigt werden (1343 I).

Daraus ergibt sich ohne weiteres die Verwandtschaft der Eheanfechtbarkeit mit der Vernichtbarkeit, die wir als eine erweiterte Anfechtbarkeit bezeichnet haben. Die Besonderheiten der Eheanfechtung liegen 1. in den Fällen der Anfechtbarkeit, 2. der Person des Anfechtungsberechtigten, 3. der Geltendmachung des Anfechtungsrechts, 4. geringfügigen Abweichungen bei der Ausgestaltung der Wirkungen, 5. den Endigungsgründen des Anfechtungsrechts.

1. Das Gesetz kennt folgende Fälle der Anfechtbarkeit:

a) Fehlende Einwilligung des gesetzlichen Vertreters eines beschränkt Geschäftsfähigen (1331).

b) Willensmängel (Irrtum, Betrug, Zwang) (1332 ff.).

c) Rückkehr des fälschlich für tot erklärten Gatten, dessen Gatte eine neue Ehe eingegangen ist (1348).

Durch diese Unwirksamkeitsgründe werden keine öffentlichen, sondern nur die besonderen Belange der unmittelbar Beteiligten geschützt.

2. Die Klageberechtigung. Weil nur private Belange in Betracht kommen, ist der Kreis der Anfechtungsberechtigten auch auf die unmittelbar Beteiligten beschränkt. Das Anfechtungsrecht steht nur zu dem durch den Anfechtungsgrund geschützten Ehegatten, also dem beschränkt Geschäftfähigen, dem Irrenden, dem Betrogenen, dem Bedrohten, den redlichen Gatten der neuen Ehe (bei der Todeserklärung). Das Anfechtungsrecht ist eine höchstpersönliche Befugnis. Ob jemand seine Ehe vernichten will, soll wegen ihrer die ganze Person erfassenden Bedeutung, nur er selber beurteilen. Auch ein in der Geschäftsfähigkeit beschränkter Gatte bedarf nicht der Zustimmung seines gesetzlichen Vertreters (1336) — es sei denn, daß gerade der Mangel des Vertretereinwilligung in den Eheschluß dessen Anfechtbarkeit begründet; hier ist — solange die Geschäftsbeschränktheit dauert — nur der gesetzliche Vertreter zur Anfechtung berechtigt. Für den Geschäftsunfähigen muß natürlich der gesetzliche Vertreter das Anfechtungsrecht ausüben, ist aber an die Genehmigung des Vormundschaftsgerichts gebunden (1336).

Über den Sonderfall der Rückkehr des fälschlich als tot Erklärten vgl. § 25 dieses Buches.

3. Der Anfechtungsakt. Die Anfechtung erfolgt nicht durch formfreie, sondern durch förmliche Willenserklärung. Grundsätzlich ist gerade wie bei der Geltendmachung der Nichtigkeit Klageerhebung nötig (1341 I), weil die Berechtigung zur Anfechtung zweifelhaft sein kann und wegen der Bedeutung der Ehe gerichtlich geprüft und festgestellt werden soll. Die Gatten müssen zuverlässig wissen, woran sie sind. Nur wenn die Ehe bereits durch den Tod des nicht anfechtungsberechtigten Gatten aufgelöst worden ist, erfolgt die Anfechtung durch einfache, öffentlich beglaubigte Erklärung gegenüber dem Nachlaßgericht (1342 I).

4. Auch die Wirkung der Anfechtung ist von der des Allgemeinen Teils insofern verschieden, als die völlige Nichtigkeit nicht sofort mit der Klageerhebung eintritt, wie das scheinbar in 1343 I angeordnet ist. Genau gesehen, wird durch die Klageerhebung die Anfechtbarkeit umgewandelt in Vernichtbarkeit. Die Vernichtung selbst tritt erst mit dem auf die Anfechtungsklage ergehenden Nichtigkeitsurteil ein. Aber die angefochtene Ehe kann schon vorher durch Auflösung (sei es durch Scheidung, Tod oder Wiederverheiratung im Falle der Todeserklärung, 1348 II) völlig nichtig werden (1343 II).

Hierin liegt die eigenartige Wirkung der Eheanfechtung. Während die Auflösung vor Erhebung der Anfechtungsklage keine Vernichtung zur Folge hat, führt die nachherige Auflösung zur Vernichtung und damit Erledigung des Anfechtungsprozesses in der Hauptsache (628 ZPO.).

Die Eheanfechtung verwandelt die anfechtbare Ehe zu einer auch durch Auflösung vernichtbaren. Man kann die Anfechtbarkeit also auch als eine schwächere Vernichtbarkeit bezeichnen.

Wenn die Ehe schon durch Tod des nichtanfechtungsberechtigten Gatten aufgelöst ist, bewirkt die Anfechtung (gegenüber dem Nachlaßgericht) noch nachträglich die völlige Vernichtung, nicht bloß die Vernichtbarkeit der Ehe, hat also die gewöhnliche Wirkung der Anfechtung von Rechtsgeschäften.

Die rückwirkende Kraft der Eheanfechtung, genauer die Vernichtung der angefochtenen Ehe von Anfang an durch das Nichtigkeitsurteil oder die Auflösung der Ehe, wird ganz wie bei der Ehenichtigkeit durchbrochen durch die Schutzvorschriften zugunsten redlicher Dritter (1344), des redlichen Gatten (1345/47) und der Kinder (1699).

Auch insoweit unterscheidet sich die Eheanfechtung von der Anfechtung des Allgemeinen Teils, als die Haftung für das Vertrauensinteresse besonders geregelt ist; § 122 gilt also nicht. Immerhin entspricht die Regelung der Irrtumsanfechtung in 1346, 2 dem Grundgedanken des 122. Danach kann der Gegner des Irrenden und Anfechtenden bei Nichtigkeitserklärung der Ehe verlangen, vom Anfechtungsberechtigten so gestellt zu werden, wie wenn die Ehe wegen dessen alleiniger Schuld geschieden wäre. Doch fällt dieses Recht des anderen Gatten fort, wenn er den Irrtum bei Eingehung der Ehe kannte oder kennen mußte (1346, 2). Hat er den Irrtum und die Anfechtbarkeit positiv gekannt, bleibt es bei der Regel des 1345, d. h. der wegen seines Irrtums anfechtende Gatte hat als redlicher Teil gegen den Unredlichen die Rechte aus 1345. Bei Anfechtung der Ehe wegen Drohung gilt der Bedrohte (1346, 1) als redlich.

5. Beim Verlust des Anfechtungsrechtes muß man unterscheiden:

Das Erlöschen des Anfechtungsrechts vor seiner Ausübung und den Wegfall der Wirkungen des schon ausgeübten Anfechtungsrechts.

a) Das Anfechtungsrecht erlischt vor seiner Ausübung:

α) Durch Bestätigung des Anfechtungsberechtigten oder durch Genehmigung des gesetzlichen Vertreters, dessen Zustimmung fehlte (1337). Dadurch wird die Ehe zu einer vollgültigen Ehe.

Die Bestätigung ist die mit Kenntnis des Anfechtungsgrundes (nicht der Anfechtungsbefugnis) vorgenommene Äußerung des Willens, die Ehe fortzusetzen. Das kann auch stillschweigend z. B. durch Leistung der ehelichen Pflichten geschehen. Eigenartig ist, daß regelmäßig der Geschäftsbeschränkte trotz der Geschäftsbeschränktheit ohne Zustimmung seines gesetzlichen Vertreters die Bestätigung vollziehen kann (1336 I); nur wenn die Ehe wegen fehlender Einwilligung des gesetzlichen Vertreters anfechtbar ist (1331), erwirbt der anfechtungsberechtigte Gatte das Bestätigungsrecht erst mit Erlangung der unbeschränkten Geschäftsfähigkeit (1337). Vgl. über die Bestätig. Sternberg, Arch. Ziv. Pr. 107, 345 ff.

β) Durch den Tod der Anfechtungsberechtigten — er nimmt sein Anfechtungsrecht mit ins Grab — nicht aber durch den Tod des Nichtanfechtungsberechtigten.

Den Erben des Anfechtungsberechtigten steht nicht zu, eine Ehe zu vernichten, die der unmittelbar Verletzte, den sie persönlich anging, hat bestehen lassen, zumal für die Rechtsnachfolger hauptsächlich Vermögensinteressen in Betracht kämen. Dagegen wäre es unbillig, die persönlichen und vermögensrechtlichen Interessen des anfechtungsberechtigten Gatten selbst wegen des Todes des Verletzers zu schmälern, der Frau z. B. die Beseitigung der güterrechtlichen Ehefolgen zu versagen.

γ) Durch Scheidung der noch nicht angefochtenen Ehe oder Wiederverheiratung im Falle der Todeserklärung (1338).

δ) Durch Zeitablauf (1339). Die Anfechtungsfrist beträgt 6 Monate und beginnt erst mit dem Zeitpunkt, worin der Anfechtungsberechtigte zur Anfechtung in der Lage ist. Näheres 1339.

b) Die Wirkungen der schon ausgeübten Anfechtung werden beseitigt:

α) Durch die Zurücknahme der Anfechtungsklage (1341 II, 1).

Das schließt die Neuanstellung der Klage nicht aus, da die Ehe aus einer vernichtbaren wieder eine anfechtbare geworden ist, sofern nicht in der Zurücknahme eine Bestätigung lag.

β) Durch die Bestätigung der Ehe durch den anfechtenden Gatten oder ihre Genehmigung durch den gesetzlichen Vertreter, falls sie ohne dessen Zustimmung geschlossen war und der Gatte noch beschränkt geschäftsfähig ist (1341 II, S. 2). Hier fallen aber nicht bloß die Wirkungen der erfolgten Anfechtung fort, sondern das Anfechtungsrecht selbst geht verloren, da die Ehe eine vollgültige wird (siehe oben 5a α).

6. Das Verfahren bei der Anfechtungsklage, die ebenfalls zu den Ehesachen gehört (606 ZPO.), untersteht ähnlichen Sondersätzen wie die Ehenichtigkeitsklage (606 ff. ZPO.). Jedoch ist eine Offizialtätigkeit des Gerichts nur zum Zwecke der Aufrechterhaltung der Ehe zugelassen (622 ZPO.). Dem Staat liegt hier lediglich daran, eine materiell unbegründete Vernichtung der Ehe zu vermeiden, während er bei den Nichtigkeitsgründen an der Aufklärung des Sachverhalts nach beiden Richtungen hin, gegebenen-

falls auch gerade an der Vernichtung der (blutschänderischen, bigamischen usw.) Ehe interessiert ist.

Also Wirkungslosigkeit des Geständnisses und der Eideszuschiebung bezüglich einer Tatsache, die die Anfechtung begründen soll, z. B. einer arglistigen Täuschung; Wirksamkeit bezüglich einer Tatsache, die zur Aufrechterhaltung der Ehe führt wie z. B. der Bestätigung. Keine Beweiserhebung von Amts wegen, um einen Irrtum des Klägers festzustellen, wohl aber, um seine Kenntnis der wahren Sachsage darzutun.

§ 10. C. Die sachlichen Voraussetzungen der Eheschließung — Ehehindernisse.

Abgesehen von den Formerfordernissen hat das Gesetz die Voraussetzungen der Eheschließung nicht als solche geregelt, sondern im Anschluß an die kirchliche Lehre unter dem Gesichtspunkt des Ehehindernisses. Ehehindernisse sind Eheverbote, Umstände, die der Eingehung der Ehe entgegenstehen.

Daneben gibt es Umstände, die kein Verbot begründen, z. B. der Irrtum, aber einen materiellen Mangel der Eheschließung erzeugen und deren Wirkungen beeinträchtigen. Auch hier sprechen viele von Ehehindernissen. Das ist freilich ungenau; denn man kann nicht sagen, daß es verboten ist, sich zu irren oder sich täuschen zu lassen. Richtig ist nur, daß die fehlerlose Willensbildung eine Voraussetzung vollwirksamen Eheschlusses ist. Will man den Begriff der Ehehindernisse so weit fassen, daß er die Willensmängel deckt, so muß man ihn als Mangel einer Ehevoraussetzung verstehen.

Dafür spricht, daß der noch geltende § 48 PersonenstandsG., der den Standesbeamten verpflichtet, die Eheschließung abzulehnen, wenn „Ehehindernisse" zu seiner Kenntnis kommen, vernünftigerweise ausdehnend auszulegen ist. Der Standesbeamte muß auch ablehnen, wenn er Kenntnis erlangt von einem Irrtum, Zwang oder Betrug, die die Ehe anfechtbar machen würden; denn es widerspricht dem Zweckgedanken und bei Betrug und Zwang sogar dem Strafgesetz, daß der staatliche Beamte, dessen Mitwirkung die Ordnungsmäßigkeit des Eheschlusses gewährleisten soll, seine Hand bietet zum Abschluß einer vom Gesetz gemißbilligten oder sogar strafbaren Ehe.

Die folgende Darstellung wird deshalb von dem weiteren Begriff der Ehehindernisse (im Sinne fehlender Voraussetzungen der Eheschließung) ausgehen und diese nach ihren Wirkungen gruppieren, unter deutlicher Scheidung der echten Ehehindernisse (Verbote) von den unechten sog. Ehehindernissen, die nur fehlende Voraussetzungen bedeuten.

Nach ihrer Wirkung sind zu scheiden:

1. Öffentliche trennende Ehehindernisse, die die Ehe nichtig oder vernichtbar machen — die alten impedimenta dirimentia publica;

2. Private trennende Ehehindernisse, die die Ehe anfechtbar machen, aber nur z. T. echte Ehehindernisse im Sinne eines Eheverbots sind, z. T. unechte Hindernisse bedeuten (die Willensmängel) — die alten impedimenta dirimentia privata;

3. Aufschiebende Ehehindernisse, die dem Eheschluß entgegenstehen, ohne die Gültigkeit der trotzdem geschlossenen Ehe zu berühren, lauter echte unsanktionierte Verbote — die alten impedimenta impedientia tantum.

Grundsätzlich ist noch zu betonen, daß die Regelung der Nichtigkeits- und Anfechtungsgründe für den Eheschluß selbständig und erschöpfend in den §§ 1323ff. erfolgt ist.

1323: Eine Ehe ist nur in den Fällen der §§ 1324—28 nichtig.
1330: Eine Ehe kann nur in den Fällen der §§ 1331—35 und des § 1350 angefochten werden.

Die Nichtigkeits- und Anfechtungsgründe des Allgemeinen Teils des BGB. gelten also nicht, namentlich ist ein Angriff auf die Ehe unzulässig wegen absichtlicher Abweichung des Willens von der Erklärung, also für die Fälle der vom Gegner gekannten Mentalreservation (116 II), der Scheinerklärung (117) und der nicht ernstlichen Erklärung (118). Der Grund liegt im öffentlichen Interesse an der Einrichtung der Ehe, die gegen Mißbrauch geschützt werden muß. Wer unter den vorgeschriebenen Formen erklärt, daß er die Ehe schließe, muß zu seinem Worte stehen.

Aus gleichen Gründen führt auch ein Verstoß gegen die guten Sitten (138) nicht zur Nichtigkeit der Ehe. Gültig ist z. B. die Geld- und Namensheirat.

Zu scheiden von der Gültigkeit des Eheversprechens ist die der unsittlichen Nebenabrede, die selbstverständlich nichtig ist, also z. B., die Vereinbarung des Ausschlusses der Geschlechtsgemeinschaft (Josefsehe), ständigen Getrenntlebens, der Ehebruchsfreiheit.

I. Öffentliche trennende Ehehindernisse im weiteren Sinne, die Nichtigkeit oder Vernichtbarkeit zur Folge haben, sind ausschließlich (1323):

1. Der Mangel eines wesentlichen Formerfordernisses (1317 in Verbindung mit 1324); es handelt sich um kein Eheverbot, sondern nur um eine fehlende wesentliche Voraussetzung, die zur Sicherung der Ordnungsmäßigkeit und Erkennbarkeit der eherechtlichen Beziehungen aufgestellt ist.

Fehlende Erklärung des Eheschließungswillens, Bedingtheit oder Befristung der Erklärungen, Stellvertretung bei der Erklärung, Mangel der Gleichzeitigkeit der Erklärungen, Eheschluß vor einem Nichtstandesbeamten, den keiner der Gatten für einen solchen ansah, Mangel der Bereitschaft des Beamten.

Die Folge ist völlige Nichtigkeit, solange die Eheschließung nicht wenigstens ins Heiratsregister eingetragen ist. Die Eintragung festigt die Verbindung zu einer vernichtbaren und durch Zeitablauf heilbaren Ehe (1324 II).

2. Geschäftsunfähigkeit, der gleich stehen Bewußtlosigkeit und eine die freie Willensentschließung aufhebende, vorübergehende Störung der Geistestätigkeit (1325 I entsprechend 105). Es handelt sich um kein Eheverbot, sondern fehlende Voraussetzungen — das Mindestmaß geistiger Reife oder Klarheit, das für jedes Geschäft verlangt wird, ist natürlich auch die Vorbedingung des Eheschlusses.

Man denke an einen Eheschluß in Hypnose, im Fieberzustand, in Agonie. — Nach 104 Nr. 3 ist geschäftsunfähig nur der wegen Geisteskrankheit Entmündigte, der wegen Geistesschwäche Entmündigte wird dadurch nichtgetroffen.

Die Ehe ist nicht im üblichen Sinne nichtig, sondern vernichtbar. Sie ist weiter heilbar durch Bestätigung, nach Wegfall der Störung. Voraussetzung der Heilbarkeit ist, daß die Ehe nicht inzwischen für nichtig erklärt oder durch Tod oder Scheidung aufgelöst ist (1325 II).

Die Bestätigung kann nur persönlich erfolgen, ist also z. B. ausgeschlossen, wenn der zeitweise Geistesgestörte nicht wieder gesund wird, sondern in Wahnsinn fällt.

Wird der Unfähige wenigstens beschränkt geschäftsfähig, wird z. B. die Entmündigung wegen Geisteskrankheit in eine solche wegen Geistesschwäche umgewandelt, so kann er mit Einwilligung seines gesetzlichen Vertreters bestätigen (1331).

Nach allgemeinen Grundsätzen (141 I), würde die Bestätigung als erneute Vornahme zu erfolgen haben; § 1325 II begnügt sich ausnahmsweise mit formloser Bestätigung.

Bestätigung ist Äußerung des auf Aufrechterhaltung der Ehe gerichteten Willens in Kenntnis des Nichtigkeitsgrundes, kann also in der Leistung der ehelichen Pflicht trotz dieser Kenntnis gefunden werden.

Die sonstigen Fälle von Willensmängeln, die nach dem Allg. Teil als Nichtigkeitsgründe anerkannt sind, verhindern die Gültigkeit der Ehe nicht, also nicht ein gekannter geheimer Vorbehalt (Mentalreservation 116 II), nicht die Scheinerklärung (117), nicht der Mangel der Ernstlichkeit (118). Die Ehe ist in allen diesen Fällen gültig.

Nach cod. iur. can. c. 1036 § 2 sind Mentalreservation und Simulation Nichtigkeitsgrund.

3. Blutsverwandtschaft und Schwägerschaft in gerader Linie und Geschwisterverhältnis (1310). — Es handelt sich um echte trennende Ehehindernisse, die in erster Linie durch sittliche Anschauungen und Forderungen gerechtfertigt werden; es ist wesentlich für ein gesundes und reines Familienverhältnis, die Beziehungen zwischen nahen Verwandten und Verschwägerten frei von Geschlechtsliebe zu halten; gegen die Verwandtenehen sprechen ferner medizinische Erwägungen (Nachkommenschutz).

Die verbotswidrige Ehe ist vernichtbar, Heilung oder Befreiung sind ausgeschlossen (1327).

a) Das Ehehindernis der Blutsverwandtschaft ist vom BGB. im Gegensatz zum kanonischen und anderen Rechten sehr eingeschränkt worden. Während die kanonischen Eheverbote zeitweise bis zum 7. Grade kanonischer Zählung reichten und heute (cod. iuris can.) bis zum 3. Grad, kennt das BGB. nur mehr ein Ehehindernis für Verwandte gerader Linie und voll- und halbbürtige Geschwister.

Der allgemeine Verwandtschaftsbegriff des § 1589 BGB. ist aber erweitert. Während nach 1589 II ein uneheliches Kind und dessen Vater nicht als verwandt gelten, besteht nach 1310 III Verwandtschaft im Sinne des Eheverbotes auch zwischen einem unehelichen Kind und dessen Abkömmlingen einerseits und dem Vater und dessen Verwandten andererseits.

Nach kanon. R. dürfen also auch heute noch nicht heiraten Vetter und Base, ja nicht einmal Geschwisterenkel. Doch ist Dispens zulässig, soweit es sich nicht um Aszendenten und Deszendenten und Geschwister handelt. Nach BGB. dürfen sogar Onkel und Nichte heiraten, während SchweizZG. 100 das verbietet.

b) Das Ehehindernis der Schwägerschaft erstreckt sich ebenfalls nur auf die Verschwägerten in gerader Linie, ohne Unterschied allerdings, ob die Verwandtschaft, auf der die Schwägerschaft beruht, eine eheliche oder außereheliche ist (1310 I mit 1310 III).

Der Schwiegersohn darf also nicht die frühere Schwiegermutter heiraten, der Stiefvater nicht die Stieftochter, aber auch die Witwe nicht den unehelichen Sohn ihres Mannes — dagegen darf der Mann die Witwe des Bruders seiner verstorbenen oder geschiedenen Frau heiraten, weil im Rechtssinn gar keine Schwägerschaft hier vorliegt; Schwägerschaft besteht nur zwischen einem Ehegatten und den Blutsverwandten des andern Gatten.

Die Ehe freilich, auf der die Schwägerschaft beruht, muß gültig gewesen sein, sonst liegt nur sog. illegitime Schwägerschaft vor, die lediglich ein aufschiebendes Ehehindernis begründet (1310 II). Darüber unter III 5.

Der Sohn aus erster Ehe kann die Frau nicht heiraten, mit der sein Vater in vernichteter oder angefochtener zweiter Ehe gelebt hat.

4. Bereits bestehende gültige Ehe (1309). „Niemand darf eine Ehe eingehen, bevor seine frühere Ehe aufgelöst oder für nichtig erklärt ist." — Das Ehehindernis der Doppelehe ist ein echtes, trennendes Ehehindernis, eine Folgerung aus dem Grundsatz der Einehe.

Die verbotswidrig abgeschlossene zweite Ehe ist vernichtbar, guter Glaube nutzt nichts, Heilung ist ausgeschlossen (1326).

Das gilt aber nur, wenn die erste Ehe gültig ist. Ist sie völlig nichtig, besteht überhaupt kein Ehehindernis. Ist sie vernichtbar, so ist sie zwar zunächst als gültig zu behandeln, aber es besteht die Möglichkeit, daß sie durch Auflösung oder Nichtigkeitsurteil mit rückwirkender Kraft vernichtet wird und dadurch gleichzeitig die verbotswidrige zweite Ehe rückwirkend gültig wird. Entsprechendes gilt bei Anfechtbarkeit der ersten Ehe. Das Bestehen einer vernichtbaren oder anfechtbaren ersten Ehe wirkt insofern nur als aufschiebendes Ehehindernis.

Es fragt sich, ob das Gesetz nicht darüber hinaus ganz allgemein eine Heilung der zweiten Ehe nach Wegfall der ersten hätte anordnen sollen. Die unheilbare Nichtigkeit der zweiten Ehe wirkt z. B. wenig befriedigend, wenn die Frau eines als gefallen gemeldeten Soldaten neu geheiratet hat, und der tot geglaubte erst nach der Eheschließung in der Kriegsgefangenschaft gestorben ist. Während § 122 SchweizZG. bei Gutgläubigkeit des anderen Gatten Heilung eintreten läßt, müssen nach BGB. die „Gatten" der neuen Ehe den Eheschluß wiederholen.

5. Scheidung der früheren Ehe wegen Ehebruchs mit dem Gatten der neuen Ehe. Der ehebrecherische Gatte darf den, mit dem er Ehebruch getrieben hat, nicht heiraten, wenn die Ehe wegen dieses Ehebruchs laut Scheidungsurteil geschieden ist (1312). — Es handelt sich um ein echtes trennendes Ehehindernis, das im Interesse der Familienreinheit aufgestellt ist.

Die verbotswidrige Ehe ist vernichtbar, 1328, doch ist Befreiung zulässig, die die verbotswidrige Ehe rückwirkend gültig macht (1312 II).

Die katholische Kirche hat die aus dem Ehebruch anfänglich fließende Unfähigkeit beider Ehebrecher, irgendeine neue Ehe zu schließen, später gemildert zu einem Verbot der Ehe der Ehebrecher, das vom cod. iur. can. c. 1075 nur bei erschwertem Ehebruch (in Verbindung mit einem Eheversprechen der Ehebrecher oder ihrem Versuch tatsächlicher Eheschließung oder der Ermordung des anderen Gatten durch einen der Ehebrecher) festgehalten wird. Dispens ist möglich und wird abgesehen vom Fall der Ermordung auch vielfach gewährt. Das BGB. verlangt keine Qualifizierung, wohl aber, daß der Ehebruch der Grund für die Scheidung war und als solcher im Urteil (wenn auch nicht im Tenor) festgestellt ist. Die Stimmen, die den Wert des ganzen Verbots anzweifeln, mehren sich, zumal Dispens regelmäßig erteilt wird. Damit ist die abschreckende Wirkung ziemlich beseitigt. Ist es sittlich, den Ehebrechern zu verwehren, ihre geschlechtlichen Beziehungen auf eine gesetzliche Grundlage zu stellen? Wenn es sich um einseitigen Ehebruch handelt, wird der dritte, der von der Ehe nichts wußte, mitgestraft. Der betrogene Gatte läßt sich die Geltendmachung des Ehebruches nicht selten abkaufen, und die Ehe wird dann aus einem andern Grunde, den der Ehebrecher setzt, geschieden.

So wird das Verbot oft die Quelle neuer Unsittlichkeiten. Die meisten Kulturrechte (Schweiz, England, Amerika, Italien, Frankreich, Schweden, Norwegen, Dänemark, Rumänien, Portugal, Tschecho-Slowakei) kennen das Ehehindernis nicht.

II. Private trennende Ehehindernisse (im weiteren Sinn), die Anfechtbarkeit zur Folge haben, sind ausschließlich (1330):

1. Die fehlende Einwilligung des gesetzlichen Vertreters zur Ehe des beschränkt Geschäftsfähigen (1304), ein echtes trennendes Ehehindernis, das im Interesse des Mündels und seiner Familie aufgestellt ist, um den Mündel vor einer unüberlegten Heirat zu bewahren.

In Betracht kommen Minderjährige, wegen Geistesschwäche, Verschwendung oder Trunksucht Entmündigte, endlich die unter vorläufige Vormundschaft Gestellten (106, 114).

Das Ehehindernis der fehlenden Vertretereinwilligung ist scharf zu scheiden von dem Erfordernis der elterlichen! Einwilligung (1305), deren selbst geschäftsfähige Personen bis zur Vollendung des 21. Lebensjahres bedürfen; dieses Hindernis ist lediglich aufschiebend und will nicht die Interessen der Heiratenden, sondern der Eltern sichern (man denke an etwaige Alimentationspflichten); es rechtfertigt sich durch die den Eltern geschuldete Ehrerbietung.

Die verbotswidrige Ehe ist anfechtbar. Das Anfechtungsrecht steht dem geschützten Gatten selbst zu, nicht dem gesetzlichen Vertreter; dieser übt es aber während der Geschäftsbeschränktheit aus (1331, 1336 II 2); jedoch ist die Anfechtung ausgeschlossen, wenn der gesetzliche Vertreter die Ehe vor der erfolgten Anfechtung genehmigt oder der inzwischen unbeschränkt geschäftsfähig gewordene Gatte sie bestätigt hat (1337 I 1).

Ist der gesetzliche Vertreter ein Vormund oder Pfleger, so eröffnet das Gesetz dem Mündel die Möglichkeit, die versagte Zustimmung des Vertreters durch das Vormundschaftsgericht ersetzen zu lassen, und zwar sowohl vor der Eheschließung (1304), wie nachher (1337 I 2). Das Gericht soll die Einwilligung ersetzen, wenn die Eingehung der

Ehe im Interesse des Mündels liegt, und soll die Genehmigung ersetzen, wenn die Aufrechterhaltung das tut. Wenn dagegen die gesetzliche Vertretung dem Vater oder der Mutter als Inhaber der elterlichen Gewalt zusteht, ist ein Ersatz ausgeschlossen (1304 II u. 1337 I 2).

2. Der Irrtum kann nur als Ehehindernis im weiteren Sinne der mangelnden Voraussetzung (fehlerfreier Willensbildung) bezeichnet werden. Er wird in drei Spielarten als Anfechtungsgrund berücksichtigt, wobei das Gesetz bestrebt ist, die Irrtumsanfechtung zwecks Aufrechterhaltung der Ehe zu beschränken.

Das kanonische Recht ist noch zurückhaltender. Nach cod. iur. can. c. 1083 vernichtet ein Irrtum, selbst wenn er durch Täuschung hervorgerufen ist, die Ehe nur dann, wenn er die Person des andern Gatten betrifft (error in persona) oder solche Eigenschaften, die dessen Person individuell bestimmen (error qualitatis in personam redundantis). Der eigentliche Eigenschaftsirrtum ist nur in einem Falle Nichtigkeitsgrund, wenn ein freier Kontrahent den andern gleichfalls für frei hält, während er in Wahrheit Sklave ist. — Demgegenüber geht das BGB. entsprechend der Praxis des evangelischen Kirchenrechts weiter und berücksichtigt den Eigenschaftsirrtum auch in anderen Fällen.

a) Zunächst macht das Fehlen des Eheschließungswillens überhaupt die Ehe anfechtbar — sei es, daß ein Gatte bei der Eheschließung überhaupt nicht gewußt hat, daß es sich um eine solche handelt (Fälle des fehlenden Erklärungsbewußtseins und des Inhaltsirrtums, d. i. der falschen Vorstellung von der inhaltlichen Bedeutung des Vorgangs), sei es, daß er es zwar gewußt hat, aber eine Erklärung, die Ehe zu schließen, nicht hat abgeben wollen (sog. Verlautbarungs- oder Erklärungsirrtum), (1332).

Alle Beispiele wirken konstruiert, weil es lebenswirkliche Fälle kaum gibt. Mit dieser Maßgabe mögen als Beispiele dienen für fehlendes Erklärungsbewußtsein: jemand glaubt, es handele sich um eine theatralische Aufführung; für Inhaltsirrtum: jemand glaubt, es handele sich um eine Verlobung, oder ein Ausländer meint „ja“ sei der deutsche Ausdruck für „nein“; für Erklärungsirrtum: eine Schwerkranke, die vor ihrem Tode noch getraut werden soll, verspricht sich in ihrer Erregung und sagt „ja“ statt „nein“. Man muß hier überall schon weitere Unterstellungen machen, etwa die einer fein eingefädelten Täuschung oder einer an geistige Störung heranreichenden Erregung, um solche Beispiele ernst nehmen zu können.

Der Irrende kann anfechten, ohne daß es, wie in 119 noch auf die Untersuchung ankäme, ob er die Ehe bei Kenntnis der Sachlage nicht doch abgeschlossen hätte.

b) Ferner begründet ein Anfechtungsrecht der Irrtum über die Person des anderen Gatten (1333), (sog. Identitätsirrtum).

Jakob hält Lea beim Eheschluß für Rahel. — Eine Deutsche, die sich vom Ausland aus brieflich mit einem Albert Müller in Hamburg verlobt hat, wird von einem andern Albert Müller, der sich in den Besitz der Papiere seines Namensvetters gesetzt hat, am Schiff empfangen und zum Standesamt geführt.

Regelmäßig wird bei derartigem Personenirrtum Doppeldeutigkeit der Erklärungen vorliegen, weil jeder der Vertragsgenossen durch zwei Kennzeichen sich selber und den andern individualisiert: ich, der ich körperlich erschienen bin und X heiße, will den hier körperlich Erschienenen, der Y heißt, heiraten. Gehen diese Kennzeichen auseinander, hat sich im vorigen Beispiel der Schwindler Albert Mayer der Papiere des Albert Müller bemächtigt, so ist der wahre Wille zu berücksichtigen. Da die Braut den wirklichen Albert Müller heiraten wollte, ist eine Ehe mit dem anwesenden Mayer überhaupt nicht zustande gekommen. Die ins Heiratsregister eingetragene Ehe mit Albert Müller ist nichtig, weil dieser nicht persönlich erschienen war, kann aber nach 1324 durch tatsächliches Miteinanderleben gültig werden (vgl. M. Wolff, § 25 I 3).

Sind die Verlobten dagegen in beiderseitigem Einverständnis unter falschem Namen aufgetreten, ist die Ehe zwischen ihnen und nicht zwischen den Namensträgern zustande gekommen. Anders bei verhüllter Stellvertretung, wenn 2 Personen, statt selbst zum Standesamt zu gehen, ihre Vertreter schicken und diese unter dem Namen der Vertretenen heiraten. Dann wollten sie die Ehe nicht für sich, sondern für die Vertretenen schließen; die Ehe ist wegen des fehlenden Eheschließungswillens nicht für die Vertreter und wegen des Mangels der Form (persönliches Erscheinen) auch nicht für die Vertretenen zustande gekommen, kann aber für letztere durch Eintragung zu einer vernichtbaren und durch Zusammenleben heilbaren Ehe werden.

Auch beim Irrtum über die Person brauchen subjektive und objektive Erheblichkeit des Irrtums nicht dargetan zu werden, sie werden vom Gesetz unterstellt.

c) Der Irrtum über Eigenschaften des andern Gatten macht die Ehe nur dann anfechtbar, wenn es sich um persönliche Eigenschaften handelt, die den Irrenden bei Kenntnis der Sachlage (subjektive Erheblichkeit) und verständiger Würdigung des Wesens der Ehe (objektive Erheblichkeit) von deren Eingehung abgehalten haben würden (1333).

Der Begriff der persönlichen Eigenschaften ist eng zu fassen. Nicht gehören dazu alle tatsächlichen und rechtlichen Verhältnisse des Gatten, sondern nur solche Merkmale, die in ihm selbst liegen, als wesentliche Bestandteile seiner Persönlichkeit erscheinen — im Gegensatz zu seinen Beziehungen zu andern Menschen und äußeren Gütern. Persönliche Eigenschaften sind z. B. alle körperlichen, sittlichen, geistigen Merkmale, wie z. B. Jungfräulichkeit, Krankheit, Beiwohnungsunfähigkeit, Unfruchtbarkeit — Zanksucht, Ehrlosigkeit, Verschwendungs- und Trunksucht — Unbildung, Geistesschwäche usw. Keine persönlichen Eigenschaften sind z. B.: Zugehörigkeit zu einem Geburtsstand, zu einer Familie oder einer kirchlichen Gemeinschaft, das Vorhandensein unehelicher Kinder, die Bestrafung des Vaters der Braut mit Zuchthaus, namentlich nicht die Vermögensverhältnisse.

Jedoch kann das Vorhandensein unehelicher Kinder oder einer Täuschung über die Vermögensverhältnisse auf sittliche Minderwertigkeit schließen lassen, also auf einen Charakterfehler.

Es muß der Mangel aber auch gerade im vorliegenden Fall *subjektiv* und *objektiv erheblich* gewesen sein. Dabei sind die Anschauungen der Gesellschaftskreise, denen die Gatten angehören, zu berücksichtigen. Was nach ihnen objektiv erheblich ist, wird im Zweifel auch als subjektiv erheblich anzunehmen sein. Beim Manne pflegt man in sittlicher Hinsicht einen weniger strengen Maßstab anzulegen als bei der Frau, und die Unkenntnis seiner vorehelichen Unkeuschheit nicht als Anfechtungsgrund anzuerkennen, während umgekehrt sein Irrtum über die Jungfräulichkeit der Braut ihm das Anfechtungsrecht grundsätzlich gibt. Anders nur, wenn nach den fraglichen Standesauffassungen auf die Jungfräulichkeit der Braut nicht mit Sicherheit gerechnet wird. Dem richterlichen Ermessen ist also ein großer Spielraum eingeräumt (RG. **17** 248, **25** 192, **48** 159).

Von *Krankheiten* sind als Anfechtungsgrund z. B. anerkannt worden: Geisteskrankheit (nicht bloße Anlage dazu), schwere Hysterie bei der Frau, angeborener Schwachsinn, unheilbare, nicht bloß vorübergehende Fallsucht (Epilepsie), gleichgeschlechtliche Anlage beim Mann; von *Charakterfehlern*: eingewurzelter Hang zur Unwahrhaftigkeit und Unehrlichkeit, Hang zur fortgesetzten Begehung von Betrügereien, unsittlicher Lebenswandel usw.

3. Anfechtbarkeit begründet ferner die *arglistige Täuschung* eines Gatten über solche Umstände, die ihn bei Kenntnis der Sachlage und *verständiger Würdigung des Wesens der Ehe* von deren Eingehung abgehalten haben würden, wenn die Täuschung von dem andern Gatten — oder mit dessen *Wissen* von einem Dritten — verübt worden ist (1334). Auch die Täuschung ist nur ein Ehehindernis im weiteren Sinne einer fehlenden Voraussetzung.

Gegenüber dem Allgemeinen Teil (123) sind zwei *Erschwerungen* erfolgt: die Täuschung muß sich auf *objektiv* erhebliche Umstände bezogen haben und bei Täuschung durch einen *Dritten* (Heiratsvermittler) genügt Kennenmüssen des andern Gatten nicht, vielmehr ist dessen *positive* Kenntnis nötig.

Unter dem Gesichtspunkt der Täuschung kommen Umstände *aller Art* in Betracht, nicht bloß persönliche Eigenschaften wie bei der Irrtumsanfechtung — nur die Täuschung über *Vermögensverhältnisse* ist *ausgenommen* (1334 II), weil der Eheschluß nicht zu einem vermögensrechtlichen Geschäft herabgewürdigt werden darf. Doch kann eine raffiniert angelegte Täuschung eine erhebliche sittliche Minderwertigkeit des Täuschenden offenbaren und dem Getäuschten die *Irrtumsanfechtung* (1333) ermöglichen (RG. JW. 1903, Beil. **70** 163).

Die Täuschungsanfechtung ist also u. U. zulässig auch wegen *Verschweigens* einer Bestrafung des Schwiegervaters mit Zuchthaus, des Vorhandenseins unehelicher Kinder des Mannes, der Vornahme einer die Gebärfähigkeit der Frau zerstörenden Operation, der fehlenden Absicht, die versprochene kirchliche Trauung folgen zu lassen oder die Zusage religiöser Kindererziehung zu erfüllen.

Keineswegs besteht aber eine Pflicht der Verlobten, sich gegenseitig über alle ihre Verhältnisse aufzuklären. Von arglistigem Verschweigen kann nur die Rede sein, wenn ein Verlobter geflissentlich eine Tatsache unterdrückt, mit deren Erheblichkeit für den andern Teil er rechnen mußte.

4. Die widerrechtliche Drohung gibt dem dadurch zur Eingehung der Ehe bestimmten Gatten ein Anfechtungsrecht ganz entsprechend den allgemeinen Bestimmungen (123), einerlei, wer die Drohung verübt hat (1335). Auch hier handelt es sich nur um ein Ehehindernis im weiteren Sinne.

Die Hauptschwierigkeit liegt, wie bei 123, in dem Erfordernis der Widerrechtlichkeit. Es ist erfüllt nicht bloß, wenn die angewandten Mittel selbst widerrechtlich oder unsittlich sind (Einsperren der Tochter), sondern auch dann, wenn sie zu dem erstrebten Erfolg der Eheschließung in keinem erträglichen Verhältnis stehen, wie z. B. die Drohung mit Enterbung, nicht aber die Drohung des verwitweten Vaters, erneut zu heiraten, wenn ihm der Sohn die gewünschte Schwiegertochter nicht ins Haus bringe.

III. Die aufschiebenden Ehehindernisse sind alle echte Ehehindernisse, d. h. Eheschließungsverbote, die sich sowohl an den Standesbeamten, wie die Eheschließenden richten, Verbote, deren Nichtachtung die Gültigkeit der Ehe nicht berührt, wohl aber andere Nachteile zur Folge haben kann.

Für den Standesbeamten: Bestrafung gemäß RPersonstG. 69; für den Gatten: Verlust des Aussteueranspruchs (1621), Entlassung als Vormund und Schadenshaftung bei Verstoß gegen 1314, Bestrafung nach MilStGB. 150 usw.

1. Mangelnde Ehemündigkeit (1303).

Die körperliche und geistige Reife zur Eingehung der Ehe (Ehemündigkeit) erlangt der Mann erst mit der Volljährigkeit, also mit der Vollendung des 21. Lebensjahres oder der Volljährigkeitserklärung, die vom 18. Lebensjahr an zulässig ist, — die Frau schon mit der Vollendung des 16. Lebensjahres.

Einer Frau kann Befreiung bewilligt werden, was namentlich bei einer Schwängerung geschieht, um den Fehltritt durch den nachfolgenden Eheschluß zu verdecken. Auf den Schwängerer vermögen die Eltern und der Vormund der Verführten einen Druck zum Eheschluß auszuüben (182 StGB., die Verführung ist Antragsdelikt). Zu beachten ist, daß die Geschäftsunfähigkeit einen Nichtigkeitsgrund und die Geschäftsbeschränktheit mangels Einwilligung des gesetzlichen Vertreters einen Anfechtungsgrund erzeugen.

2. Mangel der elterlichen Einwilligung, die bis zum vollendeten 21. Lebensjahr nötig ist (1305—1308).

Die elterliche Einwilligung ist scharf zu scheiden von der nach 1304 nötigen Einwilligung des gesetzlichen Vertreters; die Vertretereinwilligung soll dem Interesse des Mündels selbst dienen, ihn vor unvernünftiger

Heirat bewahren. Die Elterneinwilligung ist Ausfluß des elterlichen Rechts auf Gehorsam und Ehrerbietung, dessen Ausübung dem Kinde allerdings mittelbar zugute kommt. Ihrer verschiedenen Aufgabe entspricht die Verschiedenheit der Rechtsfolgen, das Fehlen der Vertretereinwilligung gibt dem Mündel selbst ein Anfechtungsrecht; das Fehlen der elterlichen Einwilligung ist ohne Einfluß auf die Gültigkeit der Ehe, gibt aber den Eltern das Recht, der ungehorsamen Tochter die Aussteuer zu verweigern und die Nutzung am Kindesvermögen zu behalten (1621, 1661). Der vermögensrechtliche Schutz der ohne Vertretereinwilligung heiratenden Frau erfolgt durch Ausschluß der Verwaltungsgemeinschaft, also des Nutzungsrechts des Mannes; es gilt Gütertrennung (1364, 1426).

Das Erfordernis der elterlichen Einwilligung tritt in seiner selbstständigen Bedeutung am schärfsten hervor, wenn die Eltern nicht die Gewalthaber sind. Dann bedarf der Verlobte außer der Zustimmung des gesetzlichen Vertreters auch noch der elterlichen Einwilligung. Darunter ist aber niemals die Einwilligung beider Eltern, sondern nur eines Elternteils zu verstehen. Eheliche Kinder bedürfen der Einwilligung des Vaters und nur, wenn dieser gestorben ist, oder ihm die Rechte aus der Vaterschaft nach 1701 nicht zustehen, der Einwilligung der Mutter; uneheliche Kinder bedürfen der Einwilligung der Mutter (1305). Bei ehelich erklärten Kindern ist nur der Vater einwilligungsberechtigt (1305 I 3). Bei Adoptivkindern treten die Adoptiveltern an Stelle der leiblichen Eltern, die das Einwilligungsrecht durch die Adoption endgültig verlieren (1306).

Das Einwilligungsrecht ist höchst persönlich! Also keine Vertretung (1307). Ersatz der versagten Einwilligung durch das Vormundschaftsgericht ist nur bei volljährig erklärten Kindern zulässig (1308).

3. Bestehen einer vernichtbaren, aber noch nicht für nichtig erklärten Ehe (Scheindoppelehe eines Gatten), (1309).

Da 1326 die neue Ehe nur dann für nichtig erklärt, wenn einer der Ehegatten mit einem Dritten in gültiger Ehe lebte, 1309 aber ganz allgemein die Eingehung der neuen Ehe vor der Nichtigerklärung der alten verbietet, ergibt sich, daß dieses Verbot nur aufschiebende Bedeutung hat, wenn die alte Ehe vernichtbar ist.

Die Bestrafung wegen Bigamie wird dadurch nicht ausgeschlossen (171 StGB.).

Das Bestehen einer anfechtbaren Ehe ist ein trennendes Ehehindernis, das durch die Anfechtung dieses Charakters entkleidet wird und nun auch nicht mehr als aufschiebendes bezeichnet werden kann.

4. Schwebendes Wiederaufnahmeverfahren gegen ein Scheidungs- oder Nichtigkeitsurteil hindert die Eingehung einer neuen Ehe, weil bei Aufhebung des Urteils die alte, zu Unrecht geschiedene oder vernichtete Ehe mit rückwirkender Kraft wieder hergestellt würde (1309 II).

Falls jedoch die in 586 II ZPO. vorgesehene Frist schon verstrichen ist, steht das Wiederaufnahmeverfahren wegen seiner sicheren Erfolglosigkeit der neuen Ehe nicht im Wege.

Wenn die neue Ehe trotzdem geschlossen wird, ist sie zunächst gültig, um bei Wiederaufhebung des Scheidungs- oder Nichtigkeitsurteils von Anfang an nichtig, genauer vernichtbar zu werden.

5. Außereheliche Schwägerschaft (affinitas illegitima), (1310 II).

Aus Gründen der öffentlichen Ehrbarkeit steht dem Eheschluß auch entgegen, daß einer der Verlobten mit einem ehelichen oder unehelichen Verwandten des andern Verlobten (in gerader Linie) Geschlechtsgemeinschaft gepflogen hat, ohne daß dadurch eheliche Schwägerschaft begründet worden wäre.

Man denke an den Romanvorwurf, daß der Sohn die Geliebte des Vaters heiratet oder die Mutter ihren Liebhaber der Tochter abgeben will.

Wenn die Geschlechtsgemeinschaft auf einer gültigen Ehe beruht, ist das trennende Hindernis der ehelichen Schwägerschaft begründet (1310 I). Gleichwohl wird das hier besprochene aufschiebende Hindernis nicht bloß durch außerehelichen Geschlechtsverkehr begründet, sondern auch durch ehelichen in nichtiger Ehe — ja es ist sogar denkbar, daß das Hindernis aus einer Geschlechtsgemeinschaft in gültiger Ehe erwächst, wenn nach Auflösung dieser Ehe einem Teile ein Kind geboren wird, das den andern geschiedenen Gatten heiraten will.

6. Adoptivverwandtschaft (Wahlverwandtschaft) hindert die Ehe zwischen dem Annehmenden (bei Annahme durch ein Ehepaar zwischen den Annehmenden [1749]) und dem Wahlkind sowie dessen Abkömmlingen — aber nur solange das Adoptionsverhältnis besteht (1311).

Durch die Übertretung wird das Adoptionsverhältnis, soweit es sich auf die Eheschließenden bezieht, aufgehoben (1771), damit also das Ehehindernis selbst beseitigt.

7. Mangel des Zeitablaufs nach Beendigung der früheren Ehe einer Frau (Ehehindernis der Wartezeit), (1313).

Um die Ungewißheit der Vaterschaft zu verhindern, darf eine Frau erst 10 Monate nach Auflösung oder Nichtigkeitserklärung ihrer früheren Ehe wieder heiraten, es sei denn, daß sie inzwischen geboren hat. Befreiung ist zulässig. Für den Mann kommt die Wartefrist also nicht in Frage.

Bei Übertretung richtet sich Ehelichkeit des in der neuen Ehe geborenen Kindes nach 1600.

8. Mangel eines Auseinandersetzungszeugnisses für den Inhaber der elterlichen Gewalt oder Vormund (1314).

Wer aus einer früheren Ehe ein minderjähriges Kind hat, das unter seiner elterlichen Gewalt oder Vormundschaft steht (1669, 1845), hat die Absicht der Eheschließung dem Vormundschaftsgericht anzuzeigen, ein Verzeichnis des von ihm verwalteten Kindesvermögens vorzulegen und eine etwaige Vermögensgemeinschaft auseinanderzusetzen, worüber ihm das Vormundschaftsgericht ein Zeugnis ausstellt (sog. Auseinandersetzungszeugnis). Dessen Mangel hindert die Ehe.

Entsprechendes gilt bei der fortgesetzten Gütergemeinschaft für den überlebenden Gatten und das Gesamtgut (1493).

9. Mangelnde behördliche Erlaubnis, wo solche durch das öffentliche Recht für Militärpersonen oder Landesbeamte noch vorgeschrieben ist (1315).

a) Angehörige der Wehrmacht dürfen nach § 31b RWehrG. v. 23. III. 21 nur mit Genehmigung ihrer Vorgesetzten heiraten; diese wird in der Regel nicht vor Vollendung des 27. Lebensjahres erteilt.

b) Reichsbeamte haben keine Erlaubnis nötig.

c) Für die Landesbeamten ist der Rechtszustand je nach den einzelnen Landesrechten verschieden. In einzelnen Ländern ist das Erfordernis dienstlicher Heiratsbewilligung unbekannt, in andern war es vor der Revolution ganz allgemein vorgeschrieben, in den meisten Ländern ist heute ein Ehekonsens nur für gewisse Beamtenklassen nötig, so in Preußen für die Schutzpolizeibeamten, die noch nicht 27 Jahre alt oder noch nicht 7 Jahre im Dienst sind; so in Sachsen für die Volksschulamtskandidaten, in Bayern für die Aufseher von Straf- und ähnlichen Anstalten, Forstassistenten, Grenzaufseher. Die für alle weiblichen Beamten vorgeschriebene Bewilligung ist als mit Art 128 II WeimRV. unvereinbar weggefallen.

10. Mangel einer nach Landesrecht für Ausländer vorgeschriebenen Erlaubnis der inländischen Behörde oder eines Zeugnisses der Heimatsbehörde (1315 II). Befreiung ist zulässig.

Da dem Standesbeamten vor der Eheschließung eines Ausländers die Prüfung obliegt, ob dessen Heimatrecht die Ehe erlaubt (EGBGB. Art 13), da dem Beamten aber die Kenntnis der fremden Rechte nicht zuzumuten ist, machen einzelne Länder die Eheschließung eines Ausländers davon abhängig, daß ein Zeugnis der Heimatsbehörde (über das Fehlen von Ehehindernissen usw.) beigebracht wird (so Preußen, Baden, Hessen), andere verlangen die Vorlage einer Erlaubnis der deutschen Behörde (so Bayern, Sachsen, Württemberg).

11. Mangelndes Aufgebot (1316, vgl. § 7 I dieses Buches).

12. Das Schweben eines gegen ein Todeserklärungsurteil gerichteten Anfechtungsprozesses (1349, vgl. § 25 II 1 dieses Buches).

Weitere Ehehindernisse als die hier aufgezählten sind dem BGB. nicht bekannt. Es hat eine Reihe der im kanonischen Recht aus religiösen oder sittlichen Gründen ausgesprochenen Verbote beseitigt, so das impedimentum disparitatis cultus (Eheverbot zwischen Christen und Ungetauften), mixtae religionis (zwischen katholischen und nichtkatholischen Christen), voti solemnis (Hindernis des in einem päpstlich approbierten Orden abgelegten Keuschheitsgelübdes), ordinis (Hindernis des Empfangs einer höheren Weihe) — ferner das impedimentum impotentiae (Hindernis des körperlichen Unvermögens).

So viel Energie das Gesetz bei Streichung der kanonischen Ehehindernisse gezeigt hat, die vom Standpunkt des modernen, interkonfessionellen Staates aus überlebt erscheinen — so wenig schöpferische Kraft hat es bei der Aufstellung neuer Ehehindernisse aus den Bedürfnissen ebendieses Staates heraus bewiesen. Irgendwelche Rücksichten auf die Volksgesundheitspflege werden nicht genommen. Durch das RG. v. 11. Juni 1920 ist vorgesehen worden, daß den Verlobten, Vätern und Vormündern durch den Standesbeamten vor Erlaß des Aufgebots Merkblätter ausgehändigt werden, worin auf die Wichtigkeit ärztlicher Beratungen vor der Eheschließung hingewiesen wird. Von der Wirksamkeit einer solchen Maßnahme halte ich nicht viel, sie kommt zu spät. Das richtige wäre, die Vorlage obligatorischer ärztlicher Gesundheitszeugnisse vorzuschreiben, die über Krankheiten und Krankheitsanlagen, die zur Übertragung, Vererbung oder Entartung führen können, Auskunft zu geben hätten und eventuell auf Grund des Befundes von der Ehe abzuraten hätten (Gesellschaft für Rassenhygiene). Die Einwendungen, die man dagegen gemacht hat, halte ich nicht für durchschlagend. Der Ausstellung durch gewissenlose Ärzte könnte man dadurch vorbeugen, daß das Recht zur Zeugnisausstellung nur den beamteten Ärzten und solchen bewährten älteren Ärzten zu erteilen wäre, die durch das Vertrauen ihrer Kollegen vorgeschlagen wären. Wenn solche Zeugnisse obligatorisch gemacht würden, müßte sich die Sitte einbürgern, daß Gesundheitszeugnisse vor der öffentlichen Verlobung ausgetauscht würden.

Gewiß hätte eine Eheerschwerung eine Mehrung der Konkubinate zur Folge, aber das wäre in den Kauf zu nehmen, wenn die große Mehrzahl von einer unheilvollen Geschlechtsverbindung abgehalten würde. Wer trotz rechtzeitiger Aufklärung über die Gefahren der Eheschließung auf dem Eheschluß beharrt, mag seinen Willen haben, er soll bloß nicht aus Unwissenheit in sein Verderben rennen.

III. Titel. **Allgemeine Rechtswirkungen der Ehe.** § 11.

Die Ehe hat personenrechtliche und vermögensrechtliche Wirkungen. Die letzteren werden vornehmlich im ehelichen Güterrecht geregelt, das hier ausscheidet. Darzustellen ist nur die allgemeine Ausgestaltung des ehelichen Gemeinschaftslebens. Ihr Grundzug ist personenrechtlich, aber sie hat auch eine vermögensrechtliche Seite, die bei der Schlüsselgewalt und Unterhaltspflicht in die Erscheinung tritt.

Leitend für die Ordnung der ehelichen Beziehungen sind im BGB. der Gemeinschaftsgedanke und die Anerkennung der führenden Stellung des Mannes in der ehelichen Gemeinschaft. In diesen beiden Wesenszügen klingen stark abgeschwächt germanische Rechtsvorstellungen an, nämlich der genossenschaftliche Gedanke und der Gedanke einer ehemännlichen Munt. Das Fortwirken des Muntgedankens zeigt sich namentlich im ehemännlichen Entscheidungsrecht (1354). Die Genossenschaftsidee kommt noch zum Durchbruch bei den Güterständen der Gemeinschaft, ferner im Steuerrecht (das Einkommen der Frau wird dem des Mannes hinzugerechnet); grundsätzlich aber ist sie preisgegeben, wie die Gestaltung der Schlüsselgewalt zeigt (vgl. unten III 2 b).

I. Die Verpflichtung zur ehelichen Lebensgemeinschaft.

1. Ziel der Ehe ist die Herstellung einer vollen Lebensgemeinschaft. Dazu mitzuwirken sind die Gatten einander nicht bloß sittlich, sondern auch rechtlich verpflichtet (1353 I).

Was im einzelnen dazu gehört, ist mit Fug im Gesetz nicht gesagt, eine Zergliederung wäre geschmacklos. Die Anforderungen sind je nach Persönlichkeit, Beruf, wirtschaftlichen, gesundheitlichen und sozialen Verhältnissen der Gatten und den besonderen Umständen des Falles verschieden.

Für den Seeoffizier, Handlungs- oder Forschungsreisenden gilt anderes als für den Bauern oder Handwerker; für eine hysterische oder eben niedergekommene Frau anderes als für die kerngesunde usw. Grundsätzlich erfordert die volle Lebensgemeinschaft körperliches und geistiges Zusammenleben, Hausgemeinschaft und Geschlechtsgemeinschaft, Treue und Beistand sowie gemeinsame Sorge für die Kinder. Unter Umständen können sich auch Pflichten zu vorbereitendem Tun oder Unterlassen ergeben; jeder Ehegatte ist gehalten, die Hindernisse zu beseitigen, die der ehelichen Lebensgemeinschaft entgegenstehen; so ist z. B. die psychisch erkrankte Frau verpflichtet, sich zur Herstellung ihrer Gesundheit auf Kosten des Mannes in eine Heilanstalt zu begeben (RG. **51** 182, **56** 256, **95** 33). Das RG. (**95** 286) hat einen Herstellungsanspruch der Frau auf regelmäßige Zahlung eines angemessenen Taschengeldes anerkannt.

Besonders ist auf den Unterschied zwischen häuslicher und ehelicher Gemeinschaft hinzuweisen. Diese ist der weitere Begriff, die Verpflichtung zur „ehelichen Gemeinschaft" schließt grundsätzlich auch die zur „häuslichen" in sich. Aber jene kann auch ohne diese bestehen und umgekehrt (RG. **95** 330). — § 1567 setzt eine Verurteilung zur Herstellung der häuslichen Gemeinschaft voraus, jedoch genügt eine Verurteilung zur Herstellung des ehelichen Lebens, wenn sich aus den Urteilsgründen ergibt, daß dem Gatten die Herstellung der häuslichen Gemeinschaft aufgegeben wird.

2. Die Verpflichtung eines Gatten zur ehelichen Lebensgemeinschaft fällt weg:

a) Wenn sich das Verlangen des andern Gatten nach Herstellung der Gemeinschaft als Mißbrauch darstellt. Mißbräuchlich ist ein Verlangen, wenn es entweder der rechten ehelichen Gesinnung widerspricht oder wenn es objektiv ein nicht zumutbares Verhalten ansinnt.

Das Verlangen ist nicht schon deshalb mißbräuchlich, weil sich aus der ehelichen Lebensgemeinschaft irgendeine Gefahr für den andern Teil ergibt, wie z. B. die mit Schwangerschaft und Niederkunft für die

Frau verbundene Gefahr (RG. JW. 01 648). Dagegen liegt Mißbrauch vor, wenn das Verlangen von einem Mann ausgeht, der mit einer gefährlichen und ansteckenden Geschlechtskrankheit behaftet ist (RG. JW. 07, 178[18]); hier wird in der Regel das Verlangen, auch nur die häusliche Gemeinschaft herzustellen, mißbräuchlich sein (RG. JW. 05, 722[14]).

Der Anspruch auf Herstellung der ehelichen Gemeinschaft setzt regelmäßig voraus, daß die Grundlagen für eine häusliche Gemeinschaft gegeben sind. Es geht aber angesichts unseres Wohnungselendes zu weit, den Mangel einer standesgemäßen Wohnung schlechthin als Weigerungsgrund anzuerkennen.

Es ist durchaus denkbar, daß ein Gatte zeitweise berechtigt ist, die Herstellung voller ehelicher Gemeinschaft zu verweigern, so wenn der andere sich gerade schwere sittliche Verfehlungen hat zuschulden kommen lassen, die ihm zwar verziehen worden sind, aber nicht sofort vergeben werden können.

b) Wenn und solange er berechtigt ist, auf Scheidung zu klagen (1353 II 2).

c) Wenn eine einstweilige Verfügung des Gerichts, die in einem Nichtigkeits-, Anfechtungs- oder Scheidungsprozeß ergangen ist, das Getrenntleben gestattet (627 ZPO.).

II. Vorrang des Mannes in allen Gemeinschaftsangelegenheiten.

In der Ehegemeinschaft ist der Mann das Haupt. Er bestimmt Wohnort und Wohnung und hat überhaupt das Entscheidungsrecht in allen das gemeinschaftliche eheliche Leben betreffenden Angelegenheiten (1354 I).

Die Pflicht der Frau, seiner Entscheidung Folge zu leisten, fällt fort, wo ein Mißbrauch vorliegt (1354 II).

Die überragende Stellung des Mannes als Haupt der Familie zeigt sich auch darin, daß die Frau Namen, Wohnsitz und Staatsangehörigkeit des Mannes erhält (1355, 10 BGB.; 6, 17 Nr. 6 Reichs- und StaatsangehörG. v. 22. 7. 13). Die endgültige Zuständigkeit des Bezirksfürsorgeverbandes bestimmt sich für die Frau nach der Familienwohnung (7 III RFürsVO.).

Diese Lösung entspricht dem patriarchalisch-christlichen Eheideal, aber nur unvollkommen dem in der „Weimarer Verfassung" niedergelegten Grundsatz von der Gleichberechtigung der Geschlechter (RV. 119). Das Gesetz ist aber nicht so rückständig, wie die Anhänger eines individualistischen Eheideals behaupten. Wenn das männliche Entscheidungsrecht auch kein natürlich-sittliches Postulat ist (Mot. IV, S. 105), so erfährt es doch seine Rechtfertigung aus dem „Gemeinschaftsgedanken". Jede Gemeinschaft verlangt zur Erreichung ihrer Ziele eines gemeinschaftlichen, einheitlichen Willens. Bei Meinungsverschiedenheiten darf nicht jeder Genosse seinem eigenen Willen nachgehen, sondern alle müssen, wenn sie sich nicht gütlich einigen, verpflichtet sein, sich einem einheitlichen Willen unterzuordnen. Da eine Mehrheitsbildung in der ehelichen Gemeinschaft ausgeschlossen ist, hat das Gesetz einem der Gatten das Recht der Majorität gegeben.

Wenn hier die Wahl zugunsten des Mannes ausgefallen ist, so entspricht das dem Durchschnitt der Lebenserscheinungen. Das Entscheidungsrecht des Mannes ließe sich nur vermeiden, wenn man in allen Fällen, wo eine Verständigung zwischen den Gatten scheitert, die Anrufbarkeit des Richters oder einer Schiedsstelle anordnen würde. Das kann für weniger fein gebildete und empfindende Naturen als Anreiz zu unnötigen und aufreibenden Meinungsverschiedenheiten, zu hartnäckiger Willensbehauptung dienen, während das grundsätzlich festgelegte Entscheidungsrecht des Mannes streitverhütend wirkt. Auf feiner empfindenden Naturen würde die Scheu, eine Angelegenheit des intimeren Familienlebens der Entscheidung eines Dritten zu unterbreiten, so schwer lasten, daß sie nur als ultima ratio dazu greifen würden — und wo die Anrufung des Gerichts letztes Mittel ist, da fehlt es wohl immer an der rechten ehelichen Gesinnung, liegt Mißbrauch vor.

Ein idealer Zustand ergibt sich also bei keiner der beiden Lösungen, zumal wenn man die Schwierigkeiten für einen Dritten bedenkt, Fragen der täglichen Lebensführung, der Ausstattung der Wohnräume, des häuslichen Budgets, der Zeiten für die Mahlzeiten usw. autoritativ zu entscheiden.

Im übrigen stehen alle derartigen Bestimmungen ziemlich auf dem Papier, da sich die Herstellung der Gemeinschaft nicht erzwingen läßt, und praktisch die Wahl zwischen Verständigung oder Auseinandergehen getroffen werden muß. Vielleicht hat das Schweizer ZG. 159/60 am weisesten getan, wenn es vom Entscheidungsrecht ganz geschwiegen und nur die Pflicht der Gatten ausgesprochen hat, das Wohl der Gemeinschaft in einträchtigem Zusammenwirken zu wahren; auch es bezeichnet aber den Mann als Familienhaupt und gibt ihm das Recht, die eheliche Wohnung zu bestimmen. Eine vernünftige Begrenzung der „gemeinschaftlichen Angelegenheiten" und eine weitherzige Anwendung der „Mißbrauchsklausel" führt übrigens auch schon heute zu einer für die Frau erträglichen Handhabung des Entscheidungsrechts des Mannes.

1. Mißbrauch des Entscheidungsrechts ist es: a) wenn der Mann es in gemeinsamen Angelegenheiten ausübt, ohne vorher ernstlich versucht zu haben, sich mit der Frau zu verständigen, b) wenn seine Entscheidung berechtigte Belange der Frau mißachtet, z. B. ihr Recht, das gemeinsame Hauswesen zu leiten, c) wenn sie unvernünftig, zweckwidrig, engherzig, geschmacklos ist, d) wenn sie mehr selbstischen Rücksichten entspringt als solchen auf das Wohl der Gemeinschaft.

2. Gemeinschaftliche Angelegenheiten sind nicht alle, die das eheliche Leben berühren, sondern nur solche, die es betreffen, die also einen Teil des gemeinschaftlichen Lebens selbst bilden — mithin nicht Lektüre, Verkehr, Kleidung, Teilnahme an Vereinen, künstlerische, literarische, politische Betätigung.

III. Die Rechtsstellung der Frau. — Die Schlüsselgewalt.

1. Sonderangelegenheiten.

Die Frau wird durch den Eheschluß in ihrer Handlungs- und Erwerbsfähigkeit nicht beschränkt. Sie kann auch ein Erwerbsgeschäft betreiben, sich als Handelsfrau, Schriftstellerin, Ärztin usw.

betätigen. Der Mann darf ihr in ihre Sonderangelegenheiten grundsätzlich nicht hineinreden: Erst wenn und insoweit eine derartige selbständige Lebensbetätigung in Widerspruch kommt mit der Erfüllung der Gemeinschaftspflichten, wird sie eine gemeinschaftliche Angelegenheit, hat der Mann ein Verbietungsrecht. Fügt sich die Frau nicht, bleibt dem Manne nur die Klage auf Herstellung des ehelichen Lebens. Folgt die Frau auch einem sie verurteilenden Richterspruch nicht, ist der Mann machtlos. Allenfalls kann er das nicht vollstreckbare Herstellungsurteil als Grundlage einer Scheidungsklage benutzen.

Nur in einem Fall hat der Mann ein einfacheres Mittel, um eine ehewidrige Betätigung seiner Frau zu hindern. Wenn sich diese einem Dritten gegenüber zu einer persönlichen Leistung z. B. als Schauspielerin, Lehrerin, Amme, Fabrikarbeiterin, Handlungsgehilfin verpflichtet hat, kann er das Vertragsverhältnis einseitig, sogar durch fristlose Kündigung, lösen, falls ihn das Vormundschaftsgericht dazu ermächtigt hat; und das Gericht hat die Ermächtigung zu erteilen, wenn die Tätigkeit der Frau die ehelichen Interessen beeinträchtigt (1358). Ausgeschlossen ist das Kündigungsrecht, wenn er der Verpflichtung zugestimmt hat oder die häusliche Gemeinschaft aufgehoben worden ist (OLGE. 31, 398).

Die Frau muß also, um sicher zu gehen, die Zustimmung ihres Mannes vorher einholen oder diese bei mißbräuchlicher Verweigerung oder in Notfällen durch das Vormundschaftsgericht ersetzen lassen.

Von der Geschäftsfähigkeit der Frau ist scharf zu scheiden die Verfügungsbefugnis über ihr Vermögen. Es ist selbstverständlich, daß die Frau durch eine Verfügung oder Ausnutzung ihrer Verpflichtungsfähigkeit die Rechtsstellung des Mannes am Frauenvermögen, wie diese sich durch Gesetz oder Ehevertrag ergibt, nicht schmälern kann. Sie unterliegt insofern einer Beschränkung ihrer Verfügungsmacht, wie sie ähnlich den Mann bezüglich des Frauengutes trifft (1395, 1399, 1375).

2. Gemeinschaftliche Angelegenheiten. Die Schlüsselgewalt.

Das Gesetz kommt dem Streben der Frau nach erweiterter Anerkennung ihrer Persönlichkeit insoweit entgegen, als es ihr im Gesamtbereich der gemeinschaftlichen Angelegenheiten einen engeren Tätigkeitskreis mit beschränktem Leitungsrecht abgrenzt.

a) Sie ist berechtigt und verpflichtet, das gemeinschaftliche Hauswesen zu leiten — freilich vorbehaltlich des Entscheidungsrechts des Mannes (1356 I). Zu Arbeiten im Hauswesen und im Geschäft des Mannes ist sie nur verpflichtet, soweit das nach den Lebensverhältnissen der Gatten üblich ist (1356 II).

Da sich der Lebensstand in Deutschland infolge des Weltkriegs ganz allgemein verschlechtert hat, ist solche Mitarbeit im Haushalt für viele Ehen zumutbar und auch üblich geworden.

Die allgemein ausgesprochene Verpflichtung, im Geschäft des Mannes ohne Vergütung mitzuarbeiten, ist ungerecht und entspricht nicht mehr den heutigen Verhältnissen. Sie muß bei der Revision des Eherechts auf bestimmte Fälle beschränkt werden; auch ist die pflichtmäßige Mitarbeit angemessen zu vergüten bzw. als Beitrag zu den Kosten des ehelichen Lebens zu bewerten (vgl. Verh. d. 33. deutsch. Juristentags, JW. 1924, 1819). Auch schon nach geltendem Recht ist die Verpflichtung auf Hilfleistungen zu beschränken, eine darüber hinausgehende Tätigkeit erzeugt einen Anspruch auf einen angemessenen Anteil am Verdienst des gemeinsam geführten Geschäfts (vgl. JW. 1921, 635[1]).

b) Um dieses Leitungsrecht wirksam zu gestalten, gibt ihr das Gesetz das Geschäftsführungs- und Vertretungsrecht in Sachen ihres häuslichen Wirkungskreises, die sog. Schlüsselgewalt (1357).

α) Das Gesetz erklärt die häuslichen Angelegenheiten, die die Frau besorgt, für Geschäfte des Mannes, macht also die Frau zur Geschäftsführerin und Vertreterin des Mannes, obwohl es sich in Wahrheit um Angelegenheiten der ehelichen Gemeinschaft handelt, die deshalb auch für Rechnung dieser Gemeinschaft besorgt werden sollten — so nach dem aufgegebenen deutschrechtlichen Genossenschaftsgedanken.

Die Folge ist, daß aus derartigen Geschäften der Frau nur der Mann berechtigt und verpflichtet wird, die Frau dagegen nur in Anspruch genommen werden kann, wenn sie zugleich auch im eigenen Namen gehandelt hat. Nach der Auffassung des Gesetzes rechtfertigt sich diese Lösung aus der grundsätzlichen Unterhaltspflicht des Mannes; die Besorgung des Unterhalts ist sein Geschäft. Es ist aber mißlich, ja widerspricht oft dem Gerechtigkeitsgefühl, die Klagen des Fleischers, Bäckers, Schusters aus den Geschäften der Frau, soweit sie gegen diese gerichtet sind, abzuweisen und nur die Klage gegen den Mann zu erhören. Deshalb drängt die Praxis zu einer hilfsweisen Haftung der Frau. Das SchweizZG. hat eine solche positiv ausgesprochen (207, 220). Für das BGB. kann man zu gleichem Ergebnis nur kommen, wenn man die Verpflichtungserklärung der Frau gemäß 157 u. 242 im Sinne einer solchen hilfsweisen Selbstverpflichtung ergänzt.

β) Das Vertretungsrecht der Frau beruht auf dem Gesetz, nicht auf stillschweigend erteilter oder vermuteter Vollmacht. Ob ein solcher Fall der Vertretung vorliegt, hängt nicht davon ab, daß sie erkennbar im Namen des Mannes gehandelt hat. Die Regel des § 164 BGB. wird hier durchbrochen. Falls das Geschäft im Rahmen ihres häuslichen Wirkungskreises liegt, gilt es als im Namen des Mannes vorgenommen, wenn sich nicht aus den Umständen anderes ergibt (1357 I 1).

Die Frau, die selbst allein berechtigt und verpflichtet werden will, muß das also mit hinlänglicher Deutlichkeit zum Ausdruck bringen. Denkbar ist aber auch, daß sie sowohl im eigenen Namen, wie für den Haushalt handelt; dann werden Mann und Frau verpflichtet. Denkbar weiter, daß sie eine gemeinschaftliche Angelegenheit zwar für den Mann besorgt, aber unter Umständen, die eine hilfsweise Selbstverpflichtung als ein Gebot geschäftlichen Anstands erscheinen lassen; dann darf sie sich nicht beschweren, wenn ihr Verhalten nach Art einer redlichen Geschäftspartei gedeutet wird (157, 242). Diese Auslegung ist regelmäßig angezeigt, wenn das Geschäft in erster Linie ihr eigenes ist, wie z. B. die Konsultation des Arztes. Falls endlich der Dritte nicht wußte, daß seine Vertragsgegnerin verheiratet war, muß sie sich stets als im eigenen Namen auftretend behandeln lassen.

γ) Der häusliche Wirkungskreis umfaßt nicht nur die Geschäfte, die zur Führung des Haushalts im engeren Sinne nötig sind — wie Kauf der Lebens- und Feuerungsmittel, Annahme und Entlassung von Hausgehilfen — sondern auch Geschäfte, die zu den ehelichen Lasten gehören, wie Anschaffung der Kleider für Frau und Kinder (in engerem Rahmen auch für den Mann), die Kosten der Erziehung der Kinder, die Zuziehung eines Arztes, die Ergänzung und Neuanschaffung von Hausrat usw. Im Verhältnis zum Dritten ist dabei entscheidend die äußere Gestaltung des Ehelebens, der tatsächliche Zuschnitt des Haushalts (RG. **61**, 81), die vom Mann abhängen; nicht ist maßgebend, ob die Anschaffung dem vernünftigen Bedarf, dem Einkommen oder den Wünschen des Mannes entspricht.

Wenn sich eine Frau Generaldirektor in 5 Pelzgeschäften je eine teure Pelzjacke kauft, muß der Mann alle 5 bezahlen, falls die Anschaffung auch nur eines solchen Luxusgegenstandes seiner äußeren Lebensführung entspricht — es sei denn, daß er den Mißbrauch der Vertretungsmacht und dessen Erkennbarkeit für den Dritten nachweist (RG. **61** 83).

δ) Aus dem Geschäftsführungsrecht und der Geschäftsführungspflicht der Frau ergibt sich ihr Anspruch auf Zahlung eines Haushaltungsgeldes: denn nach 669 kann der Beauftragte wegen seiner Aufwendungen Vorschuß verlangen (OLG. **26** 212). Zur rascheren Durchsetzung ihres Anspruchs kann die Frau eine einstweilige Verfügung nach 940 ZPO. erwirken.

ε) Die Schlüsselgewalt ist für den Mann ein gefährliches Instrument. Nach 1357 II kann er sie deshalb beschränken oder ganz entziehen, entweder gegenüber der Frau oder durch öffentliche Kundmachung (Zeitungsanzeige, für die Schulden der Frau nicht aufkommen zu wollen). Zur Wirksamkeit gegenüber redlichen Dritten ist Eintragung ins Güterrechtsregister erforderlich (1435). Eine mißbräuchliche Entziehung oder Beschränkung kann das Vormundschaftsgericht auf Antrag der Frau wieder aufheben und die Schlüsselgewalt herstellen (1357 II 2). Beiden Gatten steht außerdem die Klage auf Herstellung des ehelichen Lebens gegenüber einem Mißbrauch der Rechte aus 1357 zu, was namentlich bei wiederholter grundloser Entziehung in Betracht kommt.

Diese Regelung der Schlüsselgewalt ist für die Frau durchaus unbefriedigend, da nichts den Mann hindert, die vom Vormundschaftsgericht wiederhergestellte Schlüsselgewalt sofort neu zu entziehen. Das Gesetz muß dahin abgeändert werden, daß der Mann die Schlüsselgewalt nur mit vorheriger Genehmigung des Vormundschaftsgerichts entziehen kann.

ζ) Aus dem Zweck des 1357 ergibt sich, daß die Schlüsselgewalt mit der Auflösung des gemeinschaftlichen Hauswesens wegfällt; dann ist kein häuslicher Wirkungskreis mehr vorhanden. Anders bei zeitweiliger Trennung.

Eintragung des Wegfalls ins Güterrechtsregister ist unnötig, der redliche Dritte wird nicht geschützt.

IV. Unterhaltspflicht.

Zu den allgemeinen Wirkungen der Ehe (und zwar zu den personenrechtlichen im Sinne des BGB., EGBGB. 14) gehört auch die Unterhaltspflicht. Sie liegt in erster Linie dem Mann ob und nur ausnahmsweise der Frau.

1. Der Ehemann hat die Kosten des Hausstandes zu tragen. Dazu rechnet auch der Unterhalt der Frau und Kinder. Der Mann hat der Frau ohne Rücksicht auf ihre Bedürftigkeit den gesamten Lebensbedarf zu gewähren nach Maßgabe seiner Lebensstellung, seines Vermögens (nicht seiner Einkünfte) und seiner Erwerbsfähigkeit (1360 I). Anders als bei der Verwandtenunterhaltspflicht (1603 I) kann sich der Mann nicht auf die Gefährdung seines eigenen standesmäßigen Unterhalts berufen, er muß notfalls den Stamm seines Vermögens opfern, er muß mit der Frau also teilen, ohne daß er sie auf die Möglichkeit eigener Erwerbstätigkeit verweisen könnte.

Jedoch hat er einen Anspruch auf einen angemessenen Beitrag der Frau aus den Einkünften ihres Vermögens und dem Ertrag freiwilliger Arbeit; dieser Beitrag tritt je nach dem Güterstand in verschiedener Gestalt auf (vgl. 1427 Gütertrennung; 1383 Nutzungsrecht am eingebrachten Gut).

Der Mann hat ein Recht auf seinen Beruf. Die Frau des Beamten oder Gelehrten kann diesem nicht, um reicheren Unterhalt zu erlangen, zumuten, daß er gewinnbringende Nebenbeschäftigungen treibe und sich seinem Beruf, dem er kraft innerer Überzeugung angehört, entfremde (so richtig! Kohler, FamR. § 10 IX 5). In die knappen Goldmarkgehälter der Gegenwart muß die Frau sich also schicken.

2. Die Unterhaltspflicht der Frau wird nur ausnahmsweise praktisch, wenn der Mann außerstande ist, sich selbst zu unterhalten. Dann hat sie Unterhalt zu gewähren nach Maßgabe seiner Lebensstellung und ihres Vermögens sowie ihrer Erwerbsfähigkeit (1360 II). Auch sie muß notfalls den Stamm ihres Vermögens opfern.

Die Unterhaltspflicht der Frau, die dem sittlichen Wesen der Ehe entspricht, setzt keineswegs erst ein, wenn der Mann völlig vermögenslos und erwerbsunfähig geworden ist, sondern schon dann, wenn er bei einer den Pflichten eines guten Haus- und Familienvaters entsprechenden Verwendung seiner Mittel außerstande ist, sich selbst und seine Familie in einer seiner Lebensstellung entsprechenden Weise zu unterhalten (RG. Komment. 1360, Anm. 5). Bei der Prüfung dieser Frage muß aber auch die Beitragspflicht der Frau nach dem Güterrecht (1427) berücksichtigt werden.

3. Der Unterhalt ist beidemal in der durch die eheliche Lebensgemeinschaft gebotenen Weise zu gewähren (1360 III), also regelmäßig durch Naturalleistungen (Wohnung, Kleidung, Verpflegung). Doch können auch Geldleistungen nach Lage des Einzelfalles geboten sein, so z. B., wenn die Frau in Übereinstimmung mit dem Mann längere Zeit aus gesundheitlicher Rücksicht außerhalb des Haushalts weilt. Zuzubilligen ist ihr auch ein Anspruch auf Zahlung von Taschengeld (RG. **97** 286). Der Unterhalt umfaßt den gesamten Lebensbedarf, also auch z. B. die Kosten für ärztliche Behandlung und einen Aufenthalt in einer Kuranstalt.

Nicht dagegen die Prozeßkosten; ob der Mann sie tragen muß, entscheidet sich nach dem maßgebenden Güterrecht (1387, 1415 Nr. 3, 1463 Nr. 3, 1535 Nr. 2, 1536 Nr. 4).

Die Unterhaltspflicht beschränkt sich auf notdürftigen Unterhalt, wenn der Berechtigte sich einer Verfehlung schuldig gemacht hat, die dem Pflichtigen das Recht zur Scheidungsklage gibt (2335 i. Verbindg. mit 1611 II).

4. Eine Pflicht zur Zahlung einer Geldrente schlechthin entsteht nur, wenn die Ehegatten getrennt leben, weil einer die Herstellung der ehelichen Gemeinschaft verweigern darf und verweigert (1361).

Sei es, daß ein Gatte auf Scheidung klagen kann oder einem mißbräuchlichen Verlangen des andern widerstrebt oder eine einstweilige Verfügung des Gerichts das Getrenntleben gestattet (1353, 627 ZPO.).

Hier ist vierteljährlich im voraus zu zahlen (760).

Außerdem muß der Mann der Frau die zur Führung eines abgesonderten Haushalts erforderlichen und entbehrlichen Sachen aus dem gemeinschaftlichen Haushalt zum Gebrauch herausgeben (1361 I 2), einerlei, wem sie gehören. In diesem Falle ist die Unterhaltspflicht des Mannes auch ausnahmsweise durch Bedürftigkeit der Frau bedingt (1361 II).

V. Einschränkung der Haftung bei Erfüllung der ehelichen Pflichten.

Die Gatten haben bei der Erfüllung aller Verpflichtungen, die sich aus dem ehelichen Verhältnis ergeben (auch der güterrechtlichen) nur für die Sorgfalt einzustehen, die sie in eigenen Angelegenheiten anzuwenden pflegen (1359).

Von dem, der sich mit einem andern zur engen persönlichen Gemeinschaft der Ehe verbindet, darf man annehmen, daß er vorher die Individualität des Genossen geprüft hat, daß er ihn so nehmen will, wie er ist, mit seinen Vorzügen und Fehlern. Die Ermäßigung der Haftung für Fahrlässigkeit gilt aber nur für die ehelichen Pflichten, nicht für die Verbindlichkeiten aus besonderem rechtsgeschäftlichen Verkehr; die Frau, die sich vom Manne einen kostbaren Familienschmuck leiht, haftet für die Sorgfalt des Entleihers, also auch für leichte Fahrlässigkeit.

VI. Die gerichtliche Geltendmachung der allgemeinen Verpflichtungen, die sich aus der Ehe ergeben, erfolgt auf verschiedenem Wege.

1. Alle persönlichen Gemeinschaftspflichten werden durch Klage auf Herstellung des ehelichen Lebens geltend gemacht (vgl. 1353).

a) Klagantrag und Urteilsausspruch haben genauer anzugeben, welche bestimmte Leistung oder Unterlassung zur Herstellung voller Gemeinschaft nötig ist (RG. **97** 287), z. B. Aufnahme in die Hausgemeinschaft, Teilnahme am gemeinsamen Mittagstisch, Nichtverschluß der zur Besorgung des Hauswesens nötigen Gegenstände. Doch genügt eine allgemeine Urteilsformel, wenn nur die Gründe die Spezialisierung zum Ausdruck bringen (RG. **51** 186).

b) Der Prozeß ist Ehesache nach 606 ff. ZPO. — es muß also der Klage ein Sühneversuch vorausgehen (608), die Vorschriften, die im Eheprozeß die Ermittlung der materiellen Wahrheit gewährleisten wollen, gelten, 617 ZPO. usw.

c) Das Urteil auf Herstellung ist nicht vollstreckbar (888 II ZPO.), weil eine zwangsweise Verwirklichung der persönlichen Gemeinschaftspflichten unserem sittlichen Empfinden widerspricht. Versagt der moralische Druck, der in der Feststellung einer Rechtspflicht durch das objektiv prüfende Gericht liegt, hat der siegreiche Kläger kein Mittel, das ihm geschuldete Verhalten herbeizuführen. Es bleibt ihm nur übrig, die Bescheidung oder die Klage auf Ehescheidung. Das rechtskräftige Urteil auf Herstellung der „häuslichen Gemeinschaft" ist nach 1567 Nr. 1 Voraussetzung der Ehescheidungsklage wegen böslicher Verlassung.

Bei dieser Sachlage hätte man die Gatten besser vor ein Einigungsamt, eine Gütestelle verwiesen oder vor den Vormundschaftsrichter, wie das durch 1357 und 1358 ja auch geschehen ist.

2. Die Ansprüche auf vermögensrechtliche Leistungen dagegen, die nicht unmittelbar die Verwirklichung der ehelichen Lebensgemeinschaft zum Ziel haben, sondern sich unabhängig vom Bestehen einer solchen Gemeinschaft verwirklichen lassen — also die Ansprüche auf Geldleistungen — werden durch eine Forderungsklage nach den allgemeinen Vorschriften der ZPO. geltend gemacht, so z. B. auf Zahlung von Taschengeld nach 1360, Zahlung einer Geldrente nach 1361, aber auch Zahlung eines Haushaltungsgeldes nach 1356. Für diese auf Geld gerichteten Ansprüche gelten die Erwägungen nicht, die für die besondere Regelung der Eheprozesse und den Ausschluß der Vollstreckbarkeit sprechen, im Gegenteil, ihre Behandlung nach diesen Grundsätzen wäre geradezu unzweckmäßig. Das ist entscheidend. Nicht klar und scharf genug RG. **97**, 286.

VII. Eigentumsvermutungen.

Da das Zusammenleben der Gatten vielfach zu einer tatsächlichen Vermischung der Vermögensmassen führt, sucht das Gesetz im Interesse der Gatten und der Gläubiger die Entscheidung der Eigentumsfrage durch widerlegbare Vermutungen zu erleichtern.

Eine derartige Vermutung kannte schon das römische Recht (die sog. praesumptio Muciana D 24, 1 l. 51); danach wurde bis zum Beweis des Gegenteils angenommen, daß die im Besitze der Frau befindlichen Gegenstände aus Schenkungen des Mannes herrührten und — da solche Schenkungen unter Ehegatten nichtig waren — dem Manne gehörten. Dieser Satz ist gemeines Recht geworden und hat über die Partikularrechte auch ins BGB. Eingang gefunden, hier freilich seinen nur gegen die Frau gerichteten Charakter verloren. Obwohl der römisch-rechtliche Grundsatz von der Nichtigkeit der Schenkungen unter Ehegatten dem BGB. fremd ist, besteht bei der Unsicherheit der Eigentumsverhältnisse für eine solche Regelung nach wie vor ein Bedürfnis.

Bei Grundstücken gewährt zwar die Eintragung ins Grundbuch einen Anhalt (891), aber bei beweglichen Sachen reicht die Vermutung aus dem Besitz (1006) nicht aus, weil nicht erkennbar ist, welcher der Gatten Eigenbesitz und welcher Fremdbesitz hat. 1362 stellt deshalb für das Eigentum an beweglichen Sachen (wozu auch Inhaberpapiere und die in blanco indossierten Orderpapiere gehören) zwei Vermutungen auf, eine zugunsten des Mannes und eine zugunsten der Frau. Gemeinsame Voraussetzung ist, daß einer der Gatten oder beide besitzen. Gleichgültig ist der Güterstand, doch spricht bei den Gütergemeinschaften zunächst eine Vermutung für Gesamtgut und erst wenn diese widerlegt ist, greift 1362 ein.

1. Zugunsten der Gläubiger des Mannes wird vermutet, daß alle von einem oder beiden Gatten besessenen beweglichen Sachen dem Manne gehören (1362 **I** 1). Zur Widerlegung genügt entweder der Nachweis, daß der Mann später das Eigentum verloren hat (etwa durch Schenkung an die Frau) oder daß der frühere Besitzerwerb sein Eigentum nicht begründet hat (weil die Frau die Sache mit in die Ehe gebracht oder während der Ehe durch Erbgang oder Übereignung erworben hat).

Die Vermutung zeigt ihre Kraft bei der Zwangsvollstreckung durch einen Gläubiger des Mannes. Die Frau muß, wenn sie mit der Widerspruchsklage nach 771 ZPO. durchdringen will, zuerst die Vermutung des § 1362 widerlegen, also bei Pfändung eines Schrankes etwa nachweisen, daß sie ihn mit in die Ehe gebracht hat oder später erworben hat. Bei Erbgang oder Schenkung durch einen Dritten unmittelbar an sie ist das leicht. Hat der Mann den Schrank erworben, so muß sie die Vermutung des fortbestehenden Eigentums des Mannes etwa durch Nachweis einer Schenkung an sie widerlegen. Wenn übrigens die Frau an einer beweglichen Sache Gewahrsam hat und nicht zur Herausgabe bereit ist (808 u. 809 ZPO.), müssen die Gläubiger des Mannes zuerst nach **846** ZPO. den Herausgabeanspruch des Mannes pfänden und sich zur Einziehung überweisen lassen; 1362 BGB. erspart den Gläubigern also nicht die Beobachtung der Verfahrensvorschriften.

Die Vermutung gilt nicht im Verhältnis der Gatten zueinander — hier greift 1006 ein (RG. **84**, 49) — nicht gegenüber den Gläubigern und Schuldnern der Frau, nicht endlich zugunsten des Mannes gegenüber seinen Schuldnern. Der Mann kann sich also nicht auf 1362 berufen bei der Auseinandersetzung, nicht im Konkurs der Frau gegenüber deren Gläubigern usw.

2. Für die ausschließlich zum persönlichen Gebrauch der Frau bestimmten Sachen, insbesondere für Kleider, Schmuck und Arbeitsgerät wird dagegen die Vermutung aufgestellt, daß sie der Frau gehören und zwar sowohl im Verhältnis der Gatten zueinander, als auch zu Gläubigern des Mannes und der Frau (1362 II).

Den Beweis, daß sie ausschließlich zu ihrem persönlichen Gebrauch bestimmt seien, muß natürlich die Frau erbringen. Ein Klavier, das zum eingebrachten Gut gehört und anfänglich von der Frau allein gespielt wird, kann diese Bestimmung später verlieren, wenn es mit Zustimmung der Frau allgemein (auch von Mann und Kindern) gebraucht wird.

3. Für den Konkurs des Mannes stellt 45 KO. die weitergehende Vermutung zugunsten der Konkursmasse auf, daß alles, was

die Frau während der Ehe erworben hat, mit Mitteln des Mannes erworben sei (Vermutung) und deshalb dem Manne gehöre (Fiktion). Dadurch sollen die Gläubiger des Mannes gegen die Gefahr gesichert werden, daß der Mann Gegenstände, mit denen er tatsächlich als Herr schaltet und waltet, zum Nachteil seiner Gläubiger zum Frauengut stempeln läßt. Gegen direkten Erwerb der Frau vom Mann können dessen Gläubiger mit der Gläubigeranfechtung vorgehen (31 Nr. 2, 32 Nr. 2 KO.); die Aussonderungsschranke des § 45 KO. schiebt auch dem indirekten Erwerb mit Mitteln des Mannes einen Riegel vor.

Die Frau muß also im Konkurs des Mannes zwecks Aussonderung ihrer Habe zunächst die Vermutung des § 1362 I widerlegen. Damit erreicht sie aber nur Herausgabe eines schon vor der Ehe erworbenen Gegenstandes. Steht fest, daß ein Gegenstand erst während der Ehe von ihr erworben ist, muß sie außerdem noch beweisen, daß er nicht mit Mitteln des Mannes erworben ist, also etwa ihr von einem Dritten geschenkt oder letztwillig zugewandt oder von ihr mit Mitteln des eingebrachten oder Vorbehaltsguts erworben ist usw. Die Vermutung des § 45 KO. muß auch widerlegt werden zwecks Aussonderung der zum persönlichen Gebrauch der Frau bestimmten Gegenstände, für die 1362 II eine Eigentumsvermutung zugunsten der Frau aufstellt.

Die Vermutungen des 1362 müßten bei einer Neuordnung des Eherechts entsprechend der Gleichberechtigung der Gatten ersetzt werden 1. durch eine Vermutung zugunsten der Gläubiger jedes Gatten, daß die im gemeinschaftlichen Besitz beider oder auch nur eines Gatten befindlichen beweglichen Sachen dem Schuldner gehören — und 2. durch eine Vermutung, daß die ausschließlich zum persönlichen Gebrauch eines Gatten bestimmten oder zum besondern Erwerbsgeschäft eines Gatten gehörigen Sachen diesem gehören (vgl. JW. 1924, 1818 über die Verhandlg. d. 33. deutsch. Juristentags in Heidelberg).

Für den Fall des Konkurses müßte 45 KO. entsprechend geändert werden; jeder Gatte müßte, um Aussonderung im Konkurse des anderen zu erreichen, den Nachweis führen, daß eine ihm gehörige Sache nicht mit den Mitteln des andern erworben ist.

IV. Titel. Die vermögensrechtlichen Wirkungen der Ehe.

I. Kapitel.

Allgemeines. — Gesetzlicher und vertraglicher Güterstand. — Güterrechtsregister. — Überleitung der Güterstände. § 12.

I. Die gesetzgeberische Aufgabe. Geschichtliches.

Gewisse vermögensrechtliche Wirkungen der Ehe sind schon bei der allgemeinen Gestaltung der eherechtlichen Beziehungen behandelt, nämlich die Schlüsselgewalt, die Unterhaltspflicht und die Eigentumsvermutungen.

Die Hauptfrage ist jetzt noch zu beantworten, inwieweit die Eheschließung unmittelbare Veränderungen in der Güterwelt der Gatten hervorruft. Das meint man, wenn man vom ehelichen Güterrecht spricht.

Diese Frage ist im Laufe der Geschichte außerordentlich verschieden gelöst worden. Auf keinem Gebiete bestand vor Inkrafttreten der BGB. eine solche Rechtszersplitterung wie auf dem des ehelichen Güterrechts; über hundert verschiedene Systeme waren vorhanden, die aus deutschrechtlichen und römischen Grundformen und bunten Mischungen derselben hervorgegangen waren, ohne daß die Unterschiede in wirtschaftlichen Bedürfnissen oder Stammeseigentümlichkeiten ihre sachliche Rechtfertigung gefunden hätten. Die verschiedenen Systeme lassen sich auf zwei Grundformen zurückführen:

1. Es tritt infolge der Eheschließung grundsätzlich keine Veränderung ein, es bleibt bei der Gütertrennung.

2. Die Lebensgemeinschaft führt auch zur Gütergemeinschaft.

Das sind selbstverständlich nur die beiden möglichen extremsten Lösungen. Alle übrigen Güterstände können aber als Abwandlungen des einen oder andern Extrems begriffen werden. Bei Beschränkung auf das Wesentliche werden folgende Haupttypen unterschieden.

Zu 1. Die Trennung in reiner Form ist selten. Regelmäßig leistet die Frau einen Beitrag zu den Kosten der Ehe, überläßt etwa dem Manne einen Teil ihrer Einkünfte — das ist ihr bei der Gütertrennung des BGB. zur Pflicht gemacht (1427 II) — oder sie gibt ihm einen Teil ihres Vermögensstammes, sei es zur Verwaltung (vgl. 1430 BGB.), sei es zu Eigentum unter Verpflichtung zur Rückgabe nach Beendigung der Ehe.

Das letztere ist die Grundlage des römischen Systems der Gütertrennung, wonach dem Mann von der Seite der Frau eine Vermögensgabe (dos) zu Eigentum bestellt wird, um sie bzw. ihre Einkünfte als Beitrag zu den Lasten der Ehe zu verwenden, die vom Mann allein zu tragen sind; der Mann hat die dos später bei Auflösung der Ehe an den Geber zurückzuerstatten. Von dieser Gabe hat der Güterstand den Namen Dotalsystem, es handelt sich aber um einen durch dos-Bestellung gemilderten Güterstand der Trennung der Vermögen, um eine im Kern individualistische Ordnung der Güterverhältnisse.

Das rezipierte Dotalsystem hat für etwa 3 Millionen Einwohner des Deutschen Reiches Geltung gehabt, namentlich für Teile von Westfalen,

Pommern, Hannover, Mecklenburg, für Braunschweig, Waldeck und Lauenburg usw. Obwohl es das gemeinrechtliche System war, hat es sich also nur in einem kleinen Teile Deutschlands durchzusetzen vermocht.

Die Trennung der Gütermassen wird gemildert, wenn wenigstens ihre Verwaltung und Nutzung während der Dauer der Ehe einheitlich erfolgt. Das System der Verwaltungseinheit (schlechter: Verwaltungsgemeinschaft) findet seinen Ausdruck in dem Satz des Sachsenspiegels (I 31 § 1): Mann und Weib haben kein gezweiet Gut zu ihren Lebzeiten. Diese Gestaltung entspricht mehr der germanischen Rechtsauffassung, die den sozialrechtlichen Charakter, die gesamtrechtliche Seite des Gütersystems betont. Als Herr der Verwaltungsgemeinschaft kam nur der Mann in Betracht, das Frauengut gelangte in die Gewere des Mannes zu rechter Vormundschaft — darum auch System der Mannesnutzung und Verwaltung (Nutzverwaltung).

Dieses System, das vermutlich dem ältesten germanischen Recht angehörte, hat sich im Mittelalter namentlich im ostsächsischen (ostfälischen) Recht erhalten. Zur Zeit der Einführung des BGB. galt es für etwa 16 Millionen, etwa $^1/_3$ der Bevölkerung. Es herrschte vorwiegend in Norddeutschland: nach PrAL. (soweit nicht partikularrechtlich oder vertraglich etwas anderes bestimmt war), nach dem sächs. GB. und in den Ländern des gemeinen Sachsenrechts (Thüringen).

Zu 2. Seinen vollkommensten Ausdruck findet der Gemeinschaftsgedanke in der Allgemeinen Gütergemeinschaft, bei der die Vermögen der Gatten auch dem Eigentum nach völlig verschmolzen (Gesamtgut) und auch bei Auflösung der Ehe nicht mehr nach ihrer Herkunft gesondert werden.

Eine Abwandlung dieses Gedankens liegt vor, wenn bestimmte Teile der beiderseitigen Vermögen von der Gemeinschaft ausgeschlossen werden und diese entweder nur den gemeinsamen Erwerb der Ehegatten umfaßt (Errungenschaftsgemeinschaft) oder neben der Errungenschaft auch das bewegliche Vermögen, die Fahrnis (Fahrnisgemeinschaft).

Geschichtlich hat freilich die Bildung der Gütergemeinschaftsstände bei der Errungenschaftsgemeinschaft eingesetzt, so bei den Rheinfranken und Westfalen. Die Errungenschaftsgemeinschaft galt vor 1900 für etwa 10 Millionen Einwohner und zwar vornehmlich in West- und Süddeutschland, in Württemberg nach Württemb. Landrecht, in Frankfurt a. M.

Die Fahrnisgemeinschaft galt für ungefähr 9 Millionen Einwohner, vornehmlich nach rheinischem und badischem Recht. Sie ist der gesetzliche Güterstand des code civil.

Die allgemeine Gütergemeinschaft endlich galt für etwa 14 Millionen, hauptsächlich in Ost- und Westpreußen, Posen, Westfalen, Bremen,

Hamburg, den landrechtlichen Teilen der Rheinprovinz, in manchen Teilen Bayerns usw.

II. Die grundsätzliche Stellungnahme des BGB.

Angesichts der verwirrenden Fülle von einzelnen Systemen, die im vorstehenden auf ihre Haupt- und Grundformen zurückgeführt sind, hätte die Annahme des von manchen gewünschten Regionalsystems die Rechtseinheit gefährdet; denn das hätte zur Regelung mehrerer Systeme nebeneinander geführt, die dann durch Reichs- oder Landesgesetz in den verschiedenen Teilen Deutschlands im Anschluß an die jeweils dort vorherrschenden bisherigen Güterrechte einzuführen gewesen wären.

Die Gesetzgeber haben sich mit Recht für die Einführung eines einheitlichen gesetzlichen Güterrechts entschieden, da die Verschiedenheiten in den damaligen Güterrechtssystemen mehr auf geschichtlichen Zufällen beruhten, als durch wirtschaftliche und völkische Besonderheiten der deutschen Stämme gerechtfertigt wurden. Daneben hat man von der im germanischen Recht ausgebildeten Möglichkeit des Ehevertrags Gebrauch gemacht, zwingt also das gesetzliche Güterrecht nicht auf, sondern läßt den Gatten die Freiheit, ihre güterrechtlichen Verhältnisse abweichend zu regeln. Als Vorbilder für eine derartige ehevertragliche Regelung wurden auch die nicht zum gesetzlichen System erhobenen anderen großen Gütersysteme näher normiert, um von denen, die sie vorziehen, im ganzen angenommen werden zu können.

Bei diesem grundsätzlichen Ausgangspunkt war die Bahn frei für die Wahl des Systems als gesetzlichen, das durch seinen sachlichen Inhalt der Idee der ehelichen Gemeinschaft und den berechtigten Belangen beider Gatten auf dem Boden der wirtschaftlichen Verhältnisse der Gegenwart am besten gerecht wurde.

Auf den ersten Blick scheint das die allgemeine Gütergemeinschaft zu sein (von Gierke empfohlen); sie wäre das vollkommenste Symbol einer idealen Ehe, die man als die Gemeinschaft aller göttlichen und irdischen Dinge bezeichnet hat. Ein Leib, eine Seele, ein Vermögen! Aber selbst, wenn es höchste sittliche Pflicht der Frau sein mag, auch das Unglück einer eintretenden Verarmung mit dem Manne zu teilen, so kann es doch nicht die Aufgabe des Rechts sein, die höchsten Anforderungen der Moral zwangsweise zu verwirklichen, wenn sie sich an der Macht der tatsächlichen Verhältnisse brechen. Die Erfüllung der höchsten sittlichen Anforderungen muß Sache des Einzelfalles bleiben, sie ist überhaupt an ein bestimmtes Güterrechtssystem nicht gebunden. Sie ist ein Ideal, d. h. ein Ziel höchsten

Strebens, dem selbst die Liebesehe in der Regel nur schrittweise in langjähriger Entwicklung näherkommen kann. Dieses Ideal nun als vorhanden fingieren und von dieser Grundlage aus das Güterrecht regeln, ist aber ein zweckloses, utopisches Unterfangen. In der Ehe, wo rechte eheliche Liebe herrscht, regelt sich alles von selbst. Die Frage nach dem Güterrecht wird regelmäßig erst dann praktisch, wenn es mit der Innigkeit dieser Gemeinschaft nicht mehr zum besten bestellt ist. Für die zerstörte Ehe aber das Güterrecht aus dem höchsten sittlichen Ideal der Ehe ableiten, heißt: Engel wollen Teufel züchten. Das Recht muß sich mit einem sittlichen Minimum begnügen.

Die allgemeine Gütergemeinschaft, bei der der Mann die alleinige Verwaltung des Gesamtgutes hat und dieses, also auch das Frauenvermögen, für alle Schulden des Mannes haftet, bringt der Frau zu große Gefahren. Warum das vermögensrechtliche Schicksal der Frau und Kinder ganz in die Hände des Mannes legen, der vielleicht ein leichtsinniger Verwalter, ein Verschwender oder Trunkenbold ist? Ja man darf fragen, ob es überhaupt noch sittliche Pflicht einer Frau ist, den Gläubigern eines Spielers, Spekulanten, Trunkenbolds, galanten Abenteuerers ihr und ihrer Kinder Unterhalt zu opfern?

Das Gesetz hat deshalb mit Recht die allgemeine Gütergemeinschaft nur als einen vertraglichen Güterstand geregelt.

Gegen die Fahrnisgemeinschaft sprach, daß ganz willkürliche Ergebnisse herauskommen, wenn beide Gatten gleichvermögend sind und der eine vorwiegend Grundbesitz, der andere bewegliches Vermögen hat.

Dagegen hätte sich die Errungenschaftsgemeinschaft sehr wohl zu einem gerechten, allgemein zutreffenden Güterstand ausbauen lassen. Denn die Beteiligung beider Gatten am Gewinn der Ehe, zu dem nicht bloß die erwerbsfähige Frau, sondern auch die Hausfrau schlechthin beiträgt, ist ein Erfordernis der Gerechtigkeit. So wie die reine Errungenschaftsgemeinschaft im Gesetz ausgestaltet ist, bietet sie freilich manche Schwierigkeiten, namentlich bei der Schuldenregelung und der Auseinandersetzung. Auch bedarf das Schicksal der eingebrachten Vermögen, falls man die Gemeinschaft auf die Errungenschaft beschränkt, näherer Normierung nach einem System der Gütertrennung.

So hätte es am nächsten gelegen, die güterrechtlichen Beziehungen auf der Grundlage der Gütertrennung zu ordnen unter Verpflichtung der Frau, einen angemessenen Beitrag zu den Kosten der Ehe zu leisten und unter Beteiligung beider Gatten an dem während der Ehe von einem derselben gemachten Gewinn. Damit hätte man jeden Gatten vor einer Verschlechterung seiner vermögensrechtlichen Lage unmittelbar durch den Eheschluß bewahrt und gleichzeitig dem begründeten Verlangen der Frau nach Anerkennung ihrer vermögensrechtlichen Selbständigkeit Rechnung getragen. Durch die ihr auferlegte Beitragspflicht und die Bildung einer Zugewinstgemeinschaft wäre ferner der Gemeinschaftsgedanke ausreichend berücksichtigt worden, zwischen individual- und sozialrechtlichen Ideen wäre ein organischer Ausgleich gewonnen worden. Dies um so mehr, als die Frau in der Lage gewesen wäre, ihrem Mann freiwillig die Verwaltung ihres Vermögens zu überlassen.

Statt dessen haben die Gesetzgeber die Gütertrennung nur für wenige Ausnahmefälle als hilfsweise eintretenden gesetzlichen Güterstand bestimmt, als regelmäßigen gesetzlichen Güterstand aber die Verwaltungsgemeinschaft (Nutzverwaltung) gewählt — als eine Kompromißlösung zwischen patriarchalischem und individualistischem Eheideal, eine Lösung, die aber, vom Standpunkt der Frau aus betrachtet, alles andere als einen gerechten Ausgleich bedeutet.

In der Verwaltungsgemeinschaft klingt der alte Gedanke der eherechtlichen Vormundschaft des Mannes mehr als billig nach, trotz Trennung der Massen dem Eigentum nach ist das Frauenvermögen nicht hinreichend gegen Willkür und Übergriffe des Mannes, des geborenen Herrn der Verwaltungsgemeinschaft, geschützt. Auch in der Einzelausgestaltung vermißt man die einfachen und klaren Linien. Man kann danach die Schlußworte aus der Reichstagsrede des konservativen Freiherrn von Stumm zum Entwurf des BGB. mitempfinden: Es wird mir für mein ganzes Leben ein tiefer Schmerz sein, daß das große Werk mit diesem Makel der Verwaltungsgemeinschaft behaftet ist.

Eine mittelbare Verurteilung erfährt der Güterstand der Verwaltungsgemeinschaft heute auch durch die Weimarer Reichsverfassung, die die Gleichberechtigung der Geschlechter in der Ehe verheißt (Art 119). Die Durchführung dieser Forderung muß entweder zur völligen Gütertrennung führen oder zur Einführung einer wirklichen Gütergemeinschaft, bei der beide Gatten zusammen oder jeder für sich allein das Verwaltungsrecht haben, wofür Vorbilder im Gesellschaftsrecht des BGB. und HGB. vorhanden sind.

III. Ehevertrag.

Das gesetzliche Güterrecht, die Nutzverwaltung, wird den Gatten nicht aufgezwungen, sondern gilt nur dispositiv, ist nachgiebiges Recht. Die Gatten können ihre güterrechtlichen Verhältnisse nach 1432 durch Vertrag abweichend regeln. Der Vertrag heißt Ehevertrag, ist ein Verfügungsgeschäft, insofern er unmittelbar auf das Vermögen eines oder beider Gatten einwirkt, und bedarf zu seiner Gültigkeit des Abschlusses vor Gericht oder Notar (1434).

1. Begriff. Nur soweit die güterrechtlichen Verhältnisse geregelt werden, trägt ein Vertragsschluß zwischen den Gatten den Charakter des Ehevertrags und bedarf der Form des § 1434.

Unter den Begriff fallen also nicht:

a) Vertragliche Abmachungen über die persönlichen Beziehungen der Gatten, z. B. über Getrenntleben, Kindererziehung;

b) Abmachungen über die allgemeinen vermögensrechtlichen Ehewirkungen, wie z. B. die Unterhaltspflicht;

c) Abmachungen vermögensrechtlicher Natur, die in das jeweilige Güterrecht nicht abändernd eingreifen, sondern von den Gatten, auch wenn sie sich fremd gegenüber ständen, getroffen werden könnten, z. B. Darlehens- oder Gesellschaftsverträge.

Ein Schenkungsvertrag, wodurch der Mann beim gesetzlichen Güterstand seiner Frau einen einzelnen Gegenstand zuwendet, ist kein Ehevertrag, wenn über die Zugehörigkeit zum Frauenvermögen nichts vom Güterrecht Abweichendes bestimmt wird, wohl aber, wenn der Gegenstand, der mangels abweichender Bestimmung ins eingebrachte Gut fiele, ins Vorbehaltsgut kommen soll.

Völlig verfehlt wäre es, den Ehevertrag schlechthin deshalb als eine unentgeltliche Zuwendung, eine Schenkung anzusehen, weil durch jede Abänderung des Güterrechts ein Gatte günstiger gestellt wird, als er es ohnedies wäre. Also kein Widerruf wegen groben Undanks nach Schenkungsrecht, keine Schenkungssteuer. Selbstverständlich kann aber durch einen Ehevertrag eine unentgeltliche Zuwendung verdeckt werden (RG. **87** 301).

d) Abmachungen, durch die über einen aus dem Ehegüterrecht entstandenen und von dessen Fortbestand unabhängigen Anspruch verfügt wird, z. B. Verzicht des Mannes auf fällige, nach 1371 geschuldete Beiträge der Frau.

2. Der Vertragsschluß muß bei gleichzeitiger Anwesenheit beider Teile vor Gericht oder Notar erfolgen (1434), Vertretung ist zulässig (auch Selbstkontrahieren im Rahmen des § 181, RG. **79** 283), ebenso Bedingung oder Befristung. Der Vertrag kann vorher oder nachher abgeschlossen werden (nach code civil 1395 nur vorher), (1432).

3. Der Vertragsinhalt kann nur innerhalb bestimmter Schranken frei bestimmt werden, es gilt also nur beschränkte Vertragsfreiheit.

a) Selbstverständlich gelten die allgemeinen Beschränkungen der Vertragsfreiheit (134, 137, 138). Unwirksam sind namentlich Vereinbarungen, die mit dem Wesen der Ehe als einer sittlichen Lebensgemeinschaft unverträglich sind, z. B. ein Vertrag, wonach alles, was die Gatten erwerben, Eigentum der Frau sein soll.

Daneben ergeben sich Schranken aus besonderen güterrechtlichen Rücksichten. Geradeso, wie es nur eine geschlossene Zahl dinglicher Rechte gibt, ist die freie güterrechtliche Gestaltung lediglich innerhalb der vom Gesetz dafür festgelegten Rahmen zulässig. Das folgt aus der vereinheitlichenden Tendenz der ganzen gesetzlichen Regelung, aus der ausdrücklichen Zurückweisung gewisser, diesem Rahmen nicht entsprechenden Abmachungen (1433, 1518), und endlich daraus, daß die vom Gesetz geregelten Typen in manchen Punkten eine Durchbrechung allgemeiner Grundsätze bedeuten, für die außerhalb dieser Typen eine gesetzliche Grundlage fehlen würde, z. B. des numerus clausus der dinglichen Rechte (Nutzungsrecht des Mannes am Frauengut) oder des Grundsatzes, daß man nicht beliebig eine Gesamtnachfolge herbeiführen kann (wie sie bei den vom Gesetz geregelten Güterständen der Gemeinschaft zugelassen ist) oder der Grundgedanken der §§ 310 u. 312.

b) Danach sind Eheverträge nur in folgendem Rahmen zulässig:

α) Die Parteien können durch allgemeinen Vertrag den gesetzlichen Güterstand der Verwaltungsgemeinschaft im ganzen beseitigen, sei es, ohne ihn durch ein anderes System zu ersetzen (was Gütertrennung zur Folge hat [1436]), sei es, indem sie an seiner Stelle ein anderes System einführen, das einem der im BGB. geregelten Güterstände im wesentlichen entsprechen muß. Ebenso ist zulässig, einen vertraglichen Güterstand im ganzen auf diese Weise zu beseitigen oder durch einen andern zu ersetzen, evtl. auf einen früheren wieder zurückzukommen (1432).

Das Gesetz stellt fünf genau durchgearbeitete Typen zur Verfügung, die en bloc vereinbart werden können: die Verwaltungsgemeinschaft, die Gütertrennung, die allgemeine Gütergemeinschaft, die Errungenschaftsgemeinschaft und die Fahrnisgemeinschaft. Statt eines dieser Systeme zu wählen, können die Parteien ihre güterrechtlichen Beziehungen aber auch durch besonders formulierte Bestimmungen ordnen, dagegen nicht durch einfache Verweisung auf ein nicht mehr geltendes oder ausländisches Gesetz (1433 I mit einer Ausnahme in 1433 II).

Die Unterstellung unter ein ausländisches oder aufgehobenes Güterrecht läßt sich selbst durch Aufnahme der einzelnen Bestimmungen dieses Rechts in den Ehevertrag nur so weit bewirken, als diese Bestimmungen nicht außerhalb des Rahmens der fünf vom BGB. geregelten Güterstände liegen.

Unzulässig wäre danach die Einführung des Alleineigentums des Mannes am Frauengut oder auch nur am beweglichen Vermögen der Frau (nach dem Vorbild des englischen common law) oder die Einführung der Fahrnisgemeinschaft des code civil (communauté légale), nach der der Mann in der Verfügung über das Frauengut wesentlich freier steht oder die Vereinbarung einer Verwaltungsgemeinschaft mit weiblichem Nutzungs- und Verwaltungsrecht.

β) Die Parteien können ferner bestimmte Einzelheiten eines Systems abändern, soweit es sich nicht um Bestimmungen handelt, die zwingend bzw. für dieses System wesentlich sind — sie können sich also für die Fahrnisgemeinschaft des BGB. entscheiden und einzelne Fragen abweichend vom BGB. durch Aufnahme der entsprechenden Bestimmungen des code civil regeln, sie können beim gesetzlichen Güterstand etwas, was sonst eingebrachtes Gut wäre, für Vorbehaltsgut erklären (1368) oder die Haftung für alle Frauenschulden im Verhältnis der Gatten zueinander dem Vorbehaltsgut zur Last legen (vgl. 1415) oder bei der Gütertrennung die Beitragspflicht der Frau näher regeln (RG. 87 56). — Unzulässig wäre dagegen nach der herrschenden Meinung die Beschränkung des Mannes auf das Verwaltungs- oder Nutzungsrecht bei der Verwaltungsgemeinschaft.

IV. Das Güterrechtsregister.

Infolge der Ehevertragsfreiheit kann der Güterstand eines Ehepaares nicht einfach dem Gesetz entnommen werden. Für Dritte, die mit den Gatten in Beziehung treten, ist aber die Kenntnis des jeweils maßgebenden Güterstandes von der größten Bedeutung. Denn vom Güterstand hängt ab z. B. die Wirksamkeit der Veräußerung von Frauengut durch den Mann (1375/76, 1443 und 1445), die Haftung nur des Mannesvermögens oder auch des von der Frau eingebrachten Gutes für die Schulden des Mannes (1375, 1410, 1459), die Tragweite eines von einem der Gatten oder gegen ihn erstrittenen Urteils usw.

Was gegen Dritte wirken soll, muß auch Dritten erkennbar sein. Deshalb hat das BGB. ein öffentliches Register, das sog. Güterrechtsregister, geschaffen. In dieses können die Gatten, um die Wirksamkeit gegenüber Dritten zu erhöhen, eintragen lassen: einmal Abweichungen vom gesetzlichen Güterstand, sodann Änderungen einer bereits eingetragenen Regelung des Güterstandes (z. B. Ersatz der eingetragenen allgemeinen Gütergemeinschaft durch Gütertrennung).

1. Das Güterrechtsregister wird von den Amtsgerichten geführt (1558). Zuständig ist das Amtsgericht des Wohnsitzes des Mannes (1558), (Einzelheiten in 1558/59).

2. Eintragungen erfolgen nur auf Antrag und nur so weit, als sie beantragt sind (1560). Kein Zwang zur Eintragung! Nur die Gatten können den Antrag stellen.

a) Regelmäßig ist ein Antrag beider Gatten erforderlich, einer ist dem andern zur Mitwirkung verpflichtet.

b) Ausnahmsweise genügt der Antrag eines Gatten: α) wenn ein Ehevertrag vorgelegt wird, zu dessen Eintragung, β) wenn eine mit Rechtskraftzeugnis versehene Entscheidung über den Güterstand vorgelegt wird, zur Eintragung der auf dieser Entscheidung beruhenden Änderung, γ) wenn der Wohnsitz verlegt wird, zur Wiederholung der Eintragung im anderen Register (1561 III).

c) Der Antrag des Mannes genügt, wenn die Beschränkung oder Entziehung der Schlüsselgewalt (1357 II) oder sein Einspruch gegen den Betrieb eines Erwerbsgeschäfts bzw. der Widerruf der dazu erteilten Einwilligung (1405 III) eingetragen werden soll (1561 I).

3. Das Güterrechtsregister ist öffentlich, jedermann darf es einsehen und kann eine Abschrift fordern (1563). Die erfolgten Eintragungen sind zu veröffentlichen (1562).

4. Die Wirkungen des Güterrechtsregisters und seiner Eintragungen sind nicht dieselben wie die des Grundbuchs. Der Grundbucheintrag erzeugt die Fiktion der Richtigkeit zugunsten eines gutgläubigen, rechtsgeschäftlichen Erwerbers (892). Davon kann beim Güterrechtsregister keine Rede sein, die in ihm eingetragenen Tatsachen gelten nicht als richtig, wohl aber gelten die eintragbaren, aber nicht eingetragenen Tatsachen als nicht bestehend. Negative Publizität, ganz wie beim Vereinsregister (68) und beim Handelsregister (15 HGB.)! Dem Schweigen des Registers darf man wohl vertrauen, nicht aber seinen positiven Angaben.

a) Der redliche Dritte darf sich also darauf verlassen, daß ins Güterrechtsregister eintragbare, aber nicht eingetragene Abweichungen vom gesetzlichen Güterstand oder Änderungen des bereits registrierten Güterstandes nicht bestehen. Dieser Schutz wird aber nur zuteil den zwischen ihm und einem der Gatten vorgenommenen Rechtsgeschäften und den zwischen ihnen ergangenen rechtskräftigen Urteilen — nicht dagegen den Ansprüchen aus unerlaubten Handlungen oder aus einem sonstigen nicht rechtsgeschäftlichen Tatbestand, z. B. aus der gesetzlichen Unterhaltspflicht; denn ihre Entstehung kann durch das Vertrauen der Berechtigten auf das Register gar nicht beeinflußt werden.

Ebensowenig kann die Wirksamkeit einer Vollstreckungshandlung auf das Schweigen des Registers gestützt werden. Bei der Vollstreckung ist nach dem wirklichen Güterrecht zu verfahren (OLG. **30** 42).

Entscheidender Zeitpunkt für die Redlichkeit, die nur durch Kenntnis der einzutragenden Tatsache ausgeschlossen wird, ist die Zeit der Vornahme des Rechtsgeschäfts oder des Eintritts der Rechtshängigkeit: nachherige Kenntnis schadet nichts.

Die Vorschriften des 1435 sind nur zugunsten des Dritten gegeben. Auf die Beurteilung der Sachlage, wie wenn das gesetzliche oder eingetragene Güterrecht nicht geändert wäre, hat also nur der Dritte, nicht aber der Ehegatte ein Recht.

Fehlt z. B. jede Eintragung im Register, kann man sich darauf verlassen, daß die Gatten im gesetzlichen Güterstand der Verwaltungsgemeinschaft leben, daß also der Mann über die verbrauchbaren Sachen der Frau, die bei der Verwaltungsgemeinschaft zum eingebrachten Gut gehören würden, ohne Zustimmung der Frau verfügen darf usw. Ist allgemeine Gütergemeinschaft richtig eingetragen, kann man sich darauf verlassen, daß diese nicht durch einen anderen Güterstand, etwa die Gütertrennung, inzwischen ersetzt worden ist; man kann sich auf Grund eines dem Ehemann gegebenen Darlehns an die Teile des Frauenvermögens halten, die bei der allgemeinen Gütergemeinschaft zum Gesamtgut gehören würden (1459 I). Das in einem, mit dem Mann geführten Prozeß ergangene Urteil wirkt in Ansehung des Vermögens, das bei fortdauernder Gütergemeinschaft zum Gesamtgut gehören würde, auch für und gegen die Frau usw. — Der gesetzliche Unterhaltsanspruch, den der Vater der Frau nach Ersatz der allgemeinen Gütergemeinschaft durch Gütertrennung erwirbt, kann dagegen nicht mehr nach 1459 II gegen den Mann persönlich verfolgt werden, obwohl die Gütergemeinschaft noch eingetragen ist. —

Wenn ein Gläubiger des Mannes auf Grund eines gegen diesen gerichteten Vollstreckungstitels Mietzinsforderungen, die der Frau aus einem von ihr vor der Ehe abgeschlossenen Mietvertrag zustehen, pfänden läßt, mit der Behauptung, das Haus gehöre zum eingebrachten Gut, kann die Frau die Vorbehaltsgutseigenschaft nach 771 ZPO. geltend machen, auch wenn darüber nichts im Register vermerkt ist.

b) 1435 gibt dagegen dem gutgläubigen Dritten kein Recht, sich auf die Richtigkeit der erfolgten Eintragung zu berufen, wenn diese der Wahrheit widerspricht. Vielmehr muß dann Beurteilung nach der wahren Sachlage eintreten. Doch ist davon eine Ausnahme zu machen, wenn das Vorschützen der wahren Sachlage durch den Gatten Treu und Glauben widersprechen, ein unzulässiges gegensätzliches Verhalten (venire contra factum proprium) bedeuten würde.

Man kann sich also nicht darauf verlassen, daß der eingetragene Vertrag, wodurch allgemeine Gütergemeinschaft eingeführt wird oder bestimmte Wertpapiere zum Vorbehaltsgut der Frau erklärt werden, gültig ist.

Doch wird die Versagung des Verläßlichkeitsschutzes für die positiven Angaben des Registers in ihrer Bedeutung dadurch stark gemildert, daß in der Herbeiführung einer Registereintragung die Erregung eines Rechtsscheins, des Anscheins eines bestimmten Güterstandes, liegt. Wer einen solchen Anschein wissentlich erregt oder mit seiner Erregung durch den andern Gatten einverstanden ist — ferner wer schuldhaft die Beseitigung unterläßt, darf sich grundsätzlich mit seinem eigenen Verhalten nicht in Widerspruch setzen, indem er die wahre Sachlage zum Nachteil des redlichen Dritten hervorkehrt. Doch verdient das Vertrauen des Dritten nur dann Schutz, wenn dieser auch bei verkehrsmäßiger Sorgfalt die Unrichtigkeit der Eintragung nicht erkennen konnte. Nicht minder schadet ihm spätere Kenntnis.

Martin Wolff (Familienrecht § 42 VI 2) kommt in Anlehnung an Wieruszowski und v. Baligand zur analogen Anwendung von 171 und 173. Es scheint mir aber etwas fernliegend, in dem Einverständnis mit der Eintragung eine stillschweigende Vollmachterteilung zu sehen, da es sich bei den güterrechtlichen Berechtigungen um gesetzliche Befugnisse handelt. Die Regelung des §§ 171 ff. ist nur ein Anwendungsfall des eben von mir formulierten allgemeinen Gedankens, freilich als gesetzlicher Anwendungsfall ein wertvoller Beleg für diesen.

5. Weiter als die Publizitätswirkung des Registers kann der Gutglaubensschutz des Grundbuch- und Fahrnisrechts reichen.

Verfügt der Mann, der nach dem Register in allgemeiner Gütergemeinschaft lebt, ohne Zustimmung der Frau als Eigentümer über ein Grundstück, das noch auf seinen Namen steht, so ist die Verfügung trotz 1445 nach 892 wirksam, wenn der Erwerber vom Ehevertrag nichts weiß. Verschenkt der Mann eine bewegliche Sache, die er im Besitz hat, an einen Dritten, so wird dieser trotz bestehender Gütergemeinschaft Eigentümer nach 932, falls er die Gütergemeinschaft weder kennt noch infolge grober Fahrlässigkeit nicht kennt. Freilich wird die Nichtkenntnis einer registrierten Gütergemeinschaft regelmäßig auf grober Fahrlässigkeit beruhen.

Wenn dagegen die noch als Alleineigentümerin im Grundbuch eingetragene Frau über ihr ins Gesamtgut gefallenes Grundstück verfügt, wird der gutgläubige Dritte nicht Eigentümer. Denn sein guter Glaube an die Richtigkeit des Grundbuchs ersetzt nur das fehlende Eigentum des Veräußerers und schützt ihn nur gegen das Vorhandensein nicht eingetragener, aber eintragbarer Verfügungsbeschränkungen; zu diesen gehören die güterrechtlichen Beschränkungen der Frau (1404, 1450 ff.) nicht.

V. Überleitung der Güterstände.

1. Das eheliche Güterrecht des BGB. erfaßt nur die unter seiner Herrschaft, also nach dem 1. Januar 1900 eingegangenen Ehen. Für den Güterstand einer zur Zeit des Inkrafttretens des BGB. schon bestehenden Ehe bleiben nach Art 200 EGBGB. die bisherigen

Gesetze maßgebend. Dies gilt namentlich auch für die erbrechtlichen Wirkungen des Güterstandes (200 I EGB.). Nur in einer Hinsicht gilt sofort neues Recht auch für diese Ehen:

Eine nach den Vorschriften des BGB. zulässige eheverträgliche Regelung des Güterstandes kann auch dann getroffen werden, wenn nach den bisherigen Gesetzen ein Ehevertrag unzulässig sein würde (Art 200 II EGBGB.).

Das rheinische Recht erkannte z. B. nur einen vor Eingehung der Ehe geschlossenen Ehevertrag als wirksam an (Art 1394 code civ.); seit 1900 können rheinische Gatten auch noch nachher in den Formen des BGB. den bisherigen Güterstand durch Ehevertrag ändern.

2. Diese „Unwandelbarkeit" des Güterstandes hätte zweifellos die mißliche Folge gehabt, daß auf dem Gebiete des Güterrechts die Rechtszersplitterung noch auf Jahrzehnte erhalten geblieben wäre. Deshalb haben die meisten Bundesstaaten von der Befugnis des Art 218 EGBGB. Gebrauch gemacht und die bisherigen Güterstände in den nächstverwandten Güterstand des BGB. umgewandelt, sog. Überleitung der Güterstände.

Nur Württemberg und im wesentlichen Lippe haben davon abgesehen. In Preußen ist z. B. der gesetzliche Güterstand des code civil (die sog. communauté légale, eine Fahrnisgemeinschaft [Art 1400 ff c. c.]) in die Fahrnisgemeinschaft des BGB. übergeleitet worden, der gesetzliche Güterstand des PrAllgLandr. ist durch die Nutzverwaltung ersetzt worden usw. Doch hat man keine radikale Umwandlung vorgenommen, sondern einzelne Bestimmungen des früheren Rechts aufrechterhalten; der Ehemann kann z. B. in der übergeleiteten Fahrnisgemeinschaft des rheinischen Rechts nach wie vor über Gesamtgutsgrundstücke allein verfügen.

Vgl. für Preußen AGBGB. Art 44—67 und Kgl.VO. v. 20. 12. 1899; für Bayern ÜbergangsG. v. 9. 6. 1899 Art 19 ff. 62 ff. 124 ff.; für Sachsen § 34 AG.; Baden Ges. v. 4. 8. 1902; Hessen Art 169 ff. 230 ff.

II. Kapitel. Der Güterstand der ehemännlichen Verwaltung und Nutznießung. (Nutzverwaltung oder Verwaltungsgemeinschaft).

I. Das Wesen der Nutzverwaltung. § 13.

1. Die Gütermassen bleiben dem Eigentum nach getrennt. Das Frauengut wird aber durch den Eheschluß grundsätzlich der Verwaltung und Nutznießung der Frau entzogen und der des Mannes unterworfen — sog. eingebrachtes Gut; doch sind davon gewisse Gegenstände ausgenommen, die der Frau zur freien Verwaltung und Nutzung verbleiben — das sog. Vorbehaltsgut.

Es sind danach drei Massen zu unterscheiden: das Mannesvermögen, das eingebrachte Gut der Frau und das Vorbehaltsgut der Frau.

a) Das Mannesvermögen wird durch den Eheschluß überhaupt nicht berührt. Der Mann behält nach wie vor darüber freies Verwaltungs-, Verfügungs- und Nutzungsrecht. Die gezogenen Nutzungen werden Mannesgut.

b) Eingebrachtes Gut der Frau ist alles, was nicht zum Vorbehaltsgut gehört, also nicht bloß, was die Frau in die Ehe mitgebracht hat, sondern auch, was sie während der Ehe erwirbt (1363 II), der Name ist irreführend. Dieses eingebrachte Gut wird unmittelbar durch den Eheschluß der Verwaltung und Nutznießung des Mannes unterworfen (1363 I). Der Mann übt die Verwaltung zu eigenem Recht. Doch ist das Verwaltungsrecht in doppelter Hinsicht beschränkt, der Mann kann die Frau nicht verpflichten und er kann über das eingebrachte Gut grundsätzlich nur mit Zustimmung der Frau verfügen (1375, 1376). Die Nutzungen zieht er zu eigenem Recht und erwirbt sie als Mannesgut (1383).

c) Das Vorbehaltsgut untersteht der freien Verwaltung und Nutzung der Frau (1371); die Nutzungen werden Vorbehaltsgut.

2. Der Grundsatz der Trennung gilt auch für den Erwerb während der Ehe. Was der Mann durch seine Arbeit erwirbt, wird Mannesgut, was die Frau durch ihre Arbeit erwirbt, wird Vorbehaltsgut (1367). Die Frau wird nicht am Verdienst des Mannes, den sie mit ermöglicht, beteiligt (jedenfalls ungerecht!).

3. Getrennt bleiben auch die Schulden (Passiva). Jeder behält seine Schulden, mit denen er in die Ehe getreten ist. Neue Verpflichtungsgeschäfte verhaften nur den, der sie eingeht oder in dessen Namen sie eingegangen werden. Kein Gatte kann den andern ohne dessen Zustimmung verpflichten (1375), (Ausnahme: Schlüsselgewalt [1357]).

Für die Mannesschulden haftet nur das Mannesvermögen, für die Frauenschulden grundsätzlich nur das Frauenvermögen (Ausnahme 1388) — und zwar immer das Vorbehaltsgut; das eingebrachte Gut dagegen nur bedingt (unter den später darzulegenden näheren Voraussetzungen). Der Frauengläubiger muß zudem zur Vollstreckung ins eingebrachte Gut einen besonderen Vollstreckungstitel gegen den Mann erwirken (mit Rücksicht auf dessen Verwaltungsrecht), (739 ZPO.).

4. Die Lasten der Ehe, den ehelichen Aufwand, trägt der Mann (1389 I). Die Verpflichtung dazu ist mit seinem Verwaltungs- und Nutzungsrecht am eingebrachten Gut verbunden, gleichgültig, ob dessen Nutzungen einen angemessenen Beitrag abwerfen oder nicht; letzternfalls muß aber die Frau aus den Einkünften des

Vorbehaltsguts und dem Ertrag ihrer Arbeit oder eines Erwerbsgeschäftes einen Zuschuß zur Ergänzung in angemessener Höhe gewähren (1371 Halbs. 2).

5. Unberührt bleiben durch den Eheschluß die Geschäfts-, Verpflichtungs- und Prozeßfähigkeit jedes Gatten. Daß die Frau in der Verfügung über ihr eingebrachtes Gut beschränkt und an die Zustimmung des Mannes gebunden ist (1395 ff.) bedeutet keine Minderung ihrer Geschäfts- und Verpflichtungsfähigkeit, sondern findet seine Rechtfertigung im Verwaltungs- und Nutzungsrecht des Mannes, das andernfalls durch die Frau beiseite geschoben werden könnte.

Der Eheschluß führt auch nicht zur Mehrung der Geschäftsfähigkeit. Heirat macht nach BGB. nicht mündig (anders Art 14 II, Schweiz. ZGB.).

Die minderjährige Frau bleibt also unter elterlicher oder vormundschaftlicher Gewalt, kommt auch nicht unter vormundschaftliche Gewalt des Mannes; Entsprechendes gilt für den minderjährigen Mann.

II. Eintritt der Nutzverwaltung. § 14.

1. Der Güterstand der Nutzverwaltung tritt von Rechts wegen unmittelbar mit dem Eheschluß ein. Seine Eintragung ins Güterrechtsregister kommt, wenn er kraft Gesetzes eintritt, nicht in Betracht; seine Eintragung ins Grundbuch ist unzulässig, da das Verwaltungs- und Nutzungsrecht nicht buchungsfähig sind.

Er tritt ausnahmsweise nicht ein:

a) Wenn er durch vorhergehenden Ehevertrag ausgeschlossen ist (1432, 1436).

b) Kraft gesetzlicher Vorschrift, wenn eine geschäftsbeschränkte Frau ohne Einwilligung ihres gesetzlichen Vertreters geheiratet hat (1364).

2. Der Güterstand der Nutzverwaltung (Verwaltungsgemeinschaft) kann ferner kraft Ehevertrags an Stelle eines andern bisher maßgebenden Güterstandes gesetzt werden (1432).

Hier ist die Eintragung ins Güterrechtsregister geboten, um die Annahme der Fortdauer des bisherigen Güterstandes auszuschließen (1435 II).

III. Das Vorbehaltsgut. § 15.

Das Vorbehaltsgut ist das freie Sondervermögen der Frau, das ihrer eigenen selbständigen Verwaltung und Nutzung unterliegt (1365), („Eigenwirtschaftsschaftsgut" Kohler).

1. Die Fälle des Vorbehaltsguts.

Das Vorbehaltsgut erlangt diese Eigenschaft entweder kraft Gesetzes oder kraft rechtsgeschäftlicher Bestimmung oder kraft Ersatzbestimmung (Surrogation).

a) Kraft Gesetzes sind Vorbehaltsgut:

α) Die ausschließlich zum persönlichen Gebrauch der Frau bestimmten Sachen, insbesondere Kleider, Schmucksachen und Arbeitsgeräte (1366).

Persönlicher Gebrauch verlangt besondere Beziehung zur Person, also Bestimmung zur Befriedigung persönlicher Bedürfnisse (Fahrrad, Klavier, Tagebuch) oder zur Unterstützung persönlicher Erwerbstätigkeit (Nähmaschine, Schreibmaschine). Ausschließliche Bestimmung zum persönlichen Gebrauch steht im Gegensatz zum gemeinsamen Gebrauch, schließt aber die Gestattung des Mitgebrauchs (z. B. des Klaviers) nicht aus. Selbstverständlich müssen die Sachen der Frau gehören.

β) Selbständiger Arbeitserwerb der Frau, auch wenn sie nur von Fall zu Fall tätig wird, etwa als Schriftstellerin, Sängerin, Stundenarbeiterin, Wäscherin usw. (1367).

Darin liegt ein Fortschritt des BGB. gegenüber dem bisherigen Recht, das das Arbeitseinkommen der Frau dem eingebrachten Gut zuwies. Heute verfügt die Frau über ihren Verdienst frei, freilich trifft sie die Verpflichtung, einen angemessenen Beitrag zum ehelichen Aufwand beizusteuern, auch in Ansehung des Arbeitsverdienstes (1371, 1427). Für die vermögenslose Ehe ist damit ein der Gütertrennung ähnlicher Zustand herbeigeführt.

Erwerb aus bloßer Mithilfe im Hauswesen oder im Geschäft des Mannes nach 1356 ist nicht selbständig, fällt also dem Manne zu.

γ) Erwerb der Frau durch den selbständigen Betrieb eines Erwerbsgeschäftes, ohne Rücksicht auf die Zustimmung des Mannes zum Betrieb (1367).

αα) Ein selbständiger Betrieb durch die Frau liegt vor, wenn der Betrieb in ihrem Namen erfolgt, wenn sie die Unternehmerin ist, mag sie sich auch der Hilfe des Mannes bedienen. Dann fallen nicht nur die Reinerträge, sondern auch die im Betrieb erworbenen Waren, Forderungen, Inventarstücke in ihr Vorbehaltsgut.

Falls auch das Erwerbsgeschäft selbst durch Ehevertrag (1368) zum Vorbehaltsgut erklärt ist, ist also der Geschäftsbetrieb völlig dem Einfluß des Mannes entzogen.

Falls dagegen ein derartiger Ehevertrag nicht geschlossen worden ist, fragt sich, ob auch das Erwerbsgeschäft selbst und das zu ihm gehörige Geschäftsvermögen zum Vorbehaltsgut gehören oder nicht. Die herrschende Meinung rechnet beides mangels besonderer gesetzlicher Bestimmung zum eingebrachten Gut. Das führt zu großen Unzuträglichkeiten sowohl wenn der Mann in den Betrieb durch die Frau eingewilligt hat, als auch, wenn er dem widerspricht oder die Einwilligung versagt. Hat er eingewilligt, kann er die allmähliche Umwandlung des eingebrachten Gutes in Vorbehaltsgut nicht hindern; denn in der Einwilligung zum selbständigen Betrieb liegt nach 1405 seine allgemeine Zustimmung zu allen Rechtsgeschäften und Rechtsstreitigkeiten, die der Betrieb mit sich bringt. — Die Frau kann also Waren und Inventar ohne seine besondere Zustimmung veräußern, die Forderungen einziehen usw. Der Neuerwerb wird zweifellos Vorbehaltsgut, so daß bald eingebrachtes und Vorbehaltsgut kaum mehr auseinander gehalten werden können.

Versagt er die Einwilligung, so kann er dadurch der Frau ihre Eigenschaft als Unternehmerin, gegebenenfalls als Kaufmann, zwar nicht rauben, aber er kann den Betrieb lähmen, weil die Frau zur Verfügung über das zum eingebrachten Gut gehörige Geschäftsvermögen seiner Einwilligung bedarf (1395). Der Mann kann zudem eine erteilte Einwilligung jederzeit ganz oder zum Teil zurückziehen, er kann die zum eingebrachten Gut gehörigen Gegenstände jederzeit in eigene Verwaltung und Nutzung nehmen, sowie die zum Warenlager gehörigen Gegenstände, die nach 92 verbrauchbare Sachen sind, ohne Zustimmung der Frau veräußern (1376 I).

Das sind unerfreuliche Folgen, die vermieden würden, wenn auch das Erwerbsgeschäft und das Geschäftsvermögen als Vorbehaltsgut angesehen werden dürften, weil sie nach 1366 zum „Arbeitsgerät" der Frau gehören. Dafür Hachenburg, Dernburg, Endemann, Franz Leonhard. Aber dabei wird übersehen, daß das Arbeitsgerät doch nur dann zum Vorbehaltsgut der Frau gehört, wenn es ausschließlich zum persönlichen Gebrauch der Frau bestimmt ist. Martin Wolff (Familienr. § 46 I 1 c.) will helfen, indem er scharf zwischen Erwerbsgeschäft und Geschäftsvermögen (d. s. die dem Unternehmen dienenden Gegenstände) scheidet: jenes soll mittelbar durch 1367 als Vorbehaltsgut anerkannt sein, indem seine Nutzungen zum Vorbehaltsgut erklärt sind; dieses sei mangels besonderer Bestimmung zunächst eingebrachtes Gut, werde aber nach 1370 Vorbehaltsgut, wenn der Mann die betreffenden Gegenstände seiner Frau zur Verwendung im Betrieb überlasse und dadurch ein „auf das Vorbehaltsgut bezügliches Rechtsgeschäft" (1370) mit ihr schließe. Das ist wohl die haltbarste und beste Lösung aus dem durch das Gesetz geschaffenen Dilemma.

$\beta\beta$) Kein selbständiger Betrieb durch die Frau liegt vor, wenn der Mann ein der Frau gehöriges Erwerbsgeschäft in seinem Namen betreibt, wenn auch unter wesentlicher Mithilfe der Frau. Streitig ist, ob der Mann ein zum eingebrachten Gut gehöriges Erwerbsgeschäft der Frau auch ohne deren Zustimmung in eigenen Betrieb nehmen darf. Dagegen RG. **59** 25. Der Mann darf wohl die zum Eingebrachten gehörigen Gegenstände, das Geschäftsvermögen, in Besitz nehmen und damit unter neuer Firma ein Geschäft begründen, nicht aber darf er sich wider den Willen der Frau deren Firma zum Eigenbetrieb aneignen. Die Frau kann ihr Erwerbsgeschäft, in dessen Betrieb sie von der Zustimmung des Mannes unabhängig ist, unter der alten Firma weiterbetreiben, vorausgesetzt, daß sie Vorbehaltsgut hat oder Kredit erhält.

b) Kraft rechtsgeschäftlicher Bestimmung ist Vorbehaltsgut:

α) Was durch Ehevertrag für Vorbehaltsgut erklärt worden ist (1368).

Einzelne Sachen, Rechte, Sach- oder Vermögensinbegriffe, zukünftiges Vermögen, z. B. eine in Aussicht stehende Erbschaft — nicht aber das ganze gegenwärtige und künftige Vermögen, weil ein solcher Vertrag als Gütertrennung (1426 ff.) aufzufassen sein würde.

β) Was die Frau von Todes wegen (durch Erbfolge, Vermächtnis oder als Pflichtteil) erwirbt oder was ihr unter Lebenden von einem Dritten unentgeltlich zugewendet wird, falls der Erblasser durch letztwillige Verfügung oder der Zuwendende bei der Zuwendung bestimmt haben, daß der Erwerb Vorbehaltsgut sein soll (1369). Ausdrücklich braucht die Bestimmung nicht zu sein (RG. **69** 63 läßt das offen).

.Das Reichsgericht (**65** 367) beschränkt die Zuwendbarkeit von Vorbehaltsgut ohne zureichenden Grund auf Erwerb während der Ehe, so daß eine bei vorherigem Erwerb getroffene Bestimmung des Zuwendenden nicht die Kraft hat, das Erworbene zum Vorbehaltsgut zu machen; dazu soll ein Ehevertrag erforderlich sein. — Schenkungen des Mannes an die Frau werden eingebrachtes Gut, wenn nicht die Form des Ehevertrags gewählt ist. Schenkt der Mann seiner Frau ein Los, auf das der Haupttreffer fällt, so kann die Frau über den Anspruch auf den Gewinn nicht ohne Zustimmung des Mannes verfügen (1395), ebensowenig freilich der Mann ohne die Zustimmung der Frau (1375/76), dagegen kann er den ausgezahlten Gewinn an sich nehmen und über ihn nach 1376 I ohne ihre Zustimmung verfügen.

c) Kraft Ersatzbestimmung (Surrogation) fällt ins Vorbehaltsgut (1370):

α) Was die Frau auf Grund eines zum Vorbehaltsgut gehörigen Rechts erwirbt, z. B. die unmittelbaren Früchte einer Sache oder eines Rechts, aber auch was durch Vermittlung eines Rechtsgeschäfts erworben wird, das den Inhalt des Rechts verwirklicht, z. B. das zur Erfüllung einer Vorbehaltsforderung Geleistete;

β) Was die Frau als Ersatz für die Zerstörung, Beschädigung oder Entziehung eines zum Vorbehaltsgut gehörenden Gegenstandes erwirbt, z. B. Deliktsansprüche aus der Verletzung einer Vorbehaltssache, Brandschadenssummen, Enteignungsgelder, Bereicherungsansprüche aus einer grundlosen Bereicherung auf Kosten des Vorbehaltsgutes;

γ) Was die Frau durch ein Rechtsgeschäft erwirbt, das sich auf das Vorbehaltsgut bezieht, z. B. der Kaufpreis oder Pachtzins bei Verkauf oder Verpachtung einer Vorbehaltssache, der auf ein Lotterielos, das zum Vorbehaltsgut gehört, entfallene Gewinn.

Es ist nicht notwendig, daß der Erwerb wirtschaftlich mit Mitteln des Vorbehaltsguts gemacht ist, es genügt, wenn das Geschäft seinem Inhalt nach mit dem Vorbehaltsgut in Zusammenhang gebracht werden kann und die Absicht der Frau erhellt, es mit Beziehung darauf abzuschließen, z. B. Erwerb von Ersatzstücken für Vorbehaltsgut oder von Inventarstücken für ein Vorbehaltsgrundstück. Unnötig ist, daß die Absicht gerade den bei der Vornahme des Rechtsgeschäfts Beteiligten erklärt wird (RG. **72** 165, **87** 100, **92** 139). Unnötig auch, daß die Zahlung mit Mitteln des Vorbehaltsguts erfolgt, es genügt Erwerb auf Kredit für das Vorbehaltsgut und spätere Zahlung aus dem eingebrachten Gut.

d) Nicht zum Vorbehaltsgut im eigentlichen Sinn gehören die Persönlichkeitsrechte der Frau, da sich der ganze Gegensatz zwischen Eingebrachtem und Vorbehaltsgut nur auf die Vermögensrechte bezieht. Aber aus ihrem persönlichen Charakter folgt ohne weiteres, daß sie nicht in die Nutznießung und Verwaltung des Mannes übergehen können, daß die Frau über sie gerade so frei verfügen kann wie über Vorbehaltsgut.

Den reinen Persönlichkeitsrechten stehen die Vermögensrechte gleich, bei denen der personenrechtliche Einschlag überwiegt, z. B. das Recht des Schenkungswiderrufs und der Schenkungsannahme, das Recht zur Annahme und Ausschlagung einer Erbschaft oder eines Vermächtnisses (1406 Nr. 1 u. 2), das ausschließliche Recht zur Veröffentlichung eines Geisteswerkes usw.

Zweifelhaft ist, ob und inwieweit das, was auf Grund des Rechts erworben wird, z. B. das Honorar für ein von der Frau als Erbin ihres Vaters erworbenes Urheberrecht oder der Ersatzanspruch wegen Verletzung eines Persönlichkeitsrechts (z. B. der Schadensersatzanspruch gegen den Eisenbahnunternehmer aus einer Körperverletzung oder der Anspruch auf Schmerzensgeld) ins Vorbehaltsgut oder das eingebrachte Gut fallen. Das RG. (**90** 68/69) will alle vermögensrechtlichen Ansprüche, soweit sie in den §§ 1366—1370 nicht aufgezählt sind, ins eingebrachte Gut verweisen.

Das führt zu dem merkwürdigen Ergebnis, daß der Ersatzanspruch der Frau wegen Beschädigung einer Prothese nach 1366 i. Verb. mit 1370 zum Vorbehaltsgut gehört, der Ersatzanspruch wegen Verletzung eines wirklichen Gliedes aber nicht! Wenn die reinen Persönlichkeitsrechte von der Regelung der §§ 1366—1370 überhaupt nicht getroffen werden, dann müssen auch die Ersatzansprüche wegen ihrer Verletzung wie Vorbehaltsgut behandelt werden, also kann die Frau über sie und den (zudem unübertragbaren) Anspruch auf Schmerzensgeld frei verfügen. Die Ersatzvorteile für Vermögensrechte mit individualrechtlichem Einschlag sind dagegen zum eingebrachten Gut zu rechnen, weil der individualrechtliche Charakter des Urrechts in ihnen nicht mehr fortlebt (vgl. Wolff, Familienr. § 46 I 3 u. 4).

2. Die Behandlung des Vorbehaltsguts.

a) Das Vorbehaltsgut wird als ein Sondervermögen der Frau anerkannt, auf das die bei der Gütertrennung für das

Frauenvermögen geltenden Vorschriften Anwendung finden (1371). Also Recht der Frau auf den Besitz, Recht der eigenen, selbständigen Verwaltung und freien Verfügung, Recht der Nutzung, Recht zur Prozeßführung. Dem steht gegenüber ihre Beitragspflicht zu den Ehelasten, soweit der Mann nicht schon aus den Einkünften des eingebrachten Gutes einen angemessenen Beitrag erhält (1371, 2).

Die Frau kann natürlich ihr Vorbehaltsgut dem Mann freiwillig zur Verwaltung überlassen; dann gilt gleiches wie für den entsprechenden Fall bei der Gütertrennung (1430). Namentlich darf dann der Mann nach Tilgung der laufenden Frauenschulden die Einkünfte nach freiem Ermessen verwenden, wenn die Frau nichts anderes bestimmt hat.

b) Die Geltendmachung der Eigenschaft eines Gegenstandes als Vorbehaltsgut ist beschränkt:

α) Entsprechend dem Ausnahmecharakter des Vorbehaltsguts muß der die Vorbehaltseigenschaft beweisen, der sich auf sie beruft. — 1362 II stellt eine Vermutung für das Eigentum der Frau auf, erspart aber nicht den Nachweis, daß der Gegenstand ausschließlich zum persönlichen Gebrauch der Frau bestimmt ist.

β) Redlichen Dritten gegenüber kann selbst die nachgewiesene Eigenschaft als Vorbehaltsgut nur geltend gemacht werden, wenn sie ins Güterrechtsregister eingetragen oder zur Zeit der Vornahme des Rechtsgeschäfts (bzw. des Eintritts der Rechtshängigkeit) bekannt war (1371, 1431). — Das gilt nicht bloß für das vertragliche, sondern auch das gesetzliche Vorbehaltsgut.

c) Da Vorbehaltsgut und eingebrachtes Gut als Sondervermögen behandelt werden, obwohl sie beide der Frau gehören, können auch Rechtsbeziehungen zwischen den beiden Massen entstehen, so wenn ein der einen Masse angehöriger Gegenstand in die andere Masse überführt werden soll oder wenn eine im Innenverhältnis der einen Masse zur Last fallende Schuld aus der anderen Masse getilgt wird (vgl. § 18 dieses Buches).

§ 16. IV. Das Verwaltungs- und Nutzungsrecht des Mannes am eingebrachten Gut.

1. Allgemeines.

a) Rechtscharakter des Nutzverwaltungsrechts.

Hat der Mann das Verwaltungsrecht um der Nutznießung willen oder ist die Verwaltung das Primäre? Wenn auch die erste Auffassung allein dem Gegenwartsempfinden entspricht und die zweite auf der überwundenen Vorstellung von der eheherrlichen

Vormundschaft beruht, so ist die Streitfrage doch praktisch bedeutungslos. Entscheidend ist, daß die Befugnisse des Ehemanns (Besitz-, Verwaltungs- und Nutzungsrecht) überhaupt nicht als besondere Rechte begriffen werden dürfen, sondern der Ausfluß eines einheitlichen, absoluten Familienrechts am eingebrachten Gute sind, das dem Mann zur Erreichung des Ehezweckes verliehen und deshalb stark mit Pflichten durchsetzt ist. Irrig wäre es, das Nutzungsrecht als eine Unterart des sachenrechtlichen Nießbrauchs (1030ff.) aufzufassen. Das Recht der Nutzverwaltung ergreift das zum eingebrachten Gut gehörige Vermögen nur in seinem jeweiligen Bestand, es endet also in dem Augenblick, wo ein zum eingebrachten Gut gehöriger Gegenstand aus diesem ausscheidet, während der Nießbrauch des III. Buches des BGB. gegenüber dem dritten Erwerber, der nicht gutgläubig ist, bestehen bleibt. Selbstverständlich ist damit nicht gesagt, daß jede Veräußerung einer eingebrachten Sache ohne weiteres zu ihrem Ausscheiden führt, vielmehr ist an eine wirksame Veräußerung zu denken.

Ein echtes „dingliches" Recht ist danach das Verwaltungs- und Nutzungsrecht nicht, folglich auch im Grundbuch nicht eintragungsfähig; nur einzelne Vorschriften des Nießbrauchrechts sind darauf für anwendbar erklärt (1383/84). Aber es ist ein absolutes, jedermann, auch der Frau gegenüber wirksames Recht, das ähnliche Wirkungen, wie der Nießbrauch, erzeugt.

b) Aus dem persönlichen Charakter der ehelichen Beziehungen folgt die Unübertragbarkeit der Rechte des Mannes (1408), ferner die Unzulässigkeit einer Belastung, die Unpfändbarkeit durch die Gläubiger des Mannes und die Nichtzugehörigkeit zu seiner Konkursmasse (1410 BGB.; 861 ZPO.).

Zulässig ist dagegen, wie beim Nießbrauch, die Ausübung einzelner Teilbefugnisse andern zu überlassen, namentlich durch Vermietung und Verpachtung. — Die gezogenen Früchte können gepfändet und zur Konkursmasse gezogen werden, soweit der Mann sie nicht für seinen Unterhalt, seine gesetzlichen Unterhaltspflichten und die Pflichten aus 1384—1387 braucht (861 I 2 ZPO.).

Der höchstpersönliche Charakter des Nutzverwaltungsrechts schließt ferner seine Ausübung durch einen gesetzlichen Vertreter nicht aus so wenn der Mann beim Eheschluß geschäftsbeschränkt ist oder während der Ehe entmündigt wird (1409). Doch kann die Frau zum Vormund des Mannes bestellt werden und verwaltet dann ihr eigenes Vermögen als Mannesvormund. Diese absonderliche Folgerung zeigt deutlich, wie wenig das Gesetz Frau und Mann mit gleichem Maße mißt, wie sehr es noch in der Vorstellung befangen ist, dieser sei der geborene Verwalter des Frauenvermögens. Die Entmündigung des Mannes gibt aber der Frau wenigstens das Recht, auf Aufhebung der Nutzverwaltung zu klagen

(1418 Nr. 3) und dadurch die freie Verwaltung zu eignem Recht zurückzuerlangen. Wenn der Mann in Konkurs fällt, findet dagegen die Nutzverwaltung ohne weiteres ihr Ende (1419).

c) Aus der sozialrechtlichen Aufgabe der Nutzverwaltung folgt, daß ihre Pflichtenseite stärker betont und umfassender gestaltet ist als beim Nießbrauch. Auch das Nutzverwaltungsrecht ist ein Pflichtrecht!

Die Kehrseite des Nutzungsrechts ist die Pflicht des Mannes, den ehelichen Aufwand zu tragen, einerlei, was die Nutzung abwirft, selbst wenn er nach 1360 und 1603 dazu wegen Unvermögens nicht verpflichtet wäre; er muß den Reinertrag der Einkünfte ohne Rücksicht auf seine sonstigen Verpflichtungen zum Unterhalt der Frau und der gemeinschaftlichen Abkömmlinge verwenden.

Die Kehrseite des Nutzungsrechts ist ferner die Verpflichtung des Mannes, alle Lasten und Verbindlichkeiten der Frau zu tragen, die ein ordentlicher Wirt aus den Erträgen eines Vermögens zu bestreiten pflegt (1385—87); und zwar trifft ihn diese Pflicht persönlich, so daß er mit seinem eigenen Vermögen den Frauengläubigern neben der Frau als Gesamtschuldner haftet (1388). Das geht über die Pflichten eines Nießbrauchers, die nur dem Eigentümer gegenüber bestehen, weit hinaus.

Endlich hat er die Pflicht zur ordnungsmäßigen Verwaltung, (1374), steht dabei allerdings freier als ein Nießbraucher.

d) Die Nutzverwaltung steht dem Mann zu eigenem Rechte zu. Er kann die daraus fließenden Rechte also im eigenen Namen geltend machen. Aber er ist darauf nicht beschränkt. Das Gesetz läßt ihm — soweit das Verwaltungsrecht reicht — die Wahl, ob er im eigenen Namen oder im Namen seiner Frau handeln will. Entscheidend dafür ist sein äußeres Auftreten.

Daß der Mann auf Grund des Verwaltungsrechts im Namen der Frau verfügen kann, wird zwar von Wolff, Cosack, Hellwig u. a. geleugnet, sie verlangen dazu eine Vollmacht der Frau. Die Gegenmeinung, die Siber (Dogmat. J. **67** 138 ff.) näher begründet hat, verdient aber den Vorzug. Das gesetzliche Verfügungsrecht enthält auch eine gesetzliche Vertretungsmacht; die nach 1375 erforderliche „Zustimmung" ist freilich keine Vollmacht, sie beseitigt nur eine Beschränkung der gesetzlichen Verfügungsmacht. Bei Verfügungen des Mannes kommt es also darauf an, wie er nach außen auftritt. Gibt er sich als Eigentümer einer Sache aus, verfügt er im eigenen Namen. Deckt er das Recht der Frau auf — und das muß er regelmäßig bei Verfügungen über Liegenschaftsrechte und Forderungen — liegt es am nächsten, Vertretung der Frau anzunehmen. Selbstverständlich kann der Mann aber auch hier — wenn er das vorzieht — im eigenen Namen verfügen, der Grundbucheintrag auf den Namen der Frau hindert das nicht, wie Mitteis (Familienr. 28) annimmt.

Beim Eingehen von Verpflichtungen kommt nach 1375 allerdings nur Handeln im eigenen Namen in Betracht; begründet der Mann eine Verpflichtung im Namen der Frau, ist er als vollmachtloser Vertreter zu behandeln (177—180).

e) Um Zweifel und Streitigkeiten über den Bestand des eingebrachten Gutes auszuschließen, kann jeder Gatte Mitwirkung des andern bei der Bestandsfeststellung durch Inventarisation fordern (1372).

2. Das Besitznahmerecht des Mannes.

Um dem Mann die Ausübung des Nutzverwaltungsrechts zu ermöglichen, gibt ihm das Gesetz das Recht, die zum eingebrachten Gut gehörigen Sachen in Besitz zu nehmen (1373).

a) Durch die Zuerkennung dieses Rechts wird nichts darüber gesagt, in welcher Art die Inbesitznahme zu erfolgen hat. Insoweit bleibt es bei den allgemeinen Grundsätzen. Also keine Befugnis zur eigenmächtigen Besitzergreifung (858 ff.). Der Mann muß klagen oder eine einstweilige Verfügung erwirken.

b) Der Mann ist zum Alleinbesitz berechtigt. Der Frau verbleibt also nach der Inbesitznahme durch den Mann kein Mitbesitz (wie etwa nach 1081), sondern nur mittelbarer Besitz nach 868. Soweit die Frau z. Z. des Eintrits der Nutzverwaltung nur mittelbaren Besitz hat oder später solchen erwirbt, wird sie ohne weiteres mittelbarer Besitzer zweiter Stufe, der Mann solcher erster Stufe. Bei einer der Frau angefallenen Erbschaft erwirbt der Mann nach 857 den unmittelbaren, die Frau nur mittelbaren Besitz. — Gibt der Mann den Besitz auf, indem er die Frau verläßt, wird sie wieder unmittelbarer Besitzer oder mittelbarer näherer Stufe.

c) Das Besitzrecht erstreckt sich auch auf Inhaber- und Ordrepapiere; ebenso auf ein Sparkassenbuch (im Gegensatz zu der verbrieften Forderung) und auf das etwa abgehobene Geld. Nach dem RG. (5. 10. 08 IV 330/08) soll der Mann den Geldbetrag herausverlangen können ohne Rücksicht darauf, ob gerade die von der Sparkasse gezahlten Geldstücke noch vorhanden sind. Auf gleichem Standpunkt steht ganz allgemein für den Anspruch auf Herausgabe vereinnahmter Gelder OLG. **34** 91, falls der vereinnahmte Geldbetrag noch im Vermögen der Frau steckt.

3. Das Verwaltungsrecht des Mannes.

a) Begriff und Grenzen des Verwaltungsrechts.

Das Recht zur Verwaltung des Frauenvermögens bedarf näherer Umgrenzung, da der Begriff der Verwaltung Zweifel offen läßt, welche Fürsorgemaßnahmen dadurch getroffen werden sollen. Vermögensverwaltung im weiteren Sinne ist jede tatsächliche oder rechtliche Fürsorgemaßnahme hinsichtlich eines Vermögens. Danach gehören zu den Verwaltungshandlungen u. a.: der Verbrauch von Sachen, die Verfügung über Vermögensgegenstände, Verpflichtungsgeschäfte, woraus diese unmittelbar haften, jedes Erwerbsgeschäft für Rechnung des Vermögens und jede Prozeßführung, die unmittelbar für oder gegen dieses wirkt.

Das Gesetz unterwirft das eingebrachte Gut zunächst in einer ganz allgemeinen Formel der „Verwaltung" des Mannes (1363 I), stellt ihm also grundsätzlich alle tatsächlichen und rechtlichen Fürsorgemaßnahmen frei, durchbricht dann aber diesen Grundsatz durch zwei wichtige Ausnahmen: Der Mann ist nicht befugt, die Frau durch Rechtsgeschäfte zu verpflichten oder über eingebrachtes Gut ohne ihre Zustimmung zu verfügen (1375). Das bedeutet also den Ausschluß von Verfügungs- und Verpflichtungsgeschäften aus dem Kreis der zulässigen Verwaltungshandlungen. Diese Ausnahmen werden dann wieder beschränkt durch die Zubilligung eines Verfügungsrechts für besondere Fälle (1376) und des Rechts auf vormundschaftsgerichtlichen Ersatz der verweigerten Zustimmung der Frau, falls ein Rechtsgeschäft zur ordnungsmäßigen Verwaltung des eingebrachten Gutes erforderlich ist (1379).

b) Verfügungsgeschäfte insbesondere.

α) Grundsätzlich hat der Mann kein freies Verfügungsrecht, sondern ist bei seinen Verfügungen über das eingebrachte Gut an die Zustimmung der Frau gebunden (1375).

Der Begriff der Verfügung ist dabei der allgemeine und deckt alle Rechtsgeschäfte, die eine bestehende Rechtslage mit unmittelbarer Wirkung für den Berechtigten beeinflussen, insbesondere also eine Übertragung, Aufgabe, Belastung oder Minderung seiner Rechtsstellung bedeuten. Es darf also keineswegs bloß an dingliche Rechtsgeschäfte gedacht werden, vielmehr liegt eine Verfügung über ein Forderungsrecht auch in der Kündigung, Stundung, im Verzicht, der Verpfändung, Einziehung, Abtretung oder Aufrechnung einer Forderung. Den Gegensatz bilden die Erwerbsgeschäfte und die Verpflichtungsgeschäfte.

Auch die Zustimmung der Frau zu einer sonst unwirksamen Verfügung des Mannes trägt nach der Auffassung des RG. (**90** 399) Verfügungscharakter (vgl. dazu: Raape, ArchZivPr. NF. 1 257 ff., Isay, ebenda Bd. **2** 195 ff., Raape, ebenda Bd. **3** 194, Staudingers Komm. [9] Bd. **1** S. 417).

β) Nur in vier Ausnahmefällen ist dem Mann die Verfügung ohne Zustimmung der Frau und ohne daß ein Zustimmungsersatz in Frage käme, freigegeben.

$\alpha\alpha$) Er kann über Geld und andere verbrauchbare Sachen der Frau verfügen (1376 Nr. 1), also auch über die zu einem Warenlager gehörigen Waren (92).

Die Zubilligung dieses weitgehenden Eingriffsrechts in das Vermögen der Frau ist m. E. nicht gerechtfertigt.

Nicht gleichzusetzen mit den verbrauchbaren Sachen sind die vertretbaren, also kein freies Verfügungsrecht über die Inhaberpapiere, z. B. Aktien der Frau. — Da der Mann über das Eigentum an verbrauchbaren Sachen verfügen kann, muß man ihm folgerichtig auch die Verfügung über die aus dem Eigentum fließenden Ansprüche gestatten z. B. die Abtretung des Herausgabeanspruchs (931), obwohl ihm sonst die Verfügung über die Forderungen der Frau nicht zusteht, auch nicht über die aus der Verletzung des Eigentums entstehenden Ersatzansprüche (823)

$\beta\beta$) Er kann Forderungen der Frau aufrechnen gegen solche Schulden der Frau, deren Berichtigung aus dem eingebrachten Gut verlangt werden kann (1376 Nr. 2).

Das rechtfertigt sich aus der Erwägung, daß die Schuld doch aus dem eingebrachten Gut getilgt werden müßte, und man deshalb dem Mann die Benutzung einer eingebrachten gleichartigen Forderung als Erfüllungssurrogat freistellen kann. Der Mann kann also z. B. eine Mietzinsforderung der Frau zur Aufrechnung gegen einen Ersatzanspruch des Mieters aus einer unerlaubten Handlung der Frau verwenden.

$\gamma\gamma$) Er kann eine Frauenschuld zur Leistung eines eingebrachten Gegenstandes durch Leistung dieses Gegenstandes erfüllen (1376 Nr. 3).

Unbedenklich, da der Gläubiger sich den geschuldeten Gegenstand sonst im Vollstreckungsweg verschaffen könnte.

Der Mann darf z. B. die von der Frau verkauften Gegenstände herausgeben. Selbstredend muß die Schuld gültig sein, andernfalls ist die Verfügung mangels Verfügungsrechts unwirksam. Die Einredebehaftung der Forderung schließt das Verfügungsrecht nicht aus. Nur die Erfüllung ist freigegeben, nicht Tilgung durch Erfüllungssurrogate; doch ist die Tilgung durch Aufrechnung nach 1376 Nr. 2, wie eben festgestellt wurde, gestattet. Nach 181 kann der Mann auch eine eigene Forderung gegen die Frau in dieser Weise tilgen.

$\delta\delta$) Er kann über die einzelnen Stücke eines Inventars, das zu einem eingebrachten Grundstück gehört, in den Grenzen ordentlicher Wirtschaft verfügen (1378 i. Verb. mit 1048). Eine darüber hinausgehende Verfügung ist unwirksam.

γ) Auch soweit dem Mann das freie Verfügungsrecht zugebilligt wird, ist er der Frau gegenüber verpflichtet, ordnungswidrige Verfügungen zu unterlassen. Er darf nicht alles, was er kann (1377).

$\alpha\alpha$) Er soll die ihm gestatteten Verfügungen nur zwecks ordnungsmäßiger Verwaltung des eingebrachten Gutes vornehmen, andernfalls macht er sich bei schuldhaftem Handeln ersatzpflichtig (1359).

In der wirksamen Erfüllung einer einredebehafteten Forderung nach 1376 Nr. 3 kann z. B. eine schuldhafte Forderungsverletzung liegen. Der Vertragsgegner des Mannes haftet nicht schon bei Schlechtgläubigkeit, wohl aber, wenn sein Verhalten eine vorsätzliche sittenwidrige Schädigung der Frau bedeutet (826), wenn er z. B. dem Mann für die Erfüllung einer verjährten Forderung eine besondere Vergütung zusichert.

ββ) Von Einzelpflichten nennt das Gesetz nur die zur mündelsicheren Anlage von Geld, soweit er es nicht für die Bestreitung von Auslagen bereitzuhalten hat (1377 II).

γγ) Bei anderen verbrauchbaren Sachen ist der Mann wesentlich freier gestellt, er darf sie auch für sich veräußern oder verbrauchen, ohne sich schadensersatzpflichtig zu machen. Vielmehr ist er nur zum Ersatz des Wertes (zur Zeit des Verbrauchs) verpflichtet, und auch das nicht sofort, sondern grundsätzlich erst nach der Beendigung der Nutzverwaltung (1377 III).

Der Mann kann also z. B. den ganzen vom Schwiegervater ererbten Weinkeller der Frau mit seinen Freunden austrinken, ohne daß die Frau sofortigen Ersatz verlangen könnte. Anders nur, wenn der sofortige Ersatz durch die Pflicht ordnungsmäßiger Verwaltung geboten ist.

δ) Ersatz der Zustimmung der Frau (1379).

Durch die Bindung des Mannes an die Zustimmung der Frau ist diese im allgemeinen gegen eine unmittelbare Verschlechterung ihrer Rechtslage geschützt; die einschneidendsten Verwaltungshandlungen setzen Einverständnis der Gatten voraus, insofern liegt eine Verwaltungsgemeinschaft vor. Die Gebundenheit des Mannes könnte aber unter Umständen der Frau selbst nachteilig werden, sei es durch grundlose Verweigerung der Zustimmung, sei es infolge Behinderung an ihrer Erteilung.

Deshalb kann das Vormundschaftsgericht auf Antrag des Mannes die Zustimmung der Frau ersetzen:

αα) Wenn sie diese ohne ausreichenden Grund verweigert,

ββ) Wenn sie durch Krankheit oder Abwesenheit verhindert ist, eine Erklärung abzugeben und mit dem Aufschub Gefahr verbunden ist (Not- und Eilfälle [1379]).

ε) Die Rechtsfolgen der Verfügung.

Hat der Mann die Einwilligung seiner Frau, so hängt es von seinem Auftreten ab, ob eine Verfügung im eigenen oder fremden Namen anzunehmen ist. Ebenso bei gerichtlichem Zustimmungsersatz.

Hat er ohne Einwilligung gehandelt, ist stets nachträgliche Genehmigung durch die Frau möglich, auch bei einseitigen Rechtsgeschäften (185, 177) (anders nach 1398 bei einseitigen Verfügungen der Frau!).

Versagt die Frau die Zustimmung oder fehlt eine sonstige Wirksamkeitsvoraussetzung der Verfügung (ist z. B. die Verfügung im Falle des § 1378 ordnungswidrig, oder ist die nach 1376 Nr. 3 getilgte Forderung durch Anfechtung zerstört), so ist die Verfügung grundsätzlich unwirksam. Denn der gute Glaube an die Verfügungsbefugnis wird nur im Falle des § 366 HGB. (Verfügung eines Kaufmanns in seinem Handelsgewerbe) geschützt. Doch kann der Mann der Unwirksamkeit vorbeugen, indem er über bewegliche Sachen im eigenen Namen verfügt und sich dem gutgläubigen Erwerber gegenüber als Eigentümer ausgibt (932). Bei Liegenschaften ist das aber nur möglich, wenn er zu Unrecht als Eigentümer im Grundbuch eingetragen ist.

Sollte das Verfügungsrecht wegen Nichtigkeit oder Anfechtung der Ehe fehlen, wird der gutgläubige Erwerber, der an den Bestand der Ehe glaubte, nach 1344 geschützt. Selbstverständlich greifen aber auch hier 932, 892 ein, wenn der Mann als Eigentümer verfügte (a. A. Mitteis, Familienr. 28).

c) Verpflichtungsgeschäfte insbesondere.

α) Der Mann ist zunächst in der Lage, sich selbst zu verpflichten zwecks Verwaltung des eingebrachten Gutes, indem er z. B. die Früchte eines eingebrachten Vermögensstückes verkauft, einen Werkvertrag zur Ausbesserung eines der Frau gehörigen Gegenstandes abschließt usw. Es kann sein, daß er diese Verpflichtung nicht ohne Zustimmung der Frau erfüllen kann, so z. B., wenn er ein eingebrachtes Grundstück verkauft hat. Er steht dann aber insofern anders da, als jemand, der eine fremde Sache verkauft hat, weil er kraft seines Verwaltungsrechts einen Anspruch auf diese Zustimmung hat, falls die eingegangene Verpflichtung zur ordnungsmäßigen Verwaltung des eingebrachten Gutes erforderlich war (1379). Solchenfalls kann der Käufer vom Mann verlangen, daß dieser den Antrag auf Ersatz der verweigerten Zustimmung beim Vormundschaftsgericht stellt.

Dagegen können die Gläubiger des Mannes nicht schon deshalb für eine Forderung Befriedigung aus dem eingebrachten Gut verlangen, weil es sich um eine zwecks seiner Verwaltung eingegangene Schuld handelt (1410).

Wie gestaltet sich aber die Vollstreckung, wenn der Mann sich weigert, die eingegangene Verpflichtung zu erfüllen? Die Vollstreckung ins eingebrachte Gut setzt ein Leistungsurteil gegen die Frau und ein Duldungsurteil gegen den Mann voraus (739 ZPO.). Ein Leistungsurteil gegen die Frau ist aber nur denkbar auf Grund eines Leistungsanspruchs gegen sie. Wenn der Mann im eigenen Namen gehandelt hat, fehlt dafür die Grundlage. Sie läßt sich allenfalls dadurch gewinnen, daß man die Zustimmung der Frau als Übernahme einer auf das eingebrachte Gut beschränkten Verpflichtung deutet (siehe darüber unter β).

β) Schwieriger ist die Frage, ob und inwieweit der Mann die Frau unmittelbar verpflichten kann. Kraft seines Verwaltungsrechts kann er dies nach der ausdrücklichen Feststellung des § 1375 nicht.

Wohl aber kann er es kraft Vollmacht (164 ff.). Dann treten die vollen Geschäftswirkungen in ihrer Person ein. Doch fragt sich, ob eine Einverständniserklärung der Frau stets im Sinne einer Vollmachtserteilung ausgelegt werden darf mit der Wirkung, daß sie auch mit ihrem Vorbehaltsgut haften würde. Das ist grundsätzlich zu verneinen. Soweit es sich um Verwaltungshandlungen hinsichtlich des eingebrachten Gutes handelt, wird man ihr Einverständnis regelmäßig im Sinne einer Zustimmung dahin deuten müssen, daß die Verpflichtungswirkung auf das eingebrachte Gut beschränkt sein soll: in dubiis benigniora praeferenda sunt.

Die verweigerte Vollmacht kann nicht durch das Vormundschaftsgericht ersetzt werden, wohl aber kann in analoger Anwendung von 1379 die versagte Zustimmung mit der Folge ersetzt werden, daß das Verpflichtungsgeschäft die Frau in Ansehung des Eingebrachten verpflichtet (ablehnend Wolff, Familienr. § 49 II, vgl. ferner Siber, Dogmat J. 67 149 ff.). Auf diesem Wege ist also zu helfen, wenn der Mann die Erfüllung einer von ihm im eigenen Namen übernommenen Verpflichtung aus dem eingebrachten Gut grundlos verweigert.

γ) In einem einzigen Fall macht das Gesetz (1423) eine Ausnahme von der Regel, daß der Mann die Frau nicht unmittelbar kraft seines Verwaltungsrechts verpflichten kann. Bei Vermietung oder Verpachtung eines eingebrachten Grundstücks durch den Mann im eigenen Namen tritt die Frau in seine Rechte und Pflichten ein, sobald die Nutzverwaltung erlischt. Doch kann sie dem Pächter oder Mieter mit gesetzlicher Frist kündigen, falls sie der Vermietung oder Verpachtung nicht zugestimmt hatte [wie der Eigentümer nach Erlöschen des Nießbrauchs (1056)]. Freilich wird bei Kenntnis der Frau von der Vermietung usw. meist stillschweigende Zustimmung anzunehmen sein.

d) Erwerbsgeschäfte insbesondere.

Falls der Mann nicht im Namen und mit Vollmacht der Frau handelt, erwirbt er nach 164 II für sich. Ist der Erwerb tatsächlich für das eingebrachte Gut bestimmt — handelt es sich z. B. um Ersatzanschaffungen oder Anlage von Frauenvermögen in Wertpapieren — so würde trotzdem die Frau auf einen schuldrechtlichen Verschaffungsanspruch gegen den Mann beschränkt sein, im Konkurs also nur die Rolle einer Konkursgläubigerin haben, ganz entsprechend wie beim Erwerb durch einen Einkaufskommissionär. Das Handelsrecht sucht den Kommittenten beim Erwerb durch den Einkaufskommissionär zu schützen, indem es die Eigentumsübertragung an den Kommittenten erleichtert (Absendung des Stückeverzeichnisses nach dem Depotgesetz) und indem es die Forderungen aus dem Ausführungsgeschäft des Kommissionärs (im Verhältnis von Kommittenten und Kommissionär oder dessen Gläubigern) bereits vor der Abtretung als Forderungen des Kommittenten behandelt (392 I HGB.). Da förmliche Rechtsübertragungshandlungen zwischen den Ehegatten praktisch selten sind, kommen ähnliche Sicherungen der Ehefrau nicht in Betracht. Das Gesetz geht deshalb weiter und schreibt in gewissen Fällen den sofortigen Rechtserwerb der Frau kraft Surrogation vor, obwohl der Mann im eigenen Namen erworben hat; es erspart dadurch dem Mann die Vornahme besonderer Übertragungshandlungen.

Der Erwerb der Frau vollzieht sich aber nicht unmittelbar, sondern nach den Grundsätzen der Rechtsnachfolge vom Mann, der wenigstens für einen Augenblick sog. Durchgangseigentum erlangt.

α) Ganz allgemein erwirbt die Frau als eingebrachtes Gut Haushaltungsgegenstände, die der Mann an Stelle der von der Frau eingebrachten, nicht mehr vorhandenen oder wertlos gewordenen Stücke anschafft (1382).

Gleichgültig ist, ob der Mann sie mit Mitteln des eingebrachten Gutes oder seines Vermögens anschafft, da die Ersatzbeschaffung eine Maßnahme ordnungsmäßiger Verwaltung ist. Gleichgültig ist, ob der Mann den Willen hat, für Rechnung des eingebrachten Gutes zu erwerben oder nicht. Doch gilt das nur für die Ersatzbeschaffung, nicht für die Vermehrung.

β) Darüber hinaus ordnet 1381 sofortigen Erwerb der Frau an bei allen beweglichen Sachen und den durch einfachen Abtretungsvertrag übertragbaren Rechten, aber nur, wenn der Erwerb mit Mitteln des eingebrachten Gutes gemacht ist. — In diesem Fall spricht eine Vermutung dafür, daß der Mann als ordentlicher Verwalter auch für Rechnung des eingebrachten Gutes erwerben will. Doch ist ihm die Entkräftung durch den Nachweis freigegeben, daß er im besonderen Fall für eigene Rechnung erwerben wollte; dann tritt kein sofortiger Eigentumserwerb der

Frau ein, wohl aber kann der Mann zur Weiterübertragung an die Frau verpflichtet sein.

αα) Der Ausschluß der Grundstücke und Liegenschaftsrechte von der Surrogation wird dadurch bedingt, daß der Erwerb die Eintragung des Erwerbers ins Grundbuch erfordert. Entweder wird der Mann eingetragen oder die Frau, tertium non datur. Entsprechendes gilt für Namen- und Orderpapiere. Das Indossament muß einen bestimmten Erwerber nennen. Natürlich wäre auch in solchen Fällen ein gesetzlicher Übergang ohne Eintragung oder Benennung denkbar, aber er würde zur Unrichtigkeit des Grundbuchs oder bloßer Scheinberechtigung des Indossatars führen und die Frau doch nicht schützen, weil der Mann als Rechtsscheininhaber zur Weiterübertragung usw. legitimiert bliebe. — Für Inhaberpapiere und blankoindossierte Orderpapiere fallen solche Bedenken weg, sie werden deshalb den beweglichen Sachen gleichgestellt (1381 I 2).

ββ) Daß sich der Erwerb auf das eingebrachte Gut bezieht, genügt nicht, er muß mit dessen Mitteln erfolgt sein. Schließt der Mann also einen Kreditkauf, geht das an ihn übertragene Eigentum auf die Frau erst in dem Augenblick über, wo die Zahlung aus Mitteln des Eingebrachten tatsächlich erfolgt. Bei Zahlung teils mit eigenem, teils mit Geld der Frau, entsteht eine Bruchteilsgemeinschaft nach dem Verhältnis der beigesteuerten Mittel. Zahlt der Mann zuerst mit seinem Geld und erhält er sodann die aufgewandten Mittel aus dem Eingebrachten erstattet, so findet Surrogation vom Augenblick der Erstattung an statt, wenn das Ganze wirtschaftlich als ein einheitlicher Erwerbsvorgang betrachtet werden kann. Anders, wenn die Erstattung lange Zeit danach erfolgt: hier wird man aber regelmäßig in dem Erstattungsvertrag auch einen stillschweigenden Rechtsübertragungsvertrag erblicken dürfen.

γγ) Mittel sind nicht bloß Geld, sondern auch alle sonstigen Werte des eingebrachten Gutes. Danach ist die Kaufpreisforderung für eine vom Mann verkaufte eingebrachte Sache, nicht minder der gezahlte Preis, ebenso der auf eine Frauenforderung eingezogene Schuldbetrag mit Mitteln des eingebrachten Gutes erworben. Voraussetzung ist freilich, daß die Verfügung des Mannes über die Mittel wirksam war. Bei Geld und verbrauchbaren Sachen ist nach 1376 Nr. 1 die Zustimmung der Frau unnötig. Bedarf der Mann ihrer Zustimmung, so kann die Frau eine mangels ihrer Einwilligung zunächst unwirksame Verfügung durch Genehmigung wirksam machen und dadurch den durch die Verfügung erlangten Gegenwert (Kaufpreisforderung, gezahlten Kaufpreis, gezahlte Schuldsumme) ohne weitere Übertragungsförmlichkeiten erwerben.

Da der Mann, wenn er sich als Eigentümer ausgibt, zugunsten eines gutgläubigen Erwerbers über bewegliche Sachen, auch abgesehen von den Ausnahmefällen des § 1376 und ohne Zustimmung der Frau wirksam verfügen kann, ist 1381 von der größten Bedeutung für die Frau; er verhindert wenigstens den ersatzlosen Verlust der eingebrachten Werte durch Mannesverfügungen, indem er die erzielten Gegenwerte ohne weiteres wieder dem eingebrachten Gut zuweist. Keineswegs ist aus dem Auftreten als Eigentümer allein schon zu schließen, daß der Mann für eigene Rechnung erwerben wollte; er muß sich gefallen lassen, daß sein Erwerb als Handeln eines ordentlichen Verwalters gedeutet wird.

δδ) Da eine vom Mann erworbene Forderung ohne Wissen des Schuldners kraft Surrogation auf die Frau übergegengen sein kann, ist der Schuldner gegen die daraus entspringenden Gefahren erneuter Inanspruchnahme nach Analogie der Forderungsabtretung (406 ff.) zu schützen (412).

γ) Neben 1382 und 1381 greift der allgemeine Surrogationsgrundsatz Platz, der sich im Wege der Rechtsanalogie aus einer Reihe von Vorschriften (vgl. etwa 718 II, 1473, 1370, 1638, 2041, 2111, 2374) für alle Sondervermögen gewinnen läßt, wonach in diese Vermögen fällt, was auf Grund eines zu ihnen gehörigen Rechts oder als Ersatz für die Zerstörung, Beschädigung oder Entziehung eines dazu gehörigen Gegenstandes erworben wird. Danach gehören bei einer Versicherung eingebrachten Gutes durch den Mann die Versicherungsansprüche zum eingebrachten Gut. So auch im Ergebnis RG. **76** 137, das zu Unrecht die Anwendbarkeit des § 1381 behauptet. Wolff (Familienr. § 50 Anm. 3) will weitaus besser 1046 analog anwenden.

e) Entgegennahme von Willenserklärungen.

Einseitige Rechtsgeschäfte Dritter, die sich auf das eingebrachte Gut beziehen, müssen grundsätzlich dem Manne gegenüber vorgenommen werden, da der Mann über den Stand der Verwaltung regelmäßig allein unterrichtet ist und auch zur Vornahme der durch die Erklärung veranlaßten weiteren Verwaltungsmaßnahmen berufen ist (1403 I).

Man denke an die Kündigung einer zum eingebrachten Gut gehörigen Darlehnsforderung durch den Schuldner.

Eine Ausnahme ist gemacht für einseitige Rechtsgeschäfte, die sich auf Verbindlichkeiten der Frau beziehen: sie sind ihr gegenüber vorzunehmen, z. B. die Kündigung eines von der Frau geschuldeten Darlehns durch den Gläubiger. Dadurch erlangen sie aber nur Wirksamkeit gegenüber der Frau; um gegenüber dem Mann hinsichtlich des eingebrachten Gutes zu wirken, müssen sie auch ihm gegenüber vorgenommen werden (1403 II).

Betrifft ein Rechtsgeschäft den aktiven und passiven Stand des eingebrachten Gutes, wie z. B. die Aufrechnung, muß er nach 1403 II beiden Gatten gegenüber vorgenommen werden.

f) Prozeßführung (Sachlegitimation).

Zu den Verwaltungshandlungen hinsichtlich eines Vermögens rechnet auch die prozessuale Verfolgung der zu ihm gehörigen Rechte und die Verteidigung gegen etwaige Ansprüche. Daher folgt grundsätzlich aus dem Verwaltungsrecht bezüglich eines Rechtsverhältnisses auch das Prozeßführungsrecht über es. Die Prozeßführung ist keine Verfügung, sie kann aber wirtschaftlich im Endergebnis die gleichen Wirkungen haben — man denke an die zahlreichen Möglichkeiten, ein unrichtiges rechtskräftiges Urteil herbeizuführen, namentlich durch Anerkenntnis oder Verzicht oder an die Einziehung der geschuldeten Leistung durch Vollstreckung. Deshalb wird das Gesetz ein unbeschränktes Prozeßführungsrecht im allgemeinen nur zugestehen, wo es auch ein unbeschränktes Verwaltungsrecht eingeräumt hat. Das ist gerade beim Ehemann nicht der Fall. Sein Verwaltungsrecht umfaßt grundsätzlich nicht die Verfügungsbefugnis, er ist auf die Zustimmung der Frau (1375) angewiesen (Verwaltungsgemeinschaft). Man sollte erwarten, daß das Gesetz mit Rücksicht darauf das Prozeßführungsrecht dem Mann nur so weit unbeschränkt verliehen hätte, als er der Zustimmung nicht bedarf oder diese erhalten hat, daß, davon abgesehen, beide Gatten zusammen zur Prozeßführung berufen worden wären. Dann wäre das Prozeßführungsrecht ein genaues Abbild der materiellrechtlichen Verwaltungsbefugnisse geworden. Statt dessen hat sich das Gesetz für eine ziemlich verwickelte Regelung entschieden. Es trennt die Aktiv- und Passivprozesse und verlangt bei den Passivprozessen die Verklagung beider Gatten (der Frau auf Leistung, des Mannes auf Duldung); für die Aktivprozesse spricht es dagegen dem Mann das Prozeßführungsrecht schlechthin zu, beugt aber seiner Ausübung zum Nachteil der Frau vor, indem es die Rechtskraftwirkung des Urteils ihr gegenüber beschränkt.

Das Prozeßführungsrecht des Mannes über das eingebrachte Gut ist auch insoweit eigenartig, als er in eigenem Namen über fremde Rechtsverhältnisse als fremde prozessiert. Solche Prozeßführung eines Dritten über fremde Rechtsverhältnisse im eigenen Namen nennt man „Prozeßstandschaft" (Kohler). Der Mann macht also nicht sein Verwaltungsrecht durch die Klage (nach Art einer actio quasi confessoria) geltend, wie Planck-Unzner (1380 Anm. 1) meint, vielmehr bildet den Klagegrund das Recht der Frau, z. B. ihr Eigentum, ihre Darlehnsforderung usw. Aber der Mann ist Partei, er leistet den Parteieid, trägt die Prozeßkosten — die Frau kann als Zeugin vernommen werden (RG. **92** 157) usw.

Selbstverständlich ist damit nicht geleugnet, daß der Mann aus der Nutzverwaltung auch eigene Rechte hat und diese als eigene geltend machen kann, z. B. das Besitzrecht (1373, 1007) oder das Nutzungsrecht (1383). Auf einen derartigen Prozeß bezieht sich 1380 nicht, für ihn gilt nichts Besonderes.

a) Für Aktivprozesse, wodurch ein zum eingebrachten Gut gehöriges Recht geltend gemacht wird, steht das Prozeßführungsrecht schlechthin dem Mann zu, auch wenn er über das fragliche Recht nicht ohne Zustimmung der Frau verfügen kann (1380, 1).

Dafür ist aber die Rechtskraft des Urteils beschränkt. Es wirkt grundsätzlich weder für noch gegen die Frau. Davon macht 1380, 2 ausdrücklich eine Ausnahme, wenn der Mann befugt ist, über das streitige Recht ohne ihre Zustimmung zu verfügen, wie z. B. über das Eigentum an verbrauchbaren Sachen (1376 Z. 1). Gleichstellen muß man den Fall, wo die Frau der Prozeßführung zustimmt (RG. 92 153 ff.).

Denn für die Erstreckung der Rechtskraftwirkung ist die Verfügungsmacht über das streitige Recht wesentlich und es kann nichts ausmachen, ob diese Verfügungsmacht auf dem Gesetz oder einer Willenserklärung der Frau beruht.

Von diesen Ausnahmen abgesehen, zieht die herrschende Meinung aus 1380, 2 den Umkehrschluß, daß das rechtskräftige Urteil im Mannesprozeß die Frau nicht bindet.

Der Gegner muß sich also auf die Klage des Mannes einlassen, darf aber das Urteil gegen den eigentlichen Träger des streitigen Rechts, die Frau, nicht verwerten. Auch wenn er die Klagabweisung des Mannes erzielt hat, muß er damit rechnen, daß ihn nunmehr die Frau erneut nach 1400 II unter Zustimmung des Mannes verklagt und obsiegt. Umgekehrt bleibt ihm, wenn er im ersten Prozeß verurteilt worden ist, zwar die Möglichkeit, gegen die Frau auf Feststellung des Nichtbestehens ihres Rechtes und Herausgabe der auf Grund des ersten Urteils etwa erlangten Bereicherung zu klagen, er kann aber kein Duldungsurteil gegen den Mann erlangen, weil insoweit die Einrede der Rechtskraft durchgreift. Diese Konsequenzen wären vermieden worden, wenn man dem Mann von vornherein das Prozeßführungsrecht nur so weit gegeben hätte, wie es durch sein Verfügungsrecht geboten war (vgl. Siber, Prozeßführung des Vermögensverwalters, Leipz. Festschr. f. Wach, 1915, 46).

Auch die Fassung des Klagantrags muß unter Berücksichtigung des Verfügungsrechts erfolgen. Auf Leistung an sich selbst kann der Mann nur klagen, wenn er über das streitige Recht ohne Zustimmung der Frau verfügen kann oder die Zustimmung der Frau erhalten hat. Denn die Annahme der geschuldeten Leistung oder die Einziehung der Urteilssumme enthalten eine Verfügung über das Recht. Regelmäßig muß der Mann also klagen: entweder auf Leistung an die Frau (darin liegt seine Zustimmung zur Annahme der Leistung durch die Frau) oder auf Leistung an beide Gatten oder auf Leistung an den Mann mit Zustimmung der Frau oder endlich auf Hinterlegung (vgl. RG. 77 34).

b) Für Passivprozesse, wodurch ein Dritter ein Recht gegenüber dem eingebrachten Gute geltend macht, ist das Prozeßführungsrecht des Mannes (seine Passivlegitimation) zwar gleichfalls anerkannt, aber in durchaus eigenartiger Weise. Seine Prozeßführung hat der Frau gegenüber überhaupt keine Wirkung, diese muß allein oder gemeinsam mit dem Manne verklagt werden. Auf der anderen Seite schafft ein gegen die Frau ergangenes Leistungsurteil keine Rechtskraft gegenüber dem Mann, es sei denn, daß der Mann der Prozeßführung zugestimmt hat (1400 I), oder, daß die Frau nach 1407 ausnahmsweise seiner Zustimmung dazu nicht bedarf. Die Zwangsvollstreckung ins eingebrachte Gut ist aus dem Leistungsurteil gegen die Frau auch unter diesen Umständen nur zulässig, wenn der Mann zur Duldung der Zwangsvollstreckung verurteilt ist (739 ZPO.) oder sich ihr freiwillig unterworfen hat (794 I Nr. 5 und II ZPO.).

Danach ist der Mann zur Führung des Duldungsprozesses passiv legitimiert und zwar formell unabhängig von einem Rechtsstreit gegen die Frau; aber das Duldungsurteil ist bedingt durch das Leistungsurteil gegen die Frau; wird die Leistungsklage abgewiesen, wird auch das Duldungsurteil gegenstandslos.

4. Das Nutzungsrecht des Mannes.

Das Nutzungsrecht des Mannes ist kein Nießbrauch im Sinne des III. Buches, es besteht an den Gegenständen nur so lange, als sie zum Frauenvermögen gehören; es ist eine familienrechtliche Einrichtung, auf die gewisse Nießbrauchsregeln für anwendbar erklärt sind, nämlich die über Art und Weise und Umfang des Erwerbs der Nutzungen; es ist also nur ein nießbrauchähnliches Recht, dem das Institut des Quasi usus fructus (1067) z. B. unbekannt ist.

a) Art und Weise des Erwerbs.

Der Mann erwirbt die Nutzungen des eingebrachten Gutes zu eigenem Recht, als Mannesgut. Darin liegt der Ausgleich für seine Verpflichtung zur Bestreitung des ehelichen Aufwandes (RG. **90** 65).

Die natürlichen Sachfrüchte (99 I u. II) erwirbt er zu Eigentum mit der Trennung (954), einschließlich der Raub- und Übermaßfrüchte (1039). Hinsichtlich dieser ist er wie der Nießbraucher wert- und schadenersatzpflichtig, ohne daß aber der Frau ein besonderer Sicherungsanspruch nach Vorbild des § 1051 zugebilligt wäre.

Die mittelbaren Sachfrüchte (99 III) und die Rechtsfrüchte erwirbt er, soweit sie während der Dauer der Nutzverwaltung fällig werden, mit der Fälligkeit — man denke an Miet- und Pachtgelder, Schuldzinsen einer Darlehnsforderung, Jagdpachtzinsen usw. Hat er selbst während der Ehe den Miet- oder Pachtvertrag im eigenen Namen abgeschlossen, erwirbt er den Anspruch auf die Miet- oder Pachtgelder schon mit dem Vertragsschluß.

Für die Fruchtverteilung bei Wechsel des Fruchtziehungsberechtigten gilt 101.

Selbstverständlich kann der Mann die nutzbaren Gegenstände, statt sie zu vermieten oder zu verpachten, auch in eigenen Gebrauch nehmen.

An die Anwendung der Surrogationsformel des 1381 ist bei einer Vermietung oder Verpachtung durch den Mann nicht zu denken, weil der Erwerb mit Mitteln des Eingebrachten, soweit er unter den Begriff der Nutzungen gehört, ins Mannesvermögen fällt.

b) Der Umfang des Erwerbs ergibt sich aus den §§ 1039, 1046, 1048, 1066, 1068, 1073; das Nutzungsrecht beschränkt sich auf das wirtschaftliche Einkommen, ohne daß es dabei auf bestimmungsgemäßen und regelmäßigen Ertrag ankäme (1039 Raubbau).

Unanwendbar sind: 1031 (Nießbrauch am Zubehör nur, wenn dieses mit eingebracht ist), 1037 (innerhalb der Grenzen ordentlicher Verwaltung kann der Mann den Gegenstand umgestalten oder verändern), 1038 (Pflicht, sich einem Wirtschaftsplan zu unterwerfen, paßt nicht zum ehelichen Verhältnis, wie es sich das Gesetz denkt), 1040 (der Anteil der Frau an der Schatzhälfte wird eingebrachtes Gut), 1060 (Zusammentreffen mit andern Nutzungsrechten), 1067 (Nießbrauch an verbrauchbaren Sachen ersetzt durch 1376 Nr. 1).

5. Die Pflichten des Mannes aus der Nutzverwaltung.

a) Der Mann hat die Pflicht zur ordnungsmäßigen Verwaltung des eingebrachten Gutes (1374).

α) Diese Pflicht umfaßt die Sorge für die Erhaltung und womöglich Verbesserung des eingebrachten Gutes und die Vornahme der erforderlichen Rechtsgeschäfte, wie Vermietung oder Verpachtung von Grundstücken, Ziehen der Zinsen, Abschluß eines Versicherungsvertrages (RG. **76** 136), Zahlung der Schulden — das alles, soweit es den Grundsätzen ordentlicher Wirtschaftsführung entspricht. Er haftet dabei für die Sorgfalt, die er in eigenen Angelegenheiten anzuwenden pflegt (RG. i. OLG. **34** 250) und macht sich bei deren Außerachtlassung schadenersatzpflichtig.

Geld soll er mündelsicher anlegen (1377); für ausscheidende Inventarstücke eines Grundstückes soll er Ersatz beschaffen (1378) — womit Ersatzpflicht in andern Fällen nicht verneint wird; ordnungswidrige Verfügungen soll er unterlassen (1377). — Erforderlichenfalls muß er die Zustimmung seiner Frau einholen und die grundlos verweigerte Zustimmung nach 1379 ersetzen lassen.

Die Kosten der Verwaltung trägt die Frau, soweit sie nicht durch §§ 1384 dem Mann auferlegt sind. Die hauptsächlich in Betracht kommenden gewöhnlichen Erhaltungskosten fallen danach diesem zur Last (1384). Auch die Abnutzung geht, soweit es sich nicht um eine schuldhafte Verschlechterung durch den Mann handelt, zu Lasten der Frau.

β) Der Mann hat der Frau über den Stand der Verwaltung Auskunft zu erteilen (1374).

Diese Auskunftspflicht bezieht sich nur auf den Stamm des eingebrachten Gutes, nicht auf dessen Nutzungen, die ins Vermögen des Mannes fallen (RG. **87** 106). Stand der Verwaltung ist aber mehr als „Bestand des eingebrachten Gutes", geschuldet wird also eine Auskunft über das Ergebnis der Verwaltungsmaßnahmen in einem bestimmten Zeitpunkt und über die getroffenen Maßregeln. Auf die Auskunftpflicht ist 260 anwendbar, also Pflicht zur Vorlage und Beschwörung eines Bestandverzeichnisses.

Rechenschaft nach 259 über die Verwaltung braucht der Mann erst nach Beendigung der Nutzverwaltung zu legen (1421), auch hier nur hinsichtlich des Stammes.

b) Der Mann muß als Gegengewicht gegen sein Nutzungsrecht — nicht gegen die tatsächlichen Nutzungen — gewisse Lasten tragen; er muß das, selbst wenn diese die tatsächlichen Nutzungen weit übersteigen, ja sogar, wenn solche ganz fehlen. Die ihm auferlegten Lasten beschränken sich keineswegs auf die Ausgaben, die die Verwaltung eines Vermögens mit sich bringt, die sog. Vermögenslasten, sondern umfassen auch die persönlichen Verbindlichkeiten der Frau, die von ihr bei eigener Vermögensverwaltung aus den Einkünften des eingebrachten Gutes zu berichtigen wären, und endlich auch die Familienlasten, die sich aus der ehelichen Lebensgemeinschaft ergeben, den sog. ehelichen Aufwand.

α) Danach hat der Mann zu tragen:

αα) Die Lasten des eingebrachten Gutes selbst.

Das sind die Kosten und Verbindlichkeiten, die man sich als eine Beschwerung des eingebrachten Gutes und seiner Einkünfte vorstellen kann, nämlich die Unkosten der Nutzungsgewinnung, die Kosten der Erhaltung des eingebrachten Gutes [im selben Umfang wie ein Nießbraucher (1041)], (1384) —, sodann die öffentlichen, auf dem eingebrachten Gut ruhenden Lasten, wie Grundsteuern, mit Ausnahme der außerordentlichen, auf den Stammwert gelegten Lasten, wie die Erbschaftssteuer, die Zwangsanleihe, die Inflationssteuer nach der dritten Steuernotverordnung (1385 Z. 1) —, weiter die privatrechtlichen, auf dem eingebrachten Gut ruhenden Lasten, wie Grundschuldzinsen, die Leistungen aus Reallasten und Rentenschulden, nicht aber die fälligen Grundkapitalien, Reallasten und Rentenschuldablösungssummen (das sind keine laufenden Ausgaben) (1385 Z. 2). — Ferner die Versicherungsbeiträge aus einer Versicherung der zum eingebrachten Gut gehörenden Gegenstände (1385 Z. 3) —, weiter die Zinsen der Frauenschulden, deren Berichtigung aus dem eingebrachten Gut verlangt werden kann (sog. Vollschulden), soweit nicht im Innenverhältnis das Vorbehaltsgut ausgleichpflichtig ist (1386 I); hierher rechnen auch die Hypothekenzinsen, falls die der Hypothek zugrunde liegende Forderung dem eingebrachten Gut zur Last fällt, während der Mann für die Hypothekenzinsen bei einer Vorbehaltsgutsschuld nicht aufzukommen braucht, auch wenn sie auf einem eingebrachten Grundstück lastet —, endlich die Kosten eines Rechtsstreites, in dem der Mann ein zum eingebrachten Gut gehöriges Recht geltend macht (Aktivprozeß) (1387 Z. 1).

ββ) Gewisse persönliche Lasten der Frau, soweit sie nicht vom Vorbehaltsgut zu tragen sind, nämlich: öffentliche Lasten, die die Frau persönlich treffen, also die Personalsteuer, Einkommensteuer, Kirchensteuer (1385 Z. 1) —, ferner sonstige Verpflichtungen zu wiederkehrenden Leistungen, wie z. B. Beiträge für Lebens-, Unfall- und Haftpflichtversicherung einschließlich der gesetzlichen Unterhaltspflichten der Frau, soweit sie bei ordnungsmäßiger Verwaltung aus den Einkünften berichtigt werden (1386 I 2) — die Verteidigungskosten im Strafverfahren gegen die Frau, vorbehaltlich ihrer Erstattungspflicht, falls sie verurteilt wird (1387 Z. 2), — endlich die Zivilprozeßkosten der Frau, soweit sie nicht nach 1415/16 dem Vorbehaltsgut zur Last fallen (1387 Z. 1).

Sehr streitig ist, ob sich aus 1387 auch eine Pflicht des Mannes zur Zahlung eines Kostenvorschusses an die Frau ableiten läßt, ob er namentlich im Scheidungsprozeß durch einstweilige Verfügung des Gerichts angehalten werden kann, den gegen ihn anzustrengenden Prozeß zu finanzieren. Auszugehen ist davon, daß die Haftung des Mannes für die Kosten der Prozesse der Frau in 1387 Z. 1 ganz allgemein ausgesprochen ist, also auch schon während des Prozesses besteht und erst dann und insoweit in Wegfall kommt, als feststeht, daß die Kosten dem Vorbehaltsgut zur Last fallen. Das ist der Fall, wenn in einem Prozeß zwischen den Gatten das Urteil der Frau als unterliegendem Teil die Kosten auferlegt (1416). Daraus folgert RG. **47** 72 und die Rechtsprechung die Pflicht des Mannes, die Frau mit angemessenen Kostenvorschüssen zu versehen, solange ihre Verpflichtung als Kostenschuldner noch nicht feststeht, vorbehaltlich späteren Ausgleichs — und zwar nicht bloß hinsichtlich der Gerichtskosten und Anwaltsgebühren, sondern auch etwaiger Teuerungszuschläge (JW. 1920, 912; OLGE. 41, 52—54). Diese Verpflichtung läßt sich selbstverständlich weder aus der Unterhaltspflicht, noch dem ehelichen Verhältnis, sondern nur aus den güterrechtlichen Vorschriften ableiten. Der Satz des 1394, wonach die Ansprüche der Frau grundsätzlich erst nach Beendigung der Nutzverwaltung geltend gemacht werden können, ist hier unanwendbar, weil es sich bei den Kostentragungspflichten um Pflichten handelt, deren Erfüllung gar nicht bis dahin hinausgeschoben werden kann. Selbstverständlich kann ein Kostengläubiger der Frau den Mann auch persönlich nach 1388 in Anspruch nehmen, z. B. der Anwalt für die ihm nach 48 GORA. zustehenden Vorschüsse. Das wird auch von den Gegnern der reichsgerichtlichen Auffassung, wie Stein (Komm. z. ZPO. Vorbemerk. VI vor 606), nicht bezweifelt, sie wenden sich nur gegen eine Vorschußpflicht gegenüber der Frau.

γγ) Der Mann muß endlich den ehelichen Aufwand tragen, d. h. alle Ausgaben, die den Zwecken der ehelichen Gemeinschaft dienen.

Nach RG. **67** 1 umfaßt der eheliche Aufwand sowohl den eigenen Unterhalt der Gatten, wie den der gemeinschaftlichen Abkömmlinge. Er ist aber damit nicht erschöpft, sondern begreift in sich auch die Kosten der Einrichtung und Erhaltung des Hauswesens (RG. **87** 56), wie Unterhalt und Löhnung der Hausgehilfen, Kosten des geselligen Verkehrs, Anschaffung des Hausrats — soweit dieser nicht nach der Sitte freiwillig von der Frauenseite zur Verfügung gestellt wurde. Selbstverständlich gehört auch die Kleidung der Frau und Bestreitung ihrer persönlichen Bedürfnisse dazu (RG. Warn. 1911 Nr. 333).

Der Anspruch der Frau aus 1389 reicht weiter als ihr gesetzlicher Unterhaltsanspruch nach 1360, weil sie nach 1389 den Unterhalt der Abkömmlinge als eigenes Recht gegenüber dem Mann geltend machen kann. Dagegen wird der Inhalt der Unterhaltspflicht des Mannes gegenüber den Abkömmlingen dadurch nicht geändert (1601 ff, 1603), also kein Recht der Frau auf Unterhalt eines vorehelichen Kindes. — Auf der andern Seite kann die Frau verlangen, daß der Mann den Reinertrag des eingebrachten Gutes ohne Rücksicht auf seine sonstigen Pflichten zunächst für den Unterhalt der Familie verwendet (1389 II).

Das Maß des ehelichen Aufwandes bestimmt freilich der Mann (1354 I). Er kann also die Reineinkünfte eines reichen Frauenguts ganz für Sportzwecke verwenden und durch karge Bemessung des ehelichen Aufwandes die Existenz der Frau verkümmern. Dagegen kann diese zwar mit der Herstellungsklage vorgehen, ein ihr günstiges Urteil aber nicht vollstrecken.

β) Persönliche Haftung des Mannes für diese Lasten auch den Frauengläubigern gegenüber.

Grundsätzlich haftet der Mann nicht für die Schulden der Frau. Soweit es sich aber um Verbindlichkeiten der Frau handelt, die aus den Einkünften des eingebrachten Gutes zu berichtigen wären [die eben aufgezählten Vermögenslasten und persönlichen Schulden der Frau (1385—1387)], macht das Gesetz den Mann nicht bloß der Frau, sondern auch deren Gläubigern gegenüber persönlich haftbar; er haftet den Gläubigern gegenüber als Gesamtschuldner (1388).

Von einer solchen unmittelbaren Haftung neben der Frau kann bei den Familienlasten, dem ehelichen Aufwand, selbstverständlich nicht die Rede sein, da hierfür der Mann von vornherein allein haftet. Was die Gewinnungs- und Erhaltungskosten des § 1384 anlangt, so kommt auch hier eine Haftung neben der Frau grundsätzlich nicht in Frage, da der Mann regelmäßig die Ausgaben entweder selbst bestreiten oder sich selbst verpflichten wird. Wenn aber die Frau ausnahmsweise eine Verbindlichkeit aus Anlaß der in 1384 behandelten Lasten übernimmt, z. B. ein Darlehn aufnimmt, wird man die Regel des § 1388 entsprechend anwenden dürfen, also unmittelbare gesamtschuldnerische Haftung des Mannes! Denn wenn er sogar für die persönlichen Vollschulden der Frau so haftet, dann muß er es vernünftigerweise erst recht, wenn es sich um die Gewinnungs- und Erhaltungskosten des ihm anvertrauten eingebrachten Gutes handelt. Anders Planck (1388 Anm. 4), der Pfändung des Erstattungsanspruchs der Frau gegen den Mann verlangt, ein formalistischer Umkehrschluß aus 1388.

c) Der Mann muß nach Beendigung der Nutzverwaltung den Stamm des eingebrachten Gutes der Frau herausgeben und ihr Rechenschaft ablegen (1421).

Er muß es in dem Zustand herausgeben, in dem es bei ordnungsmäßiger Verwaltung sein würde; bei schuldhafter (1359) Verminderung oder Verschlechterung — z. B. infolge ordnungswidriger Geldanlage (1377 I) — ist er ersatzpflichtig.

d) Des ehelichen Friedens halber ist der Zeitpunkt für die gerichtliche Geltendmachung der Ansprüche der Frau auf Grund der Verwaltung und Nutznießung hinausgeschoben bis zur Beendigung des Güterstandes (1394).

Das gilt nur für die Ansprüche der Frau, nicht die ihrer Gläubiger (1411), auch nicht die des Mannes. Es gilt nur für die Frauenansprüche aus der Nutzverwaltung, nicht für Ansprüche aus Geschäften, die mit der Nutzverwaltung gar nichts zu tun haben, z. B. aus einem Darlehns- oder Kaufvertrag mit dem Mann, nicht für den Anspruch auf Rückgabe des Eingebrachten, nicht für den Anspruch auf die Tragung der Prozeßkosten [Kostenvorschußpflicht des Mannes (1387) RG. **47** 72], wohl aber z. B. für den Anspruch auf Zahlung der Steuern. Nur die gerichtliche Geltendmachung ist versagt, die Vorschriften über die Fälligkeit, den Verzug usw. gelten, also kann sich die Frau evtl. durch Aufrechnung außergerichtlich befriedigen.

Von der Unklagbarkeit sind ausdrücklich Ausnahmen gemacht:

α) Zugunsten des Anspruchs der Frau auf vorzugsweise Verwendung des Reinertrags des eingebrachten Gutes für den Unterhalt der Familie (1389 II in Verb. m. 1394, 2),

β) Zugunsten aller Ansprüche der Frau aus der Nutzverwaltung, wenn die Voraussetzungen vorliegen, unter denen sie nach 1391 Sicherheitsleistung verlangen kann, also bei erheblicher Gefährdung der Frauenrechte (1394, 1).

Die ganze Bestimmung des § 1394 richtet sich lediglich gegen die Frau, bedeutet Sicherung des Friedens des Mannes, nicht aber des ehelichen Friedens, es sei denn, daß man der Auffassung ist, dieser könne nur durch die Frau gestört werden!

e) Vor Beendigung der Nutzverwaltung wird die Frau nur geschützt gegen eine erhebliche Gefährdung des eingebrachten Gutes durch ein rechtswidriges Verhalten des Mannes sowie gegen eine erhebliche Gefährdung ihrer Ansprüche auf Werterſatz verbrauchbarer Sachen, ohne daß es hier auf die Ursache der Gefährdung ankäme (1391 I u. II).

Als Sicherungsmittel stehen ihr zu:

α) ein Anspruch auf Sicherheitsleistung (1391),

β) ein Anspruch auf Hinterlegung ihrer Inhaberpapiere und blankoindossierten Orderpapiere (1392),

γ) ein sofort klagbarer Anspruch auf Aufhebung der Nutzverwaltung (1418 Nr. 1),

δ) ein sofort klagbarer Anspruch auf Schadensersatz (1394).

ε) Dagegen fehlt ihr ein Unterlassungsanspruch nach Vorbild des § 1053.

Das klingt bis auf die Versagung des Unterlassungsanspruchs ganz schön, wiegt aber nicht schwer, weil die Frau kein wirksames Mittel hat, die Ordnungs- und Zweckmäßigkeit der Verwaltung zu prüfen. Denn während der Nutzverwaltung kann sie nach der Rechtsprechung (OLG. **26** 218) eine Klage auf Auskunft nur erheben, falls die Voraussetzungen des § 1391 vorliegen. Wie soll sie das aber feststellen? Wenn die Frau die Gefährdung ihres Vermögens aus allgemeinen Anzeichen (Vermögensverfall, Zahlungsunfähigkeit des Mannes, Unterschlagungen usw.) feststellen kann, wird es regelmäßig zu spät sein.

§ 17. V. Die Rechtsstellung der Frau hinsichtlich des eingebrachten Gutes.

1. Allgemeines.

Das Gesetz erkennt den Persönlichkeitswert der Ehefrau bei der Gestaltung ihrer vermögensrechtlichen Stellung noch entschiedener an als bei der Ordnung der persönlichen Beziehungen, weil der Gemeinschaftsgedanke im Güterrecht auch ohne eine rechtliche Vorherrschaft des Mannes gesichert werden kann. Die Frau behält ihre volle Handlungs-, Geschäfts- und Prozeßfähigkeit. Sie kann sich grundsätzlich ebenso wie die ledige Frau durch nichtrechtgeschäftliches Handeln verpflichten, sie kann ferner Schuldverträge eingehen, Erwerbsgeschäfte abschließen, über ihr Vermögen unter Lebenden und von Todes wegen verfügen, Prozesse führen usw. Sie kann das alles aber nur unbeschadet der Rechte des Mannes aus der Nutzverwaltung des eingebrachten Gutes. Daraus ergeben sich Schranken hinsichtlich ihrer Verfügungen, Verpflichtungen, der Entgegennahme von Willenserklärungen und der Prozeßführung.

Völlig frei steht sie also nur hinsichtlich des Vorbehaltsgutes. Ihre Verfügungen darüber trifft sie wirksam allein, für ihre Schulden Dritten gegenüber haftet immer das Vorbehaltsgut, die Prozeßführung über Rechte und Pflichten des Vorbehaltsguts geht den Mann nichts an, der Vollstreckung ins Vorbehaltsgut kann er nicht widersprechen.

Was dagegen das eingebrachte Gut angeht, so ist ihr zunächst dessen Nutznießung völlig entzogen. An der Verwaltung des Mannes ist sie nur so weit beteiligt, als sie zu den Verfügungen des Mannes regelmäßig ihre Zustimmung zu erteilen hat (1375) und als Verpflichtungsgeschäfte des Mannes, die sie treffen sollen, das eingebrachte Gut nur bei ihrer Zustimmung verhaften.

Sie selbst ist grundsätzlich nicht zur Vornahme eigener Verwaltungshandlungen befugt, ihre eigenen Verfügungen bedürfen der Einwilligung des Mannes (1395), ihre Verpflichtungsgeschäfte verhaften das eingebrachte Gut nur bei Zustimmung des Mannes (1399), einseitige Erklärungen, die sich auf das eingebrachte Gut beziehen, wie z. B. eine Kündigung ihres Darlehnsschuldners kann sie nicht wirksam entgegennehmen (1403 I) — nur Erwerbsgeschäfte kann sie zugunsten des eingebrachten Gutes selbständig vornehmen.

Die aktive Geltendmachung eines zum eingebrachten Gute gehörigen Rechts ist ihr grundsätzlich nur mit Zustimmung des Mannes gestattet (1400 II) und das Urteil gegen die Frau ist nur mit seiner Zustimmung dem eingebrachten Gut gegenüber wirksam (1400 I).

2. Eigentums- und Besitzrecht.

Die Frau bleibt Eigentümerin des eingebrachten Gutes und kann dessen Substanz nach Beendigung der Nutzverwaltung in einem Zustand, der sich aus ordnungsmäßiger Verwaltung ergibt, zurückverlangen; für schuldhafte (1359) Verringerung oder Verschlechterung haftet der Mann (1421). — Ihre besitzrechtliche Stellung ist die eines mittelbaren Besitzers, nicht eines Mitbesitzers.

3. Verfügungsgeschäfte.

Die Frau ist bei der Verfügung über eingebrachtes Gut an die Einwilligung des Mannes gebunden (1395) — ähnlich, wie der Minderjährige für alle nicht rein vorteilhaften Geschäfte der Einwilligung seines gesetzlichen Vertreters bedarf (107 ff.); das ist eine Gestaltung, die sich an die frühere Muntbedürftigkeit der Frau grundlos anlehnt.

a) Einseitige Verfügungsgeschäfte der Frau, z. B. Kündigung einer Forderung, sind ohne vorher eingeholte Zustimmung (Einwilligung) schlechthin unwirksam, nicht einmal genehmigungsfähig (1398 ganz wie 111, 1). Der Geschäftsgegner kann sich nach 182 III in Verbindung mit 111, Satz 2 u. 3, schützen, indem er die Vorlage einer schriftlichen Einwilligung des Mannes fordert und bei deren Fehlen das Geschäft unverzüglich zurückweist (RG. **50** 212).

Als solche einseitigen Geschäfte kommen außer der Kündigung in Betracht: Stundung, Anfechtung, Aufrechnung, Widerruf, Rücktritt, Verzicht auf eine Hypothek (1168) usw. Keine Verfügung über eingebrachtes Gut ist die Kündigung einer der Frau obliegenden Schuld, doch muß hier der Mann nach 1399 zustimmen, um die durch die Kündigung hervorgerufene Verpflichtung gegenüber dem eingebrachten Gut wirksam zu machen.

Ausnahmen sind gemacht zugunsten gewisser persönlicher Gestaltungsrechte, nämlich der Annahme oder Ausschlagung einer Erbschaft oder eines Vermächtnisses, der Inventarerrichtung über eine angefallene Erbschaft (1406 Z. 1), ferner der Ablehnung eines Vertragsantrags [darin liegt die Verfügung über das aus der Gebundenheit des Anbietenden erwachsene Recht, den Vertrag zum Abschluß zu bringen (145)], sowie der Ablehnung einer Schenkung (1406 Z. 2).

— Endlich kann sie einseitige Verfügungen gegenüber dem Mann vornehmen (1406 Z. 3).

b) Bei vertragsmäßigen, ohne Einwilligung vorgenommenen Verfügungen entsteht ein Schwebezustand — schwebende Nichtigkeit. Das Wirksamwerden des Vertrags hängt ab von der nachträglichen Zustimmung (Genehmigung) des Mannes. Verweigert der Mann die Genehmigung, so bleibt das Geschäft unwirksam und erlangt auch durch den späteren Wegfall der Nutzverwaltung keine Wirksamkeit (1396 III). Erteilt der Mann die Genehmigung, so wird das Geschäft von Anfang wirksam, ebenso wird es wirksam, wenn die Nutzverwaltung vor der Verweigerung der Genehmigung endet.

Zur Lösung des Schwebezustandes gibt das Gesetz dem Dritten — gerade wie bei Minderjährigkeit des Vertragsgegners (108, 109) — zwei Rechte:

α) Das Recht, den Mann zur Erklärung über die Genehmigung aufzufordern (1396 II).

Die Erklärung kann dann nur mehr gegenüber dem Dritten erfolgen, vorherige Erklärungen gegenüber der Frau werden unwirksam, zweiwöchiges Schweigen gilt als Verweigerung (1396 II).

β) Das Recht, den Vertrag dem Mann oder der Frau gegenüber zu widerrufen, und dadurch die Genehmigungsfähigkeit zu beseitigen (1397) — das aber nur, wenn er nicht gewußt hat, daß die Frau eine Ehefrau ist. Dann kann er nur widerrufen, wenn die Frau ihm die Einwilligung des Mannes vorgetäuscht hatte, es sei denn, daß er die Täuschung beim Vertragsschluß durchschaut hat.

Das Aufforderungsverfahren und der Widerruf beziehen sich aber nur auf den Vertrag, dessen Wirksamkeit von der Genehmigung des Mannes abhängig ist, das ist der Verfügungsvertrag, nicht dagegen auf den Verpflichtungsvertrag, das sog. Kausalgeschäft. Die Rechtslage ist insofern anders, als beim Minderjährigen, wo der Dritte die fraglichen Rechte auch bezüglich des Verpflichtungsvertrags hat (109).

Die Gebundenheit der Frau aus dem obligatorischen Vertrag bleibt also ganz unberührt und jeder Teil muß auf das Erfüllungsverlangen des andern gefaßt bleiben.

Das mindert die Bedeutung der §§ 1396 und 1397 außerordentlich. Denn wenn der Mann auch die Genehmigung der Verfügung verweigert hat, so bleibt die Frau doch z. B. an einen Verkauf gebunden und kann nach Wegfall der Nutzverwaltung auf Übereignung verklagt werden. Und wenn der Käufer den Übereignungsvertrag der Frau widerrufen hat, so hat er damit den Kaufvertrag noch nicht ohne weiters beseitigt. Wohl wird man seinen Widerruf als eine den Erfüllungsverzug der Frau begründende Mahnung auffassen dürfen, die ihm die Rechte aus 326 BGB. gibt. Nach 326 muß er aber nun, um vom Kaufvertrag loszukommen, das Fristsetzungsverfahren einleiten und kann erst nach Ablauf der Frist vom Kaufvertrag zurücktreten, eröffnet also der Frau erneut die Möglichkeit, nunmehr mit Zustimmung des Mannes eine neue wirksame Übereignung an ihn vorzunehmen. Nur, wenn infolge des Verzugs der Frau das Interesse des Käufers an einer verspäteten Erfüllung geschwunden ist, kann er nach 326 II sofort zurücktreten; für diesen Fall wird man seinen Widerruf des Verfügungsgeschäfts gleichzeitig als Rücktritt vom Verpflichtungsgeschäft deuten dürfen.

Danach ist die Regelung der §§ 1397 und 1398 eine durchaus schematische und unpraktische Übertragung der für die Verträge des Minderjährigen geltenden Vorschriften. Ihre Hauptbedeutung zeigt sich bei den von Strohal (DJurist. Z. 1909, 1035) sogenannten Äquivalentverfügungen, bei denen für beide Vertragsteile rechtliche Vorteile ausgelöst werden, so, wenn die Frau mit einem Dritten nach 414 einen Schuldübernahmevertrag abschließt, der einmal auf das Freiwerden des Altschuldners (Verfügungswirkung) abzielt, sodann auf den Eintritt der Haftung des Übernehmers (also auf eine Verpflichtungswirkung zugunsten der Frau). Ähnlich bei der Hingabe eines eingebrachten Gegenstandes an Erfüllungsstatt (364). In solchen Fällen befreit sich der Widerrufende gleichzeitig von der zu seinen Lasten eintretenden Verpflichtungs- oder Verfügungswirkung, während er bei den einfachen Verfügungsverträgen durch den Widerruf von seiner aus dem Kausalvertrag entspringenden Verpflichtung nicht befreit wird.

4. Verpflichtungsgeschäfte der Frau sind ohne jede gegenständliche Beschränkung stets wirksam und erzeugen eine gegen die Frau verfolgbare Verbindlichkeit, für die das Vorbehaltsgut haftet (RG. **80** 247). Die Zustimmung des Mannes ist für die Vollstreckung einer Frauenschuld ins Vorbehaltsgut unnötig, ein vollstreckbarer Leistungstitel gegen die Frau genügt (1399 I).

Eine andere Frage ist, ob das Verpflichtungsgeschäft dem Ehemann gegenüber in Ansehung des eingebrachten Gutes wirksam ist. Das ist nur der Fall, wenn der Mann dem Geschäft zustimmt (1399 II 1). Dadurch wird die Schuld zur sog. Vollschuld, für die die Gläubiger ohne Rücksicht auf das Nutzverwaltungsrecht des Mannes Befriedigung aus dem eingebrachten Gut verlangen können (1411 I 1). Fehlt die Zustimmung des Mannes, so können die Gläubiger sich erst nach der Beendigung der Nutzverwaltung an das eingebrachte Gut halten. Doch muß der Mann, soweit das eingebrachte Gut bereichert ist, das Rechtsgeschäft auch schon vorher in der Höhe gegen sich gelten lassen, in der nach den Grundsätzen der Bereicherung gehaftet wird (1399 II).

1399 II ist der rätselhafteste Satz des ehelichen Güterrechts, das eingebrachte Gut haftet nicht aus der Bereicherung, sondern aus dem Geschäft in Höhe der Bereicherung. Bei einem Darlehn an die Frau haftet während des Bestehens der Nutzverwaltung das eingebrachte Gut also nur so weit, als im Augenblick der Geltendmachung des Anspruchs das Geld noch vorhanden oder nützlich ausgegeben ist (818 III). Die Höhe der Bereicherung wird erst festgelegt (Haftung nach Rechtshängigkeitsgrundsätzen [818 IV, 292, 989]), mit dem Augenblick, wo der Mann die Bereicherung erfährt oder auf Duldung der Vollstreckung verklagt wird (819).

Hat die Frau einen Gegenstand käuflich erworben, so kann der Verkäufer seine Ansprüche aus dem Kaufvertrag, genau genommen also seine Kaufpreisforderung, in Höhe der Bereicherung verfolgen. Ist der gekaufte Gegenstand noch in natura vorhanden, wird man ihm gleichwohl auch den Anspruch auf dessen Rückübereignung zubilligen müssen. Die Formel des 1399 II gestattet also, die Bereicherung zurückzufordern, ohne zu dem Zwecke den Kaufvertrag (die causa) durch Rücktritt nach § 326 zerstören zu müssen. Ist der Gegenstand nicht mehr vorhanden, so tritt an seine Stelle der Ersatzvorteil (818 I) oder der Werterſatz (818 II) — darüber hinaus bleibt dem Verkäufer gegen die Frau die volle Kaufpreisforderung erhalten.

Hat sich die Frau zu einer Verfügung über eingebrachtes Gut verpflichtet, so kann sie ihre Verpflichtung während des Bestehens der Nutzverwaltung nur mit Zustimmung des Mannes erfüllen (1395). Doch darf man in der Zustimmung des Mannes zur Eingehung der Verpflichtung auch die Zustimmung zu der daraus geschuldeten Verfügung finden.

Hat ein obligatorisches Geschäft der Frau (z. B. die Eingehung eines Mietvertrags und Einbringung von Möbeln in die Mietwohnung) kraft Gesetzes eine dingliche Nebenwirkung (Vermieterpfandrecht) zur Folge, so ist der obligatorische Vertrag der Frau gegenüber ohne weiteres wirksam, nicht minder muß sie das Vermieterpfandrecht gegen sich gelten lassen, während der Mann das nur für den Fall seiner Zustimmung zum Mietvertrag braucht (RGStr. **35** 202).

5. Erwerbsgeschäfte für das eingebrachte Gut kann die Frau selbständig vornehmen, jedoch kann der Erwerb ihr auf Grund des 1399 II wieder entzogen werden, wenn sie ihn auf Grund eines Verpflichtungsgeschäfts gemacht hat, zu dessen Erfüllung sie außerstande ist (weil ihr Vorbehaltsgut fehlt oder weil ihre Gegenleistung aus dem eingebrachten Gut erfolgen müßte, man denke an den Tausch eines Klaviers gegen einen Flügel).

6. Zur Entgegennahme einseitiger Rechtsgeschäfte Dritter, die sich auf das eingebrachte Gut beziehen, ist die Frau nur befugt, wenn die Erklärung eine Frauenschuld betrifft — und selbst hier muß die Erklärung, um gegenüber dem eingebrachten Gut wirksam zu sein, auch noch dem Mann gegenüber vorgenommen werden (1403). Der Mieter, der im eingebrachten Hause zur Miete wohnt, muß den Vertrag also der Frau und dem Mann gegenüber kündigen. Wenn freilich der Mann die Wohnung nach Eintritt der Nutzverwaltung neu im eigenen Namen vermietet hat, kommt eine Kündigung gegenüber der Frau überhaupt nicht in Betracht.

7. Ausnahmsweise hat die Frau eine freiere Stellung, die aufgeführten Schranken der Verfügungs- und Verpflichtungsgeschäfte fallen fort:

a) In den sog. „Eilfällen" (1401). Wenn der Mann durch Krankheit oder Abwesenheit an der Abgabe einer Erklärung verhindert und mit dem Aufschub Gefahr verbunden ist, fällt das Erfordernis der Zustimmung weg, ohne daß ein Eingreifen des Vormundschaftsgerichts, ein Ersatz der Zustimmung in Frage käme. — Die Frau handelt als Notverwalterin in eigenem Namen.

Man denke an den Verkauf von Aktien vor einem Kurssturz, Ausübung von Bezugsrechten, Verpfändung von Hausrat zur Kreditbeschaffung. Vorübergehende Verhinderung des Mannes genügt. Regelmäßig deckt aber das Notverwaltungsrecht nur Handlungen, die zur ordnungsmäßigen Verwaltung des Eheguts erforderlich sind, da sonst von einer „Gefahr" des Aufschubs nicht gut gesprochen werden kann. Doch will RG. **103** 128 die Anwendbarkeit auf „anders gelagerte Ausnahmefälle" nicht ausschließen.

b) In persönlichen Angelegenheiten (1402). Wenn zur ordnungsmäßigen Besorgung der persönlichen Angelegenheiten der Frau ein Rechtsgeschäft erforderlich ist, kann die grundlos verweigerte Zustimmung des Mannes auf Antrag der Frau durch das Vormundschaftsgericht ersetzt werden.

Da die Frau in der Geschäfts- und Handlungsfähigkeit nicht beschränkt ist, kommen als „persönliche" nur solche ihre Person betreffenden Angelegenheiten in Frage, die vermögensrechtliche Aufwendungen erfordern, wie Unterbringung der Frau in einer Heilanstalt, Verteidigung im Strafverfahren, Erhebung der Scheidungsklage usw. — Den Gegensatz bilden die vermögensrechtlichen Angelegenheiten; das sind solche, die nicht bloß vermögensrechtliche Aufwendungen erfordern, sondern auch das Vermögen betreffen, wie Zahlung vorehelicher Schulden aus dem eingebrachten Gut, Veräußerung von eingebrachten Aktien wider den Willen des Mannes. Hier ist Ersatz der verweigerten Zustimmung des Mannes ausgeschlossen, die Frau kann ihren Willen nicht durchsetzen, während im umgekehrten Fall (1379) der Mann die Zustimmung der widerstrebenden Frau ersetzen lassen kann. Das ist Messen mit zweierlei Maß!

c) Zwecks Vornahme eines Rechtsgeschäfts gegenüber dem Mann (1406 Nr. 3), wie z. B. einer Mahnung, Aufrechnung, Kündigung, Stundung. Die Abhängigkeit der Frau von der Zustimmung würde sie bei möglichem Interessenwiderstreit unerträglich einengen. Gleiches gilt — obwohl nicht ausdrücklich erwähnt — für Rechtsgeschäfte mit dem Mann (Kauf, Tausch, Miete usw.) und Rechtsgeschäfte mit seinem gesetzlichen Vertreter (1409) oder seinem Bevollmächtigten.

d) Bei allen einzelnen Rechtsgeschäften, die der Betrieb eines Erwerbsgeschäfts durch die Frau mit sich bringt, wenn der Mann seine Einwilligung zum selbständigen Betrieb des Erwerbsgeschäftes erteilt hat. Der Einwilligung steht es gleich, wenn die Frau mit Wissen und ohne Einspruch des Mannes das Erwerbsgeschäft betreibt (1405 I u. II).

Die Befreiung der Frau von der Zustimmung zu den einzelnen Handlungen folgt nicht aus einer in der Zustimmung liegenden Generaleinwilligung. Dann könnte der Mann einzelnen Rechtsgeschäften seine Zustimmung auch versagen, was nicht zuzulassen ist. Die Befreiung ist eine gesetzliche Folge der Einwilligung zum selbständigen Betrieb. — Die Frau hat diese Einwilligung nicht notwendig, um das Erwerbsgeschäft selbständig betreiben zu können. Aber sie hat die Einwilligung nötig, um bei dem Betrieb auch über ihr eingebrachtes Gut verfügen und dieses durch Verpflichtungsgeschäfte verhaften zu können, nicht minder, um einseitige Rechtsgeschäfte hinsichtlich des Erwerbsgeschäfts wirksam entgegennehmen zu können. Ihre Befreiung findet ihre Grenze an den Handlungen, die der Betrieb mit sich bringt; daß der Betrieb sie erfordert, wird nicht verlangt.

Die einmal erteilte Einwilligung kann der Mann nur im ganzen widerrufen oder der Fortsetzung des Betriebs widersprechen. Redlichen Dritten gegenüber wirken Einspruch oder Widerruf nur bei Eintragung im Güterrechtsregister (1405 III).

8. Das Prozeßführungsrecht der Frau unterliegt wegen der Nutzverwaltung des Mannes folgenden Beschränkungen:

a) Aktivprozesse, durch die ein zum eingebrachten Gut gehöriges Recht klageweise geltend gemacht wird, kann sie nur mit Zustimmung des Mannes führen, die Aktivlegitimation ist ihr also grundsätzlich versagt (1400 II).

Die erteilte Zustimmung ist Teil des Klagegrundes und muß von der Klägerin behauptet und bewiesen werden. Doch tritt keine Prüfung von Amts wegen nach 56 ZPO. ein. Wenn also der Beklagte die Zustimmung nicht bestreitet [oder ausbleibt (331 ZPO.)], ist er — wenn die sonstigen Voraussetzungen gegeben sind — zu verurteilen. Bei nicht behaupteter oder nicht bewiesener Zustimmung erfolgt Sachabweisung wegen Fehlens einer prozessualen Rechtsschutzvoraussetzung. Ein trotzdem ergangenes Urteil ist jedenfalls dem Mann gegenüber unwirksam (RG. **56** 77).

Klagt die Frau im „Beistand" des Mannes, so wird das regelmäßig nicht als Beistandschaft im Sinne des § 90 ZPO. zu deuten sein, sondern als ungeschickter Ausdruck für die Behauptung der Zustimmung (RG. **60** 87).

Die Versagung der Aktivlegitimation gilt natürlich nicht für persönliche Angelegenheiten, für Rechte, die zum Vorbehaltsgut gehören, für Klagen auf Feststellung des Nichtbestehens einer Verbindlichkeit. Ausnahmsweise bejaht das Gesetz die Aktivlegitimation der Frau ohne Rücksicht auf die Zustimmung des Mannes:

α) zur Fortsetzung eines z. Z. der Eheschließung anhängigen Rechtsstreites (1407 Nr. 1) — folgt schon aus 265 ZPO.

β) zur Klage gegen den Mann (1407 Nr. 2).

γ) zur Klage gegen einen Dritten, wenn der Mann ohne die erforderliche Zustimmung der Frau über ihr Recht verfügt hat, sog. revokatorische Klage (1407 Nr. 3) — man denke an die Klage auf Berichtigung bei Veräußerung eines Grundstücks, auf Zahlung gegen den Schuldner bei Erlaß einer Forderung durch den Mann usw.

δ) zur gerichtlichen Geltendmachung eines Widerspruchsrechts gegenüber einer Zwangsvollstreckung (771, 732, 766, 861 II ZPO.) — die Mannesgläubiger haben eingebrachte Sachen oder Früchte des eingebrachten Guts gepfändet. Auch Einwendungen durch Vollstreckungsgegenklage (767 ZPO.) kann sie erheben, z. B. die Unmöglichkeit der Erfüllung, den Untergang einer Forderung durch Erlaß, die Einrede der Verjährung geltend machen.

ε) zur Führung der Prozesse in den Fällen, wo sie auch im rechtsgeschäftlichen Verkehr eine freiere Stellung hat, nämlich in Eilfällen (1401), zwecks selbständiger Geltendmachung der Ansprüche aus einem Rechtsgeschäft, das zur Besorgung ihrer persönlichen Angelegenheiten nach erfolgter Zustimmung des Mannes abgeschlossen ist (1402), endlich zum Schutz des Erwerbsgeschäfts und der mit seinem Betrieb zusammenhängenden Rechtsverhältnisse (1405).

In allen vorgenannten Fällen hängt auch die Wirksamkeit des etwa erstrittenen Urteils dem Mann gegenüber davon ab, ob er zur Führung des Rechtsstreits seine Zustimmung erteilt hat oder diese ausnahmsweise unnötig war (1400 I).

b) Zur Führung von Passivprozessen ist die Frau grundsätzlich legitimiert (argum. 1400 II). Es kann also die Beklagte keine Abweisung beantragen, weil die Zustimmung des Mannes fehlt — geschweige denn die Einlassung verweigern, da der Mangel der Sachlegitimation überhaupt keine prozeßhindernde Einrede begründet.

Aber auch hier hängt die Wirksamkeit des Urteils dem Mann gegenüber davon ab, daß er zur Führung des Rechtsstreites seine Zustimmung erteilt hat oder diese ausnahmsweise (siehe oben unter a) unnötig war (1400 I).

Andernfalls wirkt das Urteil nur zwischen der Frau und ihrem Prozeßgegner.

Die Zustimmung des Mannes begründet aber nur die Rechtskraft des Urteils ihm gegenüber. Er kann später nicht mehr geltend machen, daß die rechtskräftig festgestellte Frauenschuld nicht bestehe. Dagegen ist damit noch nicht festgestellt, daß er ihrethalben die Zwangsvollstreckung ins eingebrachte Gut dulden muß. Das hängt von dem näheren Charakter der Frauenschuld als einer sog. Vollschuld ab (1411). Darüber wird im Duldungsprozeß entschieden. Man muß also die Zustimmung zur Führung des Prozesses im Sinne der 1400 I scharf scheiden von der Zustimmung zur Vornahme des Rechtsgeschäfts (1412).

§ 18. **VI. Schuldenhaftung und Schuldenausgleich.**

1. Mannesschulden.

Nach dem Grundsatz der Trennung der Vermögen haftet für die Schulden des Mannes nur das Mannesvermögen; „die Gläubiger des Mannes können nicht Befriedigung aus dem eingebrachten Gut verlangen" (1410).

Für die Schulden der Frau haftet ebenfalls grundsätzlich nur das Frauenvermögen; jedoch ist ausnahmsweise die gesamtschuldnerische Haftung des Mannes für die Verbindlichkeiten der Frau angeordnet, die der Mann im Innenverhältnis der Gatten zueinander zu tragen hat (1388, die Lasten der Nutznießung).

Keine Ausnahme bedeutet die Haftung des Mannes für die von der Frau kraft der Schlüsselgewalt eingegangenen Verbindlichkeiten, da aus ihnen allein der Mann verpflichtet wird und eine Frauenschuld gar nicht entsteht (1357).

Die Zustimmung des Mannes zur Verpflichtung der Frau begründet ebenfalls keine persönliche Verhaftung des Mannes, sondern nur die Haftung des eingebrachten Gutes (1399).

Wenn Mann und Frau sich gesamtschuldnerisch durch Rechtsgeschäft oder gemeinschaftlich begangene unerlaubte Handlung verpflichten, haften die beiderseitigen Vermögen für die Schulden ihres Inhabers.

Soweit der Mann haftet, haftet er grundsätzlich mit seinem ganzen Vermögen, also auch mit den erworbenen Nutzungen des eingebrachten Gutes.

Das Nutzungsrecht selbst ist als höchstpersönliches Recht unpfändbar (1408). Dagegen unterliegen die gezogenen Nutzungen der Pfändung, soweit sie nicht erforderlich sind zur Bestreitung des eigenen standesmäßigen Unterhalts des Mannes, zur Erfüllung seiner gesetzlichen Unterhaltspflichten und der ihm nach §§ 1384—87 BGB. obliegenden Pflichten (d. s. die aus der Nutzverwaltung sich ergebenden Lasten) (861 ZPO.).

2. Frauenschulden.

Mit der Feststellung, daß die Haftung für die Frauenschulden grundsätzlich auf das Frauengut beschränkt ist, ist noch nicht gesagt, welche Vermögensmassen der Frau haften: ihr Vorbehaltsgut oder ihr eingebrachtes Gut oder beides zusammen. Die Hauptfrage ist, ob und unter welchen Voraussetzungen sich der Mann gefallen lassen muß, daß die Frauengläubiger sich an das eingebrachte Gut halten und sein Verwaltungs- und Nutzungsrecht beiseite schieben. Da die Frau selbständig verpflichtungsfähig ist, ist diese Gefahr naheliegend.

Im Hinblick auf die haftenden Massen muß man unterscheiden:

a) Vollschulden, für die das eingebrachte Gut und das Vorbehaltsgut haften,

b) Vorbehaltsschulden, für die nur das Vorbehaltsgut haftet,

c) Schulden, für die nur das eingebrachte Gut haftet.

a) Die Vollschulden.

α) Die Fälle. Grundsätzlich sind nach 1411 alle Frauenschulden Vollschulden. Doch wird dieser Grundsatz durch so wichtige Ausnahmen durchbrochen, daß man zweifeln kann, ob diese nicht häufiger sind als die Regelfälle.

αα) Schlechthin Vollschuldcharakter haben alle vorehelichen Schulden der Frau — sonst könnte eine Frau ihr Vermögen durch den Eheschluß ihren Gläubigern ja entziehen.

ββ) Den während der Ehe begründeten Frauenschulden wird dagegen der Vollschuldcharakter abgesprochen, soweit es sich um Verbindlichkeiten aus zustimmungsbedürftigen Rechtsgeschäften handelt, die ohne Zustimmung des Mannes abgeschlossen sind (1412 I) — und soweit es sich um wichtige, im Interesse des Vorbehaltsguts begründete Verbindlichkeiten handelt (1413 u. 1414). Danach sind Vollschulden nur die während der Ehe eingegangenen Verbindlichkeiten aus genehmigten oder zustimmungsfreien Rechtsgeschäften, ferner die Schulden aus unerlaubten Handlungen und sonstigen nicht rechtsgeschäftlichen Tatbeständen (Geschäftsführung ohne Auftrag, Unterhaltspflichten).

Kraft besonderer Bestimmung (1412 II) sind die Kosten eines Rechtsstreites der Frau stets Vollschulden, selbst wenn das Urteil dem Mann gegenüber nicht wirksam ist und etwa das Vorbehaltsgut betrifft.

β) Die Verwirklichung der Haftung des Frauenguts.

Um in das Frauengut vollstrecken zu können, muß der Gläubiger sich zunächst einen Vollstreckungstitel gegen die Frau verschaffen, diese also — wenn er keine vollstreckbare Urkunde besitzt (794 ZPO.). — auf Leistung verklagen. Das Leistungsurteil eröffnet ihm aber während der Ehe nur den Zugriff ins Vorbehaltsgut — ins gesamte Vermögen der Frau kann er auf Grund des Leistungstitels erst nach Aufhebung des Güterstandes vollstrecken. Will er schon vorher ins eingebrachte Gut vollstrecken, muß er sich nach 739 ZPO. auch einen Titel gegen den Mann auf Duldung der Zwangsvollstreckung ins eingebrachte Gut verschaffen, also entweder die Unterwerfung unter die Vollstreckung in öffentlicher Urkunde (794 II ZPO.) oder ein Duldungsurteil.

Zwar gibt 1411 BGB. den Frauengläubigern das Recht, ohne Rücksicht auf die Verwaltung und Nutzung des Mannes Befriedigung aus dem eingebrachten Gut zu suchen, aber dadurch werden die prozessualen Voraussetzungen der Vollstreckung nicht beseitigt; da sich eine Vollstreckung ins eingebrachte Gut auch gegen den Mann richtet, wäre schon nach 750 ZPO. ein formeller Vollstreckungstitel gegen ihn nötig. Eigenartig ist aber die Ausgestaltung des Titels als „Duldungsurteil" und das ausnahmslose Erfordernis eines solchen Titels auch in den Fällen, wo die Frauengläubiger sich sonst eine Vollstreckungsklausel gegen den Mann geben lassen könnten (325, 727 ZPO.).

Der Duldungstitel gegen den Mann ist nur in dem einen Fall entbehrlich, wenn die Frau selbständig ein Erwerbsgeschäft betreibt und weder ein Einspruch des Mannes noch der Widerruf seiner Einwilligung ins Güterrechtsregister eingetragen ist (741 ZPO.).

Die rechtliche Natur des Duldungsurteils ist sehr bestritten. Ein Leistungsurteil kann es nicht sein, denn der Mann schuldet den Frauengläubigern nicht, auch nicht akzessorisch, wie Hellwig (System I 167 ff.) meint. Wenn der Mann den Gläubigern unmittelbar verpflichtet wäre, müßte ein Urteil gegen ihn genügen, da er nach 1376 Nr. 3 die Leistung bewirken kann; das Gesetz fordert aber stets ein Leistungsurteil gegen die Frau (739 ZPO.). Diskutabel ist die Annahme einer Verpflichtung des Mannes, die Befriedigung des Gläubigers zu ermöglichen einerseits durch Zustimmung zu der von der Frau vorzunehmenden Verfügung, andererseits durch Bereitstellung des geschuldeten Gegenstandes zur Übergabe an den Gläubiger. Dafür u. a. Wolff (§ 56 V 2) und Reich (Dogmat. J. **63** 169 ff., 181) mit verschiedener Begründung.

Dem Gesetz liegt aber eine derartige Vorstellung fern, obwohl eine Mitwirkungspflicht des Mannes, um die Vollstreckung zu ermöglichen, zweckmäßig wäre. Nach 1402 kann die verweigerte Zustimmung des Mannes nur dann durch das Vormundschaftsgericht ersetzt werden, wenn das Rechtsgeschäft zur ordnungsmäßigen Besorgung einer persönlichen Angelegenheit der Frau erforderlich ist. Dazu würde die Annahme der angeblichen Mitwirkungspflicht des Mannes gegenüber den Gläubigern auf dem ganzen Gebiet der vermögensrechtlichen Handlungen schlecht stimmen.

Das Gesetz verneint in 1411 ein Recht des Mannes, der Vollstreckung ins eingebrachte Gut wegen einer Vollschuld entgegenzutreten. Da aber das Nutzverwaltungsrecht des Mannes nur zugunsten von Vollschulden beiseite geschoben wird, soll zur Vermeidung möglicher späterer Widerspruchsklagen des Mannes auf Grund seiner Nutzverwaltung (771 ZPO.) stets vor aller Vollstreckung in seinem Interesse festgestellt werden, ob im besonderen Fall seine Rechte wegen des Vollschuldcharakters der Forderung zurücktreten müssen oder nicht. Das Duldungsurteil ist also ein Feststellungsurteil. Da das Urteil lediglich eine im BGB. schon vorgesehene Rechtsfolge bejaht, daß eben der Mann nach 1411 ff. BGB. kein Hinderungsrecht hat, ist auch die Annahme eines prozessualen Gestaltungsurteils abzulehnen.

Die Verneinung einer Pflicht des Mannes, die Vollstreckung durch seine Mitwirkung zu ermöglichen, führt allerdings für gewisse Fälle zu unbefriedigenden Ergebnissen, so, wenn der Mann sich weigert, zur Erfüllung einer vorehelichen Schuld der Frau auf Übereignung eines eingebrachten Gegenstandes mitzuwirken. Die Verfügung der Frau entbehrt mangels Zustimmung des Mannes hier der Wirksamkeit; der Erwerber, der den Besitz erlangt hat, ist nur nach 986 geschützt, erlangt aber kein Eigentum. Die Annahme einer nach 894 ZPO. vollstreckbaren Zustimmungspflicht des Mannes (vgl. Mitteis, 34 Anm. 3) würde dem Erwerber zwar helfen, läßt sich aber mit 1402 nicht in Einklang bringen. Das Gesetz bevorzugt eben die Interessen des Mannes vor denen der Frauengläubiger. Hat der Mann dem Verpflichtungsgeschäft zugestimmt, wird man darin im Zweifel auch die Zustimmung zu der daraus geschuldeten Verfügung erblicken dürfen; eine tatsächliche Hinderung der Vollstreckung kann auf Grund des Duldungsurteils gebrochen werden.

Die Leistungsklage gegen die Frau und die Duldungsklage gegen den Mann werden regelmäßig verbunden. Die Gatten sind dann Streitgenossen, aber keine „notwendigen" im Sinne des 62 ZPO. (RG. **59** 324). Zulässig ist aber auch, zuerst den Mann oder die Frau zu verklagen.

Die Abweisung der Leistungsklage macht den Duldungsprozeß gegenstandslos. Die Verurteilung der Frau zur Leistung hindert den Mann später nicht, die Existenz der Forderung zu bestreiten, wenn er nicht seine Zustimmung zum ersten Prozeß gegeben hat (1410 I); selbst dann muß aber ihm gegenüber im zweiten Prozeß noch die Vollschuldeigenschaft der Forderung geprüft werden. Ebensowenig stellt das Duldungsurteil der Frau gegenüber den Bestand der Forderung rechtskräftig fest.

γ) Einen wichtigen Bestandteil des Frauenvermögens bilden die Ansprüche der Frau aus der Nutzverwaltung gegen den Mann (1394), ferner die Ersatzansprüche wegen veräußerter oder verbrauchter verbrauchbarer Sachen (1377 III) oder im Übermaß gezogener Früchte (1383, 1039 I).

Die Gläubiger können diese Ansprüche sofort gegen den Mann geltend machen, ohne durch die zeitliche Beschränkung des 1394 gebunden zu sein — sie müssen die Ansprüche der Frau aber vorerst pfänden und sich überweisen lassen; denn die Pflichten des Mannes aus der Nutzverwaltung bestehen nur der Frau, nicht ihren Gläubigern gegenüber (herrschende Meinung, vgl. etwa Planck § 1376 A. 6).

b) Vorbehaltsschulden.

α) Die Fälle. Vorbehaltsschulden sind:

$\alpha\alpha$) Die Schulden aus Rechtsgeschäften, die von der Frau in der Ehe ohne die erforderliche Zustimmung des Mannes eingegangen werden (1412, 1399 II),

$\beta\beta$) Die Schulden, die der Frau aus einem in der Ehe gemachten Erwerb einer Erbschaft oder eines Vermächtnisses als Vorbehaltsgut (nicht als eingebrachtes Gut) erwachsen, wie Nachlaßverbindlichkeiten, Erbschaftssteuern (1413),

$\gamma\gamma$) Die Schulden, die während der Ehe infolge eines zum Vorbehaltsgut gehörenden Rechts entstehen (1414). Auch der Besitz ist ein Recht, seine besondere Erwähnung also überflüssig. — Doch sind auch diese Schulden Vollschulden, wenn das Recht zu einem von der Frau mit Einwilligung des Mannes selbständig betriebenen Erwerbsgeschäft gehört (1414).

In Betracht kommen namentlich Steuern und Reallasten, die auf dem Vorbehaltsgut ruhen, Verbindlichkeiten aus ungerechtfertigter Bereicherung des Vorbehaltsguts usw. Auch die Pflichten zum Ersatz des Tier-, Wild- und Einsturzschadens (833, 835, 836) gehören hierher; wenn das Gesetz diese Schulden in 823 ff. auch als Deliktsschulden behandelt, so verlangt die besondere Tendenz des 1414 doch ihre Einbeziehung unter diese Vorschrift (streitig).

β) Die Verwirklichung der Haftung.

Zur Vollstreckung ins Vorbehaltsgut genügt ein Leistungsurteil gegen die Frau. Der Gläubiger braucht auch nicht vor Beginn der Vollstreckung den Nachweis der Vorbehaltseigenschaft zu führen, seine Behauptung genügt, falls der Gegenstand nicht unstreitig eingebrachtes Gut ist. Der Mann kann einem Übergriff der Vollstreckung in das eingebrachte Gut durch Erinnerung nach 766 ZPO. oder durch Widerspruchsklage (771 ZPO.) entgegentreten.

Soweit es sich freilich um Vorbehaltsgegenstände handelt, die sich in den für den gemeinsamen Haushalt bestimmten Räumlichkeiten befinden, gilt nach herrschender Lehre (Stein zu § 808 II 2) der Mann (in seiner Eigenschaft als Haushaltungsvorstand) als alleiniger Gewahrsamsinhaber. Daher ist eine Pfändung gegen seinen Willen auf Grund eines bloß gegen die Frau gerichteten Titels unzulässig (808, 809 ZPO.). Insoweit nützt also dem Gläubiger das Leistungsurteil doch nichts. Die Vermutung des 1362 ist, weil sie sich nur auf das Recht bezieht, bedeutungslos.

c) Schulden, die nur das eingebrachte Gut belasten.

α) Die Fälle.

Eine solche Haftungsbeschränkung kann zunächst vertraglich geschaffen werden.

Eine solche Haftungsbeschränkung kann sich ferner ergeben aus einer zwecks Verwaltung des eingebrachten Gutes übernommenen Verpflichtung des Mannes, zu der die Frau ihre Zustimmung gegeben hat. Darin kann eine Vollmachterteilung zur Übernahme einer auf das eingebrachte Gut beschränkten Verpflichtung gefunden werden. Gleiches gilt, wenn die verweigerte Zustimmung der Frau in analoger Anwendung von 1379 ersetzt wird.

Endlich kommt als gesetzlicher Fall der des § 1417 II in Betracht.

β) Die Verwirklichung der Haftung setzt wie bei der Vollschuld einen Doppeltitel voraus, wenn ein Dritter Gläubiger ist. Im Falle des § 1417 II muß die Frau gegen den Mann ein Urteil auf Leistung aus dem eingebrachten Gut zum Vorbehaltsgut erwirken. Die zeitliche Beschränkung des 1394 gilt nicht.

3. Schuldenausgleich zwischen eingebrachtem und Vorbehaltsgut.

Da für die meisten Frauenschulden eingebrachtes und Vorbehaltsgut haften, haben die Gläubiger die Wahl, welche der beiden Massen sie angreifen wollen. Der Zufall des Zugriffes darf aber nicht darüber entscheiden, wer im Verhältnis der Gatten zueinander durch die Berichtigung der Schulden betroffen wird. Deshalb war die Masse zu bestimmen, auf der im Innenverhältnis die Schulden endgültig lasten, die also zum Ausgleich verpflichtet ist, falls Vermögensopfer aus der andern, im Innenverhältnis nicht pflichtigen Masse gebracht worden sind. Die Ersatzansprüche, die sich daraus ergeben, werden durch 1394 nicht getroffen, können also schon vorher verfolgt werden.

a) Regelmäßig bleiben die Vollschulden, für die das eingebrachte Gut nach außen mithaftet, auch endgültig auf diesem lasten. Sind sie aus dem Vorbehaltsgut befriedigt worden — sei es gezwungen oder freiwillig —, so erwächst der Frau ein sofort durchsetzbarer Ersatzanspruch gegen den Mann als Verwalter des eingebrachten Gutes. Der Mann erfüllt den Anspruch durch einfache Übergabe und Einigung, ohne daß die Formen des Ehevertrags nötig wären. Verpflichtet ist er nur zur Leistung aus dem eingebrachten Gut, so daß er bei freiwilliger Befriedigung aus seinem Vermögen wiederum einen Ersatzanspruch gegen die Frau erlangt, den er im Rahmen des § 1376, 1 als Verwalter des eingebrachten Gutes an sich selbst (181) ohne Zustimmung der Frau erfüllen kann. Befriedigt er den geltend gemachten Ausgleichsanspruch der Frau nicht, kommt er in Verzug.

b) Ausnahmsweise werden aber gewisse Vollschulden im Innenverhältnis zu endgültigen Vorbehaltsgutslasten erklärt, so daß der Mann bei ihrer Berichtigung von der Frau Auffüllung des eingebrachten Gutes verlangen kann. Das gilt:

α) für die Deliktsschulden — aber nur aus einer während der Ehe begangenen unerlaubten Handlung samt den Kosten eines deswegen gegen sie gerichteten Strafverfahrens (1415 Z. 1);

β) Für Vorbehaltslasten (1415 Z. 2);

Das sind die Verbindlichkeiten aus einem auf das Vorbehaltsgut sich beziehenden Rechtsverhältnis wie z. B. die gesetzliche Unterhaltspflicht gegenüber einem unehelichen Kinde der Frau, die Verbindlichkeiten aus dem selbständigen Betrieb eines mit Einwilligung des Mannes betriebenen Erwerbsgeschäfts usw. — Diese Vorbehaltslasten sind scharf zu scheiden von den Vorbehaltsschulden nach 1412—14, die auch nach außen nur das Vorbehaltsgut belasten. Daß der Mann, wenn er eine Vorbehaltsschuld aus dem eingebrachten Gut oder seinem Vermögen befriedigt, Ersatz verlangen kann, brauchte als selbstverständlich nicht gesagt zu werden.

γ) Für gewisse Prozeßkosten (1415 Z. 3 u. 1416).

Neben den auf die Deliktsschulden und Vorbehaltslasten bezüglichen Prozeßkosten (1415 Z. 3) rechnen hierzu auch die Kosten eines Prozesses mit dem Mann, soweit sie nicht nach den Prozeß- und Kostengesetzen dem Mann zur Last fallen, der Mann also in der Hauptsache unterliegt oder aus einem anderen Grunde als kostenpflichtige Partei anzusehen ist (1416 I). Endlich die Kosten eines Prozesses mit einem Dritten, es sei denn, daß das Urteil dem Mann gegenüber in Ansehung des eingebrachten Gutes wirksam ist; von dieser grundsätzlichen Belastung des Vorbehaltsguts ist wieder eine Ausnahme gemacht, wenn der Prozeß eine persönliche Angelegenheit der Frau oder eine Vollschuld betrifft, die eine Eingebrachtenlast ist, und die Aufwendung den Umständen nach geboten war (1416 II).

Die gesetzliche Verteilung der Schuldenlast im Innenverhältnis rechtfertigt nicht nur den ausdrücklich anerkannten Ersatzanspruch für den Fall der erfolgten Befriedigung, sondern auch einen Anspruch der Gatten gegeneinander auf rechtzeitige Befriedigung des Gläubigers aus der im Innenverhältnis belasteten Masse.

Dafür sprechen die Rechtslogik, die Verwaltungspflicht des Mannes (1374, 1377 II) und die Pflichten aus dem ehelichen Gemeinschaftsverhältnis, auf die Wolff (§ 57 III) die allgemeinen Grundsätze des Gesamtschuldenrechts anwenden will.

§ 19. VII. Ende des Güterstandes der Nutzverwaltung.

1. Erlöschensgründe. Das Recht der ehemännlichen Nutzverwaltung erlischt:

a) Durch Auflösung der Ehe (Tod eines Gatten, Scheidung und die ihr gleichstehende gerichtliche Aufhebung der ehelichen Gemeinschaft, endlich Wiederverheiratung des Mannes nach Todeserklärung der Frau).

b) Trotz Fortdauer der Ehe:

α) Durch Todeserklärung des Mannes (1420), während die Todeserklärung der Frau nur eine widerlegbare Vermutung für ihren Tod bedeutet und ihre Ehe erst durch die Wiederheirat des Mannes aufgelöst wird.

Daß anders als bei der Frau schon die Todeserklärung des Mannes die Nutzverwaltung endet, ist bei der praktischen Unmöglichkeit ihrer Ausübung durch einen noch lebenden Verschollenen einleuchtend; der zu Unrecht für tot erklärte Mann kann aber auf Wiederherstellung seiner Rechte klagen (1425 I 2 u. II).

β) mit der Rechtskraft des Konkurseröffnungsbeschlusses über das Vermögen des Mannes (1419), nicht aber der Frau. Das Nutzungsrecht gehört nicht zur Konkursmasse. Auch nach der Konkursbeendigung lebt der Güterstand nicht wieder auf, müßte vielmehr durch Ehevertrag neu begründet werden.

γ) durch Ehevertrag, der jederzeit abgeschlossen werden kann.

Ein einseitiger Verzicht ist dagegen wirkungslos, da das Nutzverwaltungsrecht ein Pflichtrecht ist.

δ) durch ein rechtskräftiges Gestaltungsurteil auf Aufhebungsklage der Frau, die diese in bestimmten Fällen anstellen kann (1418).

Bei erheblicher Gefährdung des eingebrachten Gutes durch den Mann (1391, 1418 Z. 1);

bei Verletzung der Unterhaltspflicht gegen die Frau und die gemeinsamen Abkömmlinge, falls auch für die Zukunft eine erhebliche Unterhaltsgefährdung zu besorgen ist (1418 Z. 2);

bei Unfähigkeit des Mannes zur Vermögensverwaltung, die das Gesetz annimmt, wenn er entmündigt ist, wenn er für seine Vermögensangelegenheiten wegen körperlicher oder geistiger Gebrechen einen Pfleger erhalten hat (1910) oder wenn ihm ein Abwesenheitspfleger bestellt und baldige Aufhebung der Pflegschaft nicht zu erwarten ist (1418 Z. 3—5).

Mit der Rechtskraft des Urteils tritt Gütertrennung ein (1418 II, 1426). Doch kann der Mann in den Fällen der Entmündigung und Pflegschaft nach deren Aufhebung oder nach erfolgreicher Anfechtung des Entmündigungsbeschlusses auf Wiederherstellung seiner Rechte (ex nunc) klagen (1425).

2. Rechtsfolgen der Beendigung.

a) Die Ansprüche der Frau auf Grund der Nutzverwaltung werden sämtlich klagbar (1394).

b) Der Mann (oder sein Erbe) hat das eingebrachte Gut der Frau oder ihren Erben herauszugeben und Rechenschaft zu legen (1421, Einzelheiten, 1422/23).

c) Der Mann ist ähnlich wie ein Beauftragter zur Fortführung der Verwaltung auch über den Zeitpunkt der Beendigung hinaus berechtigt, u. U. sogar verpflichtet (1424).

III. Kapitel. **Gütertrennung.** § 20.

I. Das **Wesen** der Gütertrennung besteht in der rechtlichen Sonderung der beiderseitigen Vermögensmassen nach Zuständigkeit,

Verwaltung und Nutzung. Doch wird diese Trennung gemildert einmal durch das Eingreifen der allgemeinen vermögensrechtlichen Wirkungen der Ehe [Schlüsselgewalt (1357), Unterhaltspflicht (1360/66), Eigentumsvermutungen (1362)], sodann durch einige Sondersätze (1427 ff). Davon abgesehen stehen sich die Gatten in vermögensrechtlicher Beziehung so gegenüber, wie wenn sie nicht verheiratet wären.

II. **Eintritt** der Gütertrennung.

Die Gütertrennung kommt vor:

1. Als hilfsweiser gesetzlicher Güterstand in folgenden Fällen:

a) Wenn eine geschäftsbeschränkte Frau ohne Einwilligung ihres gesetzlichen Vertreters heiratet (1364, 1426),

b) Wenn der gesetzliche Güterstand durch Ehevertrag ausgeschlossen oder der bisherige Güterstand aufgehoben wird — ohne durch einen andern vertraglichen Güterstand ersetzt zu werden.

Aufhebung des Güterstandes der ehemännlichen Nutzverwaltung oder der Gütergemeinschaft durch Gestaltungsurteil (1418, 1426, 1470 I 2, 1545 I, 1549). Manneskonkurs bei der Nutzverwaltung (1419, 1426 I) und Errungenschaftsgemeinschaft (1545 I), Todeserklärung gegen den Mann bei der Nutzverwaltung (1420, 1426 I), Todeserklärung gegen Mann oder Frau bei der Errungenschaftsgemeinschaft (1545), ehevertragliche Ausschließung der Nutzverwaltung oder Aufhebung eines Güterstandes der Gemeinschaft (1436).

c) Wenn die durch Urteil aufgehobene eheliche Gemeinschaft wieder hergestellt wird (1587).

2. Als vertraglicher Güterstand kann die Gütertrennung jederzeit eingeführt werden (1432).

III. Zur **Wirkung gegenüber redlichen Dritten** ist die Eintragung der Gütertrennung (und zwar sowohl der vertraglichen wie gesetzlichen) ins Güterrechtsregister nötig (1431, 1470 II, 1545 II).

Im Verhältnis der Gatten zueinander ist die Eintragung nicht notwendig.

IV. Die Milderung der Vermögenstrennung durch Sondersätze.

1. Der Mann muß auch hier als Haupt der ehelichen Gemeinschaft den ehelichen Aufwand tragen, hat aber einen Anspruch gegen die Frau auf einen angemessenen Beitrag (1427).

Die Beiträge werden nur aus den Einkünften des Frauenvermögens und dem Ertrag ihrer Arbeit oder ihres Erwerbsgeschäfts geschuldet, den Vermögensstamm braucht sie nicht anzugreifen. Für die Vergangenheit schuldet sie aber einen Beitrag nur, soweit sie trotz Aufforderung (keine Mahnung im technischen Sinne) im Rückstand geblieben ist (1427 II).

Auch was die Frau über ihre Beitragspflicht hinaus zur Bestreitung des ehelichen Aufwandes aus ihrem Vermögen aufwendet oder dem Mann überläßt, kann sie im Zweifel nicht ersetzt verlangen (1429).

Diese Bestimmung verhütet Streit und entspricht der regelmäßigen Willensrichtung der Frau, muß aber bei Aufwendungen aus dem Vermögensstamm vorsichtig gehandhabt werden.

Die Beitragspflicht erlischt nicht dadurch, daß die Frau vom Mann getrennt lebt und die Herstellung der häuslichen Gemeinschaft mit Recht verweigert. Nur wenn der Mann den ihr und den gemeinsamen Abkömmlingen geschuldeten Unterhalt erheblich gefährdet, kann sie den Beitrag, soweit er zum Unterhalt erforderlich ist, zur eigenen Verwendung zurückbehalten; gleiches gilt, wenn der Mann entmündigt ist oder einen Gebrechlichkeits- oder Abwesenheitspfleger erhalten hat (1428).

2. Abgesehen von der Beitragspflicht hat der Mann keinerlei Rechte hinsichtlich des Frauenvermögens, ebensowenig ist er aber auch zur Verwaltung verpflichtet.

Doch führt die eheliche Gemeinschaft in sehr vielen Fällen dazu, daß die Frau freiwillig dem Mann ihr Vermögen ganz oder teilweise zur Verwaltung überläßt, und der Mann sich dieser Verwaltung freiwillig unterzieht.

Ein solcher Vertrag kann auch stillschweigend geschlossen werden und ist grundsätzlich rein geschäftlich zu behandeln. Die Verwaltung ist nach den Regeln zu führen, die für die Verwaltung fremder Güter gelten, also nach dem Recht des Auftrags bei unentgeltlicher Verwaltung und dem des Dienstvertrags bei entgeltlicher.

Die Frau ist danach in der Lage, selbst über die Verwendung der Einkünfte ihres Vermögens zu befinden, unverzügliche Auskunft und Rechenschaftslegung zu erzwingen, notfalls dem Mann die Verwaltung sofort zu entziehen.

Die analoge Übertragung der Regeln des gesetzlichen Güterstandes, die Kohler (233) vorschlägt, wird den Interessen und damit dem mutmaßlichen Willen der Frau nicht gerecht; der Mann wird also nicht ohne weiters Eigentümer der Früchte des Frauenvermögens, so daß seine Gläubiger diese pfänden könnten, noch viel weniger darf er verbrauchbare Sachen für sich verwenden (1377 III) — seine Befugnisse und Pflichten ergeben sich vielmehr aus dem Auftrags- oder Dienstvertragsrecht und der Auslegung des konkreten Vertrags.

Nur in einem Punkte hat das Gesetz die Unsicherheit der Rechtslage gemildert durch eine Dispositivregel über die Verwendung der vom Mann während der Verwaltung gezogenen Vermögenseinkünfte (1430). Den Überschuß der Einkünfte, der sich bei ordnungsmäßiger Verwaltung ergibt, darf der Mann nach freiem

Ermessen verwenden. Doch müssen vorher nicht nur die Verwaltungskosten, sondern auch die Frauenschulden berichtigt werden, die bei ordnungsmäßiger Wirtschaft aus den Einkünften des fraglichen Vermögens bestritten werden (1430 in Verbindung mit 1384—87, die analog zur Anwendung kommen).

3. Die Gatten können außerdem durch Ehevertrag weitere Besonderheiten festlegen (1432), namentlich der Ehefrau einen Anteil am Arbeitserwerb des Mannes zusprechen.

Jede vertragliche Vereinbarung, wodurch bei Gütertrennung die Beitragspflicht der Frau abweichend von 1427 II bestimmt wird, stellt einen Ehevertrag dar (RG. 87 56).

§ 21. IV. Kapitel. Die allgemeine Gütergemeinschaft.

I. Das Wesen der allgemeinen Gütergemeinschaft.

Das Wesen der allgemeinen Gütergemeinschaft besteht in der Erweiterung der Lebensgemeinschaft zur Gütergemeinschaft. Die Vermögen der Gatten (sowohl die eingebrachten, wie später erworbenen) werden grundsätzlich auch dem Eigentum nach völlig verschmolzen zu einer Gesamthandsgemeinschaft (Gesamtgut). Selbst bei Auflösung der Ehe findet keine Sonderung der Vermögen nach ihrer Herkunft statt (1438).

Der nach Zahlung der Gesamtgutsverbindlichkeiten verbleibende Überschuß gebührt den Ehegatten zu gleichen Teilen (1476 I).

Von dieser Verschmelzung gibt es aber Ausnahmen, es kommt auch Eigenvermögen der Gatten vor und zwar kann jeder Gatte zwei Arten von Eigenvermögen haben: Sondergut und Vorbehaltsgut. Danach können im besondern Fall fünf Gütermassen nebeneinander bestehen: 1. Gesamtgut, 2. Sondergut der Frau, 3. Sondergut des Mannes, 4. Vorbehaltsgut der Frau, 5. Vorbehaltsgut des Mannes.

Die Erweiterung der Lebensgemeinschaft zur Gütergemeinschaft umfaßt auch die Schulden der Gatten, sie werden Gesamthandsschulden.

II. Eintritt.

Die allgemeine Gütergemeinschaft tritt niemals unmittelbar kraft Gesetzes ein, sondern nur auf Grund eines Ehevertrags (1437).

Wegen der einschneidenden Wirkungen des Vertrags ist in Ausnahme von der Regel des 1434 Abschluß durch einen gesetzlichen Vertreter unzulässig; der geschäftsbeschränkte Gatte bedarf der Zustimmung seines gesetzlichen Vertreters und, wenn dieser ein Vormund ist, sogar der Genehmigung des Vormundschaftsgerichts (1437).

III. Die Gütermassen.

1. Das Gesamtgut.

Es umfaßt das ganze Vermögen der Gatten, auch das errungene — soweit es nicht ausnahmsweise Sonder- oder Vorbehaltsgut ist (1438).

Infolgedessen muß die Zugehörigkeit zum Sonder- oder Vorbehaltsgut von dem bewiesen werden, der sie behauptet. Eine ausdrückliche entsprechende Verteilung der Beweislast durch eine Vermutungsregel, wie in 1527 bei der Errungenschaftsgemeinschaft, war unnötig.

Die Vergemeinschaftung erfolgt von Rechts wegen (ipso iure) sofort mit dem Eintritt der Gütergemeinschaft bzw. mit dem späteren Erwerb eines Vermögensstückes. Eine rechtsgeschäftliche Übertragung der einzelnen Gegenstände kommt nicht in Frage. Beim Eintritt der allgemeinen Gütergemeinschaft gehen vielmehr die beiderseitigen Vermögen durch Gesamtnachfolge (Universalsukzession) auf die Gesamthandsgemeinschaft der Gatten über; ebenso erlangt diese die während der Ehe von einem Gatten im eigenen Namen erworbenen Rechte als Rechtsnachfolgerin kraft Gesetzes in demselben Augenblick, in dem der Gatte den Erwerb gemacht hat.

Die Bedeutung des Gesagten tritt am klarsten zutage beim grundbuchmäßigen Erwerb. Wer sich mit jemand, der im Grundbuch als Hauseigentümer eingetragen ist, unter Vereinbarung der allgemeinen Gütergemeinschaft verheiratet, wird mit dem Eheschluß gemeinschaftlicher Eigentümer des Grundstücks, das Grundbuch wird also unrichtig, jeder Gatte kann vom andern Mitwirkung zur Berichtigung des Grundbuchs verlangen (1438 III). Der Grundbucheintrag muß das „für die Gemeinschaft maßgebende Rechtsverhältnis bezeichnen" (48 GBO.), also die Gatten als in „allgemeiner Gütergemeinschaft" mitberechtigt angeben.

War einer der Gatten zu Unrecht als Eigentümer eingetragen, kann sich der andere Gatte nicht auf gutgläubigen Erwerb berufen (892); denn sein Erwerb ist kein „rechtsgeschäftlicher". Dagegen kann ein dritter redlicher Erwerber von dem zu Unrecht noch im Grundbuch als Alleineigentümer eingetragenen Mann das gemeinschaftliche Grundstück wirksam erwerben, selbst wenn die Gütergemeinschaft schon im Güterrechtsregister eingetragen sein sollte; denn der öffentliche Glaube des Grundbuchs geht vor. Bei einem Erwerb von der zu Unrecht allein eingetragenen Frau würde er freilich nicht geschützt, weil er nicht verlangen kann, besser gestellt zu werden, als wenn die Frau im gesetzlichen Güterstand gelebt hätte — und dann würde 1404 seinem Erwerb entgegengestanden haben. Wenn während der Ehe ein Gatte ein Grundstück erwirbt, so macht er den Erwerb für die Gütergemeinschaft nicht bloß, wenn er die Auflassung unmittelbar für diese entgegennimmt, sondern auch, wenn er im eigenen Namen handelt und als Alleineigentümer eingetragen wird; der andere Gatte erwirbt dann sofort einen Berichtigungsanspruch (RG. **84** 71 und 326).

2. Sondergut der beiden Gatten.

a) Sondergut eines Gatten sind die Gegenstände, die nicht durch Rechtsgeschäft übertragen werden können. Es gibt nur gesetzliches, kein ehevertragliches Sondergut (1439).

Z. B. Fideikommißgüter, unpfändbare Lohn- oder Gehaltsansprüche, Anspruch auf Schmerzensgeld, Rentenansprüche aus der Sozialversicherung, Nießbrauch, Gesellschaftsanteile. Nach § 399 kann jeder Gatte eine Forderung als Sondergut erwerben, indem er mit dem Schuldner ihre Unübertragbarkeit vereinbart.

b) Auf das Sondergut finden nach 1439 die Vorschriften entsprechende Anwendung, die für das eingebrachte Gut bei der Errungenschaftsgemeinschaft gelten, mit Ausnahme des § 1524. Da bei der Errungenschaftsgemeinschaft (1525) auf die Vorschriften des gesetzlichen Güterstandes, also der ehemännlichen Nutzverwaltung, verwiesen wird, ergibt sich, daß das Sondergut zwar im Sondereigentum der Gatten bleibt, aber vom Mann für Rechnung des Gesamtguts zu verwalten ist (1525). Sein eigenes Sondergut verwaltet er frei nach seinem Gutdünken, das der Frau wie das eingebrachte Gut beim gesetzlichen Güterstand, also ohne Verfügungsfreiheit. Die Nutzungen beider Sondergüter werden Gesamtgut, der Mann hat also kein Nutznießungsrecht am Sondergut seiner Frau. Da die Surrogation ausgeschlossen ist (1524 in Verbindung mit 1439), fallen die Surrogate, z. B. ausbezahlte Gehaltsbeträge, Renten, Schmerzensgelder, ins Gesamtgut.

3. Vorbehaltsgut beider Gatten ist denkbar, aber nur auf Grund Rechtsgeschäfts und Surrogation (1440).

a) Vorbehaltsgut ist:

α) Was durch Ehevertrag für Vorbehaltsgut erklärt ist und was einem der Gatten von einem Dritten unentgeltlich oder von Todes wegen mit der Vorbehaltsklausel zugewendet wird (1440, 1369);

β) was als Surrogat von Vorbehaltsgut anzusehen ist, wie beim gesetzlichen Güterstand (1440 II, 1370).

Da es, abgesehen von der Surrogation, kein gesetzliches Vorbehaltsgut gibt, sind die Kleidung und Schmuck der Gatten, ihr Arbeitsgerät und Arbeitserwerb Gesamtgut.

b) Mann und Frau verwalten und nutzen ihr Vorbehaltsgut völlig frei, wie wenn sie unverheiratet wären. Doch finden auf das Vorbehaltsgut der Frau die Regeln der Gütertrennung Anwendung: also Beitragspflicht der Frau aus den Einkünften zur Bestreitung des ehelichen Aufwandes, aber nur soweit die ins Gesamtgut fallenden Einkünfte den Aufwand nicht decken (1441). Dem steht gegenüber die

Unterhaltspflicht des Mannes (1360, 1606), zu deren Erfüllung er notfalls sogar den Stamm seines Vorbehaltsgutes opfern muß.

IV. Die Rechtsstellung der Gatten zum Gesamtgut.

1. Allgemeines. Das Gesamtgut steht den Gatten gemeinschaftlich zu zur gesamten Hand, also nicht zu ziffermäßig ausdrückbaren Bruchteilen, sondern unbezifferbaren und untrennbaren Anteilsberechtigungen. Die Verfügungsgebundenheit ist denkbar fest: Keiner kann über seinen Anteil am Gesamtgut und an den einzelnen zugehörigen Gegenständen verfügen, keiner kann Teilung verlangen (1442 I).

Bei der Erbengemeinschaft ist die Bindung weit geringer: jeder Miterbe kann wenigstens über seinen Anteil am Nachlaß (im Gegensatz zu den einzelnen Nachlaßgegenständen) verfügen (2033), jeder Miterbe kann jederzeit die Auseinandersetzung verlangen (2042). — Natürlich kann bei der allgemeinen Gütergemeinschaft über die einzelnen Gegenstände selbst oder einen ideellen Anteil derselben verfügt werden; aber auch in diesem stecken stets die beiden ziffermäßig nicht ausdrückbaren Anteilsrechte der Gatten.

Ebensowenig ist der Anteil eines Gatten pfändbar (860 ZPO.). Vollstreckung ins Gesamtgut ist nur zulässig zugunsten von Gesamtgutsverbindlichkeiten.

2. Die Stellung des Mannes zum Gesamtgut.

Die Herrscherstellung des Mannes als Haupt des Hauses und der Familie tritt bei der allgemeinen Gütergemeinschaft noch schärfer in die Erscheinung als beim gesetzlichen Güterstand. Dem Manne steht grundsätzlich Recht und Pflicht zur Verwaltung des Gesamtgutes zu (1443). Er führt die Verwaltung im wesentlichen frei, ohne Auskunftspflicht (RG. 72, 13 ff.), im eigenen Namen. Die Rechtsstellung der Frau ist zwecks einheitlicher Wahrung der Gemeinschaftsinteressen stark gemindert bis auf das zur Sicherung ihrer Lebensbelange erforderliche Mindestmaß.

Einzelheiten:

a) Der Mann ist befugt, die Gesamtgutssachen — als Besitzmittler für die Gesamthand — in Besitz zu nehmen (aber nicht durch Eigenmacht); er ist grundsätzlich auch zur freien Verwaltung und Verfügung über das Gesamtgut [ohne Verantwortlichkeit gegenüber der Frau (1456)] berechtigt; er kann nicht bloß sich, sondern auch die gesamte Hand verpflichten [die Frau persönlich dagegen nur kraft Vollmacht (1443 II)]; er kann Erwerbsgeschäfte für das Gesamtgut vornehmen (sei es, daß er zuerst im eigenen Namen als Durchgangseigentümer für das Gesamtgut erwirbt, sei es, daß er den

Gegenstand unmittelbar im Namen der gesamten Hand für diese erwirbt); er hat endlich das Prozeßführungsrecht über das Gesamtgut (und zwar die Aktiv- und Passivlegitimation, 1443 I).

Um diese weitgehenden Befugnisse des Mannes zu verstehen, muß man sich klar machen, daß sein ganzer Erwerb in die Gemeinschaft fällt, und deshalb die Unterwerfung unter die Kontrolle der Frau hart wäre. Wenn aber das Gesamtgut hauptsächlich aus dem eingebrachten Vermögen der Frau besteht, kann die Lage der Frau, die sich kein Vorbehaltsgut vorbehalten hat, noch unerträglicher werden.

b) Ausnahmsweise bedarf der Mann zu gewissen Verpflichtungs- und Verfügungsgeschäften der Einwilligung der Frau, die, abgesehen von einseitigen Rechtsgeschäften, durch Genehmigung ersetzt werden kann.

α) Zustimmungsbedürftig ist das Verpflichtungsgeschäft, in dem der Mann sich zu einer Verfügung über das Gesamtgut im ganzen verpflichtet, sowie die Verfügungsgeschäfte zur Erfüllung einer solchen Verpflichtung (1444).

Man denke an die sogenannten Übertragungsverträge, wodurch sich jemand zur Übertragung seines ganzen Vermögens gegen die Zusage einer Leibrente, eines Nießbrauchs o. dgl. verpflichtet (RG. **94** 314). Durch einen solchen Vertrag könnte der Gütergemeinschaft das Substrat und der Frau ihre Rechte am Gesamtgut zum einseitigen Vorteil des Mannes entzogen werden.

β) Zustimmungsbedürftig ist die Verfügung über ein Gesamtgutsgrundstück, sowie die Eingehung einer Verpflichtung dazu (1445).

Das rechtfertigt sich aus der wirtschaftlichen Bedeutung des Grundbesitzes. Der Mann kann also ein Gemeinschaftsgrundstück nicht ohne Einwilligung der Frau belasten, abgesehen von der Belastung eines für die gesamte Hand neuerworbenen Grundstücks mit dem Erwerbspreis (Restkaufpreishypothek); das ist wirtschaftlich ein modifizierter Erwerb (vgl. RG. **69** 177; OLG. **38** 247). Dagegen kann er über eine Aktivhypothek allein verfügen, denn diese ist kein unbewegliches Gut.

γ) Zustimmungsbedürftig ist die schenkweise Verfügung über das Gesamtgut und das Schenkungsversprechen, gleichgültig, ob sich dieses auf das Gesamtgut bezieht oder nicht; denn alle Verbindlichkeiten des Mannes sind nach 1459 Gesamtgutsverbindlichkeiten.

Der Mann ist dagegen nicht gehindert, aus seinem Vorbehaltsgut eine Realschenkung zu machen. Deshalb wird ein mangels Einwilligung der Frau unwirksames Schenkungsversprechen wirksam, wenn er es aus dem Vorbehaltsgut erfüllt. Wolff (§ 62 VI, 3 S. 237) will sogar die Eingehung eines Schenkungsversprechens ohne Einwilligung der Frau als wirksam anerkennen, wenn der Mann von vornherein die Haftung des

Gesamtgutes ausschließt. Mit Recht, denn die Verpflichtungsfähigkeit des Mannes ist nur deshalb beschränkt, weil das Gesamtgut für seine Schulden haftet (1459); folglich kann er sich durch Ausschluß dieser Haftung seine Verpflichtungsfreiheit gewinnen.

Freigegeben sind Anstands- und Pflichtschenkungen.

Das wird man weitherzig handhaben müssen. Zuwendungen für humanitäre, wissenschaftliche und künstlerische Zwecke sind, wie Kohler richtig sagt (240), eine moralische Pflicht für Inhaber großer Vermögen. Die Gewährung einer Aussteuer (1620) ist überhaupt keine Schenkung, die einer Ausstattung nur unter den Voraussetzungen des § 1624.

δ) Ersatz der Zustimmung. Falls das Rechtsgeschäft zur ordnungsmäßigen Verwaltung des Gesamtgutes erforderlich ist, kann die Zustimmung der Frau — abgesehen vom Falle der Schenkung — unter Umständen durch das Vormundschaftsgericht ersetzt werden (1447).

Ein solcher Ersatz ist vorgesehen einmal bei grundloser Verweigerung der Zustimmung (1447 I), sodann in gewissen Notfällen (Krankheit oder Abwesenheit und Gefahr beim Aufschub, 1447 II).

Ist der gerichtliche Ersatz der Zustimmung nicht zu erreichen, so entsteht eine schwebende Nichtigkeit, da ja immer noch Heilung des Mangels durch nachträgliche Genehmigung der Frau (außer bei einseitigen Geschäften) möglich ist. Der Vertragsgegner (Dritt-kontrahent) hat dem Mann gegenüber eine ähnliche Stellung wie gegenüber der konsenslosen Verfügung der Frau über eingebrachtes Gut beim gesetzlichen Güterstand: also ein Widerrufsrecht und das Recht, den Mann unter Fristsetzung zur Beschaffung der Genehmigung aufzufordern (1448). Doch ist zu beachten, daß die Rechtslage hier einfacher ist als beim gesetzlichen Güterstand, weil eine getrennte Behandlung von Verpflichtungs- und Verfügungsgeschäft nicht in Frage kommt, da nicht bloß das Verfügungs-, sondern auch das Verpflichtungsgeschäft des Mannes zustimmungsbedürftig ist.

3. Die Stellung der Frau zum Gesamtgut.

a) Die Frau ist von der Verwaltung und Verfügung über das Gesamtgut grundsätzlich ausgeschlossen, sie hat dementsprechend auch kein Prozeßführungsrecht. Ebensowenig kann sie das Gesamtgut rechtsgeschäftlich verpflichten — das Einzige was sie kann, ist einen Erwerb für das Gesamtgut machen, da ja grundsätzlich aller Erwerb beider Gatten Gesamtgut wird.

b) Ausnahmsweise ist die Frau zu selbständigen Rechtshandlungen befugt:

α) In den sog. „Eilfällen" (1450) — und zwar ist ihr ausdrücklich freigestellt, entweder im eigenen oder im Namen des Mannes Rechtsgeschäfte vorzunehmen oder Prozesse zu führen;

β) wenn zur ordnungsmäßigen Besorgung einer persönlichen Angelegenheit ein Rechtsgeschäft erforderlich ist und die verweigerte Zustimmung des Mannes durch das Vormundschaftsgericht ersetzt worden ist (1451, vgl. 1402);

γ) beim selbständigen Betrieb eines Erwerbsgeschäfts, soweit der Betrieb das mit sich bringt und der Mann seine Zustimmung zum Betrieb gegeben hat (1452 u. 1405);

δ) zwecks Ausübung gewisser höchstpersönlicher Rechte, wie Annahme und Ausschlagung einer Erbschaft, Ablehnung eines Vertragsantrags oder einer Schenkung u. dgl. (1453 u. 1406, 1 u. 2);

ε) zur gerichtlichen Geltendmachung eines Gesamtgutsrechts gegen Dritte in Fällen unbefugter Verfügung des Mannes (revokatorische Klage, 1449), zur Fortsetzung eines bei Eintritt der Gütergemeinschaft anhängigen Rechtsstreites (1454).

4. Der eheliche Aufwand fällt dem Gesamtgut zur Last (1458); der Mann ist also berechtigt und verpflichtet, den der Frau zukommenden Unterhalt aus dem Gesamtgut zu entnehmen.

V. Schuldenhaftung und Schuldenausgleich.

1. Die Schuldenhaftung nach außen.

Entsprechend den verschiedenen Gütermassen muß man auch bei den Schulden unterscheiden zwischen den Schulden des Mannes, denen der Frau und denen des Gesamtguts (den sog. Gesamtgutsverbindlichkeiten).

a) Es ist denkbar, daß beide Gatten eine Schuld begründen, die sich in einer Gesamthandsschuld erschöpft, für die nur das Gesamtgut haftet — reine oder selbständige Gesamthandsschuld.

Zu dem Zwecke müssen aber die Gatten bei der (gemeinsam oder von einem zugleich im Namen des andern vorgenommenen) Begründung der Schuld die Beschränkung der Haftung auf das Gesamtgut vereinbaren.

b) Regelmäßig entsteht dagegen bei einer Verpflichtung eines der Gatten sowohl eine Verbindlichkeit des betreffenden Gatten, für die er persönlich, d. h. mit seinem Vorbehalts- und Sondergut haftet, als auch daneben eine Gesamthandsschuld — eine abhängige oder angelehnte (Wolff) Gesamtgutsverbindlichkeit.

α) Neben den in die Ehe eingebrachten Schulden beider Teile entsteht stets mit dem Eheschluß eine Gesamthandsschuld (1459 I).

β) Neben eine während der Ehe begründete Schuld des Mannes tritt ebenfalls ausnahmslos eine entsprechende Gesamthandsschuld (1459 I). Das gilt auch für Deliktsschulden und gesetzliche Verbindlichkeiten.

γ) Neben eine während der Ehe begründete Schuld der Frau tritt dagegen eine Gesamthandsschuld nur unter denselben Voraussetzungen, unter denen beim gesetzlichen Güterstand das eingebrachte Gut für eine Frauenschuld haftet (1459 I u. 1460—62 verglichen mit 1412—1414).

Also nicht aus zustimmungsbedürftigen, aber ohne Zustimmung abgeschlossenen Rechtsgeschäften (1460), und nicht für gewisse, im Interesse des Vorbehaltsguts eingegangene Verbindlichkeiten (1461, 1462). — Für sie haftet nur das Vorbehaltsgut.

Wohl aber haftet das Gesamtgut für die mit Zustimmung des Mannes begründeten oder seiner Zustimmung nicht bedürftigen rechtsgeschäftlichen Schulden, für Deliktsschulden und gesetzliche Verbindlichkeiten.

c) Endlich entsteht neben einer Frauenschuld, die zugleich eine Gesamthandsschuld ist, noch eine persönliche Haftung des Mannes als Gesamtschuldner (1459 II) — während die Frau für die Mannesschulden überhaupt nicht persönlich haftet.

Diese persönliche Haftung des Mannes für die Frauenschulden rechtfertigt sich im Hinblick auf seine ziemlich unbeschränkte Verfügungsbefugnis über das Gesamtgut; er wird also vor der Versuchung geschützt, nur seine Schulden aus dem Gesamtgut zu zahlen, er muß zur Vermeidung persönlicher Inanspruchnahme auch die Frauenschulden aus diesem berichtigen. Folgerichtig überdauert die persönliche Mithaft des Mannes auch das Ende der Gemeinschaft, soweit die Frauenschulden im Innenverhältnis dem Gesamtgut zur Last fallen, und erlischt nur soweit, als sie im Innenverhältnis allein von der Frau zu tragen sind (1459 II).

2. Die Verwirklichung der Haftung.

a) Wenn der Mann eine Gesamthandsschuld nicht freiwillig erfüllt, muß sich der Gläubiger einen Vollstreckungstitel durch Klage gegen den Mann verschaffen; dieser hat als verfügungsberechtigter Verwalter des Gesamtgutes auch das Prozeßführungsrecht. Das Urteil wirkt in Ansehung des Gesamtgutes für und gegen beide Gatten. Zur Zwangsvollstreckung ins Gesamtgut ist nach 740 ZPO. ein gegen den Mann ergangenes Urteil erforderlich und genügend.

Eine Mitverklagung der Frau ist also unnötig, aber zulässig und zweckmäßig, um auf Grund des gegen sie gerichteten Titels auch die im ausschließlichen Gewahrsam der Frau befindlichen Gesamtgutsstücke pfänden zu können. Andernfalls könnte sie nach 808, 809 ZPO. der Vollstreckung in diese widerstreiten.

Wenn die Frau selbständig ein Erwerbsgeschäft betreibt, genügt ausnahmsweise zur Vollstreckung ins Gesamtgut ein Urteil gegen die Frau (741 ZPO.).

Selbstverständlich ist nach 1405 das Urteil nur bei Geschäftsschulden dem Mann gegenüber wirksam, doch nimmt die Vollstreckung darauf zunächst keine Rücksicht; der Mann muß bei Vollstreckung wegen anderer Schulden eine Widerspruchsklage nach 774 ZPO. erheben. Ebenso wird der Mangel der Einwilligung in den Betrieb nur berücksichtigt, wenn der Mann ihn nach 766 ZPO. in der Vollstreckung geltend macht.

b) Wegen persönlicher Schulden kann die Frau stets neben dem Mann verklagt werden und muß dies, wenn der Gläubiger in ihr Sonder- oder Vorbehaltsgut vollstrecken will.

c) Endlich ist die Verklagung beider Gatten nötig (Leistungsklage gegen beide oder Leistungsklage gegen einen und Duldungsklage gegen den andern), wenn die Vollstreckung nach der Beendigung der Gütergemeinschaft ins Gesamtgut erfolgen soll; denn das Gesamtgut tritt bis zur Auseinandersetzung in die gemeinschaftliche Verwaltung und Verfügung beider Gatten bzw. des einen Gatten und der Erben des andern (743 ZPO., 1472 I).

Im Konkurs des Mannes gehört das Gesamtgut zur Konkursmasse, während das Gesamtgut nicht berührt wird durch das Konkursverfahren über das Vermögen der Frau (2 KO.).

3. Der Schuldenausgleich im Innenverhältnis.

Da die Gläubiger bei der allgemeinen Gütergemeinschaft — ähnlich wie beim gesetzlichen Güterstand — die Wahl zwischen verschiedenen Gütermassen haben, war auch hier im Innenverhältnis die Masse zu bestimmen, auf der die Schuld endgültig lastet.

a) Regelmäßig bleiben die Gesamtgutsverbindlichkeiten auch Gesamtgutslasten; der Gatte, aus dessen Eigenvermögen die Schuld berichtigt wird, hat also einen Ausgleichsanspruch gegen die gesamte Hand.

b) Ausnahmsweise fallen gewisse Gesamtgutsschulden im Innenverhältnis dem Gatten zur Last, den sie besonders angehen, sind seine Sonderlasten. Die §§ 1463 und 1464 entsprechen genau den Ausnahmen von der Belastung des eingebrachten Gutes beim gesetzlichen Güterstande (1415/16) und erklären zu Sonderlasten: die Deliktsschulden aus einer während der Gemeinschaft begangenen unerlaubten Handlung, die Vorbehaltslasten und gewisse Prozeßkosten. Zu 1465 fehlt eine Parallele; 1465 erklärt die vom Mann gewährte Ausstattung eines gemeinschaftlichen Kindes, soweit ihr Maß der Höhe des Gesamtguts entspricht, zur Gesamtgutslast, darüber hinaus zur Manneslast. Für nichtgemeinschaftliche Kinder vgl. 1465 II.

VI. Ende der allgemeinen Gütergemeinschaft.

1. Der Güterstand endigt:

a) Durch Auflösung der Ehe;

Das ist als selbstverständlich nicht ausdrücklich bestimmt. Bei Auflösung durch Tod tritt jedoch bei beerbter Ehe grundsätzlich fortgesetzte Gütergemeinschaft ein (1483);

b) trotz Fortdauer der Ehe:

α) durch Ehevertrag (1436);

β) durch rechtskräftiges Gestaltungsurteil gemäß Aufhebungsklage eines der Gatten (1468/69).

Die Klage der Frau ist zulässig aus ähnlichen, jedoch etwas enger formulierten Gründen wie beim Güterstand (vgl. 1468 mit 1418).

Die Klage des Mannes ist zulässig, wenn das Gesamtgut durch Frauenschulden, die im Innenverhältnis auch Sonderlasten der Frau sind, so überschuldet ist, daß ein späterer Erwerb des Mannes erheblich gefährdet wird (1469).

Anders als beim gesetzlichen Güterstand sind nicht als Beendigungsgründe anerkannt: Konkurs, Todeserklärung, die Entmündigung (ausgenommen die wegen Verschwendung) und die Gebrechlichkeits- und Abwesenheitspflegschaft (vgl. 1418—1420 mit 1468/69).

2. Rechtsfolgen der Beendigung.

a) Grundsätzliche Regelung.

Nach der Beendigung findet wegen des Gesamtgutes die Auseinandersetzung statt, soweit nicht bei einer durch Tod aufgelösten, beerbten Ehe die Gütergemeinschaft fortgesetzt wird (1471, 1483). — Soweit die Ehe fortbesteht, tritt Gütertrennung ein (1470, 1436), (bei vertraglicher Aufhebung nur im Zweifel).

Das RG. (89 292) läßt vertragliche Einschränkung und Aufhebung des Rechts auf Auseinandersetzung zu.

Zu beachten ist, daß bei einer Auflösung der Ehe durch Tod der Überlebende dem Gesamtgut gegenüber eine doppelte Rechtsstellung haben kann — falls es nicht zur Fortsetzung der Gütergemeinschaft kommt: er ist einmal Teilhaber der Gesamthandsgemeinschaft; er ist sodann regelmäßig als Miterbe (unter Umständen als Alleinerbe) an dem Gemeinschaftsanteil des Verstorbenen beteiligt; denn der Anteil des Verstorbenen am Gesamtgut gehört zu dessen Nachlaß (1482). In diesem vereinigen sich also Vorbehaltsgut, Sondergut und Gesamtgutsanteil des Verstorbenen; hinsichtlich des Gesamtgutes müssen sich aber die Erben des verstorbenen (darunter der überlebende) mit dem überlebenden Gatten als Herrn des andern Anteils nach 1471—81 auseinandersetzen.

b) Bis zur Auseinandersetzung, also im Liquidationsstadium, ist zwar die allegemine Gütergemeinschaft beendigt, aber die Gesamthandsgemeinschaft bezüglich des früheren Gesamtguts besteht noch fort als Liquidationsgemeinschaft. Sie ist sogar verstärkt zur richtigen Verwaltungsgemeinschaft (1472), freilich ist der Anteil jedes Gatten am Gesamtgut zugunsten seiner Gläubiger nunmehr pfändbar (860 II ZPO.).

Aus der Beendigung der Gütergemeinschaft folgt, daß ein Neuerwerb der Gatten — abgesehen vom Fall der Surrogation (1473) — nicht mehr Gesamtgut, sondern Eigenvermögen des Gatten wird, ferner, daß neue Gesamtgutsverbindlichkeiten nicht mehr begründet werden können.

c) Die Durchführung der Auseinandersetzung geschieht in der üblichen Reihenfolge:

α) zuerst durch Berichtigung der Gesamtgutsverbindlichkeiten aus dem Gesamtgut, wozu das Gesamtgut, soweit nötig, zu versilbern ist (1475);

Das gilt natürlich nur für die Verbindlichkeiten, die auch im Innenverhältnis auf dem Gesamtgut lasten.

β) sodann durch Verteilung des Überschusses an die Gatten zu gleichen Teilen [nach den Vorschriften über die Gemeinschaft (1476/77)]. Doch steht jedem Gatten ein Übernahmerecht hinsichtlich gewisser Gegenstände gegen Werterſatz zu (1477 II).

Er kann übernehmen 1. die ausschließlich zu seinem persönlichen Gebrauch bestimmten Sachen, wie Kleider, Schmuck und Arbeitsgerät, 2. die von ihm eingebrachten Gegenstände, 3. den später gemachten Erwerb durch Erbfolge, durch Vermächtnis oder mit Rücksicht auf künftiges Erbrecht, Schenkung oder Ausstattung.

d) Um eine verfrühte Teilung zu verhüten, verwandelt sich mit dem Vollzug der Auseinandersetzung der nicht befriedigte Anspruch eines Gläubigers gegen die gesamte Hand in einen Anspruch gegen jeden Gatten, dem etwas zugeteilt ist. Dies ohne Rücksicht darauf, ob er vordem auch persönlich gehaftet hat. Die Haftung ist eine gesamtschuldnerische und unbeschränkte, aber nach dem Vorbild der Erbenhaftung beschränkbare (1480).

Notfalls muß der Gläubiger beweisen, daß dem verklagten Gatten etwas zugeteilt ist (RG. 75 297); dieser kann dann seine Haftung durch die Einrede der Unzulänglichkeit auf die zugeteilten Gegenstände beschränken (1990/91).

Das Gesetz gibt dem Ehegatten, der in Anspruch genommen wurde, obwohl er im Innenverhältnis die Last nicht zu tragen hatte, einen Ausgleichanspruch (1481). Gesamtgutslasten bleiben auf dem Mann als dem Gesamtgutsverwalter sitzen (1481, 1); doch ist zu berücksichtigen, daß die Frau die dem Gesamtgut zur Last fallenden Verbindlichkeiten zur Hälfte mit zu tragen hat.

Der Mann kann also Ersatz für die Zahlung einer während der Ehe entstandenen Deliktsschuld der Frau verlangen, nicht dagegen für die Zahlung einer vorehelichen Deliktsschuld; wegen dieser hat vielmehr evtl. die zahlende Frau einen Ersatzanspruch gegen den Mann. Doch ist zu berücksichtigen, daß die Frau mit den ihr zugeteilten Gegenständen zur Hälfte die Gesamtgutsverbindlichkeiten mitzutragen hatte, infolgedessen kann sie nur so weit Rückgriff nehmen, als der Gläubiger mehr als die Hälfte der Schuld aus den ihr zugewiesenen Gegenständen beigetrieben hat. Hat der Gläubiger die Frau über die ihr zugeteilten Gegenstände hinaus in Anspruch genommen, was er nur bei einer Gesamtgutsverbindlichkeit kann, für die sie ohnedies persönlich haftete (voreheliche Deliktsschuld z. B.), so kann sie insoweit vollen Ersatz verlangen.

e) Um eine unbillige Halbteilung zum Nachteil des unschuldig geschiedenen, reicheren Gatten zu verhüten, gibt 1478 dem Unschuldigen das Recht, statt der gewöhnlichen Art der Auseinandersetzung zu verlangen, daß jedem Gatten der Wert des von ihm in die Gütergemeinschaft Eingebrachten ersetzt werde — sog. Recht auf den Illatenersatz.

Damit ist die Spekulation des ärmeren Gatten vereitelt, durch eine von ihm provozierte Scheidung die Hälfte des Vermögens des reicheren zu erlangen. Das eingebrachte Gut wird nach den Regeln der Errungenschaftsgemeinschaft bestimmt (1478 II); es ist bloß die eigentliche Errungenschaft zu teilen. Der Unschuldige kann also hinterher noch die allgemeine Gütergemeinschaft auf die Errungenschaftsgemeinschaft beschränken.

Beispiel: Die Frau hat bei der Heirat 200000 Mark, der Mann 10000 Mark. Nach 10 Jahren hat der Mann 50000 Mark (Arbeitserwerb) erspart. Wird die Ehe wegen seines Ehebruchs geschieden und beträgt der Wert des vorhandenen Gesamtguts nach Abzug der Schulden 270000 Mark, so erhält die Frau 200 000 Mark, der Mann 10000 Mark. Der Rest von 60000 Mark wird geteilt. Beträgt der Wert des Gesamtgutes nur 200000 Mark, so hat jeder Gatte die Hälfte des Fehlbetrags von 10000 Mark zu tragen, die Frau erhält 195000 Mark, der Mann 5000 Mark. Entscheidend für die Wertberechnung ist die Zeit der Einbringung, doch ist die Geldentwertung billig zu berücksichtigen.

VII. Die fortgesetzte Gütergemeinschaft.

Wird die Ehe durch den Tod eines Gatten aufgelöst und sind gemeinschaftliche Abkömmlinge vorhanden, so wird die Gütergemeinschaft zwischen dem überlebenden Gatten und den Abkömmlingen fortgesetzt — communio bonorum prorogata —, um die „Schichtung" der Kinder zu vermeiden und das Hausvermögen möglichst lang ungeteilt zu erhalten (1483 ff.). Die Vorschriften über die fortgesetzte Gütergemeinschaft sind zwingend und können nur soweit ausgeschlossen oder abgeändert werden, als das Gesetz das ausdrücklich gestattet (1518).

1. Der Eintritt der fortgesetzten Gütergemeinschaft vollzieht sich von Rechts wegen (ipso iure) unter folgenden Voraussetzungen:

a) daß gemeinschaftliche Abkömmlinge vorhanden sind, die bei gesetzlicher Erbfolge als Erben berufen wären (positive Voraussetzung);

Die nicht gemeinschaftlichen Abkömmlinge haben ihr Erbrecht und ihre Erbteile, wie wenn die fortgesetzte Gütergemeinschaft nicht eingetreten wäre (1483 II). Sie mindern also das Gemeinschaftsgut.

b) daß die fortgesetzte Gütergemeinschaft nicht zulässigerweise ausgeschlossen wird (negative Voraussetzung). Das kann geschehen:

α) entweder durch Ehevertrag (1508);

Die Rechtsprechung läßt auch Ausschluß durch gemeinschaftliches Testament zu, was zwar nicht ausdrücklich gesagt ist, sich aber daraus ergibt, daß die Abkömmlinge durch gemeinschaftliches Testament sämtlich von der fortgesetzten Gütergemeinschaft ausgeschlossen werden können (1511, 1516); nach RG. **94** 317 ist z. B. in der Einsetzung des überlebenden Gatten zum Vorerben und der Abkömmlinge zu Nacherben ein Ausschluß der fortg. GG. zu finden.

β) oder durch testamentarische (also einseitige) Verfügung des Erstversterbenden, die aber nur dann anerkannt wird, wenn er berechtigt ist, dem andern Gatten den Pflichtteil zu entziehen oder auf Aufhebung der Gütergemeinschaft zu klagen (1509);

γ) oder dadurch, daß der überlebende Gatte die Fortsetzung ablehnt (1484).

2. Die fortgesetzte Gütergemeinschaft ist keine Erbfolge, der Anteil des Verstorbenen gehört nicht zu seinem Nachlaß. Aber weil sie an Stelle der Erbfolge tritt, hat das Gesetz gewisse erbrechtliche Grundsätze für maßgebend erklärt.

Der überlebende Ehegatte erhält an Stelle des Erbscheins vom Nachlaßgericht ein Zeugnis über die Fortsetzung der Gemeinschaft (1507); Erbunwürdigkeit eines Abkömmlings macht ihn auch gemeinschaftsunwürdig (1506); jeder Gatte kann mit Zustimmung des andern einen gemeinschaftlichen Abkömmling von der fortgesetzten Gütergemeinschaft ausschließen (1511 und 1516), so daß dieser auf einen pflichtteilsähnlichen Anspruch gegen die gesamte Hand beschränkt ist, jeder Gatte kann den Abkömmling ferner mit Zustimmung des andern auf die Hälfte seines Anteils an der fortgesetzten Gütergemeinschaft beschränken (1512), oder sogar den Anteil ganz entziehen, wenn er berechtigt ist, ihm den Pflichtteil zu entziehen (1513); der Abkömmling kann bei Lebzeiten beider Gatten auf seinen künftigen Anteil durch einen erbverzichtsähnlichen Vertrag verzichten (1517). Wenn ein anteilsberechtigter Abkömmling nachträglich wegfällt, so gehört zwar sein Anteil am Gesamtgut nicht zum Nachlaß, geht also nicht auf seine Erben über, aber seine Abkömmlinge, die anteilsberechtigt sein würden, wenn er den Verstorbenen nicht überlebt hätte, treten an seine Stelle (1490 i. Vergl. mit 1924 III [Repräsentationsrecht]); erst bei Fehlen solcher Abkömmlinge findet Anwachsung ans Gesamtgut statt.

3. Das Gesamtgut der fortgesetzten Gütergemeinschaft und die Rechtsstellung zu ihm.

a) Das Gesamtgut umfaßt:

α) das alte eheliche Gesamtgut (vermindert durch den etwaigen Erbteil eines nicht anteilsberechtigten Abkömmlings);

β) den Erwerb des überlebenden Gatten und zwar sowohl den aus dem Nachlaß des Verstorbenen (also aus dessen Sonder- oder Vorbehaltsgut) als auch den während der fortgesetzten Gütergemeinschaft gemachten späteren Erwerb (diesen aber nur, soweit er nicht ins Vorbehalts- oder Sondergut fällt);

γ) die Nutzungen und Surrogate.

Dagegen gehören nicht zum Gesamtgut: das Vermögen, was ein Abkömmling schon zur Zeit des Eintritts der fortgesetzten Gütergemeinschaft hat, ebensowenig sein Anteil am Nachlaß des Verstorbenen (dessen Vorbehalts- oder Sondergut) und sein späterer Erwerb — daß Vorbehalts- und Sondergut des überlebenden Gatten nicht zum Gesamtgut gehören, ist bereits hervorgehoben.

Die fortgesetzte Gütergemeinschaft ist danach nur für den überlebenden Gatten eine allgemeine Gütergemeinschaft, für die Abkömmlinge ist sie nur eine teilweise (Martin Wolff: Restgemeinschaft).

b) Das Gesamtgut steht den Teilhabern der fortgesetzten Gütergemeinschaft zur gesamten Hand zu. Die Verwaltung des Gesamtguts erfolgt nach den für die allgemeine Gütergemeinschaft und das eheliche Gesamtgut geltenden Vorschriften: dabei hat der überlebende Gatte die rechtliche Stellung des Mannes und die anteilsberechtigten Abkömmlinge haben die rechtliche Stellung der Frau (1487).

Wenn die Frau den Mann überlebt, erfährt sie also eine große Erweiterung ihrer Rechtsstellung. Sie erlangt die grundsätzlich freie Verfügung über das Gesamtgut, die Kinder rücken in ihre Position ein, werden zustimmungsberechtigt zu Grundstücksverfügungen, Schenkungen usw. (1444 ff.), nur das Notverwaltungsrecht des 1450 ist ihnen nicht zugestanden. — Ist der Mann der Überlebende, behält er im wesentlichen seine Rechtsstellung.

c) Gesamtgutsverbindlichkeiten der fortgesetzten Gütergemeinschaft sind (1488):

α) die Schulden des Überlebenden (der ja die Stellung des Mannes einnimmt);

β) die Schulden des verstorbenen Gatten, die Gesamtgutsverbindlichkeiten der ehelichen Gemeinschaft waren.

Tatsächlich belasten also alle ehelichen Gesamtgutsverbindlichkeiten die fortgesetzte Gemeinschaft.

Für diese Gesamtgutsverbindlichkeiten der fortgesetzten Gütergemeingeschaft haftet der überlebende Gatte außerdem persönlich (1489).

Das entspricht der in 1459 angeordneten persönlichen Haftung des Mannes für die ehelichen Gesamtgutsverbindlichkeiten. Soweit die Gesamtgutsverbindlichkeiten der fortgesetzten Gütergemeinschaft in der Person des Überlebenden entstanden sind, ist diese Haftung unbeschränkbar. Soweit ihn diese persönliche Haftung aber nur infolge des Eintritts der fortgesetzten Gütergemeinschaft trifft, kann er seine Haftung — nach Art der Erbenhaftung — beschränken auf das Gesamtgut in dem Bestande, den es bei Beginn der fortgesetzten Gütergemeinschaft hat. Das ist wichtig hinsichtlich der Schulden des Verstorbenen: Die überlebende Frau haftet also grundsätzlich für die während der Ehe begründeten Mannesschulden nur beschränkbar, der überlebende Mann haftet für die Frauenschulden grundsätzlich unbeschränkbar; beschränkbar haftet er nur für die Frauenschulden, die im Innenverhältnis nach 1459 II 2 und 1463 allein der Frau zur Last fallen, wie z. B. eine während der Ehe entstandene Deliktsschuld der Frau.

Eine persönliche Haftung der anteilsberechtigten Abkömmlinge für die Schulden der Eltern wird dagegen durch die fortgesetzte Gütergemeinschaft nicht begründet (1489 III).

Dagegen können sie haften als Erben des Verstorbenen in sein Sonder- oder Vorbehaltsgut.

d) Zur Vollstreckung ins Gesamtgut genügt ein Urteil gegen den überlebenden Gatten (745 ZPO.).

e) Im Innenverhältnis der Gesamthänder sind die Gesamtgutsverbindlichkeiten auch Gesamtgutslasten. Ausnahmen 1499, 1500.

4. Außer dem Gesamtgut kennt das Gesetz: Vorbehaltsgut und Sondergut des überlebenden Gatten. Für das Eigenvermögen der anteilsberechtigten Abkömmlinge verwertet es diese Scheidung nicht; sie haben also weder Vorbehalts- noch Sondergut, sondern ein ihrer freien Verwaltung und Nutzung unterstehendes Eigenvermögen, zu dem ihr Nachlaßanteil (am Vorbehalts- oder Sondergut des Verstorbenen), ihr früheres Vermögen und ihr Neuerwerb gehören (1485 II).

Zum Vorbehaltsgut des Überlebenden gehört sein früheres Vorbehaltsgut, sein Neuerwerb als Vorbehaltsgut (1369), sowie die Surrogate und Nutzungen (1370, 1486).

Zum Sondergut gehören die durch Rechtsgeschäft nicht übertragbaren Gegenstände, die der Überlebende wie das Sondergut des Mannes bei der ehelichen Gütergemeinschaft frei verwaltet, während die Nutzungen ins Gesamtgut fallen (1486 II).

5. Ende der fortgesetzten Gütergemeinschaft.

a) Als Endigungsgründe kommen in Betracht:

α) rechtsgeschäftliche Aufhebung durch den Überlebenden, die die ihm jederzeit freisteht (1492);

Die Aufhebung kann erfolgen entweder durch einseitige Erklärung gegenüber dem Nachlaßgericht in öffentlich beglaubigter Form (1492 I) oder durch (gerichtlich oder notariell beurkundeten) Vertrag mit den Abkömmlingen (1492 II).

β) die Wiederverheiratung des Überlebenden (1493);

Die Beendigung tritt kraft Gesetzes ein und kann nicht durch Einkindschaftsvertrag ausgeschlossen werden (1518). Der Wiederverheiratete muß also den Abkömmlingen ihren Schichtteil auskehren, vorbehaltlich des elterlichen Nutznießungsrechts (1649, 1686).

γ) Tod oder Todeserklärung des Überlebenden (1494);

δ) Gestaltungsurteil auf Grund der Klage eines anteilsberechtigten Abkömmlings gegen den überlebenden Gatten (1495).

Die Aufhebungsgründe sind im allgemeinen die gleichen, aus denen die Frau Aufhebung der Gütergemeinschaft verlangen kann (1495, 1468).

Das Urteil wirkt für alle Abkömmlinge, auch wenn nur einer geklagt hat (1496).

ε) Wegfall aller anteilsberechtigten Abkömmlinge.

Der Anteil eines wegfallenden Abkömmlings wächst — soweit kein Repräsentationsrecht in Betracht kommt — den übrigen anteilsberechtigten Abkömmlingen und, wenn solche nicht vorhanden sind, dem überlebenden Gatten an (1490).

b) Nach Beendigung der fortgesetzten Gütergemeinschaft erfolgt hinsichtlich des Gesamtgutes Auseinandersetzung, soweit sich diese nicht durch Anwachsungserwerb erübrigt (1497). Dafür gilt ähnliches wie für die Auseinandersetzung bei der allgemeinen Gütergemeinschaft (1497—1505).

Auch hier erkennt das Gesetz dem überlebenden Gatten ein Übernahmerecht zu (1502); wenn die fortgesetzte Gütergemeinschaft auf Gestaltungsklage eines Abkömmlings aufgehoben worden ist, haben die Abkömmlinge statt des Überlebenden ein Übernahmerecht (1502 II). Endlich kann der erstversterbende Gatte mit Zustimmung des andern testamentarisch gewisse Übernahmerechte anordnen (1515 ff.).

Wird die fortgesetzte Gütergemeinschaft durch den Tod des überlebenden Gatten aufgelöst, entsteht eine Auseinandersetzungsgemeinschaft zur gesamten Hand, bei der u. U. eine doppelte Gesamthandsgemeinschaft zu unterscheiden ist: 1. die Erbengemeinschaft der Erben des überlebenden Gatten für dessen Anteil und 2. die Abkömmlingsgemeinschaft der am Gesamtgut der fortgesetzten Gütergemeinschaft beteiligten Abkömmlinge mit ihrem Anteil.

Vielfach werden dieselben Personen an beiden Anteilen beteiligt sein; ihre Rechtsbeziehung zu den beiden Anteilen ist aber verschieden: Über seinen Erbteil kann jeder Abkömmling im ganzen verfügen, nicht aber über seinen Abkömmlingsanteil am Gesamtgut.

§ 22. V. Kapitel. Die Errungenschaftsgemeinschaft.

I. Wesen.

Die Errungenschaftsgemeinschaft ist eine Beschränkung der allgemeinen Gütergemeinschaft auf den während der Ehe gemachten Erwerb, sei es durch Nutzung der Arbeitskraft oder des Vermögens; das Stammvermögen der Gatten bleibt von der Gemeinschaft ausgeschlossen. Sie ist also eine Nutzungsgemeinschaft (Wolff).

Das Gesetz hat diesen Güterstand nicht eigenartig ausgestaltet, sondern sein Recht durch Verbindung der Rechtssätze über den gesetzlichen Güterstand und über die allgemeine Gütergemeinschaft gewonnen: Für die Errungenschaft gelten im wesentlichen die Regeln der allgemeinen Gütergemeinschaft — für das übrige Vermögen die des gesetzlichen Güterstandes.

Die Errungenschaftsgemeinschaft, der der geschichtliche Vorrang vor der allgemeinen Gütergemeinschaft zukommt, hat sich entwickelt in kleinbäuerlichen und kleinbürgerlichen Verhältnissen, wo beide Gatten an der Erwerbsarbeit teilnehmen und deshalb auch an deren Ertrag („Erkoberung", collaboratio). Heute spricht für die Beteiligung der Frau an der Errungenschaft nicht nur, daß sie in vielen Ehen genötigt ist, außerhäuslichen Erwerb zu suchen, sondern ganz allgemein die richtigere Einschätzung ihrer häuslichen Fürsorge, die dem Manne die Berufsarbeit und die Bildung von Ersparnissen erleichtert.

Ganz abgesehen davon rechtfertigt sich eine Vergemeinschaftung der Nutzungen von Arbeitskraft und Vermögen, um den ehelichen Aufwand auch gemeinsam zu bestreiten.

Mit der Zugewinstgemeinschaft darf die ErrG. nicht gleichgestellt werden; denn bei jener wird erst bei Beendigung des Güterstandes festgestellt, ob nach Abzug des Einbringens und der Gemeinschaftsverbindlichkeiten ein Zugewinst, d. i. ein zu verteilender Überschuß vorhanden ist. Bei der ErrG. bildet ein während der Ehe gemachter Erwerb sofort einen besonderen Vermögensinbegriff (Masse).

II. Eintritt.

Der Eintritt erfolgt nur kraft Ehevertrags, niemals unmittelbar kraft Gesetzes.

Maßgebend sind die allgemeinen Vorschriften, die besonderen Erschwerungen der allg. GG. gelten nicht — es ist also Abschluß durch gesetzlichen Vertreter zulässig.

III. Die Gütermassen.

Vier Massen sind zu scheiden: 1. Gesamtgut, 2. eingebrachtes Gut des Mannes, 3. eingebrachtes Gut der Frau, 4. Vorbehaltsgut nur der Frau — nicht aber des Mannes.

Vorbehaltsgut des Mannes ist ausgeschlossen (1526 II), da der Mann ja ohnedies Verwaltungs- und Nutzungsrecht hinsichtlich des Gesamtgutes hat. Vorbehaltsgut, das ihm ein Recht zu Besitz, Verwaltung und Nutzung eines ihm gehörigen Gegenstandes geben würde, hat er also gar nicht nötig. Die Anerkennung von Vorbehaltsgut hätte nur die Bedeutung, die Frau von der Teilnahme an den Nutzungen eines solchen Gegenstandes auszuschießen, wozu kein Grund vorliegt.

1. Zum Gesamtgut gehört, was Mann oder Frau während der Errungenschaftsgemeinschaft erwerben — soweit es nicht ausnahmsweise ins eingebrachte Gut eines der Gatten fällt (1519 I).

In das eingebrachte Gut fällt nach 1521 der Erwerb von Todes wegen (1369) oder mit Rücksicht auf ein künftiges Erbrecht (erfrühte Erbfolge), durch Schenkung oder als Ausstattung — doch wird hier wieder ein Erwerb ausgenommen, der nach den Umständen zu den Einkünften zu rechnen ist, wie das jährliche Nadelgeld an die verheiratete Tochter, die Trinkgelder des Kellners u. dgl.

Ins Gesamtgut fällt also neben den Einkünften des eingebrachten Vermögens hauptsächlich der Arbeitserwerb, aber nicht bloß dieser: auch Spekulationsverdienste und Spielgewinn.

2. Zum eingebrachten Gut jedes Gatten gehört:

a) das beim Eintritt der Errungenschaftsgemeinschaft vorhandene Vermögen (1520),

b) der Erwerb von Todes wegen (1369) oder mit Rücksicht auf ein künftiges Erbrecht (z. B. bäuerliche Gutsüberlassung), durch Schenkung oder als Ausstattung — soweit er nicht ausnahmsweise zu den Einkünften zu rechnen ist (1521),

c) die rechtsgeschäftlich nicht übertragbaren Gegenstände — das sog. Sondergut der allgemeinen Gütergemeinschaft — und Rechte, die mit dem Tode des Gatten erlöschen oder durch seinen Tod bedingt sind — wie das Recht aus einer „auf den Tod" genommenen Lebensversicherung oder die Leibrente eines Gatten (1522),

d) das durch Ehevertrag für eingebrachtes Gut Erklärte (1523),

e) die Surrogate (1524),

Doch fällt der Erwerb aus dem Betrieb eines Erwerbsgeschäfts — soweit dieses nicht zum Vorbehaltsgut der Frau erklärt ist (1526) — ins Gesamtgut.

3. Das Vorbehaltsgut der Frau hat den gleichen Umfang, wie bei der allgemeinen Gütergemeinschaft und umfaßt das ehevertraglich für Vorbehaltsgut Erklärte, die unentgeltlichen Zuwendungen Dritter mit Vorbehaltsklausel (1369) und die Surrogate (1370, 1526).

4. Es spricht eine allgemeine Vermutung dafür, daß das vorhandene Vermögen Gesamtgut sei (1527). Wer Eingebrachtes oder Vorbehaltsgut behauptet, muß diese Vermutung widerlegen. Zur Beweiserleichterung kann jeder Gatte Inventarisierung des eingebrachten Gutes verlangen (1528).

IV. Die Rechtsstellung der Gatten zu den Massen.

1. Hinsichtlich des Gesamtgutes gelten die Regeln der allgemeinen Gütergemeinschaft (1519 II): Also Gesamthandsgemeinschaft der Gatten mit Verwaltungs- und Verfügungsrecht des Mannes [unter gleichen Einschränkungen wie bei der allgemeinen Gütergemeinschaft für Grundstücksverfügungen, Schenkungen usw. (1442 ff.)] und Notverwaltungsrecht der Frau (1450).

Der eheliche Aufwand fällt dem Gesamtgut zur Last (1529 I).

2. Hinsichtlich der eingebrachten Güter beider Gatten ist zu unterscheiden (1525):

a) sein eingebrachtes Gut verwaltet der Mann als ungebundener Eigentümer nach seinem Belieben,

b) das der Frau verwaltet er wie das eingebrachte Gut der Frau beim gesetzlichen Güterstand;

c) die Nutzungen beider Vermögensmassen fallen aber nicht ins Sondervermögen des Mannes, sondern ins Gesamtgut (1525 I);

d) infolgedessen trägt das Gesamtgut auch die Lasten des eingebrachten Gutes beider Gatten (1529 II).

3. Hinsichtlich des Vorbehaltsgutes der Frau gilt Gleiches wie bei der allgemeinen Gütergemeinschaft (1526 III, 1441), d. h. es finden die Regeln der Gütertrennung entsprechende Anwendung: also freie Verwaltung durch die Frau; die Nutzungen werden wieder Vorbehaltsgut; Beitragspflicht zu den Ehelasten nur, wenn die ins Gesamtgut fallenden Einkünfte nicht ausreichen (1441).

V. Schuldenhaftung und Schuldenausgleich.

1. Schuldenhaftung nach außen.

a) Für die Schulden des Mannes haften sein eingebrachtes Gut und das Gesamtgut (1530 I).

b) Für die Schulden der Frau haften:

α) immer ihr Vorbehaltsgut und außerdem ihr eingebrachtes Gut, wenn es auch beim gesetzlichen Güterstand für die Schuld haften würde (1525 II, 1411/14);

β) das Gesamtgut nicht im selben Umfang wie bei der allgemeinen Gütergemeinschaft, sondern nur für genau bezeichnete Frauenschulden (1531—1534) nämlich:

αα) die auf dem eingebrachten Gut ruhenden Schulden, die beim gesetzlichen Güterstand vom Mann als Lasten des eingebrachten Gutes zu tragen wären (1531), ββ) die **während** der Gemeinschaft vom Mann genehmigten und die nicht genehmigungsbedürftigen Schulden sowie die Geschäftsschulden (1532/33),

γγ) die Schulden auf Grund einer gesetzlichen Unterhaltspflicht (1534).

Das Gesamtgut haftet nicht für die **vorehelichen** und die Deliktsschulden der Frau, ebensowenig für die Erbschaftsschulden.

γ) Der **Mann** haftet **persönlich**, soweit die Schulden **Gesamtgutsverbindlichkeiten** sind (1530 II).

Seine Haftung erlischt mit der Beendigung der Errungenschaftsgemeinschaft, soweit die Frauenschulden im Innenverhältnis der Frau zur Last fallen (1530 II).

2. Die **Verwirklichung** der Haftung.

a) Zur Vollstreckung ins **Gesamtgut** ist ein Titel gegen den Mann erforderlich und genügend (740 ZPO.); wegen Schulden einer Gewerbefrau genügt auch hier ein Titel gegen sie (741 ZPO.).

b) Zur Vollstreckung ins eingebrachte Gut der Frau ist ein Leistungstitel gegen die Frau und ein Duldungstitel gegen den Mann nötig (739 ZPO.).

c) Beim Konkurs des Mannes gehört das Gesamtgut zur Konkursmasse, während es durch den Konkurs über das Vermögen der Frau nicht berührt wird (2 KO.).

3. **Schuldenausgleich** im **Innenverhältnis**.

a) Regelmäßig bleiben die Gesamtgutsverbindlichkeiten auch Gesamtgutslasten.

b) Ähnlich wie bei der allgemeinen Gütergemeinschaft werden ausnahmsweise gewisse Verbindlichkeiten im Innenverhältnis zu **Sonderlasten** des Gatten erklärt, den sie besonders angehen, so daß er gegebenenfalls ausgleichspflichtig ist; Manneslasten sind die in 1535 und 1536, Frauenlasten die in 1535 genannten Schulden.

Hauptunterschied: Bei der allgemeinen Gütergemeinschaft sind auch die **vorehelichen** Manneschulden Gesamtgutslasten, da ja auch das eingebrachte Vermögen ins Gesamtgut fällt; hier dagegen gehören die vorehelichen Manneschulden zu seinen **Sonderlasten**. Bei den Frauenlasten muß im Innenverhältnis der weitere Unterschied zwischen eingebrachtem und Vorbehaltsgut gemacht werden; im Zweifel lastet die Schuld auf dem Eingebrachten.

VI. Ende der Errungenschaftsgemeinschaft.

1. Der Güterstand endet:

a) aus allen Gründen, aus denen die **allgemeine Gütergemeinschaft** endet — also durch Auflösung der Ehe, Ehevertrag und Gestaltungsurteil, auf das jeder Gatte gemäß 1468/69 klagen kann (1542 I);

b) außerdem aus den Endigungsgründen des gesetzlichen Güterstandes, weil der Mann die Verwaltung des eingebrachten Gutes der Frau hat, also mit dem Konkurs des Mannes (1543), Todeserklärung des Mannes (1544), Gestaltungsurteil auf Grund Klage der Frau nach 1418 Nr. 1, 3, 4, 5 (1542 I);

c) endlich infolge Todeserklärung der Frau (1544).

2. Die Rechtsfolgen der Beendigung.

a) Hinsichtlich des Gesamtguts erfolgt Auseinandersetzung, wie bei der allgemeinen Gütergemeinschaft (1546 I u. II).

b) hinsichtlich des eingebrachten Gutes gilt Gleiches wie beim gesetzlichen Güterstand, also Herausgabe- und Rechenschaftspflicht des Mannes (1546 III).

c) Endigt die Errungenschaftsgemeinschaft durch Manneskonkurs, Todeserklärung oder Gestaltungsurteil, tritt Gütertrennung ein (1545).

d) In den Fällen des § 1547 kann auf Wiederherstellung der Errungenschaftsgemeinschaft geklagt werden; daran besteht ein Interesse, weil die Gütertrennung den Anteil am künftigen Erwerb des andern Gatten entziehen würde. — Über die Rechtsfolgen der Wiederherstellung vgl. 1548.

3. Eine Fortsetzung der Errungenschaftsgemeinschaft ist vom Gesetz nicht zugelassen, kann auch durch Ehevertrag nicht vereinbart werden. Im Falle des Todes tritt also auch bei beerbter Ehe die gewöhnliche Erbfolge ein.

Denn es läßt sich nicht mehr verwirklichen der rechtfertigende Grundgedanke der ganzen Einrichtung, nämlich: Vergemeinschaftung des Erwerbs, weil beide Gatten an der Erwerbsarbeit teilnehmen oder den ehelichen Aufwand gemeinsam bestreiten wollen. —

§ 23. VI. Kapitel. Die Fahrnisgemeinschaft.

I. Wesen.

Der Name „Fahrnisgemeinschaft" ist irreführend. Denn die Gemeinschaft umfaßt nicht bloß die Fahrnis, sondern auch die Errungenschaft, insbesondere auch die errungenen Liegenschaften. Auch die Fahrnisgemeinschaft ist eine Beschränkung der allgemeinen Gütergemeinschaft: ausgeschlossen von der Gemeinschaft ist das angestammte und das während der Ehe angefallene (d. i. unentgeltlich erworbene) Immobiliarvermögen.

Die Fahrnisgemeinschaft geht zurück auf die coutume de Paris, art. 220; sie ist das gesetzliche Güterrecht des code civil (communauté légale, art. 1400 ff.) und als dessen Ersatz im BGB. geregelt.

Historisch erklärt sich die Scheidung zwischen beweglichem und unbeweglichem Vermögen aus der, auch dem römischen Dotalrecht geläufigen Vorstellung, daß dem Mann größere Rechte an der Fahrhabe der Frau zukommen als an ihren Liegenschaften. Unserm heutigen Denken scheint es willkürlich, an den Zufall der Vermögensanlage so einschneidende Folgerungen für die Rechtsstellung zu knüpfen. Die Einrichtung kann deshalb nur als vertraglicher Güterstand in Betracht kommen; sie stirbt ab in dem Maße, wie die aus der communauté légale in die Fahrnisgemeinschaft übergeleiteten Güterstande des rheinischen Rechts ihr Ende finden.

II. Eintritt.

Der Eintritt der Fahrnisgemeinschaft erfolgt nur kraft Ehevertrags.

III. Die Gütermassen.

Als Gütermassen kommen in Betracht: 1. das Gesamtgut, 2. das eingebrachte Gut des Mannes, 3. das eingebrachte Gut der Frau, 4. Vorbehaltsgut nur der Frau, nicht aber des Mannes.

Bei der Zuweisung zu diesen Massen grenzt das Gesetz (1551 II) das unbewegliche Vermögen in eigenartiger Weise vom beweglichen ab.

Unbewegliches Vermögen ist: a) das Eigentum an Grundstücken samt Zubehör und die gleichgestellten Rechte (Erbbaurecht, Bergwerkseigentum), b) die dinglichen Rechte an Grundstücken mit Ausnahme der Wertrechte (Hypotheken, Grundschulden, Rentenschulden, Bahnpfandrechte), die als mobilisierter Teil des Grundstückswerts behandelt werden, c) die Forderungen auf Übertragung, Begründung, Aufhebung eines unbeweglichen Rechts, die als Forderungen sonst zu den beweglichen Rechten gehören. — Alle andern Rechte rechnen zum beweglichen Vermögen, z. B. auch die Mitgliedschaftsrechte (Aktien, Anteile an einer GmbH.).

1. Das Gesamtgut umfaßt:

a) das ganze bewegliche Vermögen beider Gatten, soweit es nicht ausnahmsweise eingebrachtes oder Vorbehaltsgut ist;

b) die gesamte Errungenschaft in demselben Umfang wie bei der Errungenschaftsgemeinschaft.

2. Zum eingebrachten Gut gehören:

a) das unbewegliche Vermögen, das ein Gatte bei dem Eintritt der Fahrnisgemeinschaft hat oder während der Gemeinschaft durch Erbfolge, Vermächtnis oder mit Rücksicht auf ein künftiges Erbrecht, durch Schenkung oder als Ausstattung erwirbt (1551),

b) die rechtsgeschäftlich nicht übertragbaren Gegenstände (1552),

c) das durch Ehevertrag für eingebrachtes Gut Erklärte oder von einem Dritten unentgeltlich als solches zugewandte Vermögen (1553),

d) die Surrogate des eingebrachten Gutes mit Ausnahme der Surrogate für Gegenstände, die wegen ihrer Unübertragbarkeit durch Rechtsgeschäft zum eingebrachten Gut gehören (1554).

Bei der Errungenschaftsgemeinschaft fehlt diese Ausnahme von der Surrogation (1524), bei der allgem. Gütergem. ist sie gleichfalls gemacht (1439).

3. Das Vorbehaltsgut der Frau wird in gleicher Weise begrenzt wie bei der allgemeinen Gütergemeinschaft (1440 II) und der Errungenschaftsgemeinschaft (1526). — Vorbehaltsgut des Mannes ist ausgeschlossen (1555).

IV. Die Rechtsstellung der Gatten zu den Massen.

1. Für das Gesamtgut gelten die Regeln der allgemeinen Gütergemeinschaft (1549).

2. Für das eingebrachte Gut gilt Gleiches wie bei der Errungenschaftsgemeinschaft (1550 II).

3. Das Vorbehaltsgut untersteht den entsprechenden Vorschriften der allgemeinen Gütergemeinschaft (1549).

V. Schuldenhaftung und Schuldenausgleich.

1. Schuldenhaftung.

a) Für die Mannesschulden haften sein eingebrachtes Gut und das Gesamtgut.

b) Für die Frauenschulden haften ihr Vorbehaltsgut und außerdem auch ihr eingebrachtes Gut, wenn es beim gesetzlichen Güterstand für die Schuld haften würde; das Gesamtgut haftet für ihre Schulden wie bei der allgemeinen Gütergemeinschaft; neben die Gesamtgutshaftung tritt endlich die persönliche Haftung des Mannes (1549, 1459 II).

2. Für den Schuldenausgleich gilt Gleiches wie bei der allgemeinen Gütergemeinschaft: also die Gesamtgutsverbindlichkeiten bleiben auf dem Gesamtgut lasten, soweit sie nicht ausnahmsweise zu Sonderlasten erklärt sind (1463/65).

VI. Ende der Fahrnisgemeinschaft.

Das Ende der Fahrnisgemeinschaft tritt ein aus gleichen Gründen wie das der allgemeinen Gütergemeinschaft; auch die Auseinandersetzung erfolgt nach ihrem Recht.

Eine Fortsetzung der Gütergemeinschaft tritt nicht nach dem Gesetz, sondern nur dann ein, wenn sie durch Ehevertrag vereinbart ist (1557). Doch wird von dieser Befugnis kaum Gebrauch gemacht.

VII. Kapitel. Das gesetzliche Güterrecht der Zukunft. § 24.

Über die Reformbedürftigkeit des ehelichen Güterrechts herrscht auch bei denen kein Zweifel, die das persönliche Eherecht des BGB. mit dem Vorrang des Mannes erhalten wissen wollen. Auch darüber ist man einig, daß das Ziel dieser Reform die Durchführung der in Art 119 RV. verheißenen vollen Gleichberechtigung der Frau sein muß.

Unter diesem Gesichtspunkt darf man für einen gerechten gesetzlichen Güterstand folgende Forderungen aufstellen. Ein solches Güterrecht muß:

1. der Idee der rechten ehelichen Gemeinschaft entsprechen,
2. jedem Gatten als gleichberechtigtem Teil größtmögliche Selbstständigkeit einräumen,
3. jeden Teil vor der Willkür des andern schützen,
4. so klar und einfach als möglich sein.

Überall kann es sich nur handeln um bestmögliche annähernde Erfüllung einer dieser Forderungen unter gleichzeitiger Berücksichtigung der anderen Forderungen, also um Kompromißlösungen, die sich vor allem für die unharmonische oder gestörte Ehe zu bewähren haben.

Bereits früher wurde gezeigt, daß die Gütergemeinschaft zwar der ersten Forderung am meisten gerecht wird, durch die Vergemeinschaftung aber die Interessen des an einen verschwenderischen, leichtsinnigen oder geschäftsuntüchtigen Partner geratenen Gatten unerträglich gefährdet. Der Ausweg, nur gemeinsames Handeln der Gatten als wirksam anzuerkennen, ist praktisch nicht durchführbar. Ungerecht wirkt auch, daß beim frühen Tod des vermögenslosen Gatten der überlebende die Hälfte des von ihm herrührenden Vermögens an die Erben des Verstorbenen herauszugeben hat — ganz zu schweigen von der Möglichkeit, daß der Vermögenslose auf die Scheidung hinarbeiten kann, um die Hälfte des gemeinsamen Vermögens zu erhalten.

Die Nutzverwaltung sichert die Selbständigkeit der Frau stärker dadurch, daß sie die Vermögen dem Eigentum nach getrennt hält, Vorbehaltsgut in größerem Umfang anerkennt und von der Nutzverwaltung des Mannes ausnimmt und diesen auch in der Verfügung über das eingebrachte Gut grundsätzlich von der Zustimmung der Frau abhängig macht. Das bedeutet in Verbindung mit der vollen Geschäftsfähigkeit der Frau und ihrer Schlüsselgewalt zweifellos eine erhebliche Besserstellung gegenüber den früheren Rechten, bleibt aber trotzdem hinter den obigen vier Forderungen zu weit zurück.

Dem Gemeinschaftsgedanken widerspricht, daß die Frau am Erwerb des Mannes während der Ehe nicht beteiligt ist, obwohl sie ihn regelmäßig durch ihre Hausfrauentätigkeit mit ermöglicht. Von größtmöglicher Selbständigkeit der Frau kann man nicht sprechen, weil ihr Vermögen grundsätzlich der Nutzverwaltung des Mannes untersteht, die dieser innerhalb der gesetzlichen Schranken nach seinem Gutdünken führt mit freier Verfügung über den Überschuß der Einkünfte des Frauenguts. Erst recht vermißt man einen wirksamen Schutz der Frau gegen ein ordnungswidriges Vorgehen des Mannes. Die Versagung eines ausreichenden Rechts auf Auskunft und Rechenschaftslegung und der Ausschluß der gerichtlichen Geltendmachung der Ansprüche aus der Nutzverwaltung gegen den Mann während der Dauer des Güterstandes (1394), liefern die Frau geradezu der Willkür des Mannes aus. Die Zulassung einer sofortigen Klage bei Nachweis erheblicher Gefährdung des eingebrachten Gutes (1391) bietet keine genügende Hilfe; denn mangels wirksamer Kontrollrechte wird die Frau diesen Nachweis meist erst führen können, wenn es zu spät ist. Daß der heutige gesetzliche Güterstand mit seiner Scheidung zwischen eingebrachtem und Vorbehaltsgut und den verwickelten Beziehungen zwischen diesen Massen dem Höchstziel einer klaren und einfachen Regelung ziemlich fern bleibt, ergibt sich aus unserer Darstellung in §§ 13 ff. schon zur Genüge.

Wer den billigen Ansprüchen der Frau sein Ohr nicht verschließen will, muß deshalb für Gütertrennung in Verbindung mit einer Beteiligung der Gatten an der Errungenschaft, am besten in Form der Zugewinstgemeinschaft, eintreten. Dies selbstverständlich nicht im Sinne eines Zwanges, sondern unter Anerkennung einer abweichenden Gestaltung durch Ehevertrag. Dafür hat sich auch der 33. deutsche Juristentag in Heidelberg (1924) ausgesprochen (vgl. JW. 1924, 1806 u. 1816 ff. u. die Verhandlungen S. 325 ff.).

Die Gütertrennung sichert die Interessen der Frau in der einfachsten und klarsten Weise, ohne die Rücksichtnahme auf den Gemeinschaftsgedanken auszuschließen.

Sie hindert zunächst nicht, daß die liebende und vertrauende Frau ihrem Manne die Verwaltung ihres Vermögens freiwillig überläßt. Das wird sicher die Regel sein. Aber diese Verwaltung ist dann eine solche, die grundsätzlich nach den allgemeinen Regeln über die Verwaltung fremder Vermögen geführt wird, bei der die Frau in der Lage ist, selbst über die Verwendung der Einkünfte ihres Vermögens zu befinden, unverzügliche Auskunft und Rechenschaftslegung zu fordern, notfalls die Verwaltung dem Mann sofort zu entziehen.

Die Idee der Gemeinschaft verlangt, daß beide Gatten gemeinsam den ehelichen Aufwand bestreiten nach Maßgabe ihrer Erwerbstätigkeit und ihres Vermögens. Die häusliche Tätigkeit der Frau ist dabei als Beitrag zu den Ehelasten gebührend zu bewerten.

Die Idee der Gemeinschaft verlangt ferner, daß jeder Gatte an dem Erwerb des andern während der Ehe angemessen beteiligt wird.

Ob das durch Teilung der Errungenschaft bei Tod und Scheidung, etwa in Form der Zugewinstgemeinschaft, geschehen soll, oder durch Verstärkung des Erb- und Pflichtteilsrechts für den Todesfall und durch eine angemessene, vom Richter jeweils festzusetzende Beteiligung im Falle der Scheidung, bedarf genauerer Prüfung. Auf dem Juristentag in Heidelberg gingen die Ansichten der Berichterstatter (Kipp, Wieruszowski, Munk) darüber auseinander.

Die schematische Halbierung der Errungenschaft erscheint bedenklich, wenn ein Ehegatte seinen Pflichten in wirtschaftlicher Beziehung nicht nachgekommen ist, oder wenn er einen Ehescheidungsgrund gegeben hat. Auch davon abgesehen, werden Fälle vorkommen, wo die hälftige Beteiligung offenbar unbillig erscheint. Wenn man dem Zugewinstschuldner hier ganz allgemein eine Einrede und die Möglichkeit geben will, das Gericht zwecks Beschränkung oder Versagung des Zugewinstanspruchs anzurufen, so mag das nicht selten die unerfreuliche Folge haben, daß sich an eine durch Tod aufgelöste, ganz glücklich verlaufene Ehe eine Art Scheidungsprozeß anschließt. Deshalb wird man an einer verschiedenen Behandlung der Fälle kaum vorbeikommen, wo die Ehe ohne äußerliche Störung durch Tod beendet wird, und wo die Ehe bei Lebzeiten der Gatten, namentlich durch Scheidung, aufgelöst wird. Ersterenfalls wäre ein gesetzlich festgelegter Anspruch auf einen Teil der Errungenschaft zu gewähren und nur den Gatten selbst (nicht ihren Erben) die Möglichkeit zu geben, diesen Anspruch aus den obigen, vom Richter nachprüfbaren Gründen letztwillig zu beschränken oder auszuschließen. Für den Fall der Scheidung dagegen wäre die Beteiligung der Gatten an der Errungenschaft im Scheidungsprozeß vom Gericht jeweils angemessen festzusetzen.

V. Titel. Die Auflösung der Ehe.

Vorbemerkung: Der natürliche Endigungsgrund der Ehe ist der Tod. Hier wird die Schöpfung des Rechts durch die Macht der Tatsachen zerstört. In zwei Fällen zerschneidet die Rechtsordnung selber das

Rechtsband der Ehe, einmal im Falle der Ehescheidung, dann in dem Sonderfall der Wiederverheiratung eines Gatten nach erfolgter Todeserklärung des andern Gatten. Die Aufhebung der ehelichen Gemeinschaft läßt richtiger Auffassung nach zwar die Ehe dem Bande nach bestehen, da sie aber im allgemeinen die Rechtsfolgen der Scheidung hat und für diese einen Ersatz bieten will, hat sie systematisch ihre Stelle bei den Auflösungsgründen.

§ 25. I. Kapitel. Wiederverheiratung nach irrtümlicher Todeserklärung.

I. Grundsätzliches. Die Todeserklärung begründet nach 18 BGB. die Vermutung, daß der Verschollene in dem im Ausschlußurteil festgesetzten Zeitpunkt verstorben sei, sie hat grundsätzlich nur beweisrechtliche Bedeutung. Aber gerade, weil das Urteil den Beweis des Todes ersetzt und damit auch eine Vermutung für die Auflösung seiner Ehe begründet, kann der andere Ehegatte zur neuen Ehe schreiten. Entspricht die Todeserklärung der Wahrheit, ist die neue Ehe selbstverständlich gültig geschlossen. Ist die Todeserklärung dagegen irrtümlich, so müßte bei folgerichtiger Behandlung die neue Ehe als ungültig angesehen werden, wenn sich später herausstellt, daß der für tot Erklärte zur Zeit des zweiten Eheschlusses noch gelebt hat. Das ist heute zweifellos rechtens, wenn die neue Ehe nach falscher Todesbeurkundung im Standesregister (statt nach falscher Todeserklärung) geschlossen wird. Das kanonische Recht hält auch für den Fall der Todeserklärung an dieser folgerichtigen Auffassung fest und hat dabei die Gefolgschaft des gemeinen deutschen, des österreichischen und des französischen Rechts gefunden. Das PrALR. II 1 § 666 hat sich umgekehrt für die Gültigkeit der zweiten Ehe entschieden und läßt die alte Ehe schlechthin der Auflösung verfallen.

Unser bürgerliches Recht sucht zwischen diesen Auffassungen zu vermitteln, indem es die alte Ehe durch die Schließung der neuen für aufgelöst erklärt; es gibt aber jedem redlichen Gatten der zweiten Ehe ein Recht, diese wegen des Irrtums über den ledigen Stand des zurückgebliebenen Gatten anzufechten (1348, 1350). Maßgebend für die Bevorzugung der zweiten Ehe waren nach den Motiven (641 ff.) folgende Erwägungen: man müsse dem zurückgebliebenen Gatten trotz der Ungewißheit über Leben und Tod des Verschollenen die Möglichkeit geben, eine gültige neue Ehe einzugehen, andernfalls würden Ruhe und Sicherheit der neuen Ehe untergraben; für den Ausnahmefall der Rückkehr sei es mißlich, die zweite Ehe, die vielleicht die Grundlage neuen Glücks und Fortkommens geworden sei, zugunsten einer Ehe als nichtig zu behandeln, die tatsächlich seit Jahren ohnehin nicht mehr bestanden habe; den lebenden Verschollenen treffe bei den neuzeitlichen Verkehrsverhältnissen regelmäßig ein grobes Verschulden, wenn er keine Nachrichten gegeben habe.

Führt das grundsätzlich zur Aufrechterhaltung der zweiten Ehe, so hat man doch erwogen, daß die Gatten der neuen Ehe für den Fall der Rückkehr des Totgeglaubten in sittliche und religiöse Konflikte kommen können, und hat ihnen deshalb, falls sie beim Eheschluß redlich waren, ein Recht zur Anfechtung der zweiten Ehe gegeben mit der Folge des Wiederauflebens der ersten.

Daraus ergibt sich eine ziemlich gekünstelte Lösung, die zwar den Bedürfnissen des neuen Gatten gerecht wird — aber durchaus auf Kosten des Totgeglaubten erfolgt, der vielleicht auch wieder heiraten möchte, das aber wegen des möglichen Wiederauflebens seiner Ehe infolge Anfechtung oder Vernichtung der neuen Ehe nicht wagt. Sein religiöses Empfinden ist jedenfalls nicht geschützt. Ist das bei normalen Verhältnissen noch erträglich, so wird es doch eine große Härte für die Teilnehmer am Weltkrieg, die auf Grund eines erleichterten Verfahrens für tot erklärt werden können und vielfach irrig für tot erklärt worden sind. Bei ihnen kann man von einem schuldhaften Verschweigen regelmäßig nicht reden. Hier hätte eine dem kanonischen Recht entsprechende Lösung jedenfalls den Vorzug verdient.

II. Die Regelung des BGB. im einzelnen.

1. Das Hindernis der Doppelehe (1309, 1326) fällt weg, wenn einer der Gatten für tot erklärt worden ist. Der andere Gatte kann eine neue Ehe eingehen, weil das Urteil den Beweis des Todes ersetzt, ähnlich wie eine Sterbeurkunde.

Nur wenn das Ausschlußurteil mit der Anfechtungsklage angegriffen worden ist (ZPO. 957), bildet das ein aufschiebendes Ehehindernis, es sei denn, daß die zehnjährige Ausschlußfrist des § 958 II ZPO. schon verstrichen ist (1349).

2. Geht der zurückgebliebene Gatte eine neue Ehe ein, so ist diese gültig, wenn auch nur einer der neuen Gatten redlich ist, d. h. nicht weiß, daß der Verschollene die Todeserklärung überlebt hat. Wissen beide das, ist die neue Ehe nichtig, aber nur, wenn der Verschollene im Augenblick des Eheschlusses noch lebt. Ihre Unredlichkeit schadet ihnen also nicht, wenn der Verschollene zwar nach der Todeserklärung, aber vor dem Eheschluß gestorben ist (1348).

Bei einer Heirat nach falscher Todesbeurkundung ist dagegen die neue Ehe wegen des bestehenden Ehebandes nichtig (1309, 1326).

3. Mit der Schließung der neuen wird die alte Ehe aufgelöst, (1348 I). Das aber nur, wenn die neue Ehe gültig ist. Ist diese mangels Form völlig nichtig oder mittels Nichtigkeits- oder Anfechtungsklage vernichtet worden, so bleibt die alte Ehe bestehen oder tritt wieder ins Leben. Denn der Grund für die Auflösung der alten ist nicht eingetreten oder wieder beseitigt. Solange die vernichtbare oder anfechtbare Ehe dagegen mit Klage nicht angegriffen ist, muß die neue Ehe als gültig und die alte als aufgelöst angesehen werden.

Das wird nach dem Vorgang Dernburgs von manchen (Kohler, Pagenstecher) bestritten, die annehmen, jede formell ordnungsmäßige Eheschließung des zurückgebliebenen Gatten löse die alte Ehe auf und dabei bleibe es, selbst wenn die neue Ehe nachher aus irgendeinem Grunde vernichtet werde. Dagegen macht Wolff (Bonner Festgabe für Bergbohm 118) durchschlagend geltend, daß die Eheanfechtungsklage des zurückgebliebenen Gatten nach 1350 die Wiederherstellung der alten Ehe bezwecke, und daß die in 1348 für den Fall der Unredlichkeit beider Gatten vorgesehene Nichtigkeit der neuen Ehe zwecklos sei, wenn die alte Ehe trotzdem aufgelöst sein sollte; die unredlichen Gatten könnten die Eheschließung ja am nächsten Tag wiederholen (vgl. auch Pagenstecher, Rh. Zeitschr. X 74, 134 ff.).

4. Um die Gewissensfreiheit zu wahren, gibt das Gesetz jedem gutgläubigen Gatten der neuen Ehe das Recht, diese wegen Irrtums anzufechten, wenn er erfährt, daß der Totgeglaubte zur Zeit der Eheschließung noch gelebt hat, das aber nur, wenn dieser auch zur Zeit der Anfechtung noch lebt (1350 I). Mit der Rechtskraft des Nichtigkeitsurteils lebt die frühere Ehe wieder auf. Der Totgeglaubte hat kein Anfechtungsrecht, sein Schicksal und das einer von ihm eingegangenen neuen Ehe hängt von der Willkür Dritter ab.

Das Anfechtungsrecht muß binnen einer Ausschlußfrist von 6 Monaten seit Entdeckung des Irrtums ausgeübt werden und erlischt außerdem durch Bestätigung der Ehe oder ihre Auflösung infolge Tod oder Scheidung (1350 II).

5. Der anfechtende zurückgebliebene Gatte muß dem gutgläubigen Gatten der neuen Ehe nach Scheidungsrecht Unterhalt gewähren (1351 i. Verbindg. mit 1578—1582). Darin liegt eine aus Billigkeitsrücksichten erfolgte Begünstigung des letzteren gegenüber § 1345, der die Unterhaltspflicht bei nichtiger Ehe regelt und nur dem bösgläubigen Gatten die Unterhaltspflicht auferlegt, wie wenn er für allein schuldig erklärt wäre. Der neue Gatte des Zurückgebliebenen ist aber in unserm Fall nicht auf die Wahl zwischen dem Unterhaltsanspruch nach 1351 und den Nichtigkeitsfolgen beschränkt, sondern kann diese in vollem Umfang neben dem Anspruch aus 1351 geltend machen (so richtig Wolff § 29 Anm. 9). Der anfechtende neue Gatte hat nur die Rechte aus 1345.

II. Kapitel. Die Ehescheidung. § 26.

I. Geschichtliche Entwicklung. — Fremde Rechte.

1. Das römische und ältere deutsche Recht kannten die Scheidung durch privaten, nicht an gerichtliche oder priesterliche Mitwirkung geknüpften Vertrag oder einseitige Erklärung.

2. Seit dem 10. Jahrhundert erlangt die Kirche die Gerichtsbarkeit in Ehescheidungen, für die das kirchliche Recht und damit der Grundsatz von der Unauflöslichkeit der Ehe maßgebend wird.

Die absolute Unlösbarkeit der Ehe eignet aber nur der durch copula carnalis vollzogenen christlichen Ehe (matrimonium ratum et consummatum). Die Ehe zweier Ungetaufter wird dem Bande nach geschieden, wenn einer der Gatten zum Christentum übertritt und durch Interpellation des andern festgestellt wird, daß dieser die Ehe mit ihm nicht oder doch nicht ohne Gefährdung seines Glaubens (sine contumelia Creatoris) fortsetzen will — sog. privilegium Paulinum, cod. iur. can. c. 1121. Die noch nicht vollzogene, sakramentale Ehe (matrimonium ratum, nondum consummatum) kann auch zwischen Getauften dem Bande nach getrennt werden durch Ablegung des Keuschheitsgelübdes in einem päpstlich approbierten Orden (sollemnis professio religiosa) oder durch päpstliche Dispensation.

Neben der Lösung der Ehe dem Bande nach kennt das kanonische Recht in mehreren Fällen die Aufhebung der ehelichen Gemeinschaft, d. h. des ehelichen Verkehrs und Zusammenlebens (separatio quoad torum et mensam). Sie ist als ständige (separatio perpetua) und als zeitweise (sep. temporanea) vorgesehen, schließt aber die Wiederverheiratung stets aus; die ständige ist nur bei Ehebruch zulässig.

3. Die Reformatoren, die die sakramentale Natur der Ehe leugneten, ließen die Scheidung dem Bande nach wegen Ehebruchs zu. Damit war die erste Bresche gelegt, andere Gründe folgten: die bösliche Verlassung (desertio), die quasi desertio usw. Während die Scheidung zuerst durch einseitige private Erklärung erfolgte, verlangte die protestantische Lehre später die nachfolgende obrigkeitliche Feststellung, daß die Ehe geschieden sei — noch später wurde die trennende Kraft in den obrigkeitlichen Ausspruch selbst verlegt.

4. Die Aufklärungszeit des 18. Jahrhunderts sieht die Ehe als bloßes bürgerlich-rechtliches Vertragsverhältnis an (contractus civilis) und ebnet dadurch einem neuen staatlichen überkonfessionellen Scheidungsrecht die Bahn.

Am scheidungsfreundlichsten war unter den partikularrechtlichen Regelungen die des PrALR., das für die kinderlose Ehe die gegenseitige Einwilligung und für alle Ehen einseitige unüberwindliche Abneigung als Scheidungsgründe anerkannte. Der code civil ließ für alle Ehen die Scheidung par consentement mutuel zu (heute weggefallen).

5. Das PersonenstG. v. 6. II. 1875 hat die kirchliche Gerichtsbarkeit in Ehesachen zwar beseitigt, das materielle zersplitterte Scheidungsrecht aber mit einer Ausnahme nicht geändert; es bestimmte nur, daß an Stelle der vom bisherigen Recht etwa vorgesehenen Trennung von Tisch und Bett stets die Auflösung der Ehe dem Bande nach auszusprechen sei.

6. Von den ausländischen Rechten lehnen noch heute eine Ehetrennung dem Bande nach ab: ganz allgemein das italienische und das spanische, für katholische Gatten das deutsch-österreichische und ungarische Recht. Nur wegen schweren Verschuldens lassen sie zu: Frankreich, England, die Niederlande. Die meisten andern Staaten kennen eine Scheidung auch ohne Verschulden. Besonders bemerkenswert ist dabei die schweizerische Regelung, wonach auch eine objektive unheilbare Ehezerrüttung jedem Gatten ein Scheidungsrecht gibt, es sei denn, daß er die vorwiegende Schuld an dieser Zerrüttung trägt (Art 142). Mißbräuchen beugt die Bestimmung des Art 158 vor, wonach der Richter Tatsachen, die zur Begründung der Klage dienen, nur dann als erwiesen annehmen darf, wenn er sich von ihrem Vorhandensein überzeugt hat usw. Auch die neuere Ehegesetzgebung der Tschecho-Slowakei und Schwedens erkennt die unverschuldete Ehezerrüttung als Scheidungsgrund an. Ganz radikal bestimmt das Ehegesetz Sowjet-Rußlands in § 87: Als Grund für die Scheidung kann sowohl beiderseitiges Einverständnis der Ehegatten gelten als auch der Wunsch eines derselben, sich scheiden zu lassen.

II. Die Grundgedanken des heutigen Scheidungsrechts.

Das BGB. zeigt seinen Kompromißcharakter auf keinem Gebiete so deutlich wie auf dem des Ehescheidungsrechts, weil hier die verschiedenen Weltanschauungen am schärfsten aufeinanderprallen, weil hier die Sonderinteressen der unmittelbar Beteiligten und überindividualistische Forderungen der Sittlichkeit und Staatswohlfahrt am unversöhnlichsten gegeneinander stehen. Für die Gesetzgeber des BGB. galt es nicht bloß, einen Ausgleich zu finden zwischen dem von der katholischen Kirche am strengsten festgehaltenen, aber auch ganz allgemein der konservativ-christlichen Anschauung entsprechenden Grundsatz von der Unauflöslichkeit der Ehe und zwischen dem Verlangen eines liberalen Individualismus nach weitgehender Berücksichtigung der Empfindungen und des Willens der Gatten selbst — die Gesetzgeber hatten auch zu wahren das staatliche Interesse an möglichster Aufrechterhaltung der Ehe als der Keimzelle aller gesellschaftlichen und staatlichen Ordnung.

Deshalb lehnten sie es grundsätzlich ab, die Willkür des Beteiligten als Grund der Scheidung anzuerkennen, also etwa die vom PrALR. und code civil zugelassene Scheidung wegen gegenseitiger Einwilligung aufzunehmen; sie wollten und konnten andererseits aber auch nicht die in Deutschland überall anerkannte Ehescheidungsmöglichkeit beseitigen. So kamen sie zur Aufstellung des Verschuldensprinzips als einer vermittelnden Lösung. Danach kann die Ehe nur wegen schuldhaften Verhaltens eines Gatten gegen den andern, wegen einer schuldhaften Verletzung der ehelichen Pflichten geschieden werden; ein solches Verschulden erblickt das Gesetz: 1. im

Ehebruch (1565), 2. der Lebensnachstellung (1566), 3. der böslichen Verlassung (1567) und 4. in der schuldhaften Zerrüttung der Ehe durch schwere Pflichtverletzung oder ehrloses oder unsittliches Verhalten (1568). Als einzige Ausnahme vom Verschuldensprinzip wurde nach langen Kämpfen unheilbare Geisteskrankheit als Scheidungsgrund zugelassen (1569).

Obwohl das BGB. gegenüber dem bisherigen Recht eine wesentliche Erschwerung der Ehescheidung gebracht hat, ist es nicht gelungen, die Ehescheidungen einzudämmen. Nach vorübergehendem Sinken in den ersten beiden Jahren der Geltung des Gesetzes ist die Zahl wieder rasch gestiegen. Sie hat sich von 1899 bis 1913 nahezu verdoppelt und ist nach Beendigung des Weltkriegs geradezu bedrohlich angewachsen.

Im deutschen Reich betrug die Zahl der rechtskräftigen Urteile auf Scheidung, 1913: 17835 (26,6 auf 100000 Einwohner), 1919: 22022 (35,0), 1920: 36542 (59,1), 1921: 39216 (62,9), 1922: 36587 (59,7), 1923: 33939 (55,0).

Das Leben hat es eben verstanden, sich dem neuen Recht anzupassen. Die Scheidung auf Grund gegenseitigen Einverständnisses wird in den Formen eines Scheinprozesses durchgeführt, sei es durch Klage wegen böslicher Verlassung, sei es durch Klage wegen Ehebruchs oder schuldhafter Zerrüttung. Das Bedenkliche daran ist, daß jede Verständigung über den Ehescheidungsprozeß auch eine Einigung über die Schuldfrage voraussetzt, die Schuldigerklärung aber von den einschneidendsten Folgen für die Unterhaltspflicht und das Recht der persönlichen Fürsorge für die Kinder begleitet ist. Infolgedessen geht dem Prozeß oft ein wenig schöner Handel voraus über die Bedingungen, unter denen der scheidungslustige Gatte sich die Mitwirkung des andern Teils beim Scheidungsprozeß erkaufen muß. Die beim Eheprozeß vorgesehene Einschränkung der Parteidisposition, die die Wahrheitsfindung sichern soll, erreicht dies Ziel nur unvollkommen gegenüber Ehegatten, die zur Täuschung des Gerichts entschlossen sind. Nirgendwo wird mehr gelogen als im Ehescheidungsverfahren. Die Gefahr der Fehlsprüche ist außerordentlich groß, da das Gericht sich an gewisse äußere Vorkommnisse halten muß, die aus dem Ganzen des ehelichen Lebens herausgerissen, oft ein schiefes Bild geben müssen, meist aber auch gar nicht die Ursachen der Zerrüttung sind, sondern nur die „Explosionserscheinungen" der durch andere Ursachen erzeugten Spannungen zwischen den Gatten.

So ist es zu verstehen, daß die Angriffe auf das Ehescheidungsrecht des BGB. ständig gewachsen sind, und daß viele auf eine Erleichterung der Ehescheidung drängen (vgl. Traumann, Das Ehescheidungsrecht der Zukunft, 1920). Man weist darauf hin, daß eine unheilbar zerrüttete Ehe auseinanderstrebe, und daß die Gatten, wenn überhaupt Wege ins Freie führen, statt der versagten geraden, zwangsläufig die krummen gingen und so die öffentliche Moral erst recht schädigten. Wenn ein Gesetz die Scheidung in Ausnahmefällen gestatte, dürfe man erwarten, daß es seine Tatbestände so forme, daß nicht gerade wieder aus dieser Formung eine neue Gefährdung der Sittlichkeit und sozialen Ordnung erwachse. Deshalb schlagen die besonneneren Anhänger der Reformbewegung einer Änderung des § 1568 BGB. vor, wonach eine unheilbare, objektive Zerrüttung des ehelichen Verhältnisses genügen soll.

Aber auch gegen diese Lösung bleibt das Bedenken bestehen, daß die Gatten nach Einführung des Scheidungsgrundes der objektiven Ehezerrüttung auch diese in vielen Fällen fingieren würden, während sie in Wahrheit aus anderen subjektiven Gründen die Lösung wünschen (vgl. Motive bei Mugdan, 304 ff.).

Die Wahrheit und Reinlichkeit des Scheidungsprozesses würde nur verbürgt sein, wenn man die bloße Übereinstimmung der Gatten darüber, daß die Ehe hoffnungslos zerrüttet sei, als Scheidungsgrund zulassen würde. Dafür spricht sich denn auch von seinem Standpunkt aus folgerichtig Martin Wolff (§ 33 VIII) aus. Damit wäre man praktisch zu den Scheidungsgründen des allgemeinen Landrechts: unüberwindliche Abneigung und gegenseitige Übereinkunft zurückgekehrt.

Man hätte aber dadurch meiner Überzeugung nach die Reinlichkeit des Scheidungsprozesssses mit dem Opfer der Einrichtung der Ehe selbst als einer über dem Willen der Gatten stehenden, höheren objektiven Zwecken dienenden Verbindung erkauft. Für die Lösung der wirklich zerrütteten Ehe läßt sich anführen, daß dadurch eine kranke Zelle des sozialen Organismus ausgetilgt wird, während die Anerkennung des gegenseitigen Einverständnisses über die Zerrüttung dazu führen müßte, die Ehe auf den Stand eines beliebigen Vertrags herabzudrücken und die infolge des Weltkriegs gesunkene Volksmoral noch mehr zu schädigen!

Zum mindesten müßte bei Einführung des Scheidungsgrundes der objektiven Ehezerrüttung einer mißbräuchlichen Herbeiführung dieses Scheidungsgrundes vorgebeugt werden, indem man nach dem Vorbild des SchweizZivilGB. (Art 142, 158 Z. 1) dem Gatten das Scheidungsrecht versagt, der die Zerrüttung vorwiegend verschuldet hat.

Zusammenfassend läßt sich sagen: Es gibt nur zwei wirklich folgerichtige Lösungen des Scheidungsproblems. Die eine ist die der katholischen Kirche, die bei Zerrüttung der Ehegrundlagen zwar die Trennung der Lebensgemeinschaft zuläßt, nicht aber die Trennung des Rechtsbandes und die Wiedervermählung mit einem Dritten zugibt, weder für den schuldigen noch für den schuldlosen Teil. Damit stellt sie unerbittlich die sittlichen und sozialen Zwecke der Einrichtung über Person und Individuum, die Heiligkeit der Institution triumphiert über das Einzelschicksal. Die andere Lösung ist die des modernen ethischen Liberalismus, der von der Freiheit der Persönlichkeit, von der Verpflichtung des Individuums gegenüber sich selbst ausgeht, und deshalb die Lösbarkeit des Ehebandes fordert, wenn dieses auch nur für einen Gatten zu einem die Persönlichkeit zerbrechenden oder für sie unerträglichen Zwange geworden ist.

Damit wird die Freiheit des beiderseitigen Ehewillens zum Kernstück der Ehe als sittlicher Ordnung, die Festhaltung des widerwilligen Partners erscheint schlechthin unsittlich. Von hier aus erscheint das Verschuldensprinzip des BGB. als eine schwächliche Halbheit und müßte durch den Scheidungsgrund der objektiven Ehezerrüttung ersetzt werden.

Die Logik würde dann aber auch verlangen, daß man eine solche Zerrüttung nicht bloß anerkennt, wenn beide Gatten darüber einig sind, sondern auch dann, wenn nur ein Gatte ernstlich und dauernd die Scheidung begehrt. Dafür auch Traumann (49).

Gerade diese letzten Folgerungen zeigen indessen die ungeheuere Gefahr eines derartigen schrankenlosen Individualismus. Das Individuum würde über die Idee der Gemeinschaft triumphieren, sein Sichausleben würde wichtiger werden als die Selbstaufgabe, der Verzicht und die Aufsichnahme von Verantwortung, die mit der Verwirklichung der Idee einer wahren Lebensgemeinschaft verbunden sind. Die Erfüllung der Ehe und damit ihr Glück schließt nach Keyserlings schönem Wort: „Die Aufsichnahme des Lebensleides in sich, sie gibt diesem einen tieferen Sinn" (Ehebuch, 22).

Literatur. Außer Traumann haben sich in den letzten Jahren zu dem Problem geäußert: Dr. Kurt Erhardt „Ein neues Ehescheidungsrecht" (J. Schweitzer Verlag), P. Pieper (Stockholm) „Ehescheidung oder Zwangsehe" (J. Schweitzer), Neubecker „Das neue schwedische Ehegesetz" i. d. Festschrift für Dr. O. Liebmann, Dr. Marie Munck „Vorschläge zur Umgestaltung des Rechts der Ehescheidung usw. (F. A. Garbig).

III. Die Scheidungsgründe des BGB.

Das Scheidungsrecht, das eine (gültige oder vernichtbare oder anfechtbare) Ehe voraussetzt, erwächst aus fünf Tatbeständen (Scheidungsgründen), von denen vier ein schuldhaftes Verhalten eines Gatten bedeuten und nur ein Tatbestand ein unverschuldetes Ereignis ist, nämlich unheilbare Geisteskrankheit (1569). Unter einem andern Einteilungsgesichtspunkt unterscheidet man unbedingte (absolute) und bedingte (relative): jene begründen ein Scheidungsrecht schlechthin, einerlei wie sie im einzelnen Fall wirken, ob sie die Ehe untergraben haben oder nicht; diese geben ein Scheidungsrecht nur, wenn die Ehe nach einem für den einzelnen Fall zu treffenden Werturteil des Richters so tief zerrüttet ist, daß ihre Fortsetzung nicht zugemutet werden kann. Als relative Gründe kennt das BGB. die schuldhafte Ehezerrüttung (1568) und die Geisteskrankheit (1569); auch die letztere ist trotz der abweichenden herrschenden Lehre ein relativer Grund, weil sie die für den einzelnen Fall zu treffende Feststellung voraussetzt, daß die Geisteskrankheit einen solchen Grad erreicht hat, daß die geistige Gemeinschaft aufgehoben ist usw.

1. Unbedingte, auf dem Verschuldensprinzip beruhende Scheidungsgründe sind:

a) der Ehebruch (StGB. 172) und gleichgestellte Sittlichkeitsdelikte, nämlich Doppelehe (StGB. 171) und strafbare widernatürliche Unzucht (StGB. 175), (1565 BGB.).

Das Scheidungsrecht ist aber ausgeschlossen, wenn der andere Gatte dem Ehebruch oder der strafbaren Handlung zugestimmt oder sich der Teilnahme schuldig gemacht hat (1565 II).

Die Frau duldet z. B. wissentlich, daß der Mann eine Geliebte hat oder sie stiftet jemanden an, mit ihrem Mann einen Ehebruch zu begehen. Die im voraus erteilte Zustimmung zu Ehebrüchen ist selbstverständlich nichtig.

Die Tatbestände des Ehebruchs usw. sind durch 1565 BGB. nicht selbständig geregelt, sondern aus dem StGB. zu entnehmen. Ehebruch ist danach Beischlaf zwischen Personen verschiedenen Geschlechts, von denen wenigstens eine in gültiger oder als gültig zu behandelnder Ehe lebt. Doppelehe ist das Eingehen einer neuen Ehe bei Kenntnis vom Fortbestehen der alten. Widernatürliche Unzucht wird nur bestraft, wenn sie verübt wird zwischen Personen männlichen Geschlechts oder von Menschen mit Tieren. Wo diese strafrechtlichen Tatbestände nicht voll verwirklicht sind, also z. B. beim Versuch des Ehebruchs, bei unzüchtigen Handlungen ohne Beischlafvollziehung, bei Perversitäten zwischen Personen weiblichen Geschlechts usw., kann die Scheidung nach 1565 nicht in Frage kommen, sondern nur die wegen schuldhafter Ehezerrüttung (1568). Das entspricht einem verfeinerten Empfinden wenig. Die zuletzt genannten Unsittlichkeiten können, wenn sie wiederholt vorgenommen werden, einen schlimmeren Verstoß gegen das Wesen der Ehe bedeuten als ein vereinzelter Ehebruch. Trotzdem gibt dieser das Scheidungsrecht schlechthin, bei jenen ist individualisierende Wertung vorgeschrieben (1568). Das Gesetz hätte besser eine solche Wertung für alle Verstöße gegen die Sittlichkeit vorgesehen. Strafrecht und Scheidungsrecht verfolgen verschiedene Zwecke.

b) Lebensnachstellung (1566).

Hier hat das Gesetz selber eine Formel geprägt, die von den strafrechtlichen Tatbeständen (Mord, Mordversuch usw.) ganz unabhängig ist, so daß sogar außerhalb des strafrechtlichen Gebietes liegende Vorbereitungshandlungen oder ein untauglicher Versuch das Scheidungsrecht begründen können. — Trachtet ein Gatte nahen Verwandten des andern nach dem Leben, kann darin „schuldhafte Zerrüttung" nach 1568 liegen.

c) Bösliche Verlassung (1567), d. i. eine vorsätzliche dauernde Verletzung der ehelichen Pflicht zur Hausgemeinschaft gegen den Willen des andern Gatten.

Eine solche „Verlassung" liegt keineswegs nur dann vor, wenn ein Gatte den andern verläßt, sondern auch dann, wenn etwa die Frau sich von vornherein weigert, die häusliche Gemeinschaft herzustellen oder später weigert, ihrem Mann an einen andern Wohnort zu folgen; ferner dann, wenn der Mann die Frau verstößt oder ihr den Eintritt in die Wohnung versagt usw. Ein vorsätzlicher Verstoß gegen die Hausgemeinschaftspflicht könnte in schweren und besonderen Fällen die Scheidungsklage auch wegen schuldhafter Zerrüttung nach 1568 begründen. Das eigenartige an der Regelung des § 1567 ist, daß die bösliche Verlassung, wenn die näheren Voraussetzungen dieser Bestimmung erfüllt sind, ohne weitere Prüfung ihrer Wirkung ein Scheidungsrecht erzeugt.

Das Gesetz unterscheidet zwei Fälle der böslichen Verlassung, die eigentliche (desertio) und die uneigentliche (quasi desertio), je nachdem der schuldige Gatte unbekannten oder doch schwer erreichbaren Aufenthalts ist oder nicht.

α) Die eigentliche liegt vor, wenn die Voraussetzungen der öffentlichen Zustellung (ZPO. 203) gegen den Getrennten ein Jahr lang bestanden haben und bis zum Urteil fortbestehen, und außerdem seine bösliche Absicht das ganze Jahr fortgedauert hat (1567 II Nr. 2).

Das Ergebnis der Klage bleibt also unsicher bis zur Schlußverhandlung, da das Desertionsverhältnis sofort aufhört, wenn der Aufenthalt bekannt wird oder ein Brief eintrifft, woraus sich ergibt, daß der Getrennte nicht grundlos verborgen bleibt.

β) Die uneigentliche bösliche Verlassung setzt voraus, daß eine rechtskräftige Verurteilung des schuldigen Teils zur Herstellung der häuslichen Gemeinschaft ergangen ist, und der Verurteilte seit Rechtskraft ein Jahr lang dem Urteil böslich nicht Folge geleistet hat (1567 II Nr. 1).

Die Jahresfrist braucht z. Z. der Erhebung der Scheidungsklage noch nicht abgelaufen zu sein, es genügt, daß sich die Frist im Lauf des Scheidungsstreites vollendet (RG. 72 321, 83 62). Anders als bei der eigentlichen Verlassung wird das Scheidungsrecht nicht beseitigt, wenn der Schuldige nach Ablauf eines Jahres auf einmal wieder zur Herstellung bereit ist.

In dieser zweiten Form dient die Klage als Ersatz für die versagte Scheidung wegen gegenseitigen Einverständnisses. Die Gatten heben die Hausgemeinschaft auf, der eine verklagt den andern auf Herstellung, und wenn dieser dann noch ein Jahr lang die Trennung aufrechterhalten hat, gilt das als Desertion, obwohl der Aufenthalt des Getrennten bekannt, und er vielleicht im selben Hause wohnen geblieben ist. Freilich muß die Klage als Ausdruck eines ernstlichen Herstellungsverlangens des Klägers erscheinen, weil ja eine Fernhaltung des Beklagten nur dann beachtet werden darf, wenn sie gegen den Willen des andern Gatten erfolgt. Aber die Praxis verzichtet meist auf besondere Nachweise und erblickt in der vorhergegangenen Klage auf Herstellung die Äußerung der Absicht, die Ehe fortzusetzen. Danach ist die Klage wegen uneigentlicher Verlassung der anständigste Weg, eine unhaltbare Ehe zu beseitigen, da keiner ein besonderes Verschulden auf sich zu nehmen braucht. Nur dauert das Verfahren ziemlich lange, mindestens anderthalb Jahre, weshalb viele Gatten, um die verhaßten Bande rascher zu sprengen, sich über einen Ehebruch oder ein anderes ehewidriges Verhalten verständigen.

2. Als einzigen bedingten, auf dem Verschuldensprinzip beruhenden Scheidungsgrund kennt das Gesetz die schuldhafte Ehezerrüttung (1568). Sie ist der moderne Ehescheidungsgrund und setzt im einzelnen voraus:

a) eine schwere Verletzung der durch die Ehe begründeten Pflichten, z. B. Untreue aller Art, grobe körperliche Mißhandlungen, aber auch seelische Mißhandlungen durch Beschimpfungen, Bedrohungen, gesellschaftliche Bloßstellungen, hartnäckige grundlose Versagung der ehelichen Pflicht, Rücksichtslosigkeiten im geschlechtlichen Verkehr, ferner Vernachlässigung des Haushalts, der Kindererziehung, der Unterhaltsgewährung, starke Unverträglichkeit, Verlassung (wenn auch keine bösliche) usw.

Der schweren Pflichtverletzung sind gleichgestellt: ehrloses oder unsittliches Verhalten, das also zur Scheidung berechtigen kann, auch wenn eine unmittelbare Verletzung der durch die Ehe begründeten Pflichten nicht vorliegt, z. B. Verweigerung der kirchlichen Trauung, Ergreifung eines schimpflichen Gewerbes, beharrliche Trunksucht.

In allen Fällen ist Verschulden nötig, es genügt aber im Gegensatz zu den unbedingten Scheidungsgründen Fahrlässigkeit.

Die Verantwortlichkeit des trunksüchtigen Gatten wird durch die infolge der Trunksucht eingetretene Geistesschwäche nicht beseitigt (RG. JW. 1906 140[13]). Schwere Hysterie der Frau ist geeignet, ihre Verantwortlichkeit für die im Zustand der Erregtheit verübten Beschimpfungen des Mannes auszuschließen.

Das Verschulden setzt ferner voraus ursächlichen Zusammenhang zwischen dem Verhalten des Gatten und der Zerrüttung der Ehe. Der Grundsatz der Verschuldensaufrechnung greift nicht Platz (RG. **46** 159), vielmehr kann jeder der Gatten Scheidung verlangen, wenn beide sich schwere Verfehlungen zuschulden kommen lassen. Ebensowenig wird die Ursächlichkeit eines Verhaltens für die Zerrüttung dadurch ausgeschlossen, daß es durch Verfehlungen des andern Gatten hervorgerufen ist. Der Mann läßt sich z. B., durch Schimpfworte der Frau herausgefordert, zu einer groben Mißhandlung hinreißen; hier kann er als der alleinige

Urheber der Zerrüttung angesehen werden, wenn das Benehmen der Frau an sich keine schwere Pflichtverletzung darstellt.

b) Das schuldhafte Verhalten muß eine Zerrüttung der Ehe zur Folge haben, d. h. die Ehe muß in ihren sittlichen Grundlagen zerstört sein.

Um das zu bejahen, hat der Richter die Schwere der Verletzung am Wesen der Ehe als einer auf sittlichen Grundlagen beruhenden Lebensgemeinschaft zu prüfen und dabei die Persönlichkeit der Gatten, namentlich die des gekränkten Gatten, sowie das ganze eheliche Zusammenleben mit zu berücksichtigen. Keineswegs darf aus einseitiger Betrachtung der sozialen Verhältnisse heraus die ehezerrüttende Kraft eines Verhaltens verneint werden, wie das OLG. Colmar das irrigerweise gegenüber der Scheidungsklage der Frau eines wegen Straßenraubes zu Zuchthaus verurteilten Ackerknechts und Schäfers getan hat: Die Parteien gehörten vermöge der Beschäftigung des Mannes als einfacher Ackerknecht und Schafhirt einer Volksschicht an, die an Eigentumsvergehen, insbesondere an Straßenraub keinen besonderen Anstoß nähme!! (RG. JW. 1916, 1192[11]).

c) Die Fortsetzung der Ehe muß den verletzten Gatten unzumutbar sein, d. h. für ihn sowohl mit Rücksicht auf das Wesen der Ehe als auch auf sein persönliches Empfinden eine unerträgliche Last bedeuten (RG. JW. 1918, 171[7]).

Hier wird bedeutsam, ob eigene Verfehlungen des verletzten Gatten die Zumutbarkeit begründen können. Das ist jedenfalls in dem Sinne abzulehnen, als ob beiderseitige schwere Verfehlungen der Gatten gegeneinander aufgerechnet werden könnten. So wenig beiderseitiger Ehebruch sich aufhebt, so wenig tun das beiderseitige grobe Mißhandlungen, Untreue usw. Wohl aber ist es zulässig und geboten, bei der Prüfung der Zumutbarkeit auch das eigene eheliche Verhalten des Verletzten abzuwägen, um die Wirkungen der Eheverstöße des andern Teils auf ihn richtig bewerten zu können. Ein Mann, der seine Frau wiederholt grob mißhandelt hat, ist, wenn sie in der dadurch entstandenen Entfremdung verletzende Äußerungen macht, nicht ohne weiteres der Zumutung überhoben, die Ehe fortzusetzen und durch sein Verhalten auf die Wiedergewinnung der ehelichen Gesinnung seiner Frau hinzuwirken. — Eine Frage, die damit nicht verwechselt werden darf, ist, ob der schuldige Gatte dem andern, weil dieser ebenfalls Schuld trägt, die Fortsetzung zumuten kann; das ist selbstverständlich zu verneinen. Wer aber als Verletzter Scheidung begehrt, muß sich gefallen lassen, daß seine eigene Gesamtpersönlichkeit und sein eigenes eheliches Verhalten vom Gericht bei Prüfung der Zumutbarkeit für ihn mit abgewogen werden.

d) Das Scheidungsrecht entfällt, wenn der Gatte dem schuldhaften Verhalten des andern zugestimmt hat, so z. B., wenn der Mann einen andern Mann zum vertrauten Umgang mit seiner Frau angestiftet hat (RG. 85 204). Das folgt aus der Bedingtheit aller Scheidungsgründe des 1568 und entspricht einem in 1565 II anerkannten gesetzgeberischen Grundsatz.

3. Als einziger bedingter unverschuldeter Grund ist anerkannt die Geisteskrankheit (1569) unter folgenden Voraussetzungen:

a) Sie muß während der Ehe mindestens drei Jahre ununterbrochen gedauert haben und als „Geisteskrankheit" im Gegensatz zur „Geistesschwäche" auftreten (RG. **50** 207).

b) Sie muß einen solchen Grad erreicht haben, daß die geistige Gemeinschaft zwischen den Gatten zur Zeit der Urteilsfällung (nicht notwendig während der ganzen drei Jahre) aufgehoben ist.

Völlige Verblödung wie in den Fällen des sog. geistigen Todes wird also nicht verlangt. Entscheidend ist auch nicht die Unfähigkeit zu körperlichem Zusammenleben. Vielmehr muß die Fähigkeit verloren gegangen sein, an dem, was das Leben der Eheleute erfüllt, geistigen Anteil zu nehmen, und sich in dieser Hinsicht durch Handlungen, die sich als Ausfluß des gemeinsamen Fühlens und Denkens der Gatten darstellen, auch zu betätigen (RG. **100** 108).

Wahnvorstellungen der Frau, ihre Kinder seien besessen, ihr Mann peinige sie und treibe fortgesetzt Ehebruch können genügen (JW. 1911, 370[29]);

c) Es muß jede Aussicht auf Wiederherstellung der geistigen Gemeinschaft (nicht jede Aussicht auf Heilung) ausgeschlossen sein.

Auch wer die Geisteskrankheit des andern Gatten durch Mißhandlungen, Untreue oder syphilitische Ansteckung verschuldet hat, ist klageberechtigt, doch wird er unter Umständen verpflichtet sein, zu versuchen, ob nicht durch Änderung seines Verhaltens eine Besserung des Zustandes des seelisch erkrankten Gatten herbeigeführt werden kann (RG. **100** 108).

IV. Das Recht auf Scheidung und der Scheidungsprozeß.

1. Das Scheidungsrecht ist kein privatrechtliches Anspruchsrecht, sondern ein Gestaltungsrecht, ein Kannrecht. Das Gesetz spricht zwar von einem Recht auf Scheidung (1570), aber damit ist der öffentlichrechtliche Anspruch auf Erlaß des Scheidungsurteils gemeint, der bei Vorliegen eines Scheidungsgrundes gegeben ist. Es hieße das Wesen des Scheidungsrechts verkennen, wenn man es diesem publizistischen Anspruch gleichsetzen würde. Der Schwerpunkt liegt in der Willenserklärung des Scheidungsberechtigten, sich von der Ehe zu lösen, in seiner Ehekündigung.

Nur darin besteht der Unterschied zur Privatscheidung der früheren Rechte, daß wegen der sozialen Bedeutung der Ehe eine einfache Selbstscheidung nicht genügt, sondern die Ehekündigung durch Klage erfolgen muß, und zu ihrer Wirksamkeit einen Richterspruch voraussetzt, der das Vorliegen eines Scheidungsgrundes bejaht.

Bei der Ehescheidung liegt nach Kohlers treffendem Ausdruck ein gestreckter Tatbestand vor, der sich aus zwei Elementen zusammensetzt: der formalisierten Ehekündigung (einer im Kern privaten Willenserklärung) und dem Scheidungsurteil (einem obrigkeitlichen Akt). Mit den Worten des § 1564 „die Scheidung erfolgt durch Urteil" ist nicht mehr gesagt, als daß das Urteil das zweite, abschließende Stück dieses Tatbestandes ist, und daß mit seiner Rechtskraft ohne weiteres die Scheidungsfolgen eintreten.

2. Dem Charakter der Ehe entspricht die höchstpersönliche Natur des Scheidungsrechts. Seine Ausübung steht deshalb dem Geschäftsbeschränkten zu ohne Mitwirkung des Gewalthabers, nach 612 ZPO. ist er für den Scheidungsprozeß prozeßfähig. Nur für den Geschäftsunfähigen nimmt der gesetzliche Vertreter die Ehekündigung vor, bedarf aber zur Klageerhebung der Genehmigung des Vormundschaftsgerichts.

3. Für die Erhebung und Durchführung der Scheidungsklage, die zu den „Ehesachen" gehört, gelten eine Reihe Besonderheiten (606 ff. ZPO.), die verhüten wollen, daß eine Ehe ohne zureichenden Grund geschieden wird.

a) Ausschließlich zuständig ist das Landgericht (regelmäßig das des allgemeinen Gerichtsstandes des Ehemannes), weil dadurch im Zweifel mehr Garantien für eine gute Rechtsprechung gegeben sind, und die Revision in jedem Fall ermöglicht wird (606 ZPO.).

b) Der Klage hat grundsätzlich ein Sühneversuch vor dem Amtsgericht vorherzugehen (608—11), bei dem die Parteien persönlich erscheinen müssen, und Beistände zurückgewiesen werden können (610 ZPO.).

c) Um die materielle Wahrheit zu ermitteln, ist die Verhandlungsmaxime (d. i. die Stoffherrschaft der Parteien) ausgeschaltet für alle sog. ehefeindlichen Tatsachen. Also kein Anerkenntnis- und Versäumnisurteil gegen den Beklagten! Keine Eideszuschiebung über solche Tatsachen, z. B. über Umstände, die einen Ehebruch beweisen sollen. Das Geständnis eines Scheidungsgrundes, z. B. einer Mißhandlung, darf nicht beachtet werden (617). — Ein richterlicher Eid kann dagegen über ehefeindliche Tatsachen auferlegt werden (475 ZPO.).

d) Das Gericht hat deshalb ein Inquisitionsrecht, d. h. es kann von den Parteien nicht vorgebrachte Tatsachen zur Aufrechterhaltung der Ehe berücksichtigen und eine Beweisaufnahme von Amts wegen anordnen (622 ZPO.). Es kann das persönliche Erscheinen der Parteien anordnen und durch Geldstrafen oder Vorführung erzwingen (619 ZPO.).

e) Der Staatsanwalt ist als defensor matrimonii zur Mitwirkung befugt, macht davon aber praktisch kaum Gebrauch (607 ZPO.).

f) Das Gericht muß das Verfahren von Amts wegen aussetzen, wenn die Scheidung nach 1568 wegen schuldhafter Ehezerrüttung beantragt ist, und die Aussicht auf Aussöhnung der Parteien nicht ausgeschlossen erscheint; ferner hat es auf Antrag des Klägers stets auszusetzen (Höchstdauer 2 Jahre, nicht mehr als einmal, 620).

Zusatz. Besonders geregelt ist in 627 ZPO. die einstweilige Verfügung in Ehesachen.

Während des Scheidungsprozesses kann das Prozeßgericht auf Antrag eines der Gatten durch einstweilige Verfügung für die Dauer des Rechtsstreites das Getrenntleben der Gatten gestatten, ihre gegenseitige Unterhaltspflicht nach Maßgabe des 1361 ordnen und wegen der Sorge für die Person der gemeinschaftlichen minderjährigen Kinder, soweit es sich nicht um die gesetzliche Vertretung handelt, Anordnungen treffen und die Unterhaltspflicht der Gatten den Kindern gegenüber im Verhältnis der Gatten zueinander regeln (627 ZPO.).

4. Um einer Vervielfältigung der Scheidungsprozesse entgegenzuwirken, ermöglicht die ZPO. dem Scheidungskläger tunlichst alle Angriffe auf die Ehe in einem Verfahren zusammenzufassen, und sie nötigt ihn sogar dazu. 614 ZPO. macht eine Ausnahme vom Verbot der Klageänderung und gestattet dem Scheidungskläger, bis zum Schluß der Verhandlung neue Scheidungsgründe vorzubringen, also z. B. die Klage neben dem Ehebruch nachträglich auch noch auf Lebensnachstellung zu stützen. Und 616 ZPO. dehnt den Umfang der Rechtskraft des abweisenden Urteils auch auf solche Tatsachen aus, die der Kläger im früheren Prozeß geltend machen konnte, sowie auf Tatsachen, auf die der Beklagte eine Widerklage hätte gründen können — nötigt also beide Parteien, von der Gestattung des § 614 ZPO. auch Gebrauch zu machen zwecks Vermeidung des Ausschlusses mit der Geltendmachung (Präklusion).

Die Ehefrau, die wegen Ehebruchs klagt, muß also die ihr bekanntgewordene Lebensnachstellung im selben Prozeß geltend machen und der verklagte Ehemann muß in demselben Rechtsstreit einen etwaigen Ehebruch seiner Frau vorbringen, sonst sind beide mit diesem Vorbringen ausgeschlossen.

Um das eheliche Verhältnis — wenn einmal geklagt worden ist — auch vollständig zum Gegenstand des Rechtsstreites zu machen, bestimmt 1572 ferner, daß Scheidungsgründe, mit deren Geltendmachung jemand wegen Fristablaufs ausgeschlossen ist, immer noch im Laufe eines aus einem andern Grunde begonnenen Rechtsstreites geltend gemacht werden können, falls die Frist (1571) wenigstens zur Zeit der Erhebung dieser Klage noch nicht verstrichen war.

5. Da die Scheidung — abgesehen von der Geisteskrankheit — nur wegen Verschuldens eines Gatten zulässig ist, müssen jedenfalls die Urteilsgründe über das Verschulden des geschiedenen Beklagten Aufschluß geben. Wegen der Rechtsfolgen, die an eine verschuldete Scheidung geknüpft sind, schreibt 1574 darüber hinaus den ausdrücklichen Ausspruch der Schuldigerklärung im Urteil

vor. Das soll in der Urteilsformel geschehen, doch genügt auch, wenn sich die Schuld aus den Urteilsgründen ergibt (RG. **99** 80). Wegen der Rechtsfolgen des Schuldausspruchs hat der Beklagte, dem ein Scheidungsgrund zur Seite steht, ein Interesse daran, Widerklage zu erheben, um auch eine Schuldigerklärung des Klägers zu erzielen. Sind Klage und Widerklage begründet, so sind beide Gatten für schuldig zu erklären — ohne daß an eine Aufhebung der beiden Ehescheidungsgründe (durch Aufrechnung) gedacht werden könnte, und ohne daß ein „Übergewicht der Schuld" festgestellt werden dürfte.

Irgendeinen Zwang zur Widerklage will das Gesetz aber nicht ausüben — für den Katholiken bestehen z. B. religiöse Bedenken, eine Trennung dem Bande nach zu verlangen —; deshalb stellt 1574 dem Beklagten frei, sich auf den schlichten Antrag zu beschränken, den siegreichen Kläger für mitschuldig zu erklären; dazu kann der Beklagte sogar Gründe benutzen, die er infolge Verzeihung (1570) oder Fristablaufs (1571) nicht mehr selbständig geltend machen könnte — falls diese Gründe nur zur Zeit, wo der Scheidungsgrund des Klägers eintrat, ihm noch zur Seite standen. Ähnlich wie bei der Aufrechnung genügt also, daß sich die beiderseitigen Scheidungsgründe zu gewisser Zeit unverziehen und unverjährt gegenüberstanden; nur führt das, anders als bei der Aufrechnung, nicht zur Aufhebung der Scheidungsgründe, sondern zum Ausschluß einseitiger Geltendmachung durch den Kläger. Mit Recht, denn es liegt die Annahme nahe, daß der Beklagte seinen Grund in der Erwartung verziehen oder nicht rechtzeitig geltend gemacht habe, daß auch der Kläger seinen Grund nicht geltend machen werde.

6. Kein Ehegatte hat das Recht zu verlangen, daß alle Scheidungsgründe, die er geltend macht, nachgeprüft werden. Steht auch nur einer fest und ist die Schuldfrage geklärt, so ist das Endurteil zu erlassen. Unzulässig ist dagegen nach der ständigen Rechtsprechung des Reichsgerichts (**58** 307, **104** 294) der Erlaß eines Teilurteils nur über die Klage oder die Widerklage oder eines Teilurteils auf Scheidung unter Offenhaltung der Schuldfrage.

7. Das Scheidungsrecht erlischt

a) bei allen Scheidungsgründen:

α) durch Ausübung, d. h. durch Klage, die zum rechtskräftigen Urteil führt (Klagezurücknahme ist möglich),

β) durch Auflösung oder Vernichtung der Ehe vor der Scheidung,

γ) durch prozessuale Konsumption nach 616 ZPO. (vgl. IV 4 dieses Paragraphen);

b) bei den Verschuldensgründen:

α) durch Verzeihung (1570).

Ihr Charakter ist außerordentlich streitig. Sie ist keine reine Gefühlsäußerung (ein Gatte kann den Ehebruch verzeihen, ohne sich innerlich mit dieser Kränkung abfinden zu können, und er kann nicht verzeihen, obwohl ihn der Ehebruch ganz gleichgültig gelassen hat). Sie ist aber auch keine Willenserklärung, denn sie ist nicht notwendig der Ausdruck einer rechtsgeschäftlichen Erfolgsabsicht. Sie ist vielmehr eine Rechtshandlung, durch die der Wille geäußert wird, die erlittene Kränkung als nicht geschehen zu behandeln und die Ehe fortzusetzen. Darin liegt immer die Bekundung einer gewissen Versöhnlichkeit, nicht aber stets die einer inneren versöhnlichen Gesinnung.

Deshalb finden die Vorschriften des Allgemeinen Teils über die Willenserklärung auf die Verzeihung nicht unmittelbar Anwendung, sondern nur soweit sie auf deren Eigenart passen. Ein Geschäftsunfähiger oder vorübergehend Geistesgestörter kann danach nicht wirksam verzeihen, wohl aber ein Geschäftsbeschränkter, der im natürlichen Sinne willensfähig ist. Ein geheimer Vorbehalt verdient keine Berücksichtigung. Ein Irrtum kann ohne förmliche Anfechtung geltend gemacht werden: fehlt die Kenntnis der Verfehlung, liegt eine Verzeihung überhaupt nicht vor, fehlt die Kenntnis von der Schwere der Verfehlung, liegt keine volle Verzeihung dieses Grundes vor. Doch kann der Wille dahin gehen, für jeden Fall zu verzeihen, wie es sich auch mit der fraglichen Verfehlung verhalten möge, oder selbst wenn noch andere nicht bekanntgewordene Verfehlungen vorgekommen seien. — Häufig (nicht schlechthin) wird in einem freiwilligen geschlechtlichen Verkehr trotz Kenntnis des Scheidungsgrundes eine Verzeihung zu erblicken sein.

β) Das Scheidungsrecht erlischt ferner durch Verzicht, d. i. die rechtsgeschäftliche Erklärung, das Scheidungsrecht aufzugeben oder nicht geltend zu machen — ohne daß auch der Wille vorhanden sein muß, die geschehene Kränkung als nicht erfolgt anzusehen (bestritten).

Die Ehefrau erklärt z. B., sie verzichte auf die gerichtliche Geltendmachung des Ehebruchs, könne ihn aber jetzt noch nicht verzeihen und werde das Haus des Mannes bis zur Beruhigung ihrer Gefühle verlassen. Warum man dem Hemmnisse in den Weg legen soll, so lange der Mann damit einverstanden ist, ist nicht einzusehen. — Der Verzicht kann selbstverständlich durch die Begleitumstände einen Verstoß gegen die guten Sitten bedeuten und ist dann nichtig, so z. B. wenn das Scheidungsrecht abgekauft wird.

Eine im voraus erklärte allgemeine Verzichtserklärung auf das Scheidungsrecht würde einen Freibrief für Ehevergehen geben und ist stets nichtig.

Auch ein im voraus erklärter Verzicht für einen bestimmten Fall oder eine bestimmte Art eheverletzenden Verhaltens verstößt gegen die guten Sitten und ist deshalb unwirksam — soweit ihm nicht als „Zustimmung" zu dem Eheverstoß durch § 1565 II die Bedeutung eines Ausschlußgrundes des Scheidungsrechts verliehen ist. Der rechtfertigende Gesichtspunkt ist in 1565 nicht in einer Befreiung von den ehelichen Pflichten durch Verzicht zu finden, sondern in der Milderung, die die Schwere des Eheverstoßes durch die tatsächliche Zustimmung oder Teilnahme des andern Gatten erfährt; zudem kann die Zustimmung jederzeit widerrufen werden. Auch bei den relativen Scheidungsgründen wird die im voraus erteilte Zustimmung im einzelnen Fall tatsächlich die „schwere" Pflichtverletzung mildern oder ausschließen können.

γ) Das Scheidungsrecht erlischt durch Fristablauf (1571). Die Scheidungsklage muß binnen 6 Monaten seit Kenntnis des Scheidungsgrundes erhoben werden, und ist ausgeschlossen, wenn seit dessen Eintritt 10 Jahre verstrichen sind.

Der Lauf der Fristen wird durch Aufhebung der häuslichen Gemeinschaft gehemmt (1571 II). Dazu ist der schuldlose Gatte nach 1353 II 2 berechtigt. Durch die Trennung vermag er sich also dem Druck auf alsbaldige Erhebung der Scheidungsklage zu entziehen und sich das Scheidungsrecht auf unbestimmte Zeit zu erhalten. Demgegenüber kann dann der schuldige Gatte, um nicht zu lange hingehalten zu werden, dem Klageberechtigten eine Frist setzen zur Herstellung der häuslichen Gemeinschaft oder zur Klageerhebung.

Tatsachen, die infolge Verzeihung, Verzicht, Fristablauf oder prozessualem Ausschluß nach 616 ZPO. zur selbständigen Begründung einer Scheidungsklage nicht mehr verwandt werden können, dürfen wenigstens noch später zur Unterstützung einer auf neue Tatsachen gegründeten Scheidungsklage oder einer Scheidungswiderklage oder eines Antrags auf Mitschuldigerklärung geltend gemacht werden (1573). Es genügt also, wenn die neuen Tatsachen einen Scheidungsgrund abgeben, falls man sie im Zusammenhang mit den ausgeschlossenen betrachtet. Die Versöhnlichkeit oder Nachsicht des schuldlosen Gatten würde schlecht gelohnt, wenn weitere Verfehlungen des schuldigen als erstmalige behandelt werden müßten.

V. Die Scheidungswirkungen.

Die Wirkungen der Scheidung treten erst mit der Rechtskraft des Urteils ein, aber auch sofort mit der Rechtskraft. Der Randvermerk über die Scheidung im Standesregister (PersStG. 55) hat nur bekundende Bedeutung. Das Urteil ist also ein Gestaltungsurteil. Es bewirkt die Auflösung der Ehe für die Zukunft und hat keine rückwirkende Kraft wie die Anfechtung.

Gewisse Vorwirkungen sind freilich schon an die Erhebung der Scheidungsklage geknüpft (1933, 2077).

Mit der Rechtskraft des Urteils fallen die eherechtlichen Wirkungen grundsätzlich fort: die eheliche Gemeinschaft wird aufgehoben, ebenso der Güterstand, die Frau verliert den Wohnsitz des Mannes, jeder Gatte kann wieder heiraten, auch den geschiedenen Gatten.

Gewisse Nachwirkungen der Ehe bleiben aber erhalten.

1. Nachwirkungen zwischen den Gatten.

a) Persönliche Wirkungen. Die Frau behält den Familiennamen des Mannes (1577). Sie darf aber auch ihren Mädchennamen wieder annehmen (mit dem Zusatz „Frau") — oder auch, wenn sie in der späteren Ehe nicht für allein schuldig erklärt ist, den Namen einer früheren Ehe. Der für allein schuldig erklärten Frau kann der Mann die Führung seines Namens durch Erklärung gegenüber der zuständigen Behörde (in Preußen Standesamt) untersagen, wodurch sie ihren Mädchennamen wiedererlangt (1577; PreußAG. 68).

Die durch die Ehe begründeten Schwägerschaften bleiben bestehen (1590 II).

Die geschiedenen Gatten bleiben im Prozeß zeugnisverweigerungsberechtigt (51, 2 StPO., 383, 2 ZPO.).

b) Unter den vermögensrechtlichen Wirkungen ist die wichtigste die Fortdauer der Unterhaltspflicht — denn sonst könnte man sich ja durch Herbeiführung eines Scheidungsgrundes von dieser unter Umständen drückenden Verbindlichkeit befreien.

Die Unterhaltspflicht lastet aber nur auf dem allein für schuldig erklärten Gatten; sind beide für schuldig erklärt, fällt die Unterhaltspflicht fort (1578).

Bei der Scheidung wegen Geisteskrankheit, wo keiner für schuldig erklärt wird, tritt der geistig Gesunde an die Stelle des Schuldigen und muß den erkrankten Gatten unterhalten (1583).

Die Unterhaltspflicht entspricht aber nicht der während der Ehe bestehenden, sondern ist nach dem Vorbild der gesetzlichen Unterhaltspflicht der Verwandten (wenn auch mit erheblichen Abweichungen) geregelt; sie ist also abgeschwächt. Die Unterhaltsgewährung setzt Bedürftigkeit des Unschuldigen und Leistungsfähigkeit des schuldigen Gatten voraus. Das Maß des Unterhalts bestimmt sich nach der Lebensstellung des Bedürftigen. Zu leisten ist nicht durch Naturalversorgung, sondern Zahlung einer Geldrente — aus wichtigem Grund auf Verlangen des Berechtigten durch Kapitalabfindung (1580). Die Verpflichtung des Mannes ist auch hier — wie während der Ehe — schärfer als die der Frau.

α) Ist der Mann allein für schuldig erklärt, so hat er seiner Frau Unterhalt zu gewähren, soweit sie diesen nicht aus Vermögenseinkünften und Arbeitseinkommen zu bestreiten vermag (während der Ehe kann sie schlechthin Unterhalt fordern). Arbeitserträge braucht sie sich aber nur dann anrechnen zu lassen, wenn eigene Erwerbstätigkeit nach den Verhältnissen, worin die Gatten gelebt haben, üblich ist — z. B. die Fortsetzung des Sängerberufs der Opernsängerin nach der Heirat mit einem Opernsänger, während einer geschiedenen Bauersfrau nicht zugemutet werden kann, als Dienstmagd in Stellung zu gehen (RG. Warneyer 1913 Nr. 372).

Den Stamm ihres Vermögens braucht also die Frau nicht anzugreifen, wohl aber der Mann. Anders nur, wenn der Mann seinen eigenen standesgemäßen Unterhalt nicht mehr hat oder einem minderjährigen, unverheirateten Kinde oder einer neuen Frau Unterhalt gewähren muß: dann ist er ganz befreit, solange die Frau ihren Unterhalt aus dem Stamm ihres Vermögens bestreiten kann (1579 II). Erst wenn sie den ganzen Stamm — vom unentbehrlichen Hausrat abgesehen — verbraucht hat, tritt die Unterhaltspflicht des Mannes wieder ein; dieser darf aber von den verfügbaren Einkünften $^2/_3$ und jedenfalls den Notbedarf zurückhalten; falls er minderjährigen, unverheirateten Kindern oder einer neuen Frau Unterhalt zu gewähren hat, beschränkt sich seine Verpflichtung gegenüber der geschiedenen Frau auf eine nach „Billigkeit" festzusetzende Summe (1579 I).

β) Ist die Frau allein für schuldig erklärt, hat sie ihrem Mann (ganz wie in der Ehe) nur soweit Unterhalt zu gewähren, als er außerstande ist, sich selbst zu unterhalten, also weder Vermögen hat, noch erwerbsfähig ist (1578 II). Ist ihr eigener standesmäßiger Unterhalt gefährdet, braucht sie nur zu geben, was sie über ihren Notbedarf hat; sie darf nach den Grundsätzen des 1579 I $^2/_3$ ihrer Einkünfte, jedenfalls den Notbedarf, zurückhalten, und falls sie minderjährigen Kindern oder einem neuen Gatten pflichtig ist, sich auf eine der Billigkeit entsprechende Unterstützung des geschiedenen Mannes beschränken. Zur Bemessung ihrer Leistungsfähigkeit muß bei einer Wiederverheiratung freilich nicht nur das Vorbehaltsgut, sondern auch das eingebrachte Gut berücksichtigt werden; und bei den Güterständen der Gemeinschaft bestimmt sich die Unterhaltspflicht nach dem Gesamtgut (1581, 1604).

Die Unterhaltspflicht erlischt durch Wiederverheiratung, Tod oder Verzicht (RG. JW. 1916, 575) des Berechtigten, dagegen nicht mit dem Tod des Verpflichteten (1581, 1582); sie geht also auf dessen Erben über, doch muß sich der Berechtigte die Herabsetzung der Rente auf die Hälfte der Einkünfte gefallen lassen, die der Erblasser zur Zeit seines Todes bezogen hat, richtiger beziehen konnte (RG. **70** 213), (1582). Dafür wird der Anspruch aber auch unabhängig von einer späteren Veränderung der Leistungsfähigkeit des Pflichtigen.

c) Schenkungen, die die Gatten einander während des Brautstandes oder der Ehe gemacht haben, bleiben bestehen. Jedoch kann, wenn ein Gatte allein für schuldig erklärt ist, der andere die von ihm gemachten Schenkungen, auch die Anstandsgeschenke — so lange beide leben — binnen Jahresfrist widerrufen (1584). Kein Widerrufsrecht bei Geisteskrankheit!

2. Wirkungen der Scheidung im Verhältnis zu den Kindern.

Das Eltern- und Kindesverhältnis bleibt trotz der Scheidung bestehen, namentlich auch die Unterhaltspflicht, die auf der Verwandtschaft, nicht der Ehe beruht. Da jeder Gatte Rechte und Pflichten gegenüber den Kindern hat, mußte das Gesetz den Widerstreit der Interessen lösen. Statt dabei in erster Linie das Wohl der Kinder zu berücksichtigen, hat es für die Verteilung der Kinder an die Eltern und die Gestaltung der Elternrechte eine wenig glückliche Lösung gefunden, die die berechtigten Belange von Frau und Kindern mißachtet.

a) Was die elterliche Gewalt angeht, so hat die Scheidung nur Einfluß auf das Recht und Pflicht zur Personenfürsorge, die allerdings nach der Trennung der Ehe nicht mehr gemeinschaftlich ausgeübt werden kann. Auch hier ist die Schuldfrage von ausschlaggebender Bedeutung. Das Gesetz spricht schablonenhaft dem unschuldigen Teil die Personenfürsorge zu; wenn beide schuldig sind, verteilt es sie nach dem Geschlecht und Alter der Kinder: bei Töchtern sowie bei Söhnen unter 6 Jahren steht sie der Mutter, bei Söhnen über 6 dem Vater (1635) zu.

Das Vormundschaftsgericht kann allerdings aus besonderen Gründen eine abweichende Anordnung treffen, diese auch später wieder aufheben (1635), vorher hat es nach JugendwohlfahrtsG. 43 I das Jugendamt zu hören. Stets behält der von der Personenfürsorge ausgeschlossene Gatte das Recht des persönlichen Verkehrs mit dem Kinde; das Vormundschaftsgericht kann den Verkehr näher regeln, aber nicht ganz ausschließen (1636, KGKGJ. 41, 11 ff.).

Muß schon die schablonenhafte grundsätzliche Verteilung der Personenfürsorge unter dem Gesichtspunkt des Verschuldens der Eltern statt der Wohlfahrt der Kinder Bedenken erregen, so ist es ein völliger Fehlgriff, wenn das Recht zur Vertretung des Kindes und zur Nutznießung des Kindesvermögens von der Personenfürsorge getrennt und dem Vater belassen wird, auch wenn er der allein schuldige Teil ist (1635 II 1). Eine geradezu frauenfeindliche Lösung, die dem Mann das Recht gibt, sich andauernd in das Verhältnis der Frau auch zu den ihr zugesprochenen Kindern hineinzumischen. Weitaus glücklicher bestimmt Art 156 SchweizZivilGB., daß der Richter die nötigen Verfügungen über die Gestaltung der Elternrechte und der persönlichen Beziehungen trifft (Art 156), und daß die ganze elterliche Gewalt dem zusteht, dem die Kinder zugewiesen werden (Art 274 III).

b) Die Unterhaltspflicht wird durch die Scheidung grundsätzlich nicht berührt. Insofern aber der Vater vor der Mutter unterhaltspflichtig ist (1606 II), soll nach der Scheidung auch die Mutter einen angemessenen Beitrag leisten aus den Einkünften ihres Vermögens oder dem Ertrag von Arbeit oder Erwerbsgeschäft. Dabei ist bedeutungslos, ob sie unschuldig ist und die Personenfürsorge hat oder nicht. Die unschuldige Frau muß also auch für die ihr zugewiesenen Kinder ihren Beitrag an den Mann abführen und erhält ihn mit den Unterhaltsleistungen des Mannes zurück. Zur eigenen Verwendung darf sie ihren Beitrag für die ihr zugewiesenen Kinder nur zurückbehalten, wenn sonst eine erhebliche Gefährdung des Unterhalts der Kinder zu besorgen ist (1585). Auch das ist höchst unzweckmäßig und unbillig!

VI. Scheidungerleichternde Abkommen.

Die Erschwerung der Scheidung durch das Gesetz führt die zur Trennung entschlossenen Gatten, denen ein gesetzlicher Scheidungsgrund nicht zur Seite steht, in vielen Fällen zu einer Verständigung über die Durchführung der Scheidung und ihre Folgen. Auch wo ein gesetzlicher Scheidungsgrund gegeben ist, empfiehlt sich nicht selten eine vorherige Vereinbarung über die Scheidungsfolgen, weil die Durchführung des Scheidungsprozesses regelmäßig so viel persönliche Erbitterung erzeugt, daß eine gütliche Auseinandersetzung hinterher kaum noch möglich ist. Deshalb haben sich derartige Abkommen namentlich eingebürgert, wo sich schwierige finanzielle Auseinandersetzungen an die Lösung der Ehe knüpfen; die Gatten haben z. B. ein Haus gebaut oder gekauft, zusammen ein Geschäft betrieben oder Mittel hineingesteckt, der Ehemann ist für die Dauer der Ehe als Teilhaber in eine Familiengesellschaft aufgenommen worden usw.

Der Gültigkeit derartiger Abkommen steht nicht schlechthin entgegen, daß sie die Scheidung erleichtern. Eine gewisse Erleichterung bedeutet schon der Abschluß eines solchen Abkommens an sich, ganz abgesehen von seinem besonderen Inhalt; denn die Voraussetzungen oder Folgen der Scheidung werden übersehbar und weiteren Prozessen wird vorgebeugt. Das kann keinenfalls genügen, um einem Abkommen über die Scheidung den Stempel der Unsittlichkeit aufzudrücken. An der Vermeidung unnötiger Prozesse hat der Staat selbst ein Interesse. Die Rechtsprechung hat deshalb keinen Anlaß, solchen Abkommen entgegenzuwirken, wenn es sich um eine anständige, redliche Auseinandersetzung handelt — wenn also ihr näherer Inhalt keine Bedenken erregt, namentlich keinen Anreiz zur Scheidung schafft. Nichtig sind nur die scheidungerleichternden Abkommen, die die Scheidung unzulässig erleichtern, die einen besonderen Antrieb zur Scheidung bedeuten, indem sie z. B. einen Gatten verpflichten, einen erdichteten Scheidungsgrund vorzubringen oder einen Scheidungsgrund (z. B. einen Ehebruch) zu setzen oder eine Einrede, die das Erlöschen des Scheidungsrechts dartut, nicht vorzubringen, oder indem sie an ein die Scheidung beförderndes Verhalten besondere Vorteile knüpfen, etwa für den Fall der Alleinschuldigerklärung des Mannes einen Verzicht der Frau auf Unterhaltsansprüche und die Übernahme der Kosten des Scheidungsprozesses durch sie enthalten usw. Schlechthin unsittlich werden derartige Abmachungen, wenn sich ein Teil für sein Verhalten im Scheidungsprozeß eine besondere Gegenleistung versprechen, wenn er sich seine Mitwirkung „abkaufen" läßt (vgl. RG. JW. 1916 S. 575).

Unbedenklich sind dagegen z. B. Vereinbarungen, wodurch ein Gatte freiwillig gibt, was er nach dem Gesetz geben müßte — und nur der Umfang des Anspruchs näher festgesetzt wird, um einen weiteren Prozeß zu vermeiden, ohne daß dabei die Absicht zutage tritt, die Scheidung durch die Höhe der Festsetzung zu befördern. Man denke an eine Regelung der Unterhaltspflicht der Gatten für den Fall der Scheidung — die in 1614 bestimmte Nichtigkeit des Verzichts auf den Unterhaltsanspruch für die Zukunft steht nicht entgegen (vgl. 1580) —, an Abmachungen über die Beitragsleistung der Ehefrau gemäß 1585, an Bestimmungen, wer das gemeinschaftlich bewohnte Haus oder gemeinschaftlich betriebene Geschäft zu übernehmen habe und was dem andern dafür zu vergüten sei, wie das Auseinandersetzungsguthaben des aus einer Familiengesellschaft Ausscheidenden zu berechnen sei usw. Auch wenn dabei der Geldentwertung über das Maß des Aufwertungsgesetzes hinaus Rechnung getragen wird, dürfte das nicht ohne weiteres zu beanstanden sein. Die näheren Umstände und der Zweck der Aufwertung sind entscheidend.

Was insbesondere die Abmachungen über das Erziehungsrecht angeht, so steht einem Verzicht darauf nach der herrschenden Ansicht der Pflichtcharakter dieses Rechts, seine sozialrechtliche Funktion entgegen. Dagegen ist es unbedenklich, wenn der sorgeberechtigte Gatte die Ausübung der Personenfürsorge dem andern Gatten überläßt, so daß er zum jederzeitigen Widerruf berechtigt bleibt (RG. JW. 1903, S. 63; Warneyer 1912 Nr. 115). Gegen die guten Sitten verstößt ein solcher Vertrag auch nicht schon deshalb, weil die Gatten in ihm gleichzeitig ihre vermögensrechtlichen Beziehungen regeln, sondern erst dann, wenn die Überlassung der Sorge durch den sorgeberechtigten Gatten als Mittel zur Erlangung besonderer Vorteile benutzt wird (RG. Warneyer 1905 Nr. 102).

§ 27. III. Kapitel. Die Aufhebung der ehelichen Gemeinschaft.

I. Grundsätzliches. Das kanonische Recht verwirft die Scheidung einer vollzogenen christlichen Ehe dem Bande nach (cod. iur. can. can. 1118). Dagegen gestattet es aus gewissen Gründen eine ständige oder zeitweilige Aufhebung der ehelichen Gemeinschaft, separatio tori, mensae, habitationis (Trennung von Tisch und Bett), (cod. iur. can. can. 1128 ff.).

Im Kulturkampf (RPersonenstG. von 1875 § 77) war die ständige Trennung von Tisch und Bett beseitigt und für ganz Deutschland durch die Scheidung dem Bande nach ersetzt worden, was für die gläubigen Katholiken das Dilemma mit sich brachte, entweder die Gebote der Kirche zu übertreten oder die verhaßten Bande einer zerrütteten Ehe lebenslänglich zu tragen. Aus Rücksicht für das Empfinden der katholischen Volkskreise, um ihnen einen gangbaren Weg zur Lösung einer unhaltbaren Ehe zu eröffnen, hat das BGB. die Möglichkeit geschaffen, statt der Scheidung nur den milderen Antrag auf Aufhebung der ehelichen Gemeinschaft zu stellen (1575). Diese Einrichtung, von der übrigens kaum Gebrauch gemacht wird, entspricht in ihrer Benennung der kanonischen Trennung von Tisch und Bett, doch ist ein lebhafter Streit darüber entbrannt, ob sie sich auch ihrem Wesen nach mit der kirchlichen Einrichtung deckt. Namhafte Rechtslehrer leugnen das und legen dem auf Aufhebung der Gemeinschaft lautenden Urteil die Wirkung der Auflösung der Ehe bei, soweit das Gesetz nicht ausdrücklich von den Scheidungswirkungen Ausnahmen macht (1586/87), (vgl. Wolff, Familienrecht § 37 II u. III).

Die Stellungnahme zu dieser Streitfrage setzt eine vorhergehende Darstellung der gesetzlichen Regelung voraus.

II. Voraussetzungen des Rechts auf Aufhebung der Gemeinschaft.

Aus den nämlichen Gründen, aus denen ein Ehegatte auf Scheidung zu klagen berechtigt ist, kann er auch den milderen Antrag auf Aufhebung der ehelichen Gemeinschaft stellen. Dann darf der Richter nur auf Aufhebung erkennen, es sei denn, daß der andere Gatte für den Fall des klägerischen Sieges auf Scheidung besteht; in diesem Falle ist gleichwohl auf Scheidung zu erkennen (1575).

Auch nach der Rechtskraft des Aufhebungsurteils kann noch nachträglich jeder Gatte seine Umwandlung in ein Scheidungsurteil verlangen, es sei denn, daß nach Erlaß des Aufhebungsurteils die eheliche Gemeinschaft wieder hergestellt worden ist. Nach der Wiederherstellung der ehelichen Gemeinschaft kann die Scheidungsklage nur nach den allgemeinen Grundsätzen erhoben werden, der Kläger müßte also neue Tatsachen vorbringen.

III. Das Verfahren bei der Umwandlungsklage untersteht den gleichen Grundsätzen wie die Scheidungsklage, was die Zuständigkeit des Gerichts und die Notwendigkeit eines Sühneversuchs angeht (639, 608—611 ZPO.). Es findet aber keine Nachprüfung des Scheidungsgrundes statt, der Richter hat mechanisch das Aufhebungsurteil in ein Scheidungsurteil umzuwandeln, wenn nicht der Einwand gemacht wird, die Gemeinschaft sei inzwischen wieder hergestellt worden. Nachherige Verzeihung schließt dagegen die Umwandlungsklage nicht aus. Die Kosten des Prozesses hat der schuldige Teil zu tragen.

IV. Die Rechtsfolgen des Aufhebungsurteils werden vom Gesetz dahin festgelegt, daß „die mit der Scheidung verbundenen Wirkungen eintreten". Davon macht das Gesetz folgende ausdrückliche Ausnahmen:

1. Die Eingehung einer neuen Ehe ist ausgeschlossen (1586 Satz 1), Wiederverheiratung wäre Bigamie (1309, 1326; StGB. 171).

2. Die Vorschriften über die Nichtigkeit und Anfechtbarkeit der Ehe finden Anwendung, wie wenn das Aufhebungsurteil nicht ergangen wäre (1586 Satz 2).

3. Die Gatten können die eheliche Gemeinschaft jederzeit durch formlose Willensübereinstimmung wiederherstellen; damit fallen — ohne rückwirkende Kraft — die Scheidungswirkungen weg und treten die vollen Ehewirkungen ein, nur gilt anstatt des bisherigen Güterstandes kraft Gesetzes Gütertrennung (1587).

V. Die rechtliche Natur der Aufhebung ist zu bestimmen mit Rücksicht auf die geschichtliche Entwicklung und den Zweck der Einrichtung, nicht in erster Linie im Hinblick auf die Terminologie und Logik.

Daher ist abzulehnen die Ansicht von Seckel, Wolff, Wieruszowski, Oertmann u. a., wonach die „Aufhebung" nur nach den drei erwähnten Richtungen das Eheband bestehen läßt, in allen übrigen Beziehungen aber die Ehe dem Bande nach löst.

Das ist eine überspitze Logik, die mit einem teilbaren Fortbestehen des Ehebandes arbeitet, das natürlich „denkbar" ist, aber einer unbefangenen Anschauung Gewalt antut. Daß eine grundsätzlich aufgelöste Ehe noch der Vernichtung und Anfechtung unterliegen soll, daß aus einer dem Bande nach gelösten Ehe durch formlose Einigung eine wirksame Ehe geschaffen werden kann, ist schwer verständlich, zum mindesten gekünstelt. Weit natürlicher ist die Auffassung, daß die Ehe zwar dem Bande nach bestehen bleibt, daß aber das Rechtsverhältnis in der Hauptsache zur Wirkungslosigkeit verurteilt ist.

Also Fortfall der ehelichen Pflichten und der güterrechtlichen Wirkungen sowie des Erb- und Pflichtteilsrechts; die Frau teilt nicht mehr den Wohnsitz des Mannes und kann selbständig einen Wohnsitz begründen (RG. **59** 337), für ihre Namenführung gelten die Scheidungsregeln des § 1577; ein Ehebruch der Getrenntlebenden kann nicht geltend gemacht werden, die Vermutung zugunsten der Ehelichkeit der von der Frau geborenen Kinder (1591) gilt nicht.

Danach bleibt allerdings von den Ehewirkungen wenig übrig, und da das Wenige täglich nach dem Willen auch nur eines Gatten beseitigt werden kann, ist zweifellos die „Aufhebung der Gemeinschaft" nach BGB. in ihrer technischen Ausgestaltung von der kanonischen und der im österreichischen und italienischen Privatrecht anerkannten „Trennung von Tisch und Bett" erheblich verschieden, sie steht in vielen Punkten der Scheidung näher. Aber es fragt sich doch, ob es zweckmäßig ist, das in den Vordergrund zu stellen, ob es nicht vielmehr richtiger ist, mit Rücksicht auf den Zweck der Einrichtung und die Fortdauer des Bandes eine gewisse Gleichwertigkeit der Rechtsinstitute anzuerkennen. Das hat die größte Bedeutung für das internationale Privatrecht. Können Österreicher und Italiener vor deutschen Gerichten auf Trennung von Tisch und Bett klagen? Nach dem Haager Abkommen über die Ehescheidung vom 12. Juni 1902 können die Gatten eine Klage auf Scheidung oder auf Trennung von Tisch und Bett nur erheben, wenn sowohl die Rechtsordnung des Heimatstaates wie des Prozeßstaates in der Anerkennung des Rechtsinstituts der Scheidung oder der Trennung übereinstimmen. Falls man nun mit Wolff u. a. die Gleichwertigkeit zwischen der österreichischen und der italienischen „Trennung von Tisch und Bett" und der deutschen „Aufhebung der ehelichen Gemeinschaft" leugnet, ist dem Österreicher und Italiener, da ihr Recht die Scheidung dem Bande nach nicht kennt, in Deutschland sowohl die Klage auf Scheidung wie auf Aufhebung versagt. Ein höchst unbefriedigendes Ergebnis, zu dem das RG. für eine nach EGBGB. 17 zu beurteilende Klage allerdings gekommen ist im Hinblick auf Abs. IV dieses Paragraphen, worin nur von „Scheidung", nicht mehr von „Aufhebung" die Rede ist. Eine freiere Auslegung hätte zu der Erkenntnis führen müssen, daß der Ausdruck „Scheidung" im Abs. IV in demselben allgemeinen Sinne gebraucht wird, in dem er in Abs. I verstanden wird, wo auch die „Aufhebung der ehelichen Gemeinschaft" und die „Trennung von Tisch und Bett" darunter fallen. Nimmt man das an, so wäre auf Grund der Gleichwertigkeit dieser Institute — mag ihre juristisch-technische Ausgestaltung noch so verschieden sein — die Klage des Österreichers an sich zulässig gewesen. Jedenfalls sollte man für die Haager Abkommen die Äquivalenz der „Aufhebung" und der „separation des corps et des biens, Trennung von Tisch und Bett" zugestehen (so auch Zitelmann, Int. Privatr. II 793; Kohler, Familienr. 176/177; Lewald in Strupps Wörterbuch des Völkerrechts und der Diplomatie zu den „Haager Konventionen").

II. Abschnitt.

Kindschafts- und Verwandtschaftsrecht.

§ 28. Die Familie als Entwicklungs- und Erziehungsstätte des Staatsbürgers. — Beteiligung des Staates an der Jugendfürsorge. Die Jugendwohlfahrtsgesetzgebung.

I. Die Familie als zunächst zur Erziehung berufener Sozialverband.

Im Eltern- und Kindesrecht stoßen die gegensätzlichen Mächte, die eine gerechte Ordnung des Familienrechts erschweren, erneut zusammen (vgl. § 2 dieses Buches).

Im Vordergrund steht das Interesse des Staates an der Erziehung des Nachwuchses zu leiblicher, seelischer und gesellschaftlicher Tüchtigkeit (RV. 120). Der Staat erkennt aber den durch Blutsverwandtschaft zusammengehaltenen Familienverband als zunächst zur Erfüllung dieser Aufgabe berufen an. Er behält sich nur die Oberaufsicht und ein Recht zum Eingriff vor, wo die elterliche Fürsorge und Erziehung versagen.

Damit die Familie ihrer Aufgabe gerecht werden kann, muß die Stellung der Eltern entsprechend gestärkt und gefestigt werden. Als Mittel dazu dient die Einrichtung der elterlichen Gewalt, eines absoluten Herrschaftsrechtes, kraft dessen sein Inhaber auf die Person und das Vermögen des Kindes einzuwirken vermag.

Diese Gewalt darf aber nicht als ein vorwiegend eigennütziges Herrschaftsrecht ausgestaltet werden, wie es die patria potestas des römischen Rechts war. Sonst müßte sie der freien Entfaltung des Kindes zu lebenstüchtiger Persönlichkeit hinderlich werden. Vielmehr hat die Ausgestaltung der Gewalt dem Zwecke Rechnung zu tragen, zu dem sie vorwiegend anerkannt wird. Da sie den Eltern in erster Linie um des Kindes willen zugesprochen wird, steht die Pflichtenseite im Vordergrund; die elterliche Gewalt ist als ein Pflichtrecht auszubauen, dessen Ausübung die Entwicklung des Kindes zur Persönlichkeit fördert und nicht hemmt. Der deutschrechtlichen Munt ist dieser Gedanke der Fürsorge, eines Rechts- und Pflichtverhältnisses, immer eigen gewesen.

Das BGB. hat versucht, einen Ausgleich zu schaffen zwischen der patriarchalischen Auffassung des römischen Rechts und den individualistischen Forderungen unserer Zeit nach freier Entfaltung der Persönlichkeit des Kindes, wie sie in dem Schlagwort vom „Jahrhundert des Kindes" zum Ausdruck kommen.

Das Gesetz hat zwar die dem älteren deutschen Recht eigentümliche frühe Selbständigkeit der Jugendlichen nicht übernommen: Heirat macht z. B. nicht mündig. Aber es hat die elterliche Gewalt gemildert, das Züchtigungsrecht nur in „angemessenen" Grenzen anerkannt, die Arbeitspflicht des Kindes beschränkt und ihm eine freiere Stellung bezüglich des selbständigen, außerhäuslichen Arbeitsverdienstes zuerkannt. Vor allem sieht es die obrigkeitliche Überwachung der Handhabung der elterlichen Gewalt vor, ähnlich wie beim Vormund, nur in begrenzterem Rahmen.

II. Die Teilnahme des Staates und öffentlichrechtlicher Verbände an der Jugendfürsorge. — Die Jugendwohlfahrtsgesetzgebung.

1. Unzulänglichkeit der Familienerziehung.

Mit fortschreitender wirtschaftlicher Entwicklung und Zivilisation, sowie Zusammenballung der Menschen in großen Städten mehren sich die Verfallerscheinungen. Die Kraft der elterlichen Liebe und Hingabe wird geringer, die außerhäusliche, wirtschaftliche Betätigung der Frau hindert sie an der gewissenhaften Erfüllung ihrer Mutterpflichten, zahllose ungesunde Einflüsse dringen auf die Jugend ein; daher versagt oft die Familienaufsicht über den Einzelnen.

Das BGB., das ein zu großes Vertrauen auf die sittlichen Kräfte im Familienleben zeigt, ist dieser Entwicklung nicht hinreichend gerecht geworden. Seine Voraussetzungen und Sicherungen für ein rechtzeitiges und wirksames Eingreifen der Vormundschaftsbehörden haben sich als unzulänglich erwiesen, auch fehlten hinreichende Möglichkeiten, ein Kind bei Versagen der natürlichen Familie anderweit unterzubringen. Die Erkenntnis dieser Mängel vertiefte sich in dem Maße, als es der Aufklärungsarbeit der letzten Jahrzehnte gelang, das Recht des Kindes auf Entwicklung seiner Persönlichkeit zur Anerkennung zu bringen. Einen gewissen Abschluß fand diese Bewegung in der Bestimmung des Art 120 RV., daß die Erziehung des Nachwuchses zur leiblichen, seelischen und gesellschaftlichen Tüchtigkeit zwar oberste Pflicht und natürliches Recht der Eltern sei, die staatliche Gemeinschaft aber über deren Betätigung wache.

Noch stärker als bei den unter elterlicher Gewalt stehenden Kindern trat das Versagen der staatlichen Aufsicht und Fürsorge für die Jugend hervor bei den unter Vormundschaft stehenden Kindern, namentlich den unehelichen Kindern. Das BGB. geht von der Auffassung aus, es werde sich stets eine geeignete Persönlichkeit zur grundsätzlich ehrenamtlichen Führung der Vormundschaft finden lassen; es kennt deshalb grundsätzlich nur die Einzelvormundschaft (1773). Diese Gestaltung der Dinge rechnet aber nicht mit den Verhältnissen der modernen Großstadt, die das Gefühl der Familienzusammengehörigkeit lockert; die Großstadt läßt ihrem mit seinen eigenen Angelegenheiten schon überbeschäftigten Bürger kaum Zeit und Lust zur Übernahme derartig verantwortungsvoller Ehrenämter.

Zur Ausfüllung dieser Lücken des Gesetzes schritten die Länder zum Teil zur Einrichtung von Anstalts- und Berufsvormundschaften, die auf Grund des Art 136 EG. unter gewissen Voraussetzungen zugelassen waren. Daneben setzte die freie Liebestätigkeit in Vereinen ein. Die Kommunalverwaltungen nahmen sich der Jugendfürsorge und Wohlfahrtspflege an. Aus dieser kaum zu überbietenden Zersplitterung konnte nur eine einheitliche, öffentlichrechtliche Regelung der Jugendfürsorge als eines Sondergebietes der sozialen Fürsorge retten.

2. Das Reichsjugendwohlfahrtsgesetz.

Dem Drängen zweier Vereinigungen, nämlich des „Deutschen Vereins für öffentliche und private Fürsorge" und des „Archivs deutscher Berufsvormünder" ist es vor allem zu danken, daß dem Reich in Art. 7 Ziffer 7 der RV. v. 11. 8. 1919 die Gesetzgebungsgewalt übertragen wurde über:

„Die Bevölkerungspolitik, die Mutterschafts-, Säuglings-, Kinder- und Jugendfürsorge".

Nachdem bereits von den Ländern Württemberg und Sachsen eine landesgesetzliche Regelung der Materie versucht war, kam es 1921 infolge einer Interpellation der Frauenabgeordneten sämtlicher Reichstagsfraktionen zur Vorlage eines im Reichsrat ausgearbeiteten Entwurfs eines Reichsgesetzes. Am 9. Juli 1922 wurde das „Reichsjugendwohlfahrtsgesetz" im RGBl. I 633 veröffentlicht. Es spricht in § 1 jedem deutschen Kinde „ein Recht auf Erziehung zur leiblichen, seelischen und gesellschaftlichen Tüchtigkeit zu". Das Recht und die Pflicht der Eltern zur Erziehung sollen durch das Gesetz nicht berührt werden, d. h. gegen den Willen des

Erziehungsberechtigten soll ein Eingreifen nur zulässig sein, wenn ein Gesetz es erlaubt. „Insoweit der Anspruch des Kindes auf Erziehung von der Familie nicht erfüllt wird, tritt — unbeschadet der Mitarbeit freiwilliger Tätigkeit — öffentliche Jugendhilfe ein".

Die Ausführung dieses Programms macht grundsätzlich keinen Unterschied zwischen den unter elterlicher Gewalt oder Vormundschaft stehenden Kindern. Ganz mit Recht, da das Kind als solches ein Objekt der sozialen Fürsorge der Gesellschaft ist. In der öffentlichrechtlichen Jugendpflege kann der Vater keine Vorzugsstellung vor dem Vormund verlangen, das Wohl des Kindes ist das einzige Leitziel.

Im einzelnen enthält das RJWG.:

a) Eine planmäßige Organisation der Jugendwohlfahrtsbehörden in Jugendämter (3—12), Landesjugendämter (12—14) und ein Reichsjugendamt (15—17).

Die Jugendämter sind als Einrichtungen von Gemeinden oder Gemeindeverbänden zu errichten (8), die Landesjugendämter als Einrichtungen der Länder (12). Als Aufgaben des Jugendamts zählt § 3 auf: 1. den Pflegekinderschutz (19—31); 2. die Mitwirkung im Vormundschaftswesen, insbesondere die Tätigkeit des Gemeindewaisenrats (32—48); 3. die Fürsorge für hilfsbedürftige Minderjährige (49—55); 4. die Mitwirkung bei der Schutzaufsicht und Fürsorgeerziehung (56—76); 5. die Jugendgerichtshilfe gemäß reichsgesetzlicher Regelung; 6.—8. die Mitwirkung bei der Beaufsichtigung der Kinder- und Jugendlichenarbeit, bei der Fürsorge für Kriegerwaisen und Kinder von Kriegsbeschädigten und in der Jugendhilfe bei den Polizeibehörden.

Aufgabe des Jugendamts ist ferner nach § 4 Einrichtungen und Veranstaltungen anzuregen, zu fördern und gegebenenfalls zu schaffen für: 1. Beratung in Angelegenheiten der Jugendlichen, 2. Mutterschutz vor und nach der Geburt, 3. Wohlfahrt der Säuglinge, 4. Wohlfahrt der Kleinkinder, 5. Wohlfahrt der im schulpflichtigen Alter stehenden Jugend außerhalb des Unterrichts, 6. Wohlfahrt der schulentlassenen Jugend.

b) Eine Regelung des Pflegekinderwesens durch Bestimmungen über die Erlaubnis zur Annahme von Pflegekindern und über die Führung der Aufsicht über Einzelpflegestellen und Anstalten.

Pflegekinder sind Kinder unter 14 Jahren, die sich in fremder Pflege befinden, d. h. nicht Abkömmlinge ersten Grades der Personen sind, bei denen sie untergebracht sind (vgl. § 19, Ausnahmen in 21).

Die Erlaubnis zur Annahme erteilt das Jugendamt (20). Ihm steht auch die Aufsicht zu (24); es kann bei Gefahr im Verzuge das Pflegekind sofort anderweit unterbringen (27, bezieht sich nicht auf uneheliche, bei der Mutter untergebrachte Kinder).

Die Bestimmungen sind Mindestforderungen, die Einzelheiten werden der Landesgesetzgebung überlassen (31).

c) Die Anerkennung und Regelung der Amtsvormundschaft für gewisse Minderjährige, namentlich die unehelichen Kinder (32—41), ferner der Anstalts- und Vereinsvormundschaft (47),

Vgl. § 42 II dieses Buches.

d) Die Normierung der Stellung und Mitwirkung des Jugendamts im Vormundschaftswesen.

Das Jugendamt wird zum Amtsvormund (32, 35, 41) und Gemeindewaisenrat (42) bestimmt.

Vgl. §§ 42 II u. 57 dieses Buches.

e) Eine Neuordnung der Voraussetzungen für das Einschreiten des Vormundschaftsgerichts, das ganz allgemein (auch den Eltern gegenüber) schon bei objektiver Gefährdung der Minderjährigen eingreifen kann und muß.

1666 BGB. gestattet ein Einschreiten gegenüber dem Vater als Inhaber der elterlichen Gewalt nur bei schuldhafter Gefährdung, während nach RJWG. sowohl die Stellung unter Schutzaufsicht wie die Anordnung der Fürsorgeerziehung zulässig sind, um die Verwahrlosung — einerlei, aus welchen Gründen — zu verhüten oder zu beseitigen (56, 63; vgl. § 32 V und § 45 dieses Buches).

f) Bestimmungen über eine bessere Beaufsichtigung und Überwachung schutzbedürftiger Minderjähriger durch Stellung unter ständige Schutzaufsicht, die durch einen Helfer (Jugendamt, Vereinigung für Jugendhilfe oder Einzelperson) ausgeübt wird (56—61; vgl. § 54 dieses Buches).

g) Eine bessere und einheitliche Organisation der Fürsorgeerziehung, die in einer geeigneten Familie oder Erziehungsanstalt unter öffentlicher Aufsicht und auf öffentliche Kosten geschieht (62—78, vgl. § 55 dieses Buches).

h) Die Regelung einer besonderen Armenkinderfürsorge, für die das Maß der Unterstützung gegenüber der allgemeinen Armenpflege (UWG.) erheblich erweitert wird (49), leistungsfähige Unterstützungsträger geschaffen werden sollen (50) und das Aufenthaltsprinzip mit gewissen Einschränkungen anerkannt wird (50, während nach UWG. der Unterstützungswohnsitz maßgebend war).

3. Teilweiser Abbau des Jugendwohlfahrtsrechts vor seinem Inkrafttreten.

Das RJWG. sollte am 1. 4. 1924 in Kraft treten. Schon vorher führte aber die wirtschaftliche Notlage Deutschlands und der Gemeinden zum Erlaß einer Notverordnung vom 14. 2. 1924 „über das Inkrafttreten des RJWG." Durch diese VO. wird das Inkrafttreten eines erheblichen Teiles der Bestimmungen des RJWG.

bis auf weiteres hinausgeschoben, ein Teil einfach aufgehoben. Nach Art 1 der VO. sind Reich und Länder bis auf weiteres nicht verpflichtet, Bestimmungen des RJWG. durchzuführen, die neue Aufgaben oder eine wesentliche Erweiterung bereits bestehender Aufgaben für die Träger der Jugendwohlfahrt enthalten.

Die Änderungen und Einschränkungen der VO. v. 14. 2. 1924 verfolgen folgende Zwecke

a) Art 1 Ziffer 1 u. 2 der VO. wollen die geplante Organisation der Jugendwohlfahrtsbehörden vereinfachen.

Die oberste Landesbehörde kann den Gemeinden oder Gemeindeverbänden die Befugnis erteilen, statt der Einrichtung von Jugendämtern die dem Jugendamt obliegenden Aufgaben einer anderen nach Maßgabe des Gemeindeverfassungsrechts gebildeten Amtsstelle der Selbstverwaltung oder einer anderen geeigneten Amtsstelle zu übertragen. Hierbei ist den im Bezirk der Amtsstelle wirkenden freien Vereinigungen für Jugendwohlfahrt und Jugendbewegung eine entsprechende Mitwirkung (9 II RJWG.) innerhalb der Amtsstelle zu gewährleisten.

Die Organisation der Jugendwohlfahrt in Jugendämtern wird dadurch fast ganz der kommunalen Selbstverwaltung überlassen, so daß von der Schaffung neuer Behörden abgesehen und bereits vorhandene Einrichtungen (Wohlfahrtsamt usw.) mit den Aufgaben der Jugendämter betraut werden können.

Die Länder können ferner von der Errichtung von Landesjugendämtern absehen, das Reichsjugendamt wird nicht geschaffen.

b) Art. 1 Ziffer 3—8 der VO. vermindern die Aufgaben der Jugendämter, die auf die bisher von ihnen ausgeübte Tätigkeit beschränkt werden können.

α) Die oberste Landesbehörde kann von der Durchführung der Aufgaben des § 3 Nr. 5—8 RJWG. befreien (also von der Jugendgerichtshilfe, ferner von der Mitwirkung bei der Beaufsichtigung der Kinderarbeit, bei der Fürsorge für Kriegerwaisen und Kinder von Kriegsbeschädigten, endlich in der Jugendhilfe bei den Polizeibehörden). Da das JugendgerichtsG. die Mitwirkung der Jugendämter voraussetzt, ist die erste Befreiungsmöglichkeit unpraktisch geworden; im übrigen handelt es sich so wie so nur um freiwillige oder dem Landesrecht überlassene Aufgaben.

β) Eine Verpflichtung zur Durchführung der in § 4 RJWG. bezeichneten Aufgaben, die aber ebenfalls schon an sich freiwillige sind, wird verneint.

γ) Die oberste Landesbehörde kann die Altersgrenze des § 19 RJWG. für Pflegekinder (vollendetes 14. Lebensjahr) herabsetzen. Das ermöglicht eine bedauerliche Verkürzung des Pflegekinderschutzes.

δ) Die oberste Landesbehörde kann sogar auf Antrag Gemeinden und Gemeindeverbände von der Durchführung der Bestimmungen über die gesetzliche Amtsvormundschaft (35—40 RJWG.) ganz befreien. Dies ist die bedenklichste Bestimmung der VO.; denn dadurch werden Tausenden von unehelichen Kindern die Segnungen der Berufsvormundschaft vorenthalten werden.

ε) Die Ausübung der Schutzaufsicht (§ 60 RJWG.) darf auf ein Jugendamt nur mit seinem Einverständnis übertragen werden.

ζ) Aufgehoben wird die Mußvorschrift des § 70 II 5 RJWG, wonach Psychopaten, Epileptiker, Tuberkulöse und Geschlechtskranke in Sonderanstalten oder Sonderabteilungen unterzubringen sind.

c) Art. 2 beseitigt die besondere Armenkinderfürsorge für Minderjährige, die im Abschnitt V des RJWG. geregelt ist.

Die Fürsorge für hilfsbedürftige Minderjährige wird nunmehr durch die VO. über die Fürsorgepflicht v. 13. 2. 1924 (in Kraft seit dem 1. 4. 1924) einbezogen in die für alle Hilfsbedürftigen vorgesehene allgemeine Fürsorge und zu einer öffentlichrechtlichen Pflichtaufgabe der Landes- und Bezirksfürsorgeverbände gemacht, den Jugendämtern also genommen. Voraussetzung, Art und Maß der zu gewährenden Fürsorge bestimmt im Rahmen der reichsrechtlichen Vorschriften das Land (6. FürsVO.).

Bis zum Erlaß anderer Bestimmungen sollte sich aber der Umfang der Fürsorge für die hilfsbedürftigen Minderjährigen nach 49 I u. II RJWG. richten (Art 2 VO. über Inkrafttr.). Inzwischen sind durch VO. vom 4. 12. 1924 (RgBl. I 765) Reichsgrundsätze über Voraussetzung, Art und Maß der öffentl. Fürsorge aufgestellt worden und mit dem 1. 1. 1925 in Kraft getreten. Seitdem sind 49—54 RJWG. völlig beseitigt. Die VO. vom 4. 12. 1924 ist ergänzt worden durch VO. vom 7. 9. 1925 (RGBl. I 332).

Die endgültige Fürsorgepflicht wird durch 7 II FürsorgeVO. dem Bezirksfürsorgeverband des gewöhnlichen Aufenthaltsortes, bei Fehlen eines solchen dem Landesfürsorgeverband auferlegt, dem der BFV. des tatsächlichen Aufenthaltsortes angehört; vorläufig unterstützungsverpflichtet ist der BFV. des tatsächlichen Aufenthaltes des Hilfsbedürftigen (7 I FürsVO.). Die Träger der Fürsorge (BezF.V. und LFV.) bestimmen die Länder (2 FVO.).

Nach der Pr. AusführungsVO. zur FürsorgepflichtVO. vom 17. 4. 1924 (Ges.-S. 210) sind Bezirksfürsorgeverbände die Stadt- und Landkreise (Amtsbezirke in Hohenzollern) und die Stadt Berlin. Landesfürsorgeverbände sind die Provinzialverbände. Die Aufgaben der L.- u. BezFVerb. werden von den durch die Gemeindeverfassungsgesetze bestimmten Organen der Gemeinden und Gemeindeverbände als Selbstverwaltungsangelegenheiten durchgeführt.

Nach den eben erwähnten Reichsgrundsätzen ist hilfsbedürftig, wer den notwendigen Lebensbedarf für sich und seine unterhaltsberechtigten Angehörigen nicht oder nicht ausreichend aus eigenen Kräften und Mitteln beschaffen kann, und ihn auch nicht von anderer Seite, insbesondere Angehörigen erhält (§ 5).

Die Fürsorge hat die Aufgabe, dem Hilfsbedürftigen den notwendigen Lebensbedarf zu gewähren und muß dabei die Eigenart der Notlage berücksichtigen (§ 1). Die Fürsorge muß rechtzeitig einsetzen; sie ist nicht von einem Antrag abhängig (§ 2). Zum notwendigen

Lebensbedarf gehören: a) der Lebensunterhalt, insbesondere Unterkunft, Nahrung, Kleidung und Pflege; b) Krankenhilfe sowie Hilfe zur Wiederherstellung der Arbeitsfähigkeit; c) Hilfe für Schwangere und Wöchnerinnen; außerdem d) bei Minderjährigen Erziehung und Erwerbsbefähigung (§ 6).

Bei Störungen der körperlichen, geistigen oder sittlichen Entwicklung Minderjähriger ist die Hilfe so ausreichend zu bemessen, daß gründliche und dauernde Abhilfe zu erwarten ist (§ 10 II).

d) Art. 3 der InkraftrVO. hebt 78 RJWG. auf, wonach das Reich den Ländern einen Kostenbeitrag für die den Trägern der Jugendwohlfahrt infolge der Durchführung des RJWG. erwachsenden Kosten leisten sollte.

4. Die Durchführung der Reichsjugendwohlfahrtsgesetzgebung durch die Länder hat die Befürchtungen, die sich an die Befreiungsmöglichkeiten des EGRJWG. und der VO. vom 14. 2. 1924 knüpften, nur zum Teil bewahrheitet.

a) Bayern hat allerdings durch VO. des Gesamtministeriums v. 27. 3. 1924 unter Berufung auf Art. 48 IV RV. und § 64 BayerV. das Inkrafttreten des RJWG. aufgeschoben bis zu dem Augenblick, den das BayerAG. bestimmen wird. Das bayrische Gesamtministerium hat danach die Durchführung des RJWG. als staatsgefährdend, als eine Gefahr für die „öffentliche Sicherheit und Ordnung" in Bayern angesehen.

b) Preußen hat dagegen das RJWG. seinen großen Zielen und Grundgedanken entsprechend so weit durchgeführt, wie das bei der gegenwärtigen Wirtschaftslage möglich schien (vgl. PrAG. z. RJWG. v. 29. 3. 1924 [GS. 180]) und PrAusführungsanweisung zum JugWG. v. 29. 3.1924 (erl. vom Minister für Volkswohlfahrt als oberster Landesbehörde im Sinne des § 77 RJWG. u. 34 PrAG.).

α) Das PrAG. (1) bezeichnet die Aufgaben der öffentlichen Jugendwohlfahrtspflege als Selbstverwaltungsangelgenheiten der Gemeinden und Gemeindeverbände — mit Ausnahme der Ausführung der Fürsorgeerziehung.

β) Träger der Jugendämter sind die Stadt- und Landkreise. Für jeden Stadt- und Landkreis ist ein Jugendamt zu errichten (2 AG.). Vgl. über die Zusammensetzung (3—5).

Da in Preußen die Entwicklung dahin ging, nicht selbständige Jugendämter, sondern Wohlfahrtsämter zu schaffen, in denen außer den Angelegenheiten der allgemeinen Wohlfahrtspflege auch die Fragen der Jugendwohlfahrtspflege bearbeitet werden, sieht 10 PrAG. vor, daß die Aufgaben des Jugendamtes durch Satzung dem in einer Gemeinde (oder Gemeindeverband) errichteten oder zu errichtenden Wohlfahrtsamt usw. übertragen werden können. Die Pr. Ausführungsanweisung bemerkt, daß die Entwicklung namentlich in den Landkreisen zu einer derartigen Gestaltung führen wird.

γ) Das PrAG. schreibt die Bildung von Landesjugendämtern zwar nicht vor, ermächtigt aber die Provinzialverbände usw. zu ihrer Bildung (12—14 des G.).

δ) Eine Befreiung von der gesetzlichen Amtsvormundschaft findet in Preußen für Stadtkreise überhaupt nicht statt; für ländliche Bezirke kommt sie nur in Frage, wenn diese bisher noch gar keine amtliche Berufsvormundschaft hatten und auch hier für höchstens zwei Jahre.

ε) Fürsorgeerziehungsbehörden sind die Provinzialausschüsse usw., also die Verwaltungsorgane der weiteren Kommunalverbände (18 PrAG.); bei der Ausführung ist das etwa errichtete Landesjugendamt zu beteiligen. — Daran, daß das Jugendamt Schutzaufsichten nur mit seinem Einverständnis zu übernehmen braucht, hält Preußen fest.

ζ) Auf die Möglichkeit der Herabsetzung der Altersgrenze für das Pflegekinderwesen hat Preußen nicht verzichtet, da infolge der bisherigen verschiedenen Regelung in Polizeiverordnungen durch die Festsetzung der Altersgrenze der § 19 RJWG. eine große Erhöhung der Pflegekinderzahl und eine wesentliche Erweiterung bestehender Aufgaben eintreten kann. Herabsetzungsanträge sind bis 1. 7. 1924 begründet einzureichen und werden durch den Regierungspräsidenten (Berlin: Oberpräsident) entschieden.

c) Auch die übrigen Länder haben von den Befreiungsmöglichkeiten des RJWG. und der VO. v. 14. 2. 1924 nicht den befürchteten weitgehenden Gebrauch gemacht.

Vgl. die Zusammenstellung bei Polligkeit-Blumenthal, Das PrAG. zum JWG. 1925 S. 194ff.

III. Die Verdrängung der Familie durch die Volksgemeinschaft.

Das Verhältnis von Staat und Familie ist gesetzlich zwar unter Anerkennung des Vorrechts der Familie zur Erziehung ihrer minderjährigen Angehörigen festgelegt (RV. 120, RJWG. 1). Gleichwohl macht die jüngste Entwicklung klar, daß die Familie tatsächlich in vielen Fällen gegenüber der Volksgemeinschaft an die zweite Stelle getreten ist. Die Stellung der Familie innerhalb der Volksgemeinschaft beginnt sich immer mehr zugunsten dieser zu verschieben.

Daß der Staat die Bildungsaufgabe übernommen und die allgemeine Schulpflicht eingeführt hat, wird schon lange nicht mehr als familienfeindlich empfunden. Jetzt nimmt er auch die Erziehungsaufgabe und die Gesundheitspflege in die Hand. Die Wohnungsnot, die Beteiligung der Frau und Mutter am außerhäuslichen Erwerb, der wirtschaftliche Niedergang und die sittliche Verwilderung infolge unseres Zusammenbruchs wirken alle zusammen in der gleichen Richtung, die Familie zur Erfüllung ihrer vornehmsten Aufgabe immer weniger tauglich zu machen und dem Staat als Erzieher die Wege zu bereiten.

Und doch ist sicher, daß dieser Verdrängungsprozeß Surrogate für etwas Einzigartiges und Unersetzbares einführt und die Grundlagen der staatlichen Gemeinschaft selbst erschüttert. Denn die Familie ist und bleibt die Keimzelle der staatlichen Gemeinschaft; diese muß zerfallen, wenn Krankheitsstoffe erheblichere Teile ihres Zellenbaus vergiften. So ist es zu verstehen, daß neuerdings, z. T. sicher als Folge einer zielbewußteren staatlichen Jugendfürsorge, Rufe nach Rettung der deutschen Familie erschallen. Es war zeitgemäß, daß der „Deutsche Verein für öffentliche und private Fürsorge" auf einer in „Wegscheide" (Spessart) 1925 abgehaltenen Herbstzusammenkunft das Thema „Familie und Fürsorge" behandelt hat (vgl. den Bericht von Clostermann i. d. Köln. Volksztg. v. 11. 11. 1925 Nr. 838).

Hand in Hand mit der Jugendfürsorge muß auch eine zielbewußte Familienpflege und Familienfürsorge einsetzen, die die Eigenkräfte der deutschen Familie neu zu beleben sucht und verhindert, daß eine gut arbeitende Jugendfürsorge sich als ein die Familienenergie schwächender Faktor auswirkt.

Als Mittel zu diesem Ziele kommen in Betracht: geistige Vertiefung der Fürsorgetätigkeit, wirtschaftliche Maßnahmen — namentlich auf dem Gebiet der Wohnungsbeschaffung — eine den Belangen der kinderreichen Familie gerecht werdende Lohn- und Sozialpolitik, Gesundheitsfürsorge und endlich eine Erziehungsfürsorge, die die sittlichen Grundbedingungen der Familiengemeinschaft zu vertiefen sucht.

Der Gesetzgeber insbesondere kann das Ziel auf zwei Wegen anstreben: einmal durch Stärkung der Rechtsstellung der Frau und Mutter, damit ihr hausfraulicher und erzieherischer Einfluß den Kindern möglichst zugute kommt —, sodann durch größere Berücksichtigung der Interessen der kinderreichen Familie. Ob und wie in dieser zweiten Hinsicht am besten zu helfen ist: durch Versicherung, Ausgleichkassen, bevorzugtes Erbrecht der Kinderreichen oder Erbrecht des Staates gegenüber kinderlosen oder kinderarmen Familien zugunsten der kinderreichen usw. ist noch streitig; über die Richtung der Rechtsentwicklung an sich aber sollte keine Meinungsverschiedenheit aufkommen.

Die beste Jugendfürsorge ist eine erfolgreiche Familienfürsorge.

I. Titel. Das Recht des ehelichen Kindes.

§ 29. I. Kapitel. Eheliche Abstammung.

I. Grundsätzliches. Die eheliche Abstammung ist für verschiedene Rechtsverhältnisse wichtig. Der Staat hat ein Interesse daran, daß die Vorrechte der ehelichen Kinder nur denen zugestanden werden, die diesen Namen verdienen. Dabei wird er nicht kleinlich vorgehen und außer der Geburt in der Ehe auch noch die Erzeugung in ihr verlangen; zur Beförderung des Eheschlusses darf er sich mit der Geburt in der Ehe begnügen, wenn nur das Kind vorher von dem späteren Ehemann erzeugt ist. Auch dem nach dem Tode des Mannes geborenen Kinde kann, falls es von ihm erzeugt ist, die Ehelichkeit nicht versagt werden.

Dem Staat liegt ferner daran, daß der Familienfriede nicht grundlos durch Anzweiflung der Ehelichkeit gestört werde. Deshalb macht er den Ehemann zum Hüter der Familienehre und behält ihm das Recht vor, die Unehelichkeit geltend zu machen. Pater est, quem nuptiae demonstrant. Die Interessen des Kindes kommen dabei zweifellos zu kurz (siehe unten III 1 a).

II. Die eheliche Abstammung setzt zweierlei voraus (1591):

1. Geburt nach Eingehung der Ehe von einer (jetzigen oder früheren) Ehefrau,

2. Empfängnis vor oder während der Ehe von deren Ehemann.

Die erste Tatsache ist als sinnfälliger Vorgang leicht, die zweite sehr schwer festzustellen. Ein naturwissenschaftlicher Beweis ließe sich nur führen einmal durch den Nachweis der geschlechtlichen Beiwohnung des Ehemanns und dann durch den Nachweis, daß das Kind aus dieser Beiwohnung stammt; und dieses letztere ließe sich mit Sicherheit nur dartun durch den Nachweis, daß die Beiwohnung in der für die Empfängnis in Betracht kommenden Zeit mit keinem anderen Mann vollzogen worden ist. Von einer derartigen schwierigen Beweisführung kann man aber die Ehelichkeit weder im Interesse des Kindes noch der Würde des ehelichen Verhältnisses abhängig machen. Das Gesetz hilft sich deshalb mit einer Ehelichkeitsvermutung, die genau gesehen in zwei Untervermutungen zerfällt: a) in eine Beiwohnungsvermutung und b) in eine Vaterschaftsvermutung (1591).

a) Die Beiwohnungsvermutung geht davon aus, daß der Mann seiner Frau innerhalb der sog. Empfängniszeit beigewohnt habe (1591 II 1).

α) Die Empfängniszeit ist der Zeitraum, der für die Erzeugung eines Kindes nach den Erfahrungen der ärztlichen Wissenschaft in Betracht kommt; er ist gewonnen durch den erfahrungsgemäß kürzesten und längsten Zeitraum der Schwangerschaft. Als Empfängniszeit gilt die Zeit vom 181. bis zum 302. Tage vor der Geburt unter Einschluß dieser Tage (1592 I). Doch wird der Nachweis freigegeben, daß das Kind tatsächlich innerhalb eines Zeitraumes empfangen ist, der weiter als 302 Tage vor der Geburt liegt; dann gilt zugunsten der Ehelichkeit dieser frühere Zeitraum als Empfängniszeit (1592 II).

Die Beiwohnungsvermutung innerhalb der Empfängniszeit gilt schlechthin nur, wenn die ganze Empfängniszeit in die Ehe fällt. Soweit sie in die Zeit vor der Ehe fällt, gilt die Vermutung nur, wenn der Mann gestorben ist, ohne die Ehelichkeit des Kindes angefochten zu haben; für diesen Fall gilt sie selbst dann, wenn der Mann vor der Geburt des Kindes gestorben ist (RG. LZ. 1915, 977[30]).

β) Gegen die Beiwohnungsvermutung ist der einfache Gegenbeweis zulässig, daß der Mann der Frau innerhalb der Empfängniszeit nicht beigewohnt hat; keineswegs muß bewiesen werden, daß er ihr nicht beiwohnen konnte. Freilich läßt sich daraus der Schluß auf das Unterbleiben der Beiwohnung am leichtesten ziehen. Eine Widerlegung der Vermutung ist aber auch in den Fällen nötig, wo die Beiwohnung tatsächlich unwahrscheinlich ist, so, wenn den Eheleuten das Getrenntleben gerichtlich gestattet war.

Als Mittel der Beweisführung ist die Eideszuschiebung ausgeschlossen (641, 617 ZPO.). Die Vernehmung der Mutter als Zeugin ist zulässig, sie kann aber ihr Zeugnis über den Geschlechtsverkehr mit dem Manne während der Empfängniszeit nach 384 Nr. 2 ZPO. verweigern, weil ihr die Verneinung des Verkehrs zur Unehre gereichen würde usw.

b) Die Vaterschaftsvermutung geht von der Ursächlichkeit dieser Beiwohnung für die Erzeugung des Kindes aus, sie begründet die Annahme, daß das Kind auch wirklich aus der Beiwohnung des Ehemanns hervorgegangen ist.

Auch hier ist der Gegenbeweis zugelassen, aber es müssen Umstände dargetan werden, wonach die Empfängnis vom Ehemann offenbar unmöglich ist (1591 I 2).

Nicht genügt der Nachweis, daß die Frau während der Empfängniszeit mit anderen Männern geschlechtlich verkehrt hat (exceptio plurium concumbentium, vgl. 1717), wohl aber z. B. der Nachweis, daß die Frau zur Zeit der ersten ehemännlichen Beiwohnung schon schwanger war, daß der Mann während der ganzen Empfängniszeit zeugungsunfähig oder abwesend war, daß das nachgeborene Kind nach seinem Reifegrad nicht mehr von dem verstorbenen Ehemann erzeugt sein kann, wie z. B.

ein Siebenmonatskind, das 9 Monate nach dem Tod des Vaters geboren wird. Wenn der Reifegrad des kurz nach Eheschluß geborenen Kindes ergibt, daß es vorher erzeugt sein muß, greift schon die Beiwohnungsvermutung nicht Platz; doch kann, solange der Ehemann lebt, nur er das Kind verleugnen (vgl. 1591 II 2).

Zu a und b.

Die Vermutungen der Beiwohnung und Vaterschaft greifen ein: nicht bloß, wenn das Kind während der Ehe geboren wird, sondern auch, wenn es innerhalb 302 Tagen nach der Auflösung der Ehe geboren wird (1591 i. Verbindg. mit 1592/93). Die Aufhebung der ehelichen Gemeinschaft steht insoweit der Scheidung gleich (1586); die Todeserklärung des Mannes führt dagegen nicht zur Auflösung der Ehe, sondern begründet nur die Vermutung seines Todes (18).

Heiratet die Frau nun (entgegen dem Verbot des 1313 oder unter Befreiung von ihm) sehr bald wieder, kann es vorkommen, daß die Empfängniszeit des von ihr geborenen Kindes sowohl in die frühere wie auch in die neue Ehe fällt. Da hier die obigen Vermutungen für die Vaterschaft zweier ehelicher Väter sprechen würden, löst 1600 den Widerstreit, indem er das Kind als solches des ersten Mannes gelten läßt, wenn es innerhalb 270 Tagen nach Auflösung der früheren Ehe geboren wurde, und als Kind des zweiten Mannes, wenn es später geboren wurde.

III. Geltendmachung der Unehelichkeit.

Zu unterscheiden sind die Anfechtung der Ehelichkeit des Kindes durch den Mann und die Geltendmachung der Unehelichkeit durch einen anderen. Jene ist ein einseitiges Rechtsgeschäft des Mannes, das den Willen zum Ausdruck bringt, das Kind nicht als eheliches behandeln zu wollen; diese ist die Geltendmachung der sich aus der Unehelichkeit ergebenden Folgen für Unterhaltspflicht, Erbrecht usw.

1. Die Anfechtung der Ehelichkeit durch den Mann.

a) Solange der Mann lebt, ist die Verleugnung des während der Ehe oder innerhalb 302 Tagen nach ihrer Auflösung geborenen Kindes, ausschließlich ihm vorbehalten (1593).

Der Ehemann allein hat über die Ehelichkeit zu entscheiden, nicht haben darüber zu befinden die Mutter des Kindes, nicht seine Geschwister, erst recht nicht der wirkliche Vater. Nicht einmal das Kind selbst kann die physiologische Vaterschaft eines andern feststellen lassen. Sein etwaiges Interesse daran muß zurückstehen hinter dem Allgemeininteresse am Schutz der rechtsgültigen Ehe gegen derartige ihren Frieden und ihre Existenz bedrohende Nachforschungen.

Unserm heutigen Empfinden widerspricht diese grundsätzliche Mißachtung der Belange des Kindes, dem ein blutfremder Mann als Vater aufgezwungen werden kann. Deshalb will der neue Entwurf eines Gesetzes über die unehelichen Kinder auch dem Kinde ein Anfechtungsrecht geben, das mit Ablauf eines Jahres seit dem Eintritt der Volljährigkeit erlöschen soll.

Bei einem später als 302 Tage nach Auflösung der Ehe geborenen Kinde, für dessen Ehelichkeit keine Vermutungen streiten, steht auch schon heute die Geltendmachung der Unehelichkeit unbeschränkt jedem frei, ebenso wie das Kind sich die Ehelichkeit erstreiten kann durch den Nachweis einer anomal langen Empfängniszeit (1592 II).

b) Die Anfechtung erfolgt bei Lebzeiten des Kindes durch Klage gegen das Kind (1596 I), nach seinem Tode durch öffentlich beglaubigte Erklärung gegenüber dem Nachlaßgericht (1597).

Die Anfechtung läßt als ein familienrechtlicher Akt weder Bedingung noch gewillkürte Stellvertretung zu. Ein Geschäftsbeschränkter bedarf nicht der Zustimmung seines gesetzlichen Vertreters. Für einen geschäftsunfähigen Mann kann sein gesetzlicher Vertreter mit Genehmigung des Vormundschaftsgerichts anfechten (1595).

Die Erhebung einer Klage ist aus ähnlichen Gründen wie für die Eheanfechtungsklage vorgeschrieben. Die Frage der Ehelichkeit soll nicht in der Schwebe bleiben, sondern geklärt werden durch ein der Rechtskraft fähiges Urteil, das, wenn die Rechtskraft bei Lebzeiten der Parteien eintritt, für und gegen alle wirkt (643 ZPO.). Das Urteil ist ein Feststellungsurteil und kein Gestaltungsurteil. Das für unehelich erklärte Kind ist von seiner Geburt an als unehelich anzusehen. Für den Prozeß gelten ähnliche Grundsätze wie für den Eheprozeß.

Dem alleinigen Anfechtungsrecht des Mannes entspricht es, daß die Unehelichkeit vor der Erledigung des Rechtsstreites nicht in einem anderen Prozeß geltend gemacht werden kann (1596 III).

c) Die Ausübung des Anfechtungsrechts ist an eine Ausschlußfrist von einem Jahr gebunden (1594 I). Die Frist beginnt mit dem Zeitpunkt, worin der Mann die Geburt des Kindes erfährt (1594 II).

d) Wird die Anfechtungsklage zurückgenommen, so gilt die Anfechtung als nicht erfolgt (1596 II 1). Das gleiche gilt, wenn der Mann vor Erledigung des Rechtsstreits das Kind als das seine anerkennt (1596 II).

Während aber die Klage im Falle der Rücknahme erneut innerhalb der Jahresfrist erhoben werden kann, schließt die Anerkennung die Anfechtung überhaupt aus (1598).

Die Anerkennung kann erst nach der Geburt erfolgen, unterliegt keiner Form, läßt aber als familienrechtlicher Akt weder Bedingung noch gewillkürte Stellvertretung zu, der Geschäftsbeschränkte kann ohne Zustimmung des gesetzlichen Vertreters anerkennen (1595 I). Sie ist als rechtsgeschäftlicher Akt selbst wieder nach allgemeinen Grundsätzen (z. B. wegen Irrtums oder arglistiger Täuschung) anfechtbar (1599).

2. Die Geltendmachung der Unehelichkeit durch andere ist nur zulässig:

a) Wenn der Mann die Ehelichkeit angefochten hat (1593).

Wird die Anfechtungsklage des Mannes rechtskräftig abgewiesen, steht selbstverständlich die Ehelichkeit jedermann gegenüber fest. Siegt der Mann, so gilt das Kind als unehelich geboren und zwar jedermann gegenüber.

Bis zur Erledigung des Rechtsstreits kann die Unehelichkeit nicht anderweit geltend gemacht werden (1596 III). Doch ist zu beachten, daß der Rechtsstreit auch durch den Tod des Mannes oder Kindes erledigt wird.

Ohne weiteres ist die Geltendmachung möglich, wenn die Anfechtung nach dem Tode des Kindes gemäß 1597 durch Erklärung gegenüber dem Nachlaßgericht erfolgt ist.

b) Wenn der Mann ohne Anfechtung und ohne Verlust des Anfechtungsrechts gestorben ist (1593).

Zu a und b. Die Unehelichkeit kann in diesen Fällen von jedem geltend gemacht werden nach allgemeinen Grundsätzen, also nicht durch Anfechtungsklage, sondern Feststellungsklage oder inzidenter durch Einwendung gegenüber einem durch die Ehelichkeit bedingten Anspruch. Eine Frist für die Geltendmachung besteht nicht.

§ 30. II. Kapitel. Das Verhältnis zwischen Eltern und Kindern im allgemeinen.

I. Grundsätzliches.

Die elterliche Gewalt soll als in sich geschlossene Einrichtung im nächsten Paragraphen gesondert dargestellt werden. Von ihr sind die Rechtsbeziehungen zu unterscheiden, die das Verhältnis zwischen Eltern und Kindern ganz unabhängig von der Schutzbedürftigkeit des minderjährigen Kindes hat. Sie ergeben sich zum Teil aus der Erzeugung und Abstammung, zum Teil sind sie eine Folge der Hausgemeinschaft; zum Teil beeinflussen sie die Persönlichkeitssphäre, zum Teil haben sie vermögensrechtliche Bedeutung.

Es ist klar, daß das Verhältnis zwischen Eltern und Kindern in erster Linie durch Natur- und Sittengesetz normiert wird. Das Recht begnügt sich auch hier mit dem ethischen Minimum. Fürsorge, Liebe, Achtung, Ehrerbietung, Dankbarkeit sind seelische Kräfte, von deren freiwilligem Wirken das Beste erwartet werden muß.

II. Die Persönlichkeitssphäre des Kindes wird durch das Verhältnis zu den Eltern ganz allgemein in folgenden Punkten beeinflußt:

1. In der Namengebung. Das Kind erhält den Familiennamen des Vaters (1616).

Das Recht der Vornamengebung steht dem zu, der zur Fürsorge für die Person des Kindes berechtigt ist, ohne daß er gleichzeitig das Recht zur Vertretung haben müßte, also dem ehelichen Vater; wo er fehlt, der ehelichen Mutter (auch wenn sie minderjährig sein sollte und das Kind einen Vormund hat).

Der Vorname wird erteilt durch Anmeldung zum Standesregister; sie soll — falls sie nicht mit der Geburtsanmeldung verbunden wird — binnen 2 Monaten erfolgen (22 PersStG.).

Ob die Kinder den Stand des Vaters teilen und seine Staatsangehörigkeit erwerben, wird im BGB. nicht geregelt. Darüber entscheidet das öffentliche Recht.

Nach Art 109 III RV. sind öffentlichrechtliche Vorrechte oder Nachteile der Geburt oder des Standes aufzuheben. Demgemäß ist das Preuß. Ges. über die Aufhebung der Standesvorrechte des Adels und die Auflösung der Hausvermögen vom 23. 6. 1920 ergangen, samt VO. betr. Überleitungsvorschriften vom 23. 6. 1920.

Dagegen wird die privatrechtliche und hausrechtlich-familienrechtliche Sonderstellung kraft Geburt oder Standes von Art 109 III nicht berührt.

RG. 101, 185 „die Feststellung, daß der Kläger nach Maßgabe der Hausgutsverfassung der Löwenstein-Wertheim-Freudenbergschen Linie nicht als vollgültiges Mitglied derselben anzusehen sei, verstößt nicht gegen den Grundsatz der Gleichheit aller Deutschen vor dem Gesetz."

Nach Art 109 III 2 RV. gelten Adelsbezeichnungen nur als Teil des Namens und dürfen nicht mehr verliehen werden.

Nach dem RG. betr. den Erwerb und Verlust der Staatsangehörigkeit vom 22. 7. 1913 (§ 2 I) erwirbt durch die Geburt das eheliche Kind eines Deutschen die Staatsangehörigkeit des Vaters, das uneheliche Kind einer Deutschen die Staatsangehörigkeit der Mutter.

2. Zur Eheschließung bedarf das eheliche Kind bis zur Vollendung des 21. Lebensjahres der Einwilligung des Vaters, an dessen Stelle unter gewissen Voraussetzungen die Mutter tritt (1305).

3. Zur **Ehelichkeitserklärung** (1726) und **Annahme an Kindesstatt** (1747) bedarf der noch nicht 21jährige die **Zustimmung der Mutter** bzw. der **Eltern**.

4. Bei der **Entmündigung** sind die Eltern als Vormund berufen (1899).

III. **Folgen der Hausgemeinschaft**, ohne Rücksicht auf die elterliche Gewalt.

1. Die **Arbeitspflicht des hausangehörigen Kindes** (1617).

a) **Nähere Voraussetzungen** sind:

α) **Angehörigkeit zum elterlichen Hausstand**, d. h. das Kind muß in diesem den Mittelpunkt seiner Lebensbeziehungen haben;

Nicht nötig ist, daß das Kind seine Schlafstätte im elterlichen Hause hat oder dort sämtliche Mahlzeiten einnimmt: bloßes Wohnen genügt ebenfalls nicht.

β) entweder Empfang der **Erziehung** von den Eltern (was nur für Minderjährige in Betracht kommt) **oder des Lebensunterhalts** (was für Volljährige bedeutsam ist).

b) Solange diese Voraussetzungen zutreffen, **hat** das Kind in einer seinen Kräften und seiner Lebensstellung entsprechenden Weise den **Eltern** in ihrem Hauswesen und Geschäfte **Dienste zu leisten**. Die Dienste können nur so gefordert werden, daß die Ausbildung des Kindes nicht darunter leidet.

Der Unterhalt, den die Eltern dem Dienste leistenden Kinde gewähren, darf nicht als „Entgelt" für die Dienste aufgefaßt werden; Dienste und Unterhalt stehen nicht im Verhältnis von Leistung und Gegenleistung (RG. **99**, 114ff.). Es ist aber denkbar, daß ein besonderer Dienstvertrag zwischen Vater oder Mutter und Kind geschlossen wird; ausdrücklich braucht das nicht zu geschehen, setzt aber **nähere Festlegung** der Dienste und der Vergütung voraus.

2. **Beiträge** eines volljährigen, hausangehörigen Kindes zu den **Kosten des Haushalts** sind im **Zweifel** als **ohne Ersatzabsicht** gemacht anzusehen (1618).

Durch die **Auslegungsregel** des 1618 wird ein Erstattungsanspruch aus dem Gesichtspunkt der Geschäftsführung ohne Auftrag ausgeschlossen. Gleichgültig ist, ob das Kind selbst die Kosten bestreitet (z. B. Lebensmittel einkauft) oder ob es den Eltern Vermögensgegenstände zu diesem Zweck überläßt.

Zu beachten ist, daß sich aus der Art und Weise der Leistung (z. B. Bezahlung einer Rechnung in Abwesenheit der Eltern) ihr Charakter als einer **Vorschußleistung** ergeben kann, die zurückerstattet werden muß.

Auch abgesehen von der Regel des 1618 wird man, wenn die Eltern auf Zuschüsse zu den Kosten angewiesen sind und das Kind aus seinem Verdienst einen Zuschuß leisten kann, eine stillschweigende Vereinbarung annehmen, daß das Kind sich auch zu einem entsprechenden Zuschuß verpflichten will.

3. Bei **Vermögensteilen**, die ein volljähriges, hausangehöriges Kind freiwillig einem Elternteil zur **Verwaltung überläßt**, hat dieser, falls das Kind nichts anderes bestimmt — ein Recht zur **freien Verwendung der Einkünfte**; dies gilt selbstverständlich nur soweit, als die Einkünfte nicht zur Bestreitung der Kosten der ordnungsmäßigen Verwaltung und zur Erfüllung von Verpflichtungen verwandt werden müssen, die bei ordnungsmäßiger Verwaltung aus den Einkünften des Vermögens bestritten werden (1619).

1619 ist keine Auslegungsregel, sondern eine Dispositivregel, eine Bestimmung ergänzenden Rechts; sie rechtfertigt sich durch die Erwägung, daß es dem Willen eines von den Eltern unterhaltenen Kindes in der Regel entspricht, durch diese Einkünfte einen Beitrag zu den Kosten der gemeinschaftlichen Lebensführung zu leisten. Die abweichende Bestimmung kann auch später getroffen werden, das Kind kann also jederzeit die noch nicht **verwandten** Einkünfte herausverlangen.

IV. **Vermögensrechtliche Hilfspflichten und Hilfsleistungen** außerhalb der elterlichen Gewalt.

1. Eltern und Kinder sind als **Verwandte gerader Linie** verpflichtet, einander **Unterhalt** zu gewähren (1601 ff, vgl. § 41 dieses Buches).

2. **Aussteuerpflicht** gegenüber der Tochter.

Töchter haben gegen ihre Eltern im Falle ihrer Verheiratung einen **klagbaren Anspruch** auf **Aussteuer**, d. h. auf Zuwendung der zur angemessenen Einrichtung des Haushalts gehörigen beweglichen Gegenstände (1620 ff.). Die Aussteuerpflicht bedeutet eine Erweiterung der Unterhaltspflicht und untersteht in manchen Punkten den für diese geltenden Vorschriften.

a) Voraussetzung des Aussteueranspruchs ist, daß die **Tochter kein ausreichendes eigenes Vermögen** zur Beschaffung der Aussteuer hat (1620 I Satz 1 am Ende). Das entspricht der Bedürftigkeit beim Unterhaltsanspruch.

b) **Verpflichtet** ist in erster Linie der **Vater**, soweit er „**leistungsfähig ist**", in zweiter Linie die **Mutter**, wenn der Vater außerstande oder verstorben ist oder die Rechtsverfolgung gegen ihn im Inland ausgeschlossen oder wesentlich erschwert ist (1620 I u. II).

Die leiblichen Eltern sind aber erst nach den Adoptiveltern verpflichtet (arg. 1766).

Das Erfordernis der Leistungsfähigkeit gilt für beide Eltern in gleichem Sinn wie bei der gesetzlichen Unterhaltspflicht; sie sind nur insoweit aussteuerpflichtig, als sie bei Berücksichtigung ihrer sonstigen Verpflichtungen, insbesondere ihrer gesetzlichen Unterhaltspflichten, ohne Gefährdung ihres standesmäßigen Unterhalts zur Aussteuerung imstande sind. Der Güterstand beeinflußt die Leistungsfähigkeit in gleicher Weise wie bei der gesetzlichen Unterhaltspflicht (1620 II und 1604).

c) Der Anspruch geht auf eine angemessene Aussteuer, die entspricht den Vermögens- und Erwerbsverhältnissen der Eltern und dem künftigen sozialen Stand der Tochter.

Die Aussteuer umfaßt die zur ersten Einrichtung des Haushalts erforderlichen beweglichen Gegenstände einschließlich der zum persönlichen Bedarf der Tochter gehörigen Kleidung und Wäsche. Der Anspruch entsteht also nicht, wenn die Tochter schon eine Einrichtung hat oder einen Witwer mit vollständiger Einrichtung heiratet.

Die Eltern haben die Wahl, ob sie den Anspruch in natura erfüllen oder einen entsprechenden Geldbetrag zahlen wollen. Die Tochter kann nur eine Naturalaussteuer fordern, wenn nicht besondere Umstände (Zerwürfnis mit den Eltern, feindselige Verweigerung der Aussteuer, erhebliche Verschiedenheit der Wohnungs- und Lebensverhältnisse, Beschaffung von Gegenständen, die eine unbillige Verletzung der persönlichen Geschmacksempfindungen enthalten) das Verlangen einer Geldzahlung, worin nur eine andere Erfüllungsart liegt, nach 242 gerechtfertigt erscheinen lassen (vgl. RG. i. JW. 1906, 458[11]; 1909, 393).

d) Der Anspruch kommt nach der herrschenden Ansicht (RG. Leipzig Z. 1915, 908 Nr. 11) erst mit der Eheschließung zur Entstehung.

Mißlich! Aber wegen der bis dahin zulässigen Zurücknahme der elterlichen Einwilligung unabweisbar (1621 I, 183, 1). Auf eine spätere Zurücknahme, nur um der Aussteuerpflicht zu entgehen, dürfen sich die Eltern aber nicht berufen, weil sie damit wider Treu und Glauben die Voraussetzung einer ihnen günstigen Wirkung (Einrede) schaffen würden. Nachträgliches Einverständnis mit der Ehe kann unter Umständen als Einredeverzicht gedeutet werden. Da der Aussteueranspruch ein bedingter ist, kann die Tochter vor der Heirat auf Leistung nur klagen, wenn aus dem Verhalten der Eltern die Besorgnis gerechtfertigt ist, daß sie sich ihrer Pflicht entziehen werden (259 ZPO.); andernfalls ist sie auf eine Feststellungsklage beschränkt, die aber ein Feststellungsinteresse voraussetzt (256 ZPO.).

e) Die Tochter kann nur einmal eine Aussteuer verlangen, ihr Anspruch ist ausgeschlossen, wenn sie für eine frühere Ehe von dem Vater oder der Mutter eine Aussteuer erhalten hat (1622).

f) Die Eltern können die Aussteuer verweigern:

α) wenn die Tochter sich ohne die erforderliche elterliche Einwilligung verheiratet (1621 I);

β) wenn sie sich wider den verpflichteten Elternteil einer Verfehlung schuldig gemacht hat, die diesen zur Entziehung des Pflichtteils berechtigen würde (1622 II);

γ) wenn der Anspruch verjährt ist — Frist: ein Jahr vom Eheschluß an (1623, 2).

g) Der Anspruch ist nicht übertragbar und unpfändbar (1623, 1), wird aber mit der Heirat aktiv und passiv vererblich. —

3. Die Ausstattung eines Kindes, d. i. eine freiwillige elterliche Zuwendung, um die selbständige wirtschaftliche Stellung des Kindes zu ermöglichen, zu verbessern oder zu fördern, soll in den Grenzen der Angemessenheit nicht als Schenkung gelten (1624).

a) Die Ausstattung ist im Verhältnis zur Aussteuer der weitere Begriff. Die Aussteuer ist eine besondere Art der Ausstattung, worauf die Tochter ein Recht hat, während im übrigen derartige Zuwendungen, abgesehen von der Erfüllung rechtsgeschäftlich übernommener Verpflichtungen, freiwillig erfolgen.

Ein klagbarer Anspruch auf Ausstattung besteht also — abgesehen vom Aussteueranspruch — nicht.

Aber eine derartige elterliche Hilfsleistung entspricht — wenn auch nicht immer einer sittlichen Pflicht — so doch der sittlichen Idee der Familiengemeinschaft und gilt deshalb, nur soweit sie das den Vermögensverhältnissen der Eltern und den sonstigen Umständen entsprechende Maß übersteigt, als Schenkung.

Vollkommen befriedigen kann diese Lösung nicht. Es ist nicht einzusehen, warum nur die heiratende Tochter bevorzugt wird, und im übrigen dem Sohn oder der Tochter, die sich selbständig machen wollen, jeder Rechtsanspruch auf Ausstattung versagt wird.

b) Soweit die Ausstattung nicht als Schenkung gilt, ist die Anwendung der Schenkungsregeln ausgeschlossen.

Also keine Formvorschrift für das Ausstattungsversprechen (518), kein Widerruf wegen Undank (530), keine Rückforderung wegen Verarmung (528); wohl aber Anfechtbarkeit wegen Gläubigerbenachteiligung (AnfG. § 3 Nr. 3, KO. 32 Nr. 1), weil auch die angemessene Ausstattung eine unentgeltliche Verfügung im Sinne des Anfechtungsrechts bleibt. — Die Gewährleistungspflicht des Ausstattenden bestimmt sich dagegen für die ganze Gabe nach Schenkungsrecht (1624 II).

c) Als Ausstattung kommt nicht nur eine Kapitalleistung in Betracht, sondern alles, was einem Kinde mit Rücksicht auf die Verheiratung oder auf die Erlangung einer selbständigen Lebensstellung zur Begründung oder zur Erhaltung der Wirtschaft von einem Elternteil zugewandt wird.

Also z. B. Zahlung der Schulden des künftigen Ehemannes (RG. JW. 1912, 913[10]), wiederkehrende Zuschüsse, die als Einkünfte verwendet werden sollen (RG. **67**, 207), ein der Tochter gewährtes Nadelgeld (RG. LeipzZ. 1914, 1533 Nr. 20). — Die in 2050 hinsichtlich der Ausgleichungspflicht zwischen Ausstattung und Zuschüssen gemachte Unterscheidung ist für 1624 bedeutungslos.

d) Die Ausstattung darf, wenn das Kind eigenes Vermögen hat, diesem entnommen werden. Hat der ausstattende Elternteil Kindesvermögen unter seiner gesetzlichen Verwaltung, so ist im Zweifel anzunehmen, daß die Ausstattung aus diesem Vermögen gewährt wird (1625). Das gilt auch für die Aussteuer als Unterart der Ausstattung.

4. Von der Ausstattung und Aussteuer zu scheiden ist der Begriff der Mitgift, den nur das Leben, aber nicht das Gesetz verwendet. Mitgift ist eine Vermögensgabe, die einer Frau mit Rücksicht auf ihre Verheiratung zugewandt wird.

Sie kann von den Eltern gemacht werden und fällt dann unter den Begriff der Ausstattung bzw. Aussteuer. Sie kann aber auch von einem Dritten (Großvater, Onkel, Paten usw.) gemacht werden, oder dem Mann von den Eltern der Frau zu dessen eigenem Rechte gewährt werden (selten) — und hat dann mit der Ausstattung nichts zu tun.

Für diese letzteren Fälle fragt sich, ob Mitgift oder Mitgiftsversprechen als Schenkung zu betrachten sind. Wenn sie unentgeltlich erfolgen, ja — wenn dagegen ein Entgelt gewährt wird, nein; und als ein solches Entgelt kann nach Lage des Falles der Eheschluß gedacht sein, so wenn der Gutsherr seinem Verwalter eine Mitgift verspricht für den Fall, daß er die vom Gutsherrn geschwängerte Magd (nach ihm frei bleibender Entschließung) heirate (RG. **62**, 273ff., vgl. auch Haymann, DogmJ. **56**, 125ff.).

III. Kapitel. Die elterliche Gewalt.

§ 31. A. Die elterliche Gewalt im allgemeinen.

I. Herkunft und Wesen.

Im Namen klingt die elterliche Gewalt des BGB. an die väterliche Gewalt der Römer, die patria potestas an. Im Wesen ist sie von dieser verschieden. Die patria potestas war ursprünglich ein reines Herrschaftsrecht des Hausvaters über das Kind mit Gewalt über Leben und Tod. Im Laufe der Entwicklung schwächte sich die patria potestas immer mehr ab, übrig blieb ein Erziehungs- und Nutznießungsrecht am Kindesvermögen, das zwar nicht schrankenlos, aber in seinem Kern eigennützig gestaltet war.

Im deutschen Recht ist die väterliche Gewalt verknüpft mit der Vormundschaft, der Munt, deren Zweck Fürsorge für das Vermögen des Mündels ist, die Schutzrecht und Schutzpflicht bedeutet, freilich neben der Vermögensverwaltung auch Nutznießung am Kindesvermögen gibt.

Das BGB. betrachtet in Weiterbildung dieser Gedanken die elterliche Gewalt in erster Linie als eine im Interesse des Kindes selbst geschaffene Einrichtung; aber auch der Gedanke des Herrschaftsrechts ist nicht völlig verloren gegangen, insofern auch das eigene Interesse des Gewalthabers vom Gesetz berücksichtigt wird.

So können die Eltern vom hausangehörigen Kinde Arbeit verlangen, auch wenn sie nicht zur Entwicklung seiner Kräfte und Ausbildung dient (1617); der Inhaber der elterlichen Gewalt haftet nur für culpa in concreto (1664). Auf Grund des elterlichen Nutznießungsrechts kann der Gewalthaber über die Einkünfte des Kindesvermögens kraft eigenen Rechts und ohne Verantwortlichkeit gegenüber dem Kind verfügen (1652 ff.).

II. Die Beteiligung der Mutter an der elterlichen Gewalt war dem römischen Recht unbekannt, vielmehr stand die Mutter ursprünglich genau wie ihre Kinder in der manus des Mannes.

In Deutschland hat sich dagegen vielfach die Anerkennung einer mütterlichen Gewalt durchgesetzt, die nach dem Tode des Vaters in die Erscheinung trat und die Bestellung eines Vormundes ausschloß. Nach gemeinem Recht war beim Tode des Vaters eine Vormundschaft einzuleiten, zu der freilich die Mutter an erster Stelle berufen war.

Das BGB. hat die väterliche Gewalt endgültig durch die elterliche Gewalt ersetzt (1626).

Das zeigt sich vor allem darin, daß, solange ein Elternteil lebt, regelmäßig kein Raum für die Einsetzung einer Vormundschaft ist. Stirbt der Vater, so übt die Mutter die elterliche Gewalt allein aus (1684).

Zu Lebzeiten des Vaters tritt freilich die Gewalt der Mutter hinter der des Vaters sehr zurück. Die Mutter ist auf die Sorge für die Person des Kindes beschränkt, ihre Gewalt ist eine bloße Nebengewalt (1634). Nur wenn der Vater an der Ausübung der elterlichen gewalt verhindert ist, oder diese ruht, erstarkt die elterliche Gewalt der Mutter zur stellvertretenden, zur Vizegewalt (1685). Bei einer Meinungsverschiedenheit zwischen den Eltern geht zudem die Meinung des Vaters vor (1634, 2).

Auch hier hat also das Gesetz den Ausgleich zwischen patriarchalischer und individualistischer Gestaltung der Familienbeziehungen versucht unter ziemlich einseitiger Bevorzugung der männlichen und väterlichen Autorität. Der heutigen Stellung der Frau im Beruf und öffentlichen Leben, nicht minder dem wohlverstandenen Interesse der Kinder selbst wird dadurch schlecht Rechnung getragen. Wir empfinden es heute als einen Fehler, daß das Gesetz die beiden

Elternteile nicht gleichmäßiger an der Ausübung der elterlichen Gewalt beteiligt hat. Die gesetzlichen Vorrechte des Mannes widersprechen zudem der durch Art 119 RV. anerkannten Gleichberechtigung der Geschlechter.

Jedenfalls ergibt sich aus dem Gesagten, daß der Begriff der elterlichen Gewalt kein einheitlicher ist — man muß die elterliche Gewalt des Vaters und der Mutter gesondert betrachten.

III. Die Dauer der elterlichen Gewalt.

Das römische Recht hat den Gedanken eines vorwiegend eigennützigen Herrschaftsrechts auch in der grundsätzlich lebenslänglichen Dauer der väterlichen Gewalt festgehalten. Weder die Heirat, noch die wirtschaftliche Selbständigmachung des Kindes führten zum Erlöschen der patria potestas, notwendig war eine ins Belieben des Vaters gestellte Entlassung (emancipatio), für die als praemium emancipationis noch im Justinianischen Recht der Nießbrauch an der Hälfte des Kindesvermögens zugebilligt wurde.

Das deutsche Recht hat dem Selbständigkeitsstreben des Kindes mehr Rechnung getragen und anerkannt, daß es aus der väterlichen Gewalt austritt, wenn es eine selbständige Wirtschaft begründet (separatio oeconomica), die Tochter auch, wenn sie sich verheiratet.

Demgegenüber empfindet man es als Rückschlag, wenn das BGB. die elterliche Gewalt bis zur Volljährigkeit dauern läßt und die minderjährige verheiratete Tochter unter der elterlichen Gewalt beläßt.

Anders und zeitgemäßer bestimmt das SchweizZGB. 14: Heirat macht mündig.

IV. Was den Inhalt der elterlichen Gewalt angeht, so sind folgende Bestandteile zu scheiden:

1. Die Personenfürsorge
2. Die Vermögensfürsorge.

} Mit diesen beiden Aufgaben ist auch das Recht und die Pflicht zur Vertretung verbunden.

3. Die Vermögensnutzung.
4. Das Recht, dem Kinde für den Fall der Verwaisung, einen Vormund zu wählen (1776 Nr. 1 und 2, 1777).

V. Der Umfang der elterlichen Gewalt und Vertretungsmacht ist im Rahmen ihrer Zwecke grundsätzlich unumschränkt; Schranken ergeben sich in folgenden Einzelfällen:

1. Die elterliche Gewalt und die Vertretungsmacht erstrecken sich nicht auf die Angelegenheiten des Kindes, für die ein Pfleger bestellt ist (1628).

Das sind die Fälle der Behinderung des gesetzlichen Vertreters aus einem tatsächlichen oder rechtlichen Grunde (1909).

2. Der Gewalthaber ist wegen Interessenwiderstreits von der Vertretungsmacht ausgeschlossen in denselben Fällen, in denen nach 1795 der Vormund von der Vertretung des Mündels ausgeschlossen ist (1630 II, 181).

3. Der Gewalthaber ist ferner von der Vertretung ausgeschlossen, soweit ihm die Vertretungsmacht durch das Vormundschaftsgericht für einzelne Angelegenheiten oder einen bestimmten Kreis von solchen gemäß 1796 entzogen worden ist (1630 II).

4. Die Vertretungsmacht des Gewalthabers ist schlechthin beschränkt durch das Verbot von Schenkungen aus dem Vermögen des Kindes mit Ausnahme derer, durch die einer sittlichen Pflicht oder einer auf den Anstand zu nehmenden Rücksicht entsprochen wird (1641, vgl. 1804).

Der Vater kann auch einer vom Minderjährigen selbst vollzogenen Schenkung nicht wirksam zustimmen, ein Minderjähriger kann, abgesehen von Anstandsschenkungen nichts verschenken.

5. Die Vertretungsmacht des Gewalthabers ist endlich beschränkt:

a) Dadurch, daß in gewissen wichtigen persönlichen Angelegenheiten die Rechtshandlung nur vom Kinde vorgenommen werden kann, entweder mit oder in einzelnen Fällen auch ohne die Zustimmung des Vaters;

Vgl. z. B. 1317: Eheschluß, 1336 I: Eheanfechtung (siehe auch 1337), 1437: ehevertragliche Aufhebung oder Vereinbarung der allgemeinen Gütergemeinschaft usw.

b) Dadurch, daß der Vater in einer Reihe von meist vermögensrechtlichen Geschäften die Genehmigung des Vormundschaftsgerichts einzuholen hat (1643).

B. Die elterliche Gewalt des Vaters. § 32.

I. Personenfürsorge.

1. Als Hauptinhalt der Personenfürsorge hebt 1631 I hervor: Das Recht und die Pflicht, das Kind zu erziehen, zu beaufsichtigen und seinen Aufenthalt zu bestimmen.

Selbstverständlich ist das keine erschöpfende Formel; auch die Körperpflege gehört zur Personenfürsorge, nicht minder die Bestimmung des Berufs, die Beilegung des Vornamens.

Die Erziehung ist Charakterbeeinflussung, sie soll das Kind ausbilden zur leiblichen, seelischen und gesellschaftlichen Tüchtigkeit (RV. 120) — entsprechend seinen Anlagen und Fähigkeiten, sowie den sozialen Verhältnissen. Auch das Züchtigungsrecht, das 1631 II dem Vater gibt, dient als Mittel der Charakterbildung und ist diesem Zweck anzupassen.

§ 1 des ReichsG. für Jugendwohlfahrt billigt dem deutschen Kinde ein Recht auf Erziehung zu, das sich in erster Linie gegen die Familie richtet; insoweit der Anspruch des Kindes auf Erziehung von der Familie nicht erfüllt wird, tritt unbeschadet der Mitarbeit freiwilliger Tätigkeit öffentliche Jugendhilfe ein.

Die Sorge für die Person umfaßt auch die Vertretung des Kindes, d. h. die Vornahme und Entgegennahme von Rechtsgeschäften, die die persönliche Stellung des Kindes betreffen, wie z. B. den Abschluß von Lehrverträgen, den Antrag auf Verleihung der Staatsangehörigkeit oder auf Entlassung aus dem Staatsverband.

2. Aus dem Fürsorgerecht ergeben sich folgende wichtige Einzelbefugnisse und -pflichten:

a) Recht und Pflicht, über die Vornahme einer Operation zu bestimmen (RG. JW. 1911, 784 Nr. 2);

b) Recht und Pflicht, das Kind zu beaufsichtigen, um sowohl seine Schädigung, wie die dritter Personen zu verhüten;

Die schuldhafte Nichterfüllung macht den Vater stets dem Kinde gegenüber verantwortlich (1631, 1627, 1664) — sie kann ihn aber auch unter dem Gesichtspunkte einer unerlaubten Handlung Dritten gegenüber haftbar machen, wenn es sich um die Verletzung einer allgemeinen Rechtspflicht, z. B. einer aus 823 sich ergebenden allgemeinen Verkehrspflicht handelt.

c) Recht und Pflicht, angemessene Zuchtmittel anzuwenden, die den Umständen und der Individualität des Kindes anzupassen sind (Züchtigungen, Einsperrung, Einschränkungen). Gegen Überschreitungen wird das Kind geschützt durch 1666 (Einschreiten des Vormundschaftsgerichts) und 1680 (Verwirkung der elterlichen Gewalt).

Auf Antrag des Vaters hat ihn das Vormundschaftsgericht durch Anwendung geeigneter Zuchtmittel zu unterstützen (1631 II 2).

Worin diese bestehen, ist reichsrechtlich nicht bestimmt. Nach 200 FrGG. entscheidet also das Landesrecht. Verwarnung, zwangsweise Zurückbringung (KG. OLGE. 1, 366ff.), Unterbringung in einer Erziehungs- oder Besserungsanstalt kommen in Frage.

Viel erörtert ist die Frage, ob auch ein ungerufener Dritter ein Züchtigungsrecht hat, ob z. B. ein Passant einem frechen Jungen, der mit Steinen wirft, eine angemessene Strafe auf der Stelle erteilen darf. Die meisten wollen ein solches Recht aus der Geschäftsführung ohne Auftrag ableiten (677ff., 679). Weitergehend nimmt das OLG. Jena (DJZ. 1913, 296) ein allgemeines Bürgerrecht zur Erziehungshilfe an.

d) Das Recht, den Aufenthalt des Kindes zu bestimmen, und dementsprechend das Recht, die Herausgabe des Kindes von jedem zu verlangen, der es dem Vater widerrechtlich vorenthält (1632).

Die Kindesvindikation untersteht nicht den Regeln der Sachvindikation. Besitz am Kinde im technischen Sinne gibt es nicht. Nur analoge Anwendung dieser Vorschriften kann in Frage kommen. Vorenthaltung ist nicht bloß physische Zurückhaltung, kann auch im Verschweigen des Aufenthaltes, Hinderung des Vaters am Zutritt liegen, kurz im Schaffen einer Lage, die dem Gewalthaber die Verwirklichung seines Anspruchs wesentlich erschwert. — Zufluchts- und Unterhaltsgewährung allein genügen dagegen nicht.

Der Inhalt der Herausgabepflicht hängt von den Umständen des Einzelfalles ab. Grundsätzlich ist die Herausgabe nicht im Sinne körperlicher Übergabe, wie bei einer Sache, zu denken, sondern im Sinne einer Ermöglichung der Wegnahme ohne wesentliche Erschwerung. Darum ist es auch nicht richtig, wenn das RG. (JW. 1904, 557[19]) die Anwendbarkeit von 888 ZPO. auf die Vollstreckung des Anspruchs verneint und lediglich 883 ZPO. (Wegnahme der Sache durch den Gerichtsvollzieher) entsprechend für anwendbar erachtet. Die Verpflichtung, die Wegnahme durch Angabe des verschwiegenen Aufenthaltes zu ermöglichen, ist nach 888 ZPO. zu vollstrecken. Die Duldung der Wegnahme nach 892 ZPO.

Es widerstreitet unserem Empfinden, daß der Gerichtsvollzieher das Kind wie eine Sache mit Gewalt wegnehmen soll. Das Richtige ist, daß der Vater es holt, notfalls unter Zuziehung des Gerichtsvollziehers (892 ZPO.).

e) Das Recht über die religiöse Erziehung des Kindes zu bestimmen.

Während das Recht der religiösen Kindererziehung bisher dem Landesrecht überlassen war (EG. Art 134), ist es jetzt geregelt durch das Reichsgesetz vom 15. Juli 1921 (RGBl. 939). Das Gesetz ist allgemein am 1. Januar 1922 in Kraft getreten.

α) Religiöse Erziehung ist schon die Zuweisung zu einem bestimmten Bekenntnis durch die Taufe, vornehmlich zum Religionsunterricht einer bestimmten Konfession — aber auch die Erziehung in einer nicht bekenntnismäßigen Weltanschauung (§ 6), also das Unterlassen der Taufe, das Fernhalten vom Religionsunterricht einer bestimmten Konfession usw.

β) Entscheidend ist in erster Linie — um die Gewissensfreiheit zu gewährleisten und die Gleichberechtigung der Eltern zu betonen — die freie Einigung der Eltern, soweit ihnen Recht und Pflicht zusteht, für die Person des Kindes zu sorgen. Die Einigung ist jederzeit widerruflich und wird durch den Tod eines Gatten gelöst (§ 1).

γ) Besteht eine solche Einigung nicht, oder nicht mehr (wegen Widerrufs oder Todes), so gelten auch für die religiöse Erziehung die Vorschriften des BGB. über das Recht und die Pflicht, für die Person des Kindes zu sorgen.

Also Bestimmungsrecht des Vaters (1627, 1631); daneben Fürsorgerecht- und -pflicht der Mutter, die unter Umständen, da die Meinung des Vaters vorgeht, zur Erziehung in einem ihr fremden Bekenntnis mitwirken muß.

Der Vater kann aber während bestehender Ehe ohne Zustimmung der Mutter weder die Erziehung in einem anderen als dem zur Zeit der Heirat gemeinsamen Bekenntnis bestimmen, noch einen Bekenntniswechsel, noch die Abmeldung vom Religionsunterricht anordnen (§ 2 II). In der Mischehe hat die Mutter dagegen kein Mittel, auf die Wahl des Bekenntnisses einzuwirken. Nach dem Tod der Mutter oder nach der Scheidung ist der Vater in der Bestimmung frei, sofern ihm die Sorge für die Person zusteht.

Ein Bestimmungsrecht der Mutter besteht während der Ehe nur, wenn der Vater an der Ausübung der elterlichen Gewalt tatsächlich verhindert ist oder wenn die elterliche Gewalt des Vaters ruht; doch bedarf die Mutter in den oben genannten Fällen genau so der Zustimmung des Vaters, wie er der ihren. Nach dem Tode des Vaters oder seiner Todeserklärung erlangt die Mutter die elterliche Alleingewalt und damit das freie Bestimmungsrecht.

δ) Auch durch die Neuregelung werden Streitigkeiten über die Erziehung nicht ausgeschlossen. Deshalb ist ein Einschreiten der Vormundschaftsgerichts vorgesehen. Von Amts wegen nur, wenn die Voraussetzungen des § 1666 BGB. vorliegen (Mißbrauch des Rechts der Personenfürsorge, [§ 7]). Wo die notwendige Zustimmung eines Elternteils verweigert wird, kann die Vermittlung oder Entscheidung des Vormundschaftsgerichts angerufen werden, ohne daß ein Mißbrauch im Sinne des § 1666 vorzuliegen braucht. Vor der Entscheidung sind, soweit tunlich, beide Ehegatten und erforderlichenfalls Verwandte, Verschwägerte und die Lehrer des Kindes zu hören. Dieses selbst ist zu hören, wenn es das 10. Lebensjahr vollendet hat (§ 2 III).

ε) Das Kind unterliegt der religiösen Erziehung bis zum vollendeten 14. Lebensjahr. Von da ab steht ihm die Entscheidung darüber frei, zu welchem religiösen Bekenntnis es sich halten will. Bis zur Vollendung des 10. Lebensjahres ist es Objekt der Erziehung, von da ab ist es in den Fällen verweigerter Zustimmung zu hören (§ 2 III). Nach Vollendung des 12. Lebensjahres kann ein Konfessionswechsel nicht mehr gegen seinen Willen bestimmt werden (§ 5, 2).

ζ) Verträge über die religiöse Erziehung sind ohne bürgerliche Wirkung (§ 4). Doch bleiben vor Verkündung des Gesetzes abgeschlossene Verträge in kraft, können aber auf Antrag der Eltern oder des überlebenden Elternteils durch Beschluß des Vormundschaftsgerichts aufgehoben werden (§ 9).

3. Die Stellung der Mutter neben dem Vater.

Neben dem Vater hat während der Dauer der Ehe auch die Mutter das Recht und die Pflicht für die Person des Kindes zu sorgen — ohne das Recht zur Vertretung (1634).

Anders nur, wenn der Vater an der Ausübung der Gewalt tatsächlich verhindert ist oder seine Gewalt ruht (1685).

Bei einer Meinungsverschiedenheit zwischen den Eltern geht aber die Meinung des Vaters vor (1634, 2).

Die Mutter hat also ein Züchtigungsrecht, darf es aber nicht gegen den Willen des Vaters ausüben. Den Beruf auch der Tochter bestimmt bei Meinungsverschiedenheiten der Vater.

Einem väterlichen Mißbrauch des Fürsorgerechts kann sie nur durch Anrufung des Vormundschaftsgerichts gemäß 1666 entgegentreten, nicht im Prozeß; dagegen kann sie im Prozeß dem Mann gegenüber geltend machen, daß seine Entscheidung, die gleichzeitig eine das gemeinschaftliche eheliche Leben betreffende Angelegenheit zum Gegenstand hat, ihr, der Frau gegenüber mißbräuchlich ist (1354, 2; RG. **69**, 94ff.).

Die Mutter kann also auch dem Herausgabeanspruch des Vaters gegenüber im Prozeß nicht geltend machen, daß der Vater sein Fürsorgerecht gegenüber dem Kind mißbrauche, sondern nur, daß er sein ehemännliches Entscheidungsrecht ihr gegenüber mißbräuchlich ausnütze. Daneben muß sie beim Vormundschaftsgericht beantragen, daß dieses dem Vater nach 1666 die Sorge für die Person entziehe, womit dem Herausgabeanspruch der Grund entzogen wird.

II. Vermögensfürsorge.

1. Das Recht und die Pflicht, für das Vermögen des Kindes zu sorgen, die sog. Vermögensverwaltung umfaßt grundsätzlich alle tatsächlichen und rechtlichen Fürsorgemaßregeln für die Erhaltung, Verwertung und Vermehrung des Kindesvermögens; in rechtlicher Beziehung umfaßt sie Verfügungs-, Verpflichtungs- und Erwerbsgeschäfte, sowie die Prozeßführung. Zwecks Führung der Verwaltung hat der Vater auch Recht und Pflicht zur Vertretung des Kindes in Vermögensangelegenheiten, ohne daß er auf die unmittelbare Stellvertretung beschränkt wäre (OLGE. **11** 298 ff.).

Wesentlich ist also, in wessen Namen der Erwerb stattfindet. Erwerb des Vaters in eigenem Namen verschafft ihm das Recht und läßt zugunsten des Kindes nur einen obligatorischen Übertragungsanspruch entstehen, der als privilegierte Konkursforderung anerkannt ist (61 Nr. 5 KO.). Nur für Mobiliarerwerb mit Mitteln des Kindes ist durch 1646 dingliche Surrogation, d. h. unmittelbarer Anfall ins Kindesvermögen ausgesprochen, es sei denn, daß der Vater einen abweichenden Willen zum Ausdruck bringt.

Vermöge des Verwaltungsrechts ist der Vater auch berechtigt, die zum Vermögen des Kindes gehörigen Sachen in Besitz zu nehmen.

Das ist eine selbstverständliche, nicht ausdrücklich ausgesprochene Folge des Verwaltungsrechts. Anders als der Mann beim eingebrachten Gut hat der Vater grundsätzlich sogar das Recht, die Sachen gewaltsam an sich zu nehmen, soweit nicht Besitz des teilweise geschäftsfähigen Kindes im Rahmen von 112, 113 vorliegt.

2. Der väterlichen Vermögensverwaltung ist das ganze Kindesvermögen unterworfen mit Ausnahme:

a) des Erwerbs von Todes wegen und durch unentgeltliche Zuwendung eines Dritten, soweit Erblasser oder Zuwender das Verwaltungsrecht ausgeschlossen haben (durch letztwillige Verfügung oder bei der Zuwendung).

Auch die Ersatzstücke werden davon ergriffen [1638];

b) des Erwerbs durch Arbeit oder aus gestattetem selbständigem Betrieb eines Erwerbsgeschäftes im Rahmen der nach 112 und 113 begründeten teilweisen Geschäftsfähigkeit (KGJ. 37 A 39 ff.),

c) des der Verwaltung eines Pflegers unterstellten Vermögens (1628).

3. Der Vater hat grundsätzlich das Recht freier Verfügung über das seiner Verwaltung unterstellte Kindesvermögen, nicht minder kann er das Kind durch vermögensrechtliche Geschäfte verpflichten. Für eine Reihe bedeutsamer Geschäfte bedarf er aber der Genehmigung des Vormundschaftsgerichts.

a) Der Kreis dieser Geschäfte ist kleiner als bei der Vormundschaft, § 1643 I zählt nur einen Teil der dort genannten auf; soweit Verfügungsgeschäfte in Frage kommen, ist auch die Übernahme der Verpflichtung zur Verfügung genehmigungsbedürftig.

Nach 1643 bedürfen der Genehmigung:

α) Gewisse Grundstücksgeschäfte, nämlich Verfügungen über Grundstücke oder Rechte an Grundstücken, oder eine hierauf bezügliche Forderung, einschließlich der Forderung auf Befreiung des Grundstückes von einem dinglichen Recht — sowie die Eingehung der Verpflichtung zu einer der vorgenannten Verfügungen (1821 I Nr. 1—3).

Ausgenommen sind die Grundstückspfandrechte (Hypotheken, Grundschulden, Rentenschulden), (1821 II).

Die Entgegennahme der Auflassung ist zwar eine Verfügung über die Forderung auf Auflassung, aber sie ist ausnahmsweise nicht genehmigungsbedürftig, da der Gewalthaber (anders als der Vormund nach 1821 Nr. 4) zum Erwerb des Grundstücks keiner Genehmigung bedarf. Die Bewilligung der Restkaufpreishypothek beim Grundstückserwerb ist ebenfalls Verfügung, doch wird man den wirtschaftlichen Gesichtspunkt, daß es sich hier um eine Erwerbsmodalität handelt, durchschlagen lassen; anders die herrschende Meinung, die ein wirtschaftlich einheitliches Geschäft in zwei Teile zerreißt (Wie hier RG. 108, 362ff.).

β) Gewisse Geschäfte, die sich auf das Gesamtvermögen oder eine Erbschaft beziehen, nämlich die Verpflichtung des Mündels zu einer Verfügung über sein Vermögen im ganzen, über eine ihm angefallene Erbschaft oder seinen künftigen gesetzlichen Erbteil oder künftigen Pflichtteil, ferner die Verfügung über den Anteil des Mündels an einer Erbschaft, die Ausschlagung einer Erbschaft oder eines Vermächtnisses, und der Verzicht auf den Pflichtteil (1822 Nr. 1 in Verb. mit 1643 I und 1643 II).

γ) Verträge über ein Erwerbsgeschäft, nämlich solche, die auf den entgeltlichen Erwerb oder die Veräußerung gerichtet sind, sowie ein zum Betrieb des Geschäfts eingegangener Gesellschaftsvertrag (1822 Nr. 3 i. V. m. 1643 I).

δ) Gewisse Kreditgeschäfte, nämlich Aufnahme von Geld auf Kredit des Mündels (z. B. Darlehnsaufnahme, Eingehung eines Kontokorrentverhältnisses), Übernahme einer fremden Verbindlichkeit (namentlich Verbürgung) oder der auf einem Grundstücke eingetragenen Hypothek (1822 Nr. 8 und 10). Vgl. RG. 110, 175!!

ε) Gewisse andere vermögensrechtlich bedenkliche Geschäfte, nämlich Ausstellung eines Inhaberpapiers, Eingehung einer Verbindlichkeit aus einem Wechsel oder Orderpapier und Erteilung einer Prokura (1822 Nr. 9 und 11 i. Verb. m. 1643 I).

ζ) Verträge, wodurch das Mündel zu wiederkehrenden Leistungen über das vollendete 21. Lebensjahr hinaus verpflichtet wird, wie z. B. Miet- und Pachtverträge, wenn das Vertragsverhältnis länger als ein Jahr über diesen Zeitpunkt hinaus fortdauern soll (1822 Nr. 5, 1643 I).

b) Gegenstände, zu deren Veräußerung die Genehmigung des Vormundschaftsgerichts erforderlich ist, kann der Vater dem Kinde auch nicht ohne diese Genehmigung zur Erfüllung eines vom Kinde geschlossenen Vertrags oder zur freien Verfügung überlassen (1644).

Sonst könnte der ganze Genehmigungszwang über 110 umgangen werden.

c) Der Vater soll endlich ohne Genehmigung des Vormundschaftsgerichts auch kein neues Erwerbsgeschäft im Namen des Kindes beginnen (1645).

Die Verletzung dieser Vorschrift macht die im Geschäftsbetrieb vorgenommenen Rechtshandlungen nicht unwirksam, begründet aber eine Ersatzpflicht des Vaters nach 1664 und rechtfertigt das Einschreiten des Vormundschaftsgerichts aus 1667.

Zum Selbstbetrieb kann der Vater das Kind nur mit Zustimmung des Vormundschaftsgerichts ermächtigen (112).

d) Auf die vormundschaftsgerichtliche Genehmigung finden im übrigen die entsprechenden Vorschriften der Vormundschaft Anwendung (1643 III).

Die Genehmigung des Vormundschaftsgerichts ist keine Unterart der Zustimmung i. S. der §§ 182ff., sie ist überhaupt keine privatrechtliche, sondern Staatswillenserklärung, die auch, wenn sie vorher erteilt wird, „Genehmigung" heißt und nicht Einwilligung; sie ergänzt die Vertretungsmacht des Gewalthabers und kann nur diesem gegenüber erklärt werden (1828).

Grundsätzlich wird die Frage der Genehmigung für jeden einzelnen Fall nach freiem Ermessen geprüft und entschieden. Doch kann für die Fälle zu δ und ε (mit Ausnahme der Prokuraerteilung) eine allgemeine Ermächtigung erteilt werden (1643 III, 1825); das soll aber nur geschehen, wenn es zum Zweck der Vermögensverwaltung und besonders zum Betrieb eines Erwerbsgeschäftes erforderlich ist.

Wenn die Genehmigung vorher erteilt wird, kann das Geschäft so, wie es genehmigt ist, wirksam vorgenommen werden. Vornahme ohne vorherige Genehmigung macht ein einseitiges Rechtsgeschäft ohne weiteres nichtig; der Adressat darf die Erklärung sogar als unwirksam zurückweisen, wenn die Genehmigung nicht in schriftlicher Form vorgelegt wird (1831, 1643). Bei Verträgen ist nachträgliche Genehmigung möglich, die aber dem Vertragsgegner gegenüber erst mit der Mitteilung der Genehmigung durch den Vater wirksam wird (1829 I 2). Zur Lösung des Schwebezustandes gibt das Gesetz dem Vertragsgegner — ähnlich wie bei den Verträgen der Geschäftsbeschränkten — zwei Wege: Aufforderung des Vaters zur Mitteilung über die Genehmigung des Gerichts (1829 II) oder Widerruf des Vertrags, der aber nur zulässig ist, wenn der Vater beim Vertragsschluß wahrheitswidrig die Genehmigung behauptet hat, es sei denn, daß der Vertragsgegner beim Vertragsschluß das Fehlen der Genehmigung gekannt hat (1830).

4. Die mit der Vermögensverwaltung verbundenen Rechtspflichten sind geringer als die des Vormunds, was sich zum Teil durch das Vertrauen auf die im Eltern- und Kindesverhältnis wirksamen natürlichen und sittlichen Kräfte rechtfertigt, zum Teil aus der engen Lebensverbundenheit der Beteiligten, zum Teil aber auch aus der noch nicht ganz überwundenen Vorstellung des eigennützigen Herrschaftsrechts.

a) Bei der Vermögensverwaltung hat der Vater nur für die Sorgfalt einzustehen, die er in eigenen Angelegenheiten beobachtet, mindestens aber für grobe Fahrlässigkeit (1664).

b) Ein Vermögensverzeichnis, was die Voraussetzung jeder Kontrolle der Verwaltung ist, wird erlassen, solange beide Eltern leben, weil auf die Kontrolle des einen Gatten durch den andern vertraut wird. Der Vater hat es nur in drei Ausnahmefällen zu errichten: α) bei Tod oder Todeserklärung der Mutter (1640), β) bei Wiederverheiratung nach einer Scheidung (1669), γ) auf Grund des Verlangens des Vormundschaftsgerichtes im Falle einer Gefährdung des Kindesvermögens (1667).

c) Eine periodische Rechnungslegung gegenüber dem Vormundschaftsgericht ist ihm (anders als dem Vormund) nicht auferlegt; nur im Gefährdungsfalle kann das Gericht Rechnungslegung verlangen. — Erst die Beendigung der Vermögensverwaltung erzeugt die Pflicht zur Herausgabe des Vermögens und Rechenschaftslegung gegenüber dem Kinde (1681).

d) Auch zur Sicherheitsleistung ist der Vater grundsätzlich nicht verpflichtet (ebensowenig der Vormund); doch kann ihm im Gefährdungsfalle (1667) das Vormundschaftsgericht eine solche auferlegen.

Eine sichere Verwahrung der Vermögenswerte wird dem pflichtmäßigen Ermessen des Vaters überlassen; nur im Gefährdungsfalle kann das Vormundschaftsgericht die dem Vormund stets obliegende Hinterlegung von Inhaber- und anderen Wertpapieren sowie Kostbarkeiten auch dem Vater auferlegen (1667).

e) Die Hauptpflicht des Vaters ist die Anlagepflicht hinsichtlich des verwalteten Vermögens, d. h. seine nutzbringende Verwertung. Das Gesetz erklärt die für die Anlegung von Mündelgeld gegebenen Vorschriften (1807 u. 1808) entsprechend anwendbar, soweit das Geld nicht zur Bestreitung von Ausgaben bereit zu halten ist (1642 I) oder vom Vater kraft seines Nutzungsrechts nach seinem Belieben verwandt werden kann. Aus besonderen Gründen kann das Vormundschaftsgericht dem Vater eine andere Anlage gestatten (1642 II).

Davon ist leider während der Jahre nach dem Weltkrieg nur unzureichend oder doch zu spät Gebrauch gemacht worden, so daß die mündelsicheren Anlagen dem Inflation treibenden Staat die entschädigungslose Enteignung (wenn nicht Beraubung) der Kinder und Waisen ermöglicht haben. Erst als es schon zu spät war, erhielt 1642 II durch Ges. v. 23. 6. 1923 folgenden Zusatz: Die Erlaubnis (zu anderer Anlegung) soll nur verweigert werden, wenn die beabsichtigte Art der

Anlegung nach Lage des Falles den Grundsätzen einer wirtschaftlichen Vermögensverwaltung zuwiderlaufen würde.

f) Endlich hat der Vater die Anordnungen für die Verwaltung zu befolgen, die bei einer unentgeltlichen Zuwendung an das Kind vom Erblasser oder Zuwender getroffen worden sind (1639).

5. Macht der Vater Aufwendungen zugunsten des Kindes, die er den Umständen nach für erforderlich halten darf, kann er vom Kinde Ersatz verlangen, soweit ihm selbst die Aufwendungen nicht zur Last fallen (1648).

Unterhaltskosten (1601 ff.) und die als Korrelat der Nutzung des Kindesvermögens erscheinenden Kosten (1654).

Während der Dauer der Verwaltung kann sich der Vater hinsichtlich seiner Ersatz- und Befreiungsansprüche selbst befriedigen (181).

III. Vermögensnutzung.

1. Grundsätzliches. Entsprechend dem römischen und germanischen Recht und den meisten Kulturrechten ist mit der elterlichen Gewalt ein Nutzungsrecht am Kindesvermögen verbunden. Der Vater verfügt über die Einkünfte dieses Vermögens aus eigenem Recht grundsätzlich nach freiem Ermessen.

Die Familiengemeinschaft wirkt sich auch hier nach der vermögensrechtlichen Seite aus. Es wäre mißlich, dem Vater eine genaue Rechnungslegung über die Früchte wie dem Verwalter fremden Vermögens vorzuschreiben, da er den vollen Unterhalt des Kindes zu bestreiten hat.

Das Nutzungsrecht ist kein Nießbrauch im Sinne des Sachenrechtes, sondern eine familienrechtliche Einrichtung, die zum Teil nießbrauchsähnlich ausgestaltet ist.

Das Nutzungsrecht entsteht kraft Gesetzes, ist der Eintragung ins Grundbuch unfähig, erfaßt die Gegenstände nur so lange, als sie zum Kindesvermögen gehören, insoweit aber auch die unübertragbaren, durch einen anderen ausübbaren Rechte. An Stelle des Quasi ususfructus des 1067 tritt die Verfügungsnutznießung verbrauchbarer Sachen (1653).

Aus der familienrechtlichen Beziehung zwischen Eltern und Kindern ergibt sich die Unübertragbarkeit und Unpfändbarkeit des Nutzungsrechts (1658 BGB., 862 ZPO.); dagegen ist es verzichtbar (1662).

2. Das Nutzungsrecht umfaßt grundsätzlich das ganze Kindesvermögen. Nutzungsfrei sind:

a) kraft Gesetzes:

α) die ausschließlich zum persönlichen Gebrauch des Kindes bestimmten Sachen, insbesondere Kleider, Schmucksachen und Arbeitsgerät (1650);

β) der selbständige Arbeitsverdienst des Kindes einschließlich der Ersatzstücke (Surrogation [1651 I Nr. 1 u. II, 1638 II]);

b) kraft rechtsgeschäftlicher Bestimmung:

α) der unentgeltliche Erwerb, bei dem Erblasser oder dritter Zuwender das Nutzungsrecht ausgeschlossen haben — einschließlich der Ersatzstücke (1651 I Nr. 2 u. II, 1638 III);

β) die durch väterlichen Verzicht auf das Nutzungsrecht freigegebenen Gegenstände (1662).

3. Regelmäßig ist das Nutzungsrecht mit dem Verwaltungsrecht verbunden. Für Erwerb und Umfang der Nutzungen gelten dann die Regeln des Nießbrauchs — ganz wie für die Nutzverwaltung des Ehemanns hinsichtlich des eingebrachten Gutes (1652).

a) Der Vater darf die zum Kindesvermögen gehörenden Gegenstände persönlich gebrauchen und ihre Früchte unmittelbar ziehen, er darf aber auch zur mittelbaren Nutzung Rechtsgeschäfte, wie z. B. Miet- und Pachtverträge, abschließen.

Die natürlichen Sachfrüchte (99 I und II) erwirbt er zu Eigentum mit der Trennung, die mittelbaren Sachfrüchte (99 III) und die Rechtsfrüchte mit der Fälligkeit (1652, 1039).

b) Verbrauchbare Sachen bleiben zwar im Eigentum des Kindes (anders 1067, Quasiususfruct), aber der Vater darf darüber im eigenen Namen verfügen und dadurch den Zustand des Quasiususfructs herstellen, mit der Verpflichtung, nach Beendigung der Nutznießung den Wert zu ersetzen (1653).

Geld darf er aber nur mit Genehmigung des Vormundschaftsgerichtes für sich verbrauchen.

1653 bezieht sich nicht auf die Früchte, die der Vater ja schon nach 1652 und 1039 zu Eigentum erwirbt.

c) Die Lasten des Vermögens trägt der Vater, wie der Mann beim gesetzlichen Güterstand der Nutzverwaltung (1654).

Der Unterhalt des Kindes ist keine solche Last (1601 ff., 1602 II).

d) Gehört zum nutzbaren Vermögen ein Erwerbsgeschäft, das der Vater im Namen des Kindes betreibt, so gebührt dem Vater nur der jährliche Reingewinn, nicht aber darf er sich den Gewinn aus einzelnen Geschäften aneignen.

1652 ist durch die Sondervorschrift des 1655 durchbrochen.

Ergibt sich in einem Jahre ein Verlust, so verbleibt der Gewinn späterer Jahre bis zur Ausgleichung des Verlustes dem Kinde (1655, 2).

Der Vater kann auf Grund seines Verfügungsnießbrauchs (1653, 92 II) das Erwerbsgeschäft auch in eigenem Namen betreiben, unter der bisherigen Firma aber nur mit Einwilligung des Kindes (22 HGB.). Dann ist er zum Werterſatz nach Beendigung der Nutznießung verpflichtet, 1655 gilt nicht.

Der Erwerb aus dem vom Kind selbst betriebenen Geschäft (112) ist nutzungsfreies Vermögen (1651 Nr. 1).

4. Bei Nutznießung ohne Verwaltungsrecht (Hauptfälle 1638, 1647, 1665, 1685, 1666 II, 1670) ist auch die Ausübung der Nutzung durch den Vater selbst ausgeschlossen. Er ist auf einen schuldrechtlichen Herausgabeanspruch gegen den gesetzlichen Vertreter des verwaltungsfreien Vermögens beschränkt, soweit die Nutzungen nicht zur ordnungsmäßigen Verwaltung des Vermögens und Lastenbestreitung erforderlich sind (1656 I).

Sondersätze: 1556 II (Vorabzug der Unterhaltskosten, wenn die elterliche Gewalt des Vaters ruht oder das Vormundschaftsgericht ihm Personen- und Vermögenssorge entzogen hat); 1657 (sofortige Fälligkeit der Verbindlichkeiten, die bei eigener Ausübung der Nutzung erst nach deren Beendigung zu erfüllen wären).

5. Schuldenhaftung und Schuldenausgleich.

a) Das Kindesvermögen haftet niemals für die Verbindlichkeiten des Vaters. Dessen Gläubiger können sich nur an das Vatervermögen halten und die erworbenen Nutzungen; doch ist auch deren Pfändbarkeit beschränkt (862 II, ZPO., 1658 II).

b) Die Gläubiger des Kindes können sich dagegen ohne Rücksicht auf die elterliche Nutznießung an das Kindesvermögen halten — ohne daß zwischen freiem und nicht freiem Vermögen unterschieden würde, und ohne daß etwas darauf ankäme, wann und wie die Schuld entstanden ist. Die Ersatzansprüche des Kindes gegen den Vater wegen verbrauchbarer Sachen (1653) können die Gläubiger des Kindes sofort geltend machen.

Zur Vollstreckung genügt ein Titel gegen das Kind (746 ZPO.).

c) Im Innenverhältnis zwischen Vater und Kind gilt für den Schuldenausgleich Entsprechendes wie beim gesetzlichen Güterstand (1660).

Was dort dem Vorbehaltsgut zur Last fällt, belastet hier das nutzungsfreie Vermögen (Deliktsschulden, Strafverfahrenskosten, Vorbehaltslasten usw.).

IV. Ausübungshinderung und **Ende** der **elterlichen Gewalt** des **Vaters** oder einzelner ihrer Bestandteile.

1. Bei rein tatsächlicher Verhinderung des Vaters an der Ausübung der elterlichen Gewalt (z. B. durch Krankheit, Abwesenheit usw.) wird sie während der Ehe von der Mutter mit Ausnahme der Nutznießung ausgeübt (1685). Nach Auflösung der Ehe

oder bei Behinderung der Mutter hat das Vormundschaftsgericht nach 1665 die im Interesse des Kindes erforderlichen Maßregeln, z. B. Pflegerbestellung usw. zu treffen.

2. Die elterliche Gewalt des Vaters ruht, d. h. er ist rechtlich an ihrer Ausübung verhindert: bei Geschäftsunfähigkeit (1676 I), Geschäftsbeschränktheit oder Unterstellung unter eine Pflegschaft (1676 II) oder vormundschaftsgerichtlicher Feststellung, daß er auf längere Zeit tatsächlich an ihrer Ausübung verhindert ist — bis zur Feststellung des Wegfalles dieser Behinderung (1677).

Auch in diesen Fällen geht während der Ehe die Ausübung mit Ausschluß der Nutzung ohne weiteres auf die Mutter über.

Doch bleibt dem Vater in den Fällen der Geschäftsbeschränktheit und Pflegschaft (1676 II) neben dem gesetzlichen Vertreter des Kindes (Mutter oder Vormund) die Personenfürsorge (1676 II).

Nach Auflösung der Ehe wird die elterliche Gewalt zwar nicht ohne weiteres der Mutter anvertraut, aber das Vormundschaftsgericht hat ihr auf ihren Antrag die Ausübung zu übertragen, wenn keine Aussicht besteht, daß der Grund des Ruhens wegfalle (z. B. bei unheilbarer Geisteskrankheit des Vaters [1685 II]); dann erlangt die Mutter auch die Nutznießung. Ist dagegen das Ruhen mutmaßlich nur vorübergehend, muß das Kind einen Vormund erhalten (1773), weil die Betrauung der Mutter mit Rücksicht auf die regelmäßige Zerrüttung der Ehe bedenklich erschien.

3. Beendigung der elterlichen Gewalt des Vaters im ganzen.

a) Ihr Ende tritt schlechthin ein aus folgenden Gründen:

α) in der Person des Kindes mit seiner Volljährigkeit oder Volljährigkeitserklärung (1626), seinem Tod — nicht aber seiner zu Unrecht erfolgten Todeserklärung (18), seiner Adoption (1765 I);

β) in der Person des Vaters mit seinem Tod, aber auch seiner Todeserklärung (1679 I) — doch kann der noch lebende Vater die Gewalt durch einseitige Willenserklärung gegenüber dem Vormundschaftsgericht wiedererlangen (1679 II); ferner mit der Verwirkung der elterlichen Gewalt — diese tritt ein, wenn der Vater wegen eines an dem Kinde verübten Verbrechens oder vorsätzlich verübten Vergehens zu Zuchthausstrafe oder mindestens 6 Monaten Gefängnis verurteilt ist (1680 I 1).

4. Ende der Personenfürsorge.

Sie endet zunächst mit der elterlichen Gewalt, kann aber auch vorher allein wegfallen oder entzogen werden.

a) Wenn eine unter der Gewalt des Vaters stehende Tochter heiratet, wird die Sorge für ihre Person auf die Vertretung in den die Person betreffenden Angelegenheiten beschränkt (1633).

Die Sorge für das Vermögen der Frau bleibt dem Vater, soweit nicht nach dem maßgebenden Güterrecht die Mannesverwaltung einsetzt; das Vorbehaltsgut verwaltet also der Vater, das eingebrachte der Mann, doch bedarf die Tochter der Zustimmung des Vaters, um ihr Recht der Zustimmung zu den Verwaltungshandlungen des Mannes ausüben zu können.

b) Gefährdet der Vater das geistige oder leibliche Wohl des Kindes dadurch, daß er sein Sorgerecht mißbraucht, das Kind vernachlässigt oder sich eines ehrlosen oder unsittlichen Verhaltens schuldig macht, so hat das Vormundschaftsgericht die erforderlichen Maßregeln zu treffen: entweder Entziehung oder Beschränkung des Fürsorgerechts, namentlich Anordnung der Zwangserziehung (1666).

c) Wenn die Ehe geschieden wird, verliert der für schuldig erklärte Teil, die Personenfürsorge für die Kinder; wenn beide schuldig sind, wird diese nach Geschlecht und Alter der Kinder unter Vater und Mutter verteilt. Doch wird das Recht der Vertretung dem Vater belassen (1635), (vgl. § 26 V 2a dieses Buches).

Bei Scheidung wegen Geisteskrankheit der Frau, steht die Personenfürsorge dem Manne allein zu; bei Scheidung wegen Geisteskrankheit des Mannes kann die Mutter sich entweder die elterliche Gewalt übertragen lassen (1685 II) oder es kann ein Vormund bestellt werden, neben dem der Mutter das Sorgerecht zusteht (1698).

Während des Scheidungsprozesses — sowie eines Rechtsstreites über Nichtigkeit oder Anfechtung der Ehe — kann das Prozeßgericht einstweilige Anordnungen wegen der Personenfürsorge für minderjährige Kinder treffen, soweit es sich nicht um die gesetzliche Vertretung handelt (627 ZPO.).

5. Ende der Vermögensverwaltung.

Sie endet zunächst mit der elterlichen Gewalt. Außerdem endet sie schon vorher für sich allein, nämlich:

a) mit rechtskräftiger Eröffnung des Konkurses über das Vermögen des Vaters (1647), (hier bleibt dem Vater die Nutznießung);

b) durch Entziehung seitens des Vormundschaftsgerichtes.

Diese ist zulässig: α) bei schuldhafter Verletzung der Unterhaltsrechte des Kindes, falls auch für die Zukunft eine erhebliche Gefährdung des Unterhalts zu besorgen ist (1666 II); β) bei Ungehorsam des Vaters gegenüber den Anordnungen des Vormundschaftsgerichts, die ihm wegen Pflichtverletzung auferlegt sind (1667, 1668) oder bei Nichterfüllung der gesetzlichen Inventarisierungs- und Auseinandersetzungspflichten (1640, 1669, 1670).

6. Ende der väterlichen Nutznießung.

Sie endet ebenfalls zunächst mit der elterlichen Gewalt; außerdem endet sie schon vorher für sich allein:

a) mit der Heirat des Kindes (1661, 1), ausgenommen wenn die Ehe ohne die erforderliche elterliche Einwilligung geschlossen wird (1661, 2);

b) durch Entziehung wegen Verletzung der Unterhaltsrechte des Kindes (1666 II);

c) durch öffentlich beglaubigten Verzicht gegenüber dem Vormundschaftsgericht (1662).

7. Bei Ruhen der elterlichen Gewalt, bei ihrer Beendigung im ganzen und beim Aufhören der Vermögensverwaltung allein hat der Vater dem Kinde oder dem nunmehr zur Vermögensverwaltung Berufenen das Vermögen herauszugeben und über die Verwaltung Rechenschaft abzulegen (1681).

Der Vater ist zur Fortführung der mit der Vermögensfürsorge (und auch der Personenfürsorge) verbundenen Geschäfte berechtigt, bis er vom Ende oder Ruhen seines Verwaltungsrechts Kenntnis erlangt oder diese Umstände kennen muß (1682). Insofern sind die von ihm vorgenommenen Vertreterhandlungen gültig, doch kann sich ein Dritter, der die fraglichen Umstände kennt oder kennen muß, nicht darauf berufen (1628). Beim Tode des Kindes hat der Vater auch eine Fürsorgepflicht (1683).

V. Obervormundschaftliche Aufsicht. — Einschreiten des Vormundschaftsgerichts.

1. Auch die Ausübung der elterlichen Gewalt unterliegt der Aufsicht und dem Eingreifen des Vormundschaftsgerichtes. Aber diese Aufsicht ist keine ständige, das Gericht schreitet nur ein in gewissen Fällen, soweit sie zu seiner Kenntnis kommen.

Um das nicht ganz vom Zufall abhängig zu machen, ist dem Gemeindewaisenrat die Pflicht auferlegt, dem Vormundschaftsgericht davon Anzeige zu machen, wenn ein Fall zu seiner Kenntnis gelangt, in dem das Vormundschaftsgericht zum Einschreiten berufen ist (1675). Nach § 42 RJWG. ist heute das Jugendamt Gemeindewaisenrat.

Da das Vorgehen gegen den Vater (oder die Mutter) in natürliche Beziehungen eingreift, ist dem Gericht ein behutsames Vorgehen zur Pflicht gemacht. Es soll — soweit tunlich — den Vater hören vor einer Entscheidung, die ihm die Personen- oder Vermögensfürsorge oder die Nutznießung entzieht oder beschränkt (1673 I); ebenso soll es vor einer derartigen Maßregel auch Verwandte, namentlich die Mutter oder Verschwägerte hören, wenn es ohne erhebliche Verzögerung und ohne unverhältnismäßige Kosten geschehen kann (1673 II).

2. Die Fälle, in denen das Bürgerliche Gesetzbuch das Vormundschaftsgericht zum Einschreiten verpflichtet, sind schon an der betreffenden Stelle aufgeführt. Sie seien hier nur kurz zusammengestellt:

a) Wenn der Vater aus tatsächlichen oder rechtlichen Gründen verhindert ist, die elterliche Gewalt auszuüben und diese nicht nach 1685 von der Mutter ausgeübt wird, hat das Vormundschaftsgericht die im Interesse des Kindes erforderlichen Maßregeln, z. B. Pflegerbestellung, zu treffen (1665);

b) Wenn der Vater schuldhaft! das leibliche oder geistige Wohl des Kindes gefährdet, indem er das Recht der Personenfürsorge mißbraucht, das Kind vernachlässigt oder sich eines ehrlosen oder unsittlichen Verhaltens schuldig macht, hat das Vormundschaftsgericht in geeigneter Weise einzuschreiten (1666).

Regelmäßig haben sich seine Maßregeln auf das Gebiet der Personenfürsorge zu beschränken; in Betracht kommen: Entziehung oder Beschränkung des Fürsorgerechts oder des Vertretungsrechts, Verbot, das Kind weiter bei einem übelbeleumundeten Lehrherrn zu lassen, Gebot, es zu geregelter Berufstätigkeit anzuhalten usw., als schärfste Maßnahme: Anordnung der Zwangserziehung in einer geeigneten Familie oder Erziehungs- oder Besserungsanstalt auf Kosten des Minderjährigen.

Zum Eingriff in das Gebiet der Vermögensverwaltung darf das Vormundschaftsgericht nur übergehen auf Grund einer Verletzung des Unterhaltsanspruchs des Kindes in Verbindung mit einer erheblichen Unterhaltsgefährdung für die Zukunft (1666 II); dann kann auch die Vermögensverwaltung sowie Nutznießung entzogen werden.

Liegt kein Verschulden des Gewalthabers vor, so kann auf Grund des BGB. nicht eingegriffen werden, wohl aber auf Grund des JugendwohlfahrtG.

c) Wenn das Vermögen des Kindes gefährdet wird, entweder durch Nichterfüllung der mit der Vermögensverwaltung oder Nutznießung verbundenen Pflichten oder durch Vermögensverfall des Gewalthabers, hat das Vormundschaftsgericht, ohne daß es auf ein Verschulden des Vaters ankäme, ebenfalls die erforderlichen Maßregeln zu treffen (1667).

Es kann z. B. die Einreichung eines Vermögensverzeichnisses und Rechnungslegung vorschreiben, dem Vater die Pflichten des Vormundes hinsichtlich der Wertpapiere, Kostbarkeiten usw. auferlegen, die Hinterlegung der Wertpapiere, die Eintragung eines Sperrvermerks verlangen, u. U. Sicherheitsleistung anordnen und bei Ungehorsam gegen seine Anordnungen (abgesehen von der Sicherheitsleistungspflicht) sogar die Vermögensverwaltung entziehen (1667, 1668, 1670).

d) Wenn der Vater wieder heiratet und seiner gesetzlichen Inventarisierungs- und Auseinandersetzungspflicht bezüglich des Kindesvermögens nicht nachkommt, kann ihm das Vormundschaftsgericht ebenfalls die Vermögensverwaltung entziehen (1669 u. 1670).

3. Nach dem Reichsjugendwohlfahrtsgesetz hat das Vormundschaftsgericht auch bei objektiver Gefährdung des Minderjährigen einzuschreiten, um seine Verwahrlosung zu verhüten oder zu beseitigen. Als Mittel dienen die Anordnung der Schutzaufsicht oder der Fürsorgeerziehung.

a) Nach 56 RJWG. ist ein Minderjähriger unter Schutzaufsicht zu stellen, wenn sie zur Verhütung seiner körperlichen, geistigen oder sittlichen Verwahrlosung geboten und ausreichend erscheint.

Die Schutzaufsicht ist als Erziehungshilfe für den Erziehungsberechtigten gedacht und wird durch einen Helfer ausgeübt, der die Rechte eines Beistandes (1687—1689 BGB.) hat. — Vgl. die Einzelheiten in § 54 dieses Buches.

b) Nach 63 RJWG. ist ein Minderjähriger, der das 18. Lebensjahr noch nicht vollendet hat, durch Beschluß des Vormundschaftsgerichts der Fürsorgeerziehung zu überweisen:

α) wenn die Voraussetzungen des § 1666 (oder des § 1838) BGB. vorliegen und die Entfernung des Minderjährigen aus seiner bisherigen Umgebung zur Verhütung der Verwahrlosung erforderlich ist, eine nach dem Ermessen des Vormundschaftsgerichts geeignete Unterbringung aber anderweit nicht erfolgen kann;

β) wenn die Fürsorgeerziehung zur Beseitigung der Verwahrlosung wegen Unzulänglichkeit der Erziehung erforderlich ist.

Falls Aussicht auf Erfolg der Fürsorgeerziehung besteht, kann diese auch noch angeordnet werden, wenn der Minderjährige das 18., aber noch nicht das 20. Lebensjahr vollendet hat (63 II RJWG.). Vergleiche die Einzelheiten in § 55 dieses Buches.

C. Die elterliche Gewalt der Mutter. § 33.

I. Allgemeines. Charakter und Eintreten der elterlichen Gewalt der Mutter.

Die elterliche Gewalt der Mutter hat zwar grundsätzlich den gleichen Inhalt wie die des Vaters (1686). Doch ist die Mutter in der Ausübung der Gewalt zu Lebzeiten des Vaters so weit beschränkt, daß ihr praktisch nur eine Hilfsgewalt zukommt. Erst nach nach dem Tode des Vaters entfaltet sich ihre Gewalt zur Voll- und Alleingewalt.

1. Solange der Vater lebt und die elterliche Gewalt während der Ehe in vollem Umfang ausübt, beschränkt sich die elterliche Gewalt der Mutter auf das Recht und die Pflicht zur tatsächlichen Personenfürsorge. Zur Vertretung ist sie nicht berechtigt und bei Meinungsverschiedenheit der Eltern geht die Meinung des Vaters vor (1634).

In glücklichen Ehen hat diese Vorherrschaft des Vaters nicht viel zu bedeuten, in unglücklichen führt sie dazu, daß der Vater allein die Religion, die Art und Dauer der Schulbildung, den Beruf des Kindes bestimmen kann, ohne die Mutter anzuhören, während sich die Gewalt der Mutter mangels Zustimmung des Vaters nicht auszuwirken vermag.

Solange im Verhalten des Vaters kein Mißbrauch im Sinne des § 1666 liegt, der eine Entziehung des Rechts der Personenfürsorge rechtfertigt, verneint die herrschende Lehre die Anrufbarkeit des Vormundschaftsgerichts.

Das ist für die Mutter unbefriedigend und unwürdig und dient auch nicht zum Besten des Kindes; denn in den meisten Fragen der Personenfürsorge ist die Mutter die Sachverständigere.

Deshalb muß die Vorherrschaft des Vaters ersetzt werden durch den Grundsatz gemeinschaftlicher Ausübung der elterlichen Gewalt, die eine Bevollmächtigung des einen Gatten durch den anderen nicht ausschließt. Bei unlösbaren Meinungsverschiedenheiten muß jedem Gatten gestattet sein, die Entscheidung durch das Vormundschaftsgericht zu beantragen.

Die gleiche Rechtsstellung — Beschränkung auf die Personenfürsorge — hat die Mutter neben einem Vormund oder Pfleger, der für das Kind bestellt ist, sei es wegen Entziehung der elterlichen Gewalt (oder einzelner ihrer Befugnisse) sei es wegen ihres Ruhens oder ihrer Verwirkung (1698).

2. Wenn der Vater an der Ausübung der elterlichen Gewalt tatsächlich (z. B. durch Krankheit, Abwesenheit, Gefangenschaft) verhindert ist oder seine elterliche Gewalt ruht, muß man unterscheiden:

a) Während der Dauer der Ehe übt die Mutter die elterliche Gewalt aus, mit Ausnahme der Nutznießung, im Sinne einer stellvertretenden Gewalt (1685 I).

Diese Versagung des Nutzungsrechts ist für den Fall des Ruhens nicht gerechtfertigt.

b) Nach Auflösung der Ehe übt die Mutter die elterliche Gewalt keineswegs ohne weiteres aus, grundsätzlich ist hier ein Vormund oder Pfleger zu bestellen. Im Falle des Ruhens hat aber das Vormundschaftsgericht der Mutter auf ihren Antrag die Ausübung der elterlichen Gewalt zu übertragen, falls keine Aussicht besteht, daß der Grund des Ruhens wegfallen werde, wie z. B. bei Scheidung wegen unheilbarer Geisteskrankheit des Vaters (1685 II): in diesem Falle erlangt die Mutter auch die Nutznießung.

3. Wenn der Vater gestorben ist oder für tot erklärt ist, erstarkt die elterliche Gewalt der Mutter zur Voll- und Alleingewalt (1684 I, Nr. 1).

4. Wenn der Vater die elterliche Gewalt verwirkt, erlangt die Mutter die elterliche Gewalt nur, falls die Ehe aufgelöst ist (1684 I, Nr. 2).

Solange die Ehe nicht aufgelöst ist, muß ein Vormund bestellt werden; denn es ist zu befürchten, daß der Übergang der Gewalt auf die Mutter wegen deren fortdauernder Abhängigkeit vom Vater den Erfolg der Verwirkung in Frage stellen oder doch bei selbständiger Haltung der Mutter den ehelichen Frieden gefährden würde.

II. Besonderheiten der elterlichen Gewalt der Mutter.

Von den für die elterliche Gewalt des Vaters geltenden und in 1686 allgemein für anwendbar erklärten Vorschriften sind folgende Abweichungen bestimmt:

1. Beistandschaft.

Auch wenn die Mutter die Vollgewalt hat, kann ihr für die Ausübung durch das Vormundschaftsgericht ein Beistand gesetzt werden.

a) Das Gericht hat der Mutter einen Beistand zu bestellen, entweder auf ihren Antrag oder entsprechend einer letztwilligen Verfügung des Vaters, endlich von Amts wegen, wenn es aus besonderen Gründen die Bestellung im Interesse des Kindes für nötig erachtet (1687 Nr. 1—3).

Als solche Gründe führt das Gesetz beispielsweise an den Umfang oder die Schwierigkeit der Vermögensverwaltung oder eine Gefährdung der Person oder des Vermögens des Kindes im Sinne von 1666, 1667.

b) Die Stellung des Beistandes ist im allgemeinen die eines Gegenvormundes (1694). Er kann für alle Angelegenheiten, für gewisse Arten oder einzelne Angelegenheiten bestellt werden (1688 I). Falls die Bestellung nichts über den Umfang ergibt, gilt er als für alle bestellt (1688 II).

Innerhalb seines Wirkungsreiches hat er die Mutter bei der Ausübung der elterlichen Gewalt zu unterstützen und zu überwachen; insbesondere hat er dem Vormundschaftsgericht jeden Fall, in dem es zum Einschreiten berufen ist, anzuzeigen (1689).

c) Vornehmlich hat der Beistand mitzuwirken bei Rechtsgeschäften.

α) Die Genehmigung des Beistandes ist im Rahmen seines Wirkungskreises zu allen Geschäften erforderlich, zu denen ein Vormund der Genehmigung des Vormundschaftsgerichts oder des Gegenvormunds bedarf (1690 I 1).

Ausgenommen sind die Rechtsgeschäfte, zu denen die Mutter der Genehmigung des Vormundschaftsgerichtes bedarf, weil auch der Vater sie nötig hätte; hier genügt die Genehmigung des Gerichts (1690 I 2). Auch wird die Genehmigung des Beistandes stets durch die des Gerichts ersetzt (1690 II).

Die allgemeinen Vorschriften über die Genehmigung des Vormundschaftsgerichts (1828—31) finden entsprechende Anwendung (1690 I 3).

Vor der Entscheidung über die Genehmigung soll das Vormundschaftsgericht den Beistand möglichst hören (1690 III).

Wer sich mit der Mutter einläßt, muß also auf seine Gefahr prüfen, ob ein Beistand bestellt ist.

β) Der Beistand hat bei der Anlegung von Geld mitzuwirken, soweit die Gelderanlage in seinen Wirkungskreis fällt, er also für die ganze Vermögensverwaltung oder für die Anlegung des Geldes bestellt ist (1691). Maßgebend sind die Vorschriften für die Anlage von Mündelgeld.

γ) Der Beistand ist zuzuziehen bei der Aufnahme eines von der Mutter einzureichenden Vermögensverzeichnisses (1692).

δ) Auf Antrag der Mutter kann dem Beistand die Vermögensverwaltung sogar ganz oder teilweise übertragen werden. Insoweit erlangt er dann Stellung eines Pflegers, und wird die Mutter der Verantwortung für das Kindesvermögen enthoben (1693).

ε) Sein Amt endet nach den für die Gegenvormundschaft geltenden Regeln; da er der Mutter beigeordnet ist, außerdem wenn deren elterliche Gewalt fortfällt oder ruht (1676—1680, 1694).

Endlich kann das Vormundschaftsgericht die Beistandschaft und die Übertragung der Vermögensverwaltung jederzeit aufheben, wenn nicht der Vater die Bestellung angeordnet hat (1695). Die auf Antrag der Mutter eingerichtete Beistandschaft soll aber nur mit ihrer Zustimmung aufgehoben werden (1695 II); Entsprechendes gilt für die Vermögensverwaltung.

2. Bei Ruhen der elterlichen Gewalt wegen Minderjährigkeit ist die Mutter selbständiger gestellt als der Vater; der Mutter ist hier die Personenfürsorge (ohne das Recht der Vertretung) nicht neben dem Vormund, sondern an dessen Stelle eingeräumt; der Vormund hat insoweit neben ihr die Stellung des Beistandes. Vgl. 1696 u. 1676 II 2 u. 3.

3. Die Mutter verliert die elterliche Gewalt einschließlich der Nutznießung mit Eingehung einer neuen Ehe. Sie behält aber die Personenfürsorge (ohne das Vertretungsrecht) in gleicher Weise, wie im Falle der Minderjährigkeit (1697).

II. Titel. Das Recht der den ehelichen gleichgestellten Kinder.

I. Kapitel. Kindschaft aus nichtiger Ehe. § 34.

I. Allgemeines.

Wird eine nichtige Ehe durch Nichtigkeitsklage oder Auflösung vernichtet (1329) oder wird eine anfechtbare Ehe mit Erfolg angefochten und dadurch zu einer von Anfang an nichtigen gemacht (1343 I), so müßten strenger Rechtslogik nach die Kinder als uneheliche angesehen werden. Das würde für den gutgläubigen Gatten und für die Kinder zu großen Härten führen. Schon das kanonische Recht hat deshalb den Kindern aus ungültigen Ehen die Rechtsstellung ehelicher Kinder gegeben, falls wenigstens einer der Gatten beim Eheschluß guten Glaubens war (sog. Putativehe). Ebenso das gemeine Recht.

Diese Lösung, die den entscheidenden Gesichtspunkt in der Rücksicht auf die Ehegatten erblickt, wird den Kindern nicht gerecht. Deren Interesse verlangt ihre Anerkennung als eheliche ohne Rücksicht auf den guten Glauben der Eltern, falls diese in einer staatlichen, öffentlich abgeschlossenen Ehe gelebt haben. Ganz besonders gilt das für einen Rechtszustand wie den des BGB., das die Behandlung der vernichtbaren und anfechtbaren Ehe als einer gültigen bis zum Eintritt des Vernichtungsgrundes vorschreibt. Die Regelung des Preuß. Landrechts und des Schweizer ZG. 133, wonach alle Kinder einer ungültigen Ehe ehelich sind, hätte deshalb den Vorzug verdient.

Gleichwohl hat sich das BGB. dem kanonischen und gemeinen Recht angeschlossen und macht die Ehelichkeit der Kinder davon abhängig, daß wenigstens einer der Gatten gutgläubig war.

„Ein Kind aus einer nichtigen Ehe, das im Falle der Gültigkeit der Ehe ehelich sein würde, gilt als ehelich, sofern nicht beide Gatten die Nichtigkeit der Ehe bei der Eheschließung gekannt haben" (1699 I).

Diese Gleichstellung setzt ferner voraus, daß eine wegen Formmangels nichtige Ehe in das Heiratsregister eingetragen ist, wird also den Kindern aus einer sog. Nichtehe schlechthin versagt (1699 II).

Nur die Kenntnis beider Gatten zur Zeit der Eheschließung schadet, nachträgliche Kenntnis ist einflußlos. Wer die Unehelichkeit geltend macht, muß die Kenntnis beider Gatten beweisen; und die Geltendmachung der Unehelichkeit ist erst dann zulässig, wenn die Ehe für nichtig erklärt oder aufgelöst ist (1329, 1343 II).

Ein Gatte, der die Anfechtbarkeit der Ehe kannte, wird so behandelt, als habe er die Nichtigkeit gekannt (1343 I); ist die Ehe wegen Drohung anfechtbar und angefochten, so steht der bedrohte und anfechtungsberechtigte Gatte einem gutgläubigen gleich — also Ehelichkeit (1704).

II. Das Rechtsverhältnis zwischen den Eltern und Kindern untersteht im allgemeinen den Vorschriften, die für ein Kind aus einer geschiedenen Ehe gelten, wenn beide Gatten für schuldig erklärt sind (1700).

1. Doch gilt das rein nur, wenn beide Gatten gutgläubig waren. War nur einer gutgläubig, werden die Rechte des Bösgläubigen gegenüber dem Kinde beschränkt.

2. War der Vater bösgläubig, hat er keine Rechte aus der Vaterschaft; die elterliche Gewalt steht nicht ihm, sondern in allen Teilen der Mutter zu (1701).

Der Vater hat auch keinen Unterhaltsanspruch und kein Erbrecht gegenüber dem Kind. Nicht einmal das Recht des persönlichen Verkehrs steht ihm zu.

Dagegen liegen ihm die Pflichten aus der Vaterschaft (Unterhaltspflicht, Aussteuerpflicht) ob, und das Kind ist ihm gegenüber erb- und pflichtteilsberechtigt.

3. War die Mutter bösgläubig, so hat sie nur die Rechte, die bei der Scheidung der allein für schuldig erklärten Frau zustehen, also nur das Recht des persönlichen Verkehrs (1702 I, 1635, 1636). Die Sorge für die Person steht dem Vater zu, der die Rechte des unschuldig geschiedenen Mannes hat.

Stirbt der Vater oder endigt seine Gewalt aus einem anderen Grunde, so erhält die Mutter die Sorge für die Person, aber ohne Vertretungsbefugnis. Es ist also ein Vormund zu bestellen, der soweit der Mutter die Personenfürsorge zusteht, die Stellung eines Beistandes hat (1702 II).

Gleiches gilt, wenn die Gewalt des Vaters ruht. Wenn dies wegen seiner beschränkten Geschäftsfähigkeit oder Gebrechlichkeitspflegschaft der Fall ist, erhält die Mutter aber nicht die tatsächliche Fürsorge für die Person, sondern nur das Recht des persönlichen Verkehrs, die Personenfürsorge unter Ausschluß der Vertretungsbefugnis behält der Vater neben dem Vormund.

III. Das Rechtsverhältnis zwischen den Eltern, die beide bösgläubig waren, und dem Kinde bestimmt sich nach den Vorschriften für uneheliche Kinder.

Das Kind ist also mit dem Vater nicht verwandt; jedoch ist dem Kinde ein weitergehender Unterhaltsanspruch als dem unehelichen Kinde gegenüber dem Vater zugebilligt.

Solange dieser lebt, kann es von ihm Unterhalt wie ein eheliches Kind beanspruchen und zwar regelmäßig in einer Geldrente. Der Vater hat aber nicht das Recht, Ort und Zeit der Unterhaltsreichung nach 1612 II zu bestimmen (1703).

IV. Für die bloße Nichtehe (die auf einem Formmangel beruht und nicht registriert ist) gilt das Recht der unehelichen Kinder rein.

II. Kapitel. Kindschaft durch nachfolgende Ehe. § 35.

I. Allgemeines.

Zugunsten der Ehelichkeit der Kinder ist nach dem Vorbild des römischen und kanonischen Rechts in fast allen modernen Privatrechten — mit Ausnahme des englischen — der Satz anerkannt, daß der nachfolgende Eheschluß des Vaters und der Mutter das vor der Ehe geborene, also uneheliche Kind, rechtlich einem ehelichen gleichstellt — legitimatio per subsequens matrimonium.

Dementsprechend bestimmt 1719 BGB.:

Ein uneheliches Kind erlangt dadurch, daß sich der Vater mit der Mutter verheiratet, mit der Eheschließung die rechtliche Stellung eines ehelichen Kindes.

II. Voraussetzungen.

1. Unehelichkeit des Kindes.

In Betracht kommen nur vor der Ehe geborene Kinder; nachher geborene, wenn auch vorher erzeugte, sind ohne weiteres ehelich. Voraussetzung ist ferner, daß das Kind nicht nach 1591 ff. als eheliches Kind eines anderen anzusehen ist — so wenn die Ehelichkeit eines im Ehebruch erzeugten Kindes vom früheren Ehemann binnen der Ausschlußfrist von einem Jahr nicht angefochten worden ist — oder nach 1699 ff. als eheliches Kind eines anderen gilt — so das aus einer angefochtenen oder vernichteten Ehe stammende Kind.

Wenn dagegen bei einem im Ehebruch erzeugten Kind der frühere Ehemann ohne Verlust des Anfechtungsrechtes gestorben ist, kann die Unehelichkeit nach 1593 geltend gemacht werden und tritt die Legitimation ein.

2. Abstammung des Kindes vom Ehemann der Mutter.

Zum Nachweis der Vaterschaft dienen zwei Vermutungen, die selbständig sind gegenüber den Vermutungen zum Nachweis der ehelichen Abstammung (1591 ff.) und der unehelichen Vaterschaft (1717).

a) Vaterschaftsvermutung. Der Ehemann der Mutter gilt als der Vater des Kindes, wenn er ihr innerhalb der Empfängniszeit vom 181. bis 302. Tage vor der Geburt (unter Einschluß dieser Tage) beigewohnt hat (1720 I). Die Vermutung kann nur entkräftet werden durch den Nachweis offenbarer Unmöglichkeit, daß die Mutter das Kind aus dieser Beiwohnung empfangen habe (1720 I 2), nicht aber durch den Nachweis mehrerer Beischläfer (exceptio plurium).

b) Beiwohnungsvermutung. Die Beiwohnung innerhalb der Empfängniszeit wird vermutet, wenn der Ehemann seine Vaterschaft nach der Geburt des Kindes in öffentlicher Urkunde anerkannt hat (1720 II).

Andernfalls muß der Nachweis mit den gewöhnlichen Beweismitteln von dem erbracht werden, der die Beiwohnung behauptet.

Beiwohnungs- und Vaterschaftsvermutung sind widerlegbar. Jeder Dritte kann die Ehelichkeit bestreiten (anders bei dem ehelich geborenen Kinde, das nur der Ehemann verleugnen kann). Folglich hat das Kind trotz der väterlichen Anerkennung ein Interesse daran, seine Kindschaft rechtskräftig festgestellt zu sehen. Das in einem Feststellungsprozeß über den Eintritt der Legitimation ergehende Urteil wirkt, wenn es zu Lebzeiten beider Parteien rechtskräftig wird, für und gegen alle (643 ZPO.).

3. Gültiger Eheschluß, soweit nicht 1721 eine Ausnahme macht.

Ist die Ehe nichtig, so können an sich die Folgen der Legitimation nicht eintreten. Da das aber zu einer verschiedenen Behandlung der vor und der in der nichtigen Ehe geborenen Kinder führen würde, ordnet 1721 die Anwendung der Vorschriften über die Kinder aus nichtigen Ehen auch auf die vor der Ehe geborenen Kinder an. Diese werden geradeso legitimiert, wie sie durch eine gültige Ehe legitimiert würden, es sei denn, daß beide Ehegatten bösgläubig (1699 I) waren oder eine formwidrige, nicht registrierte Ehe geschlossen haben (1699 II).

4. Kein Erfordernis ist Zustimmung des Kindes oder der Eltern. Die Legitimation ist kein Rechtsgeschäft, sondern ein Rechtsereignis, das ganz ohne Rücksicht auf den Willen der Beteiligten als eine gesetzliche Nebenfolge des Eheschlusses eintritt.

III. Wirkungen.

1. Vom Eheschluß an erlangt das uneheliche Kind (ohne Rückwirkung) in jeder Hinsicht die Rechtsstellung eines ehelichen. Es tritt also in die Familie des Vaters ein und erhält dessen Namen sowie Staatsangehörigkeit. Wenn es minderjährig ist, tritt es unter seine elterliche Gewalt.

Gleichwohl hört die Vormundschaft über das Kind mit dem Eheschluß nicht von selbst auf, sondern erst dann, wenn die Vaterschaft des Ehemannes durch ein zwischen ihm und dem Mündel ergangenes Urteil rechtskräftig festgestellt ist oder die Aufhebung der Vormundschaft vom Vormundschaftsgericht angeordnet wird (1883). Dadurch soll verhütet werden, daß das Kind ohne Schutz dasteht, falls der Vater seine Vaterschaft bestreitet. Die sonderbare Folge ist freilich, daß das Kind zwei Vertreter hat; bei Widerstreit ihrer Handlungen wird man der früher vorgenommenen den Vorzug geben müssen.

2. Die Wirkungen treten auch hinsichtlich der Abkömmlinge des Kindes ein, selbst wenn dieses vor dem Eheschluß gestorben war (1722).

III. Kapitel. Kindschaft durch Ehelichkeitserklärung. § 36.

I. Allgemeines.

Neben der Legitimation durch nachfolgende Ehe hat schon das römische Recht eine Legitimation duch kaiserliches Reskript — legitimatio per rescriptum principis — ausgebildet, die in Deutschland als Recht des Kaisers und der Landesherren ausgeübt wurde. Auch das BGB. kennt eine Ehelichkeitserklärung des unehelichen Kindes durch Verfügung der Staatsgewalt (1723).

Ebenso gibt es nach englischem Recht eine Legitimation durch Parlamentsakte und nach schweizerischem Recht durch den Richter, während sie dem französischen Recht unbekannt ist.

Diese Form der Legitimation ist vornehmlich als Ersatzmittel für die Legitimation durch nachfolgende Ehe gedacht, wenn diese wegen Todes oder Geisteskrankheit der Mutter unmöglich ist oder dem Vater aus anderen Gründen, z. B. wegen liederlichen Lebenswandels der Mutter nicht zugemutet werden kann. Die Ehelichkeitserklärung ist indessen auf solche Fälle nicht beschränkt, sondern ganz allgemein zugelassen, um die natürliche Verwandtschaft möglichst zu einer ehelichen erheben zu können. Keineswegs ist sie aber ein allgemeines Mittel, um eine künstliche Verwandtschaft zu schaffen, ihre Grundlage ist die Erzeugerschaft; ein künstliches Verwandtschaftsverhältnis zu bis dahin fremden Wahleltern kann nur durch Adoption begründet werden.

Die Ehelichkeitserklärung erzeugt zudem nicht die vollen Wirkungen der ehelichen Kindschaft, sondern nur ein unvollkommenes Verwandtschaftsverhältnis des Kindes und seiner Abkömmlinge zum Erzeuger, nicht aber zu dessen Verwandten (1737 I).

II. Voraussetzungen der Ehelichkeitserklärung sind:

1. Unehelichkeit des Kindes (1723 I).

2. Ein gerichtlich oder notariell beurkundeter Antrag des unehelichen Vaters (1723 I), der die Anerkennung des Kindes enthalten muß (1725).

Daraus ergibt sich, daß bei wahrheitswidriger Anerkennung die Ehelichkeitserklärung zu versagen ist und daß die Behörde eine Prüfungspflicht hat. Die Wirksamkeit der erfolgten Ehelichkeitserklärung wird freilich durch den Mangel der Vaterschaft nicht berührt (vgl. 1735).

Der Antrag ist höchstpersönlich, kann also nicht durch einen Vertreter erfolgen; der geschäftsbeschränkte Vater bedarf der Zustimmung seines gesetzlichen Vertreters und der Genehmigung des Vormundschaftsgerichts (1728 I, 1729 I).

Die rechtliche Natur der Anerkennung selbst und des Einflusses der Willensmängel auf sie ist außerordentlich bestritten (vgl. Klein, Die Rhandlungen, 1912 S. 129). Auch wenn man kein Rechtsgeschäft, sondern eine Rechtshandlung in ihr erblickt, wird man die analoge Anwendbarkeit der allgemeinen Vorschriften über die Rechtsgeschäfte auf sie bejahen müssen. Streitig ist namentlich die Behandlung der wissentlich falschen Anerkennung der Vaterschaft, die nach StGB. 169 strafbar ist. Daß sie wegen Verstoßes gegen die guten Sitten nach 138 von vornherein nichtig ist, muß mit von Blume (§ 1735 Anm. 2) und Kipp (§ 90 Anm. 15) bezweifelt werden, weil das mit der sonstigen Behandlung der betrügerischen Erklärung im BGB. wenig harmoniert. Jedenfalls kann das Kind seine Einwilligung in solchem Falle nach 123 anfechten.

3. Die gerichtlich oder notariell beurkundete Einwilligung gewisser Personen zur Ehelichkeitserklärung und zwar gegenüber dem Vater oder der Behörde, an die der Antrag zu richten ist. Die Einwilligungen sind unwiderruflich und grundsätzlich höchstpersönlich (1726 II, 1728).

a) Immer ist notwendig die Einwilligung des Kindes wegen der eingreifenden Folgen der Ehelichkeitserklärung für seine Rechtsstellung (1726 I).

Bei Geschäftsunfähigen oder noch nicht 14 Jahre alten Kindern kann der gesetzliche Vertreter die Einwilligung mit Genehmigung des Vormundschaftsgerichtes erteilen (1728 II). Ist das Kind in der Geschäftsfähigkeit beschränkt, bedarf es der Zustimmung des gesetzlichen Vertreters und der Genehmigung des Vormundschaftsgerichtes (1729 II). Vor der Entscheidung über die Genehmigung ist in beiden Fällen das Jugendamt zu hören (RJWG. 43).

b) Die Einwilligung der Mutter des Kindes ist erforderlich, wenn das Kind noch nicht das 21. Lebensjahr vollendet hat (1726 I).

Denn die bisherige Rechtsstellung der unehelichen Mutter (Fürsorgerecht, 1707) wird durch den Eintritt der elterlichen Gewalt und das Erbrecht des Vaters beeinträchtigt.

c) Die Einwilligung der etwaigen Ehefrau des Vaters (1726 I 2).

Wenn diese auch nicht mit dem Kinde verschwägert wird, so wird sie doch tatsächlich und rechtlich erheblich durch die Legitimation betroffen; man denke an das konkurrierende Erbrecht des Kindes.

Zu b) und c)

Auch diese Einwilligungen können nicht durch einen Vertreter erfolgen; die geschäftsbeschränkte Mutter oder Ehefrau bedarf aber nicht der Zustimmung des gesetzlichen Vertreters (1729 III). Beider Einwilligung ist nicht erforderlich, falls sie zur Abgabe einer Erklärung dauernd außerstande sind oder ihr Aufenthalt dauernd unbekannt ist (1726 III). Die verweigerte Einwilligung der Mutter kann auf Antrag des Kindes durch das Vormundschaftsgericht ersetzt werden, wenn das Unterbleiben der Ehelichkeitserklärung dem Kinde zu unverhältnismäßigem Nachteil gereichen würde (1727); vorher ist das Jugendamt zu hören. (43 RJWG.). Die Einwilligung der Frau des Vaters ist unersetzbar.

4. Leben des Kindes und grundsätzlich auch des Vaters zur Zeit der Ehelichkeitserklärung (1733).

Nach dem Tode des Kindes ist die Ehelichkeitserklärung schlechthin ausgeschlossen. Nach dem Tode des Vaters ist sie nur zulässig, wenn er den Antrag bei der zuständigen Behörde eingereicht oder nach seiner Beurkundung der Urkundsbehörde (Gericht oder Notar) den Auftrag zur Einreichung gegeben hat (1733 II).

5. Nichtvorhandensein eines Eheverbots zwischen den Eltern wegen Verwandtschaft oder Schwägerschaft zur Zeit der Erzeugung des Kindes (1732, 1310 I).

Die Ehelichkeitserklärung darf nicht benutzt werden, um einen Ersatz für die wegen Blutschande verbotene Ehe zu schaffen (1310 I). Andere trennende Ehehindernisse stehen nicht im Wege, z. B. kann ein im Ehebruch erzeugtes Kind legitimiert werden.

III. Die Ehelichkeitserklärung erfolgt durch Verfügung der Staatsgewalt des Landes, dem der Vater angehört (1723 II); wenn er keinem Lande angehört, steht sie dem Reichskanzler, heute dem Reichsjustizminister zu (1723 II).

Über die Erteilung der einem Lande zustehenden Ehelichkeitserklärung, d. h. über die Zuständigkeit der maßgebenden Behörde und über das Verfahren hat die Landesregierung im Verordnungsweg zu bestimmen (1723 III).

In Preußen ist nach Art 13 AV. BGB. der Justizminister zuständig, die früher bei Annahme eines adeligen Namens vorgeschriebene Genehmigung des Königs ist weggefallen, nachdem durch Art 109 RV. die Adelsbezeichnungen für einfache Namensbestandteile erklärt worden sind. In Bayern ist an Stelle der früher stets vorgeschriebenen königl. Entschließung jetzt die des Justizministers getreten. In Sachsen und Württemberg ist ebenfalls der Justizminister zuständig.

Die Vorbereitung liegt in Preußen in den Händen des Amtsgerichts des Wohnsitzes des Vaters, es erstattet durch Vermittlung des Landgerichtspräsidenten einen gutachtlichen Bericht an den Oberlandesgerichtspräsidenten und dieser gibt die Sache an den Justizminister.

Der zur Zeit (Ende 1925) vorliegende Entw. eines Ges. über die unehel. Kinder und die Annahme an Kindesstatt will die Ehelichkeitserklärung dem Vormundschaftsgericht übertragen.

1. Die Verfügung kann nicht unter einer Bedingung oder Befristung erteilt werden (1724, actus legitimus).

2. Die Verfügung selbst ist Gnadensache, sie kann versagt werden, trotzdem alle ihre Voraussetzungen vorliegen (1734); sie muß versagt werden, wenn eine der genannten Voraussetzungen fehlt.

Der Entw. eines Ges. über die unehel. Kinder will das im Interesse leichterer Eingliederung dieser Kinder in die Familie des Erzeugers dahin abändern, daß die Ehelichkeitserklärung nur mehr versagt werden kann, wenn ein wichtiger Grund vorliegt.

3. Fehlt eine der aufgeführten Voraussetzungen, so ist die trotzdem erteilte Ehelichkeitserklärung nichtig.

Davon macht 1735 zwei Ausnahmen. Auf die Wirksamkeit der Ehelichkeitserklärung ist es ohne Einfluß:

a) wenn der Antragsteller nicht der Vater des Kindes ist,

b) wenn mit Unrecht angenommen worden ist, daß die Mutter des Kindes oder die Frau des Vaters zur Abgabe ihrer Einwilligungserklärungen dauernd außerstande seien oder daß ihr Aufenthalt dauernd unbekannt sei.

Es ist aber zu beachten, daß der Antrag, obwohl er keine privatrechtliche Willenserklärung ist, doch den allgemeinen Vorschriften über die Nichtigkeit und Anfechtung der Rechtsgeschäfte unterliegt, insoweit also wie eine Willenserklärung behandelt wird (vgl. 1731). Ebenso sind die Einwilligungserklärungen des Kindes oder seiner Mutter oder der Frau des Vaters nach diesen Grundsätzen anfechtbar. Da die Richtigkeit der Anerkennung die selbstverständliche Voraussetzung des Antrags ist, kann deshalb bei irriger Anerkennung der Antrag nach 119 oder 123 beseitigt werden, womit eine wesentliche Voraussetzung der Ehelichkeitserklärung wegfällt (vgl. RGKomm. 1735 Anm. 2). Auf der anderen Seite kann die Anfechtbarkeit durch einseitige Bestätigung ausgeschlossen werden (144). Für die Anfechtbarkeit und Bestätigung des Antrags und der Einwilligungserklärungen gibt 1731 besondere Vorschriften, was die Geschäftsfähigkeit und Vertretung anlangt.

IV. Die Wirkungen der Ehelichkeitserklärung.

Durch die Ehelichkeitserklärung erlangt das Kind grundsätzlich die rechtliche Stellung eines ehelichen Kindes des unehelichen Vaters (1736).

Da die Eltern des Kindes aber nicht miteinander verheiratet sind, ist es ausgeschlossen, das Kind völlig wie ein eheliches zu behandeln. Die Wirkungen der Ehelichkeitserklärung treten in der Hauptsache nur ein im Verhältnis des Kindes und seiner Abkömmlinge zum Vater, der den Antrag gestellt hat.

1. Im Verhältnis zum Vater erlangt das Kind die Rechtsstellung eines ehelichen Kindes. Es erhält dessen Familiennamen, tritt bei Minderjährigkeit unter seine elterliche Gewalt, während die bisher über es geführte Vormundschaft erlischt. Zwischen Vater und Kind entsteht eine gegenseitige Unterhaltspflicht wie bei ehelichen Verwandten nach 1601 ff., ein gegenseitiges Erb- und Pflichtteilsrecht usw.

Diese Wirkungen erstrecken sich auch auf die Abkömmlinge des Kindes, nicht aber auf die Verwandten des Vaters, nicht auf seine Ehefrau, nicht auf den Ehegatten des Kindes (1737 I). Die Frau des Vaters wird also nicht mit dem Kinde verschwägert, ebensowenig der Vater mit dem Ehegatten des Kindes. Dieses tritt eben nicht in die Familie des Vaters ein, sondern wird nur samt seinen Abkömmlingen zum Vater in die persönliche Beziehung eines ehelichen Kindes gesetzt.

Da durch die Ehelichkeitserklärung das Kind einem aus einer ehelichen Verbindung stammenden Kinde gleichgestellt wird, wird der Vater, der sich verheiraten will, während er die elterliche Gewalt über das Kind hat, zur Inventarisierung und Auseinandersetzung verpflichtet — gerade wie ein Vater, der sich wiederverheiratet (1740 in Verb. mit 1669 bis 1671).

2. Das Verhältnis des Kindes zu seiner Mutter und zur mütterlichen Familie bleibt grundsätzlich unberührt (1737 II), erleidet aber gewisse Abschwächungen.

a) Die Mutter verliert Recht und Pflicht der Personenfürsorge, sie hat nicht einmal die Nebengewalt der ehelichen Mutter (1738, 1). Dagegen behält sie das Recht des persönlichen Verkehrs.

b) Die Unterhaltspflicht der Mutter und der mütterlichen Verwandten tritt hinter die des Vaters zurück (1739).

Wird freilich ihre Unterhaltspflicht praktisch, so erhält sie Recht und Pflicht der Personenfürsorge zurück, wenn die elterliche Gewalt des Vaters endigt oder wegen Geschäftsunfähigkeit des Vaters oder nach 1677 ruht (1738, 2).

§ 37. IV. Kapitel. Kindschaft durch Annahme an Kindesstatt — Adoption.

I. Begriff — Allgemeines.

Die Annahme an Kindesstatt ist die künstliche Schaffung eines ehelichen Kindesverhältnisses durch Vertrag ohne Rücksicht auf physiologische Abstammung. Diese steht der Annahme aber auch nicht entgegen, so daß z. B. die Mutter ihr uneheliches Kind annehmen kann.

Die Annahme an Kindesstatt ist nicht schlechthin freigegeben, sondern nur zu bestimmtem Zweck: sie soll dem Annehmenden Ersatz für fehlende eheliche Abkömmlinge bieten und so die Fortsetzung der Familie ermöglichen.

Nach 1741 ist Voraussetzung der Annahme, daß der Annehmende keine ehelichen Abkömmlinge hat, nach 1744 muß er das 50. Lebensjahr vollendet haben und mindestens 18 Jahre älter sein als das Kind. Daß diese starke Erschwerung der Adoption nicht hinreichend gerechtfertigt ist, wird heute ziemlich allgemein zugegeben (vgl. § 38 V 5 dieses Buches).

Auf die künstliche Fortsetzung der Familie durch einen derartigen Annahmevertrag hat man bei Erfüllung seiner Voraussetzungen ein Recht. Der Staat behält sich allerdings die Bestätigung des Vertrags vor, macht diese aber nicht vom freien Ermessen einer Verwaltungsbehörde abhängig, sondern nur von der Feststellung des Vorhandenseins der gesetzlichen Voraussetzungen durch das zuständige Gericht (1741).

Die Annahme an Kindesstatt ist im BGB. durchaus als einheitliche Einrichtung ausgestaltet. Es werden nicht mehr verschiedene Formen der Annahme wie im römischen Recht unterschieden, ebensowenig wird zwischen der Adoption durch einen Mann oder eine Frau ein Unterschied gemacht.

Das röm. Recht unterschied zwischen arrogatio und adoptio. Jene war die Begründung der väterlichen Gewalt über einen bis dahin Gewaltfreien unter Zustimmung der Volksgemeinde, später eines kaiserlichen Reskripts, also eines Aktes der Staatsgewalt; diese war die vertragliche Hingabe eines Gewaltunterworfenen durch den Gewalthaber aus seiner Gewalt in die des Adoptierenden. Von adoptio plena sprach man, wenn volle väterliche Gewalt des Adoptivvaters begründet wurde; bei der adoptio minus plena entstand nur ein Kindesverhältnis zwischen dem Adoptivvater und dem Angenommenen. Frauen wurde erst in der Kaiserzeit die Adoption auf Grund kaiserlichen Reskripts gestattet, wenn sie eigene Kinder gehabt und verloren hatten.

Das deutsche Recht hat eine ähnliche Einrichtung zu anderen Zwecken ausgebildet, die Affatomie, Einkindschaft, zwecks Herstellung eines Erbenverhältnisses.

Erst die Rezeption brachte die Einbürgerung der Adoption in Deutschland.

Das französ. Recht kennt neben der Adoption eine tutelle officieuse; das schweiz. ZG.(39) nur eine Kindesannahme nach Art des BGB. Dem englischen Recht ist die Adoption unbekannt.

Die Hauptschwierigkeit für die gesetzliche Regelung der Annahme an Kindesstatt liegt in dem Interessengegensatz begründet zwischen den natürlichen Verwandten, mit denen das Kind durch die Bande des Bluts verknüpft ist, und den neuen Verwandten, die durch Vertrag an Stelle dieser treten sollen.

Das BGB. hat sich weder zu einer radikalen Loslösung des Kindes aus seiner natürlichen Familie entschlossen, wie sie der altrömischen arrogatio und adoptio plena eigen war, noch hat es den Schwerpunkt der Beziehungen nach dem Vorbild des französischen und österreichischen Rechts in der natürlichen Familie belassen, sondern es hat einen Mittelweg eingeschlagen und versucht, die Interessen aller Beteiligten nach Möglichkeit auszugleichen.

Es erkennt die Doppelstellung des angenommenen Kindes an. Auf der einen Seite beläßt es ihm grundsätzlich Rechte und Pflichten aus der Zugehörigkeit zu seiner natürlichen Familie und nimmt den leiblichen Eltern nur die elterliche Gewalt (1764); auf der anderen Seite gliedert es das Kind nicht völlig in die Familie des Annehmenden ein, sondern beschränkt die Wirkung der Annahme auf den Annehmenden, dem es in der Hauptsache nur die Erziehungsrechte zuspricht, aber ein Erbrecht gegenüber dem Kinde versagt (1757, 1759). Die Halbheiten, die dadurch entstehen, sind gleichwohl einer radikalen Lösung vorzuziehen.

II. Voraussetzungen.

1. Persönliche Voraussetzungen.

a) Der Annehmende darf zur Zeit des Vertragsschlusses keine ehelichen Abkömmlinge haben (1741).

Den ehelichen Kindern gleichgestellte Kinder aus nichtiger Ehe sowie legitimierte Kinder stehen der Adoption gleichfalls entgegen.

Dagegen hindert das Vorhandensein eines angenommenen Kindes nicht eine weitere Adoption (1743).

Das Vorhandensein eines unehelichen Kindes hindert die Adoption eines anderen Kindes durch den Vater nicht, wohl aber durch die Mutter, da deren uneheliches Kind nach 1705 im Verhältnis zu ihr die Stellung eines ehelichen hat. Die Adoption des unehelichen Kindes steht Vater und Mutter gleichmäßig frei.

b) Der Annehmende muß das 50. Lebensjahr vollendet haben, da dann regelmäßig keine leiblichen Kinder mehr zu erwarten sind; außerdem muß er mindestens 18 Jahre älter sein als das Kind, da sonst ein wirkliches Eltern- und Kindesverhältnis kaum eintreten kann (1744).

Von beiden Erfordernissen kann Befreiung erteilt werden, von dem ersten jedoch nur, wenn der Annehmende volljährig ist (1745).

c) Das Geschlecht des Annehmenden ist gleichgültig. Wer verheiratet ist, bedarf aber der Einwilligung seines Ehegatten (1746 I).

Die Einwilligung ist nicht erforderlich, wenn der Gatte zur Abgabe einer Erklärung dauernd außerstande oder sein Aufenthalt dauernd unbekannt ist (1746 II).

d) Ein Ehepaar kann ein Kind auch als gemeinschaftliches annehmen (1749 I). Auch später kann noch der eine Gatte das vom anderen schon adoptierte Kind auch seinerseits annehmen (1749 II).

Davon abgesehen kann ein schon adoptiertes Kind nicht noch von einem anderen angenommen werden (1749 II).

e) Die Annahme des Mündels durch den im Amt befindlichen Vormund ist ausgeschlossen. Zu der Annahme eines Mündels durch den früheren Vormund oder Pfleger soll das Vormundschaftsgericht die Genehmigung nicht vor abgelegter Rechnungslegung erteilen (1752).

2. Die Annahme erfolgt durch Vertrag des Annehmenden mit dem Kinde, der unbedingt und unbefristet bei gleichzeitiger Anwesenheit beider Teile vor Gericht oder Notar geschlossen werden muß (1742, 1750 II).

Vertretung ist unzulässig; doch kann für ein Kind, das noch nicht 14 Jahre alt ist, sein gesetzlicher Vertreter den Vertrag mit Genehmigung des Vormundschaftsgerichtes schließen (1750 I). Ein geschäftsbeschränkter Vertragsteil bedarf außer der Zustimmung seines gesetzlichen Vertreters der Genehmigung des Vormundschaftsgerichts (1751).

Vor der Entscheidung des Vormundschaftsgerichts ist das Jugendamt zu hören, wenn der Annahmevertrag für ein noch nicht vierzehnjähriges Kind (1750 I) oder durch ein geschäftsbeschränktes Kind (1751 II) geschlossen wird (RJWG. 43 I).

3. Der Annahmevertrag bedarf der gerichtlich oder notariell beurkundeten Einwilligungserklärung gewisser durch die Annahme betroffenen Personen, und zwar:

a) Zunächst der leiblichen Eltern des Kindes bis zum vollendeten 21. Lebensjahr (bei einem unehelichen Kinde der Mutter, 1747);

b) sodann der Ehegatten des Annehmenden und des Kindes (1746).

Die Einwilligung ist nicht erforderlich, wenn die Eltern oder der Gatte zur Abgabe einer Erklärung dauernd außerstande sind oder ihr Aufenthalt dauernd unbekannt ist (1746 II, 1747, 2).

Sie ist dem Annehmenden oder dem Kinde oder dem für die Bestätigung des Annahmevertrags zuständigen Gericht gegenüber abzugeben. Sie ist unwiderruflich und kann nicht durch einen Vertreter erteilt werden; Geschäftsbeschränkte bedürfen nicht der Zustimmung des gesetzlichen Vertreters (1748).

4. Der Annahmevertrag bedarf der **Bestätigung** durch das zuständige Gericht (1741, 2). Die Beteiligten sind aber schon vor der Bestätigung gebunden (1754 I 2).

Zuständig ist **nicht** das **Vormundschaftsgericht**, sondern das **Amtsgericht** (FGG. 65), in dessen Bezirk der Annehmende zur Zeit der Einreichung des Antrags (oder der Betrauung der Urkundsbehörde mit der Einreichung) seinen Wohnsitz bzw. Aufenthalt gehabt hat.

Die Bestätigung darf nur versagt werden, wenn ein gesetzliches Erfordernis der Annahme an Kindesstatt fehlt (1754 II). Sie ist also — anders als die Ehelichkeitserklärung — keine Gnadensache.

Gegen den Beschluß, der die Bestätigung erteilt, gibt es kein Rechtsmittel (68 I FrGG.); gegen die Versagung findet sofortige Beschwerde statt. Mit rechtskräftiger Versagung verliert der Vertrag seine Kraft (1754 II 2).

Nach dem Tode des Kindes kann die Bestätigung nicht mehr erfolgen (1753 I), nach dem Tode des Annehmenden nur, wenn er oder das Kind den Antrag auf Bestätigung bereits eingereicht oder nach Beurkundung des Vertrags die Urkundsperson mit der Einreichung betraut hat (1753 II). Die nach dem Tod des Annehmenden erfolgte Bestätigung wirkt, wie wenn sie vor dem Tode erfolgt wäre, begründet also z. B. ein Erbrecht des Kindes (1753 III).

Der Annahmevertrag tritt **mit der** Bestätigung **in Kraft**, und zwar regelmäßig mit deren Bekanntmachung an den Annehmenden (1754 I BGB. 67 I FrGG.).

Die Bestätigung hat also **keine rückwirkende Kraft**.

Davon sind 2 Ausnahmen gemacht in 1753 III und 1762, 2.

Das **Fehlen** einer **gesetzlichen Voraussetzung** der Annahme bewirkt die **Nichtigkeit** der **Annahme** trotz der gerichtlichen Bestätigung. Diese heilt nach herrschender Ansicht die Mängel des Vertragsschlusses nicht.

Davon macht 1756 nur eine Ausnahme. Auf die Wirksamkeit der Annahme soll es ohne Einfluß sein, wenn bei der Bestätigung mit Unrecht angenommen worden ist, daß die in 1746/47 vorgeschriebene Einwilligung der Eltern oder des Ehegatten nicht erforderlich sei, weil eine dieser Personen zur Abgabe einer Erklärung dauernd außerstande oder ihr Aufenthalt dauernd unbekannt sei.

III. Die **Wirkungen** der Annahme an Kindesstatt.

1. Im **Verhältnis** zum **Annehmenden** erlangt das Kind die **rechtliche** Stellung eines **ehelichen** Kindes **des** Annehmenden

(1757 I), nicht auch von dessen Ehegatten, es sei denn, daß es auch von diesem angenommen wird oder sein leibliches Kind ist; dann erlangt es die rechtliche Stellung eines gemeinschaftlichen ehelichen Kindes der Gatten (1757 II).

Die Wirkungen der Annahme erstrecken sich nicht auf die Verwandten des Annehmenden. Es entsteht keine Schwägerschaft zwischen dem Ehegatten des Annehmenden und dem Kinde, auch nicht zwischen dem Annehmenden und dem Ehegatten des Kindes (1763).

Dagegen erstrecken sich die Wirkungen der Annahme auf die Abkömmlinge des Kindes (1762). Diese erlangen also die rechtliche Stellung der Kinder eines ehelichen Kindes des Annehmenden usw. Diese Erstreckung erfolgt jedoch auf einen zur Zeit des Vertragsschlusses vorhandenen Abkömmling und dessen später geborene Abkömmlinge nur dann, wenn der Annahmevertrag auch mit den vorhandenen Abkömmlingen geschlossen wird (1762).

Insoweit ist also auch eine Annahme an Enkel- oder Urenkelstatt denkbar. Es wird zudem anerkannt, daß ein solcher Vertrag mit den zur Zeit des Annahmevertrags schon vorhandenen Abkömmlingen des angenommenen Kindes auch noch nachträglich abgeschlossen werden kann (OLGE. **40** 92ff.

Die einzelnen Wirkungen des Annahmevertrages im Verhältnis zum Annehmenden sind folgende:

a) Das Kind wird mit dem Annehmenden verwandt, es entsteht also eine gegenseitige Unterhaltspflicht wie zwischen Eltern und ehelichen Kindern nach 1601 ff.

Die Unterhaltspflicht des Annehmenden geht der der leiblichen Verwandten des Kindes vor (1766 I); Entsprechendes gilt für die Aussteuerpflicht.

Dagegen entsteht kein gegenseitiges Erb- und Pflichtteilsrecht. Nur das Kind erlangt Erb- und Pflichtteilsrechte gegenüber dem Annehmenden, nicht aber dieser gegenüber dem Kinde (1759).

Die Adoption soll für den Annehmenden kein Versorgungsgeschäft sein; doch wird dadurch nicht ausgeschlossen, daß das Kind durch Verfügung von Todeswegen, die als erbvertragliche mit dem Annahmevertrag in derselben Urkunde verbunden sein kann, dem Annehmenden ein Erbrecht einräumt, unbeschadet des Pflichtteilsrechtes der leiblichen Verwandten. Auf der anderen Seite gestattet 1767, daß das Erbrecht des Kindes im Annahmevertrag ausgeschlossen wird.

b) Das Kind erhält den Familiennamen des Annehmenden (1758 I 1), darf aber dem neuen Namen seinen früheren Familiennamen hinzufügen, sofern das nicht im Annahmevertrag ausgeschlossen ist (1758 II).

Wenn eine Frau, die infolge ihrer Verheiratung einen anderen Namen führt, ein Kind annimmt, so erhält dieses den Familiennamen der Mutter, den sog. Mädchennamen (1758 I 2). Wenn ein Ehepaar ein Kind gemeinschaftlich annimmt, erhält es den Namen des Mannes, wenn die Frau das Kind des Mannes annimmt, behält es dessen Namen.

c) Das Kind tritt — so lange es minderjährig ist — unter die elterliche Gewalt des Annehmenden, und zwar einschließlich Vermögensverwaltung und Nutzung des Kindesvermögens.

Die Nutzung kann im Annahmevertrag aber ausgeschlossen werden (1767).

Auf die elterliche Gewalt der annehmenden Frau finden die Vorschriften über die elterliche Gewalt der Mutter Anwendung (1684 ff.).

Der Annehmende hat eine unbedingte Inventarisationspflicht hinsichtlich des Kindesvermögens (1760), und eine Auseinandersetzungspflicht (1761), wenn er, während er die elterliche Gewalt über das Kind innehat, sich verheiratet.

d) Das Kind erhält, wenn es noch nicht volljährig ist, den Wohnsitz des Annehmenden (11).

e) Das Recht der elterlichen Einwilligung in die Eheschließung des Kindes steht an Stelle der leiblichen Eltern dem Annehmenden zu (1306).

2. Im Verhältnis zu den leiblichen Verwandten des Kindes werden Rechte und Pflichten aus dem Verwandtschaftsverhältnis grundsätzlich nicht berührt (1764). Es verbleibt also z. B. das gegenseitige Erbrecht.

Davon macht das Gesetz folgende Ausnahmen:

a) Die leiblichen Eltern verlieren die elterliche Gewalt, die uneheliche Mutter Recht und Pflicht der Personenfürsorge (1765).

Wiedererlangung ist möglich in den Fällen 1765 II, aber ohne das Recht der Vertretung.

b) Die gegenseitige Unterhaltspflicht bleibt zwar bestehen, doch tritt die Unterhaltspflicht der leiblichen Verwandten gegenüber dem Kinde und seinen durch die Annahme mitumfaßten Abkömmlingen zurück hinter die Unterhaltspflicht des Annehmenden (1766 I).

Die auf der Blutsverwandtschaft beruhende Unterhaltspflicht zwischen dem Kinde und seinen Abkömmlingen wird durch diese Vorschrift nicht berührt, die nur das Rangverhältnis zwischen den Wahl- und leiblichen Eltern ordnen will. Das Kind hat also seinen Unterhalt zunächst von seinen Abkömmlingen zu beanspruchen und umgekehrt (1606 I).

c) Ein klagbares Recht zum persönlichen Verkehr steht den leiblichen Eltern nicht zu; doch kann in dem von dem Adoptivvater ausgesprochenen Verbot des Verkehrs mit den leiblichen Eltern ein Mißbrauch der elterlichen Gewalt liegen, der das Vormundschaftsgericht nach 1666 zum Einschreiten nötigt, so RG. **64** 47 ff.

d) Das Recht der leiblichen Eltern zur Einwilligung in die Eheschließung des Kindes fällt weg (1306).

e) Die Berufung der leiblichen Großeltern zur Vormundschaft über das Kind oder seine Abkömmlinge fällt weg (1776 II), ebenso die Berufung der leiblichen Eltern zur Vormundschaft über das volljährige Kind (1899 II).

IV. Unwirksamkeit und Aufhebung der Annahme an Kindesstatt.

1. Die Bestätigung ist nur eine der Voraussetzungen der Annahme und hat nicht die Kraft, etwaige Mängel des Annahmevertrags usw. zu heilen. Für den Annahmevertrag wie für die Einwilligungserklärungen gelten die allgemeinen Grundsätze über die Willenserklärungen, namentlich über die Nichtigkeit und Anfechtbarkeit, also auch über die Möglichkeit, eine anfechtbare Erklärung zu bestätigen.

Bei Simulation ist z. B. der Annahmevertrag nichtig (117); und eine solche ist anzunehmen, wenn die Annahme nur zum Zweck der Namensänderung erfolgt, während die Absicht, ein familienrechtliches Verhältnis zu begründen bewußtermaßen fehlt (OLGE. **7** 425; Seuff. A. **60** 129; KG. 22 A 250).

Für die Anfechtung und die Bestätigung einer anfechtbaren Erklärung gibt 1755 besondere Vorschriften. Sie kann grundsätzlich nicht durch Vertreter erfolgen usw.

Nur in einem Punkte hat die Bestätigung nach 1756 heilende Kraft, wenn nämlich zu Unrecht angenommen worden ist, daß die Einwilligungserklärungen des Ehegatten des Annehmenden oder der Eltern des Kindes (1746, 1747) nicht erforderlich seien, weil eine dieser Personen zur Abgabe einer Erklärung dauernd außerstande oder ihr Aufenthalt dauernd unbekannt sei.

2. Neben der Möglichkeit, die Annahme durch Anfechtung rückwirkend zu vernichten, erkennt das Gesetz die Zulässigkeit eines Aufhebungsvertrages an, der die Wirkungen der Annahme für die Zukunft beseitigt (1768 ff.).

a) Der Aufhebungsvertrag muß zwischen sämtlichen Beteiligten geschlossen werden, zwischen dem Annehmenden bzw. den Wahleltern und dem Kinde sowie den Abkömmlingen, auf die sich die Wirkung der Annahme erstreckt (1768 II u. III).

Nach dem Tode des Kindes können die übrigen Beteiligten das Verhältnis lösen; gleiches gilt bei einem gemeinschaftlichen Kinde nach dem Tode eines Gatten (1769).

b) Für den Aufhebungsvertrag gelten im allgemeinen die gleichen Grundsätze wie für den Annahmevertrag (1770). Er verträgt weder Bedingung noch Zeitbestimmung (1768 I, 1).

c) Die Aufhebung vernichtet die Wirkungen der Adoption für die Zukunft mit der Rechtskraft des die Aufhebung bestätigenden gerichtlichen Beschlusses.

Das Kind und die von der Aufhebung erfaßten Abkömmlinge verlieren das Recht, den Familiennamen des Annehmenden zu führen, ausgenommen in dem Fall, daß der Aufhebungsvertrag mit einem gemeinschaftlich angenommenen Kinde nach dem Tode eines der Gatten geschlossen wird (1772). Die Rechtsbeziehungen des Kindes zu seinen leiblichen Eltern werden durch die Aufhebung nicht umgestaltet, namentlich lebt ihre elterliche Gewalt nicht wieder auf, das Kind kommt also gegebenenfalls unter Vormundschaft.

3. Von Rechts wegen tritt die Aufhebung des Adoptivverhältnisses ein, wenn der Annehmende mit dem Kind oder einem Abkömmling des Kindes dem Verbot des § 1311 zuwider eine Ehe schließt; zwischen dem Ehepaar findet das Adoptivverhältnis damit sein Ende (1771 I).

Ist die Ehe nichtig, so wird das Adoptivverhältnis zwar nicht aufgehoben; gleichwohl wird die dem einen Gatten über den anderen etwa zustehende elterliche Gewalt verwirkt, abgesehen vom Fall der sog. Nichtehe (1771 II).

III. Titel. Das Recht der unehelichen Kinder.

I. Kapitel. Begriff. Allgemeine Rechtsstellung. Rechtspolitisches. § 38.

I. Unehelich sind alle Kinder, die die Voraussetzungen ehelicher Abstammung im Sinne des Gesetzes nicht erfüllen und den ehelichen Kindern auch nicht gleichgestellt sind (1591 ff., 1699 ff.).

Unehelich ist auch das Kind, das mit Erfolg vom Ehemann verleugnet ist.

II. Der Staat sieht die uneheliche Geschlechtsverbindung nicht gern, hauptsächlich weil der Aufwuchs der aus ihr stammenden Abkömmlinge zu gesunden und lebenstüchtigen Staatsbürgern gefährdet ist. Im Einklang mit dem römischen und germanischen Recht und den kirchlichen Anschauungen setzt auch das BGB. die unehelichen Kinder hinter die ehelichen stark zurück.

Es erkennt ein rechtliches Verwandtschaftsverhältnis zwischen dem Kinde und seinem Erzeuger überhaupt nicht an (1589 II) und gibt dem Kinde gegen diesen nur einen beschränkten Unterhaltsanspruch, der im allgemeinen mit der Vollendung des 16. Lebensjahres endet (1708 I).

Lediglich der Mutter und deren Verwandten gegenüber hat das uneheliche Kind die rechtliche Stellung eines ehelichen (1705). Das Gesetz spricht zudem der Mutter nur die äußere, tatsächliche Sorge für die Person des Kindes zu, versagt ihr aber die elterliche Gewalt und das Vertretungsrecht, so daß das Kind stets einen Vormund erhält (1773), also sofort in staatliche Fürsorge genommen wird, die sich nach dem BGB. in Form der Einzelvormundschaft auswirkt und deshalb ganz unzureichend ist.

III. Im Widerspruch damit verlangen die Anhänger der sozialistischen Weltanschauung die Anerkennung des freien gleichberechtigten Verkehrs der Geschlechter und eine allgemeine Fürsorge des Staates für den gesamten Nachwuchs. Die sozialdemokratische Partei hat in der 3. Lesung der neuen Reichsverfassung vor dem Plenum die Aufnahme der Art 119 III und 121 in die Reichsverfassung durchgesetzt. Nach 119 III hat die Mutterschaft ganz allgemein Anspruch auf den Schutz und die Fürsorge des Staates; und nach Art 121 sind den unehelichen Kindern die gleichen Bedingungen für ihre leibliche, seelische und gesellschaftliche Entwicklung zu schaffen wie den ehelichen Kindern.

Eine völlige privatrechtliche Gleichstellung des unehelichen Kindes kann jedoch damit nicht ausgesprochen sein. So verstanden, würde Art 121 in unlösbaren Widerspruch mit dem in Abs. I des Art 119 zugesicherten Schutz der Ehe geraten. Eine solche Gleichstellung würde den Bestand der Ehe und die Fortpflanzung in der ehelichen Familie noch mehr gefährden als das schon heute infolge der wirtschaftlichen und sozialen Entwicklung und der geminderten sittlichen Kraft des Volkes der Fall ist.

Art 121 will zunächst eine Zurücksetzung der unehelichen Kinder in öffentlichrechtlicher Beziehung ausschließen; sie müssen z. B. ebenso wie die ehelichen zu allen staatlichen, überhaupt öffentlichen Unterrichts- und Fortbildungseinrichtungen (Gymnasien, Universitäten usw.) zugelassen werden (vgl. Stier-Somlo, Reichs- u. Landesstaatsr. I 45 6). In privatrechtlicher Beziehung kann Art 121 nur dahin verstanden werden, daß ihnen möglichst gleichwertige Bedingungen für ihre Entwicklung zu tüchtigen Menschen und Staatsbürgern geschaffen werden sollen.

Auch für das **Privatrecht** darf der Gesetzgeber nicht außer acht lassen, daß die Erschwerung der Heiratsmöglichkeiten und die wachsende Zahl der unehelichen Geburten in erster Linie eine Folge der **wirtschaftlichen** Entwicklung sind.

In Deutschland betrug die Zahl der unehelich Geborenen vor dem Weltkrieg etwa 180000 (1913: 183977), um im Krieg entsprechend dem allgemeinen Geburtenrückgang auf 108333 (1917) zurückzugehen. 1920 war sie bereits wieder auf 188050 gestiegen, trotz der verringerten Einwohnerzahl des heutigen Deutschen Reiches. Von 100 Geborenen waren 1913: 9,7 unehelich; 1920: 11,4; 1921: 10,7; 1922: 10,08; 1923: 10,5. — Von 100 waren 1922 **tot geboren**: 3,0 eheliche, 4,9 uneheliche Kinder — 1922 starben von 100 Säuglingen im ersten Lebensjahr: eheliche 11,7, uneheliche: 23,6. — Der um 1/3 größere Anteil der Unehelichen an der **Kriminalität** würde noch mehr in die Erscheinung treten, wenn nicht ein erheblicher Teil so früh das Leben verlassen müßte. — Nach den Feststellungen Spanns entfallen bei den unehelich Geborenen auf 100 gelernte Arbeiter: 43,83 ungelernte, bei den ehelichen dagegen nur 27,18. — Was vom Massensterben übrig bleibt, geht nach Spann zu einem großen Teile einer „bedeutenden beruflichen, moralischen und körperlichen Degeneration entgegen".

Die **Rechtsordnung** vermag diese Entwicklung und ihre Folgen durch eine Schlechterstellung der unehelichen Kinder nicht aufzuhalten, sie muß ihr deshalb Rechnung tragen, soweit das ohne eine weitere Förderung der ehefeindlichen Kräfte möglich ist. Zudem darf die motivierende Kraft positiver Rechtsregeln auf dem Gebiet des Trieblebens nicht überschätzt werden. Die bisherige übermäßige Benachteiligung der unehelich Geborenen vergrößert lediglich die Gefährdung ihres Aufwuchses zu tüchtigen Staatsbürgern, ohne der Ehe zu nützen; die geringere finanzielle Verantwortlichkeit des Mannes für das uneheliche Kind ist geeignet, ihn in seiner Ehescheu zu bestärken. Unserem Gerechtigkeitsempfinden widerspricht es, das Kind unter dem Unwerturteil über seinen Erzeuger mehr leiden zu lassen, als das ohne Preisgabe der Ehe als der staatlich anerkannten und gebilligten Geschlechts- und Lebensgemeinschaft nötig ist.

IV. Diese Erwägungen führen dazu, die unehelichen Kinder zwar nicht den ehelichen gleichzustellen, aber ihre **Rechtslage** unter Festhaltung einer grundsätzlich verschiedenen Stellung **möglichst günstig** zu gestalten — vor allem einen annähernd **gleichwertigen Ersatz für die ihnen fehlende Familienerziehung** zu schaffen und ihren **Unterhalt möglichst sicherzustellen.**

1. In dieser Hinsicht ist durch das RJWG. Abhilfe versucht worden, indem die Kinder mit der Geburt der **Aufsicht** und **Amtsvormundschaft des Jugendamts** unterstellt werden (35 RJWG.). Durch die Einführung der **Berufs- und Amtsvormundschaft** ist dem

Unehelichenrecht eine neue Grundlage gegeben worden. Die „Einzelvormundschaft" des BGB., die völlig versagt hatte, ist überwunden. Die Beistandschaft in der Sorge für die Person des Mündels, die dem Vormund nach 1707, 3 neben der Mutter zusteht, kann und soll durch Pflegestellenvermittlung, ärztliche und pflegerische Aufsicht zu einem möglichst wirksamen Schutz ausgebaut werden (§§ 19 ff., 24 RJWG.).

Bedenklich ist freilich, daß nach der VO. über das Inkrafttreten des RJWG. (art. 1 Ziff. 6) die oberste Landesbehörde auf Antrag Gemeinden und Gemeindeverbände von der Durchführung der Bestimmungen über die gesetzliche Amtsvormundschaft befreien kann.

2. Auch eine bessere Unterhaltssicherung ist erreicht. Bisher waren die unehelichen Kinder, wenn und solange die Unterhaltsbeiträge des unehelichen Vaters nicht eingingen, auf die allgemeine Armenpflege nach dem UnterstützungswohnsitzG. angewiesen, die vielfach zu spät und auch dann noch ungenügend einsetzte; zu spät, weil durch das Suchen nach dem geeigneten Einzelvormund und durch das Unvertrautsein des bestellten Vormundes mit seiner Aufgabe kostbare Zeit verloren ging — ungenügend, weil die allgemeine Armenpflege auf die Eigenart der Notlage des unehelichen Kindes nicht hinreichend abgestimmt war. In den romanischen Ländern ist trotz fehlender Vaterschaftsklage die Lage der Unehelichen insofern besser gewesen, als dort eine besondere öffentliche Fürsorge für sie besteht; und auch in den nordischen Ländern ist die öffentliche Versorgung sichergestellt, wenn die Unterhaltsbeiträge nicht eingehen.

Abschnitt V §§ 49 ff. RJWG. wollte hier Wandel schaffen und sah eine gegen früher verbesserte besondere Armenkinderfürsorge vor, die in der Hand des Jugendamtes liegen sollte.

Indessen sind die Vorschriften des V. Abschnittes des RJWG. restlos beseitigt worden durch die VO. über das Inkrafttreten des RJWG. vom 14. II. 1924 in Verbindung mit der Fürsorgepflicht-VO. vom 13. II. 1924 und der VO. vom 4. 12. 1924, betr. Reichsgrundsätze über Voraussetzung, Art und Maß der öff. Fürsorge. Inhaltlich ist aber dadurch eine Verschlechterung gegenüber § 49 RJWG. nicht eingetreten. Denn auch die Reichsgrundsätze rechnen zum notwendigen Lebensbedarf bei Minderjährigen Erziehung und Erwerbsbefähigung. Die Reichsgrundsätze betonen, daß die Fürsorge die Eigenart der Notlage berücksichtigen und rechtzeitig einsetzen muß. Da ferner durch die Amtsvormundschaft dies rechtzeitige Einsetzen gewährleistet wird, ist im ganzen der Unterhalt des Unehelichen im Vergleich zur früheren Rechtslage (Einzelvormundschaft und Fürsorge nach dem Unterstützungswohnsitz G.) bedeutend verbessert worden.

Das einzige, was man im Interesse der Unehelichen bedauern muß, ist, daß die Jugend zwecks einheitlicher Erfassung aller Hilfsbedürftigen um die Wohltat der Fürsorge durch das Jugendamt gekommen ist und den Fürsorgeverbänden unterstellt worden ist. In Preußen schließt das aber z. B. nicht aus, daß die als Bezirksfürsorgeverbände bestimmten Stadtkreise das städtische Jugendamt mit der Unehelichenfürsorge betrauen (so z. B. in Köln).

V. Durch die gesetzliche Regelung der erwähnten Hauptfragen ist gleichzeitig die Richtung, in der das Unehelichenrecht des BGB. weiter zu entwickeln ist, festgelegt worden. Über sie konnte schon auf dem 32. deutschen Juristentag in Bamberg in allen wesentlichen Punkten Übereinstimmung erzielt werden.

1. An eine völlige Einordnung des unehelichen Kindes in die Familie des Vaters nach dem Vorbild des norwegischen Gesetzes vom 10. April 1915 ist nicht mehr zu denken. Diese zwangsweise Eingliederung des Kindes in eine Familie, die von ihm regelmäßig nichts wissen will, würde das Kind völlig heimatlos machen.

2. Die Verteilung der Rechte aus der elterlichen Gewalt, die das BGB. vornimmt, ist grundsätzlich beizubehalten, also auch die Unterstellung des unehelichen Kindes unter die Vormundschaft, die nach dem RJWG. in der Regel nicht eine Einzelvormundschaft ist, sondern die Amtsvormundschaft des Jugendamts oder der (nach Art 1 Nr. 1 der VO. über das Inkrafttreten des RJWG.) mit dessen Aufgaben betrauten Stelle.

Ebenso ist die grundsätzliche Betrauung der Mutter mit der tatsächlichen Personenfürsorge beizubehalten, so daß der Amtsvormundschaft neben der Mutter nur die Beistandschaft zufällt (vgl. 1707).

Diese Beschränkung der Amtsvormundschaft ist zu ertragen, wenn dem Jugendamt durch die Regelung des Pflegekinderschutzes verstärkte Aufsichtsbefugnisse zugestanden werden (24 RJWG.).

Insofern ist die Verkümmerung des Pflegekinderschutzes (Herabsetzung der Altersgrenze von 14 Jahren) durch die VO. über das Inkrafttreten des RJWG. art 1 Nr. 5 sehr zu bedauern.

Ein Bedürfnis, von dieser Regel abzugehen, kann sich im einzelnen Falle ergeben. Deshalb hat schon das RJWG. dem Vormundschaftsgericht die Befugnis eingeräumt, das Jugendamt als Amtsvormund zu entlassen und an seiner Stelle eine Einzelperson, gegebenenfalls den Vater oder die Mutter, als Vormund zu bestellen, wenn das Wohl des Mündels das erfordert (vgl. 44 und 40 RJWG.). Und der zurzeit (Ende 1925) dem Reichsrat vorliegende Entwurf eines Gesetzes über die unehelichen Kinder ermächtigt in 1707 b das Vormundschaftsgericht, der Mutter oder dem Vater auf ihren Antrag die elterliche Gewalt über das Kind zu verleihen, wenn dies aus besonderen Gründen im Interesse des Kindes geboten erscheint. Außerdem bestimmt 1707 a des Entwurfes, daß das Vormundschaftsgericht den Vater zum persönlichen Verkehr mit dem Kinde ermächtigt und diesen näher regelt, sowie dem Vater auf seinen Antrag die Sorge für die Person des Kindes — ohne Vertretungsberechtigung — verleiht.

Das sind durchaus billigenswerte Vorschriften, die dem Vormundschaftsgericht gestatten, in jedem Fall die für das Wohl des Mündels beste Lösung der Personenfürsorge und Gewaltverteilung anzuordnen, durch Übertragung der elterlichen Gewalt Mutter und Kind (eventuell Vater und Kind) geradezu als „Familie“ anzuerkennen.

3. Darüber, daß eine bessere Ausgestaltung der Unterhaltspflicht des unehelichen Vaters nötig ist, herrscht Übereinstimmung. In Erfüllung oft erhobener Forderungen sieht der erwähnte Gesetzesentwurf namentlich vor, daß bei der Bemessung des Unterhaltes auch die Vermögens- und Erwerbsverhältnisse des Vaters mitzuberücksichtigen sind (1708), daß die außerordentliche Unterhaltspflicht des Vaters über das 16. Lebensjahr hinaus stark erweitert wird (1708), und daß die Eltern des Vaters hilfsweise heranzuziehen sind (1708 d). Außerdem werden die Unterhaltsansprüche nach dem Tode des Vaters genauer geregelt (1712 ff.).

4. Die schwierigste Frage der ganzen Reform ist die Feststellung der Vaterschaft. Hauptstreitpunkt ist hier, ob die an die Beiwohnung geknüpfte Kausalitätsvermutung für die Vaterschaft des Beiwohners schlechthin widerlegbar sein soll durch den Nachweis, daß auch ein anderer der Mutter während der Empfängniszeit beigewohnt habe (1717, Einwand der Untreue, bzw. der mehreren Beiwohner).

Auf der einen Seite ist die Überzeugung auch in Deutschland immer mehr durchgedrungen, daß man das Recht des Kindes auf Existenz nicht von der Sittlichkeit und Treue der Mutter abhängig machen darf. Das spricht gegen die Befreiung des Beiwohners schlechthin auf Grund des Nachweises der Untreue. Auf der anderen Seite leuchtet das Unmögliche der Annahme mehrerer wirklicher Väter ein und auch das Mißliche der Inanspruchnahme mehrerer Beiwohner als möglicher Väter.

Aus diesem Dilemma eröffnet sich nach dem Vorbild des norwegischen Rechts als bester Ausweg die Anerkennung einer doppelten Grundlage der Unterhaltspflicht infolge einer Beiwohnung während der Empfängniszeit. Als solche Grundlage kommt in Betracht einmal die vermutete Vaterschaft, die mangels Anerkenntnisses des Beiwohners im Wege freier Beweiswürdigung festzustellen ist, wobei die Tatsache der Untreue einer solchen Feststellung regelmäßig entgegensteht — sodann die mögliche Erzeugerschaft, die bei Beiwohnung durch mehrere für jeden von diesen angenommen werden darf (soweit nicht die Ursächlichkeit einer Beiwohnung offenbar ausgeschlossen ist) und zur Gesamthaftung der mehreren Beiwohner führen muß. Um die auch dann noch bestehenden Mißlichkeiten einer unmittelbaren Beziehung des Kindes zu mehreren möglichen Erzeugern auszuschalten, würde sich empfehlen, dem Kinde gegenüber eine primäre Unterstützungspflicht der öffentlichen Fürsorgeorgane einzuführen, so daß der Unterhaltsanspruch gegen die möglichen Erzeuger lediglich als Grundlage für die Ersatzansprüche der Fürsorgestellen in Betracht käme. Für diese hier kurz skizzierte Lösung der Vaterschaftsfrage hat sich auch der 32. Deutsche Juristentag in Bamberg (vgl. Verhandlungen S. 150 ff., 313 ff.) ausgesprochen. Und der UnehelGE. geht, wie gleich noch genauer darzulegen ist, ähnliche Wege, ohne freilich das Verhältnis der Unterhaltsansprüche des Kindes und der Regreßansprüche der Fürsorgestellen restlos zu klären.

5. Endlich ließe sich die Eingliederung manches unehelichen Kindes in eine natürliche Familie sehr erleichtern, wenn man die Hemmnisse, die nach BGB. der Annahme an Kindesstatt entgegenstehen, beseitigen oder doch mildern würde. Die Annahme wird heute übermäßig durch die Vorschriften erschwert, daß der Annehmende keine ehelichen Abkömmlinge haben darf, und daß er das 50. Lebensjahr vollendet haben sowie 18 Jahre älter als der Anzunehmende sein muß (1741 u. 1744). Infolgedessen scheitert manche Kindesannahme, da den Pflegeeltern die Zusicherung nicht gegeben werden kann, daß das Kind ihnen nicht gegen ihren Willen durch die Mutter wieder weggenommen werde.

Dementsprechend hat sich auch der 32. Deutsche Juristentag für eine Erleichterung der Adoption ausgesprochen; der UnehelGE. sieht eine Herabsetzung der Altersgrenze des Annehmenden in § 1744 auf 40 Jahre vor und will außerdem dem Vormundschaftsgericht die Befugnis geben, aus wichtigen Gründen das Vorhandensein ehelicher Abkömmlinge sowie den Mangel der in 1744 aufgestellten

Alterserfordernisse bei seiner „Genehmigung" des Annahmevertrags außer Betracht zu lassen.

Von diesen Erfordernissen soll regelmäßig abgesehen werden, wenn jemand das leibliche oder angenommene Kind seines Ehegatten annehmen will oder wenn der Annehmende eigene Kinder voraussichtlich nicht mehr haben wird usw. (vgl. 1745 d. Entw.).

6. Die Ehelichkeitserklärung des unehelichen Kindes wird dadurch unnötig erschwert, daß sie nach heutigem Recht als Gnadenakt ausgestaltet ist und trotz Vorliegens der gesetzlichen Erfordernisse versagt werden kann. Auch darin will der UnehelGE. Wandel schaffen, indem er das Vormundschaftsgericht mit der Ehelichkeitserklärung betraut und ihre Versagung bei Vorliegen der gesetzlichen Erfordernisse nur mehr aus wichtigen Gründen gestattet (1734 d. E.).

7. Endlich regelt der Entwurf noch in den §§ 1772 a—1772 g den Pflegekindschaftsvertrag, durch den der Sorgeberechtigte die Personenfürsorge über ein minderjähriges Kind einem anderen mit Genehmigung des Vormundschaftsgerichts auf Zeit übertragen kann.

Literatur. Bericht über die 12. Tagung Deutscher Berufsvormünder vom 23/24. 9. 20 in FürsZBl. **12** 140. — Geiger, Das unehel. Kind und seine Mutter im R. des neuen Staates, 1120. — Verhandlungen des 32. deutschen Juristentags in Bamberg 1922, S. 150 ff. — Tomforde, Das R. des unehel. Kindes und seiner Mutter im In- und Auslande, 1924. — Klumker, JurW. 1925, 310. — Entwurf eines G. über die unehel. Kinder und die Annahme an Kindesstatt (UnehGE. zitiert) u. a. publiziert im Reichsarbeitsblatt 1925, 459 ff.

§ 39. II. Kapitel. Das Verhältnis des unehelichen Kindes zur Mutter und deren Verwandten.

I. Im Verhältnis zur Mutter und deren Verwandten hat das uneheliche Kind die rechtliche Stellung eines ehelichen Kindes (1705).

Auf Grund der Verwandtschaft ist das Kind gegenüber der Mutter und deren Vorfahren unterhaltsberechtigt und -pflichtig (1601 ff.), es ist aussteuerberechtigt, erb- und pflichtteilsberechtigt. Es bedarf der Einwilligung der Mutter, wenn es sich verheiraten will (1305 I), wenn es vor 21 Jahren für ehelich erklärt werden soll (1726), wenn es adoptiert werden soll (1746). Es teilt den Wohnsitz der Mutter (11) und deren Staatsangehörigkeit (§ 4 II RuStAngG.).

II. Das Kind erhält den Familiennamen der Mutter, um eine Stigmatisierung schon durch seinen Namen möglichst zu verhindern (1706).

Auch wenn die Mutter inzwischen geheiratet hat, soll es deren Mädchennamen erhalten, was den Makel seiner Geburt nach außen hervorhebt. Deshalb wird dem Ehemann der Mutter gestattet, durch Erklärung gegenüber der zuständigen Behörde dem Kinde seinen Namen zu erteilen, wenn Kind und Mutter einwilligen (1706 II).

Die Erklärungen sind in öffentlich beglaubigter Form abzugeben. Zuständig ist in Preußen: das Standesamt (AG. § 68), in Bayern: die Distriktspolizeibehörde (ZuständVO. § 18 usw.). Nach dem RJugWohlfG. kann das Landesjugendamt auf Antrag des Jugendamts Mitglieder oder Beamte des Jugendamts zur Entgegennahme und Beglaubigung der Erklärungen ermächtigen (§ 43 II).

Der UnehGE. regelt die Namenfrage genauer (1706, 1706a bis 1706d). Zuständig für die Entgegennahme der Erklärungen soll das Vormundschaftsgericht werden; dieses soll einem nach Auflösung der Ehe seiner Mutter unehelich geborenen Kinde auf seinen Antrag den Namen des früheren Ehemannes der Mutter erteilen können, solange die Mutter dessen Namen berechtigt führt. Das ist billigenswert, da die Erteilung abhängig gemacht wird von der Einwilligung der unehelichen Mutter, des noch lebenden früheren Ehemannes und dessen etwaiger neuer Ehefrau.

III. Die elterliche Gewalt steht der Mutter aber nicht zu; diese ist auf die Personenfürsorge beschränkt und zwar auch hier ohne Vertretungsberechtigung (1707, 1 u. 2). Das Kind erhält stets einen Vormund, der bei der Personenfürsorge die Stellung eines Beistandes hat (1707, 3).

Daß das Gesetz der Mutter die elterliche Gewalt versagt hat, ist nicht zu tadeln. Darin liegt keine Mißachtung, sondern eine gebotene Rücksichtnahme auf die tatsächlichen Verhältnisse, vornehmlich auf die häufig fehlende Lebenskenntnis und mangelnde Energie der unehelichen Mutter in der Verfolgung der Unterhaltsansprüche gegen den unehelichen Vater. Nichts steht im Wge, die uneheliche Mutter bei Tauglichkeit zum Vormund zu bestellen, nach 1778 darf sie vor dem Großvater bestellt werden.

Nach § 35 (RJWG.) wird das uneheliche Kind in die amtsvormundschaftliche Organisation hineingeboren; mit seiner Geburt erlangt das Jugendamt des Geburtsortes die Vormundschaft. Auf seinen Antrag ist es vom Vormundschaftsgericht als Amtsvormund zu entlassen und ein Einzelvormund — etwa die Mutter — zu bestellen, soweit das dem Wohle des Mündels nicht entgegensteht.

Der UnehGE. sieht sogar vor, daß das Vormundschaftsgericht der Mutter oder dem Vater die elterliche Gewalt auf ihren Antrag übertragen kann, 1707 b und c; dem Vater soll die Gewalt regelmäßig nur verliehen werden, wenn er dem Kinde dauernd in seinem Hausstand oder bei Angehörigen Unterhalt gewährt.

IV. Die Personenfürsorge steht der unehelichen Mutter in gleicher Weise zu wie der ehelichen Mutter, die wegen Minderjährigkeit die elterliche Gewalt nicht ausüben kann (1696) — also an Stelle des Vormunds, nicht neben diesem.

Sie hat das Recht, das Kind zu erziehen, seinen Aufenthalt zu bestimmen, seine Herausgabe nach 1632 zu verlangen, ohne dabei der Mitwirkung des Vormunds zu bedürfen — sie kann die Herausgabe sogar vom Vormund selbst verlangen und ihm das Kind wegnehmen —; sie hat das Recht über die religiöse Erziehung und die Berufswahl zu bestimmen, ferner das Recht auf Dienstleistungen des Kindes gemäß 1617.

Das Fürsorgerecht kann ihr als Bestandteil der elterlichen Gewalt nach 1666 entzogen oder beschränkt und Fürsorgeerziehung eingeleitet werden.

Die Beistandschaft des Vormundes (1707, 3) hat durch das RJWG. eine Ausgestaltung erfahren, die dem Jugendamt als Amtsvormund wirksamere Aufsichtsbefugnisse gibt (Abschnitt III §§ 19 ff. des RJWG. „Schutz der Pflegekinder").

Wer ein Pflegekind annimmt, bedarf der vorherigen Erlaubnis des Jugendamts (20). Pflegekinder unterstehen der Aufsicht des Jugendamts; das gleiche gilt für uneheliche Kinder, die sich bei der Mutter befinden. Die Aufsichtsbefugnisse werden durch Ausführungsvorschriften der Reichsregierung oder der Landesjugendämter geregelt (24 und 15). Bei Gefahr im Verzug kann das Jugendamt das Pflegekind sofort aus der Pflegestelle entfernen und vorläufig anderweit unterbringen (27); diese Befugnis wird leider gegenüber unehelichen Kindern, die sich bei der Mutter befinden, nicht gewährt. Bedauerlicherweise ist ferner der Pflegekinderschutz dadurch verkümmert worden, daß die VO. vom 14. 2. 1924 (über das Inkrafttreten des RJWG.) der obersten Landesbehörde das Recht gegeben hat, die Altersgrenze für Pflegekinder von 14 Jahren herabzusetzen.

Sehr bestritten ist, ob die Mutter verpflichtet ist, dem Kinde den Namen des Erzeugers zu nennen. Soweit dem Kinde durch Verheimlichen die Mittel zu seinem Unterhalt entzogen werden, ergibt sich eine solche Pflicht aus der Fürsorgepflicht (OLG. München, Seuff. A. 67, 49). Sehr weit geht es aber, die Mutter auch dann zur Namensnennung für verpflichtet zu erklären, wenn sie das Kind selber angemessen unterhält, weil die Unterhaltspflicht des Erzeugers möglicherweise, so z. B. nach ihrem Tode, praktisch werden könnte. Derartige entfernte Möglichkeiten reichen meines Erachtens nicht aus, um einen solchen Gewissenszwang auf dem Gebiete der intimsten Lebensbeziehungen zu rechtfertigen. Der Schweigevertrag mit dem Erzeuger ist dagegen stets unsittlich und nichtig, weil er das Interesse des Kindes an der Namennennung mißachtet (vgl. Kipp § 94, Anm. 18 u. 19).

III. Kapitel. Das Verhältnis des unehelichen Kindes zum Vater. § 40.

I. Zwischen dem unehelichen Kind und seinem Erzeuger besteht keine Verwandtschaft im Rechtssinne (1589 II). Der Erzeuger erlangt also nicht die elterliche Gewalt über das Kind, zwischen ihm und dem Kind entsteht kein Erb- und Pflichtteilsrecht, ebensowenig die gegenseitige Unterhaltspflicht der ehelichen Verwandten.

Gleichwohl ist die uneheliche Erzeugung auf das Verhältnis des Erzeugers zum Kinde nicht einflußlos. Das Gesetz gibt dem Kinde nach dem Vorbild des gemeinen Rechts einen unter besonderen Grundsätzen stehenden Unterhaltsanspruch gegen den Erzeuger. der aber nicht auf Verwandtschaft, sondern dem Tatbestand der Erzeugung beruht.

Ganz folgerichtig wird die Verneinung des Verwandtschaftsverhältnisses freilich nicht durchgeführt. Das Gesetz nennt den Erzeuger: „Vater". Die uneheliche Erzeugung begründet ein Ehehindernis zwischen dem unehelichen Kind und seinen Abkömmlingen einerseits und dem Vater und dessen Verwandten andererseits (1310 III). Voraussetzung der Ehelichkeitserklärung nach 1723ff. ist die „uneheliche Vaterschaft". Möglich ist auch eine Klage auf Feststellung der unehelichen Vaterschaft gemäß 256 ZPO., die aber keinen Familienstandsprozeß i. S. v. 640ff. ZPO. begründet; das Feststellungsurteil kann nur als Grundlage für die Legitimation durch nachfolgende Ehe dienen, nicht z. B. die für die Ehelichkeitserklärung notwendige Anerkennung ersetzen. Möglich ist ferner eine Klage auf Feststellung der Unterhaltspflicht, deren besondere Voraussetzungen (rechtliches Interesse gerade an alsbaldiger Feststellung) wegen Zulässigkeit der Leistungsklage freilich regelmäßig fehlen werden.

II. Das Kind hat einen Unterhaltsanspruch gegen den unehelichen Vater (1708).

Die Grundlage dieses im gemeinen Recht anerkannten Anspruchs ist deutschrechtlich, dem römischen Recht war ein solcher Anspruch fremd.

Der code civil gibt zwar dem gültig anerkannten unehelichen Kind einen Unterhaltsanspruch, läßt aber die Vaterschaftsklage, abgesehen vom Fall der Entführung, nicht zu, art 340: la récherche de la paternité est inderdite. Durch das französische Ges. v. 16. 11. 1912 sind weitere Ausnahmen dazugekommen; die Klage wird auch zugelassen bei hinterlistiger oder unter Mißbrauch der Autorität oder Eheversprechen erfolgten Verführung und in gewissen Fällen des halben Anerkenntnisses der Vaterschaft. Die Klage ist aber unzulässig bei notorisch unsittlichem Lebenswandel der Mutter und wenn mehrere Zuhälter vorhanden sind.

Die Entwicklung hat danach gezeigt, daß die Gründe für einen solchen Anspruch die stärkeren sind. In Frankreich hat die Rechtsversagung häufig zu strafbaren Rachehandlungen der gefallenen Frau und zu unhaltbaren Freisprechungen geführt. Es läßt sich durch den Hinweis auf die Ruhe der Familie, deren Sicherung doch fragwürdig bleibt, nicht rechtfertigen, daß der Erzeuger die Folgen seiner Handlung auf die Mutter und Gesamtheit (Gemeinde, Findelhaus) abwälzen kann. — Wir sind heute über die Zubilligung eines solchen Unterhaltsanspruchs hinaus zu der Erkenntnis gelangt, daß auch damit die Rechtslage des unehelichen Kindes nur in durchaus ungenügender Weise gesichert wird.

1. Voraussetzung der Unterhaltspflicht ist lediglich die Tatsache der natürlichen Erzeugung, die Vaterschaft des in Anspruch Genommenen.

a) Zwecks Erleichterung der Beweisführung bestimmt 1717 den Begriff des unehelichen Vaters — aber nur für den Unterhaltsanspruch (und den Entschädigungsanspruch der unehelichen Mutter): Als Vater gilt, wer der Mutter innerhalb der Empfängniszeit, vom 181. bis zum 302. Tage vor der Geburt (unter Einschluß dieser Tage) beigewohnt hat (1717). Das ist also eine Vaterschaftsvermutung aus der Beiwohnung in der Empfängniszeit.

Die Beiwohnung allein beweist nun freilich noch nicht, daß das Kind gerade aus ihr entsprungen ist. Bei der Ehe geht das Gesetz mit Recht von der Annahme aus, daß kein anderer der Frau während der Empfängniszeit beigewohnt habe; 1591 I 2 läßt nur den Gegenbeweis zu, daß es den Umständen nach offenbar unmöglich sei, daß die Mutter das Kind aus der Beiwohnung empfangen habe.

Bei der außerehelichen Geschlechtsverbindung glaubt das Gesetz eine solche Annahme nicht machen zu können, es hält die Vaterschaft stets für unsicher und rechnet mit der Möglichkeit, daß die Mutter in der Empfängniszeit auch noch mit anderen Männern verkehrt habe.

Die Vaterschaftsvermutung ist daher widerlegbar:

α) Wie bei der Ehe durch den Nachweis, daß es den Umständen nach offenbar unmöglich sei, daß die Mutter das Kind aus der nachgewiesenen Beiwohnung empfangen habe (1717 I 2).

Die Mutter war z. B. schon schwanger zur Zeit der Beiwohnung oder der Mann war während der ganzen Empfängniszeit zeugungsunfähig.

β) Außerdem durch den Nachweis, daß auch ein anderer der Mutter innerhalb der Empfängniszeit beigewohnt habe (1717 I) — die sog. Einrede der mehreren Beischläfer, exceptio plurium, auch Einrede der Untreue oder Bescholtenheit genannt.

Auch hier bleibt eine Beiwohnung außer Betracht, wenn es den Umständen nach unmöglich ist, daß die Mutter das Kind aus dieser Beiwohnung empfangen hat (1717 I 2).

Aus dieser Gestaltung geht hervor, daß das Gesetz die Deliktstheorie ablehnt, nach der mehrere Beischläfer als Gesamtschuldner haften müßten, daß es vielmehr der Vaterschaftstheorie huldigt; denn die Unterhaltsklage muß abgewiesen werden, wenn auch nur die Möglichkeit besteht, daß ein anderer als der Beklagte der Erzeuger ist.

Die allgemeine Zulassung der Einrede der Untreue bekundet dem weiblichen Geschlecht gegenüber ein entwürdigendes Mißtrauen. Sie übertreibt der Frau gegenüber, die außerehelich verkehrt hat, die Unsicherheit der Vaterschaft, die doch auch beim ehelichen Verhältnis besteht, hier aber durch die (eine derartige Ausnahme nicht kennende) Vaterschaftsvermutung ausgeglichen wird. Die Zulassung der Einrede bildet zudem einen Anreiz für den Beiwohnenden, sich von den Lasten der Unterhaltspflicht durch Verkuppelung der Frau an einen zweiten Beischläfer zu befreien. Soweit darin ein Verstoß gegen die guten Sitten liegt, ist freilich die Berufung auf die Einrede r. A. nach ausgeschlossen; für den Fall, daß die Replik unsittlicher Herbeiführung des Einredetatbestandes im Unterhaltsprozeß nicht durchdringt, läßt sich ein Ersatzanspruch des Kindes aus 826 ableiten. Meines Erachtens sollte man die Zulässigkeit der Einrede unter diesem Gesichtspunkt recht scharf prüfen und einen Verstoß gegen die guten Sitten nicht bloß annehmen, wenn der Beiwohnende, um sich die Einrede zu verschaffen, die Mutter selbst vorsätzlich bestimmt, sich einem anderen hinzugeben (so Kipp, § 95 II 1, S. 388), sondern auch dann, wenn er einen anderen bestimmt, die Mutter zum Geschlechtsverkehr zu bewegen, erst recht, wenn sich mehrere zusammentun, um sich auf diesem Wege geschlechtlichen Verkehr ohne finanzielles Risiko zu verschaffen.

Endlich und vor allem geht es nicht an, die Existenz des Kindes von der Sittlichkeit und Treue der Mutter abhängig zu machen, sowie dem Manne die Möglichkeit zu erleichtern, die Folgen seines außerehelichen Geschlechtsverkehrs auf die Allgemeinheit abzuwälzen.

Diese Überlegungen zeigen, daß die Zulassung der Einrede in ihrer heutigen Gestalt gegenüber der Unterhaltsklage des Kindes unhaltbar ist. Die Frage ist nur, ob man sie ganz beseitigen oder in ihrem Umfang beschränken soll. Für diese mittlere Lösung tritt der neue UnehGE. ein. Er gibt dem unehelichen Kinde gegen den Beiwohner einen Anspruch auf Feststellung der Vaterschaft, wenn gegen die Kausalität seiner Beiwohnung keine erheblichen Zweifel bestehen. Diesem Anspruch gegenüber bleibt also der Einwand mehrfacher Beiwohnung möglich, ohne schlechthin durchzugreifen, entscheidend ist die freie Beweiswürdigung. Aus der so festgestellten Vaterschaft ergibt sich eine gegen heute verstärkte Unterhaltspflicht.

Neben diesem aus der anerkannten oder festgestellten Vaterschaft folgenden Unterhaltsanspruch läßt der E. eine beschränktere Unterhaltspflicht des oder der mehreren Beiwohner entstehen, wenn die Kausalität ihrer Beiwohnung nicht offenbar ausgeschlossen ist. Die Grundlage dieses Anspruchs ist die mögliche Erzeugung durch die fragliche Beiwohnung; die Einrede der mehreren Beiwohner kann demgegenüber also nicht durchgreifen.

Daß die mehreren möglichen Erzeuger nach 1717 d. Entw. als Gesamtschuldner verpflichtet werden, entspricht nur der Anspruchsgrundlage; aus 426 BGB. ergibt sich dann, daß sie im Innenverhältnis zu gleichen Teilen verpflichtet sind und daß der Unterhaltsanspruch nach Maßgabe seiner Befriedigung durch einen der Gesamtschuldner auf diesen übergeht. Am besten wäre es freilich, wenn jede unmittelbare Beziehung des Kindes zu den mehreren möglichen Vätern vermieden würde. Im Verhältnis zum Kinde sollte es nur einen Vater geben; bei Ungewißheit der Vaterschaft sollte die mögliche Erzeugung lediglich einen Rückgriffanspruch der unterstützungspflichtigen Allgemeinheit gegen die Beiwohner begründen.

b) Die Einrede der Untreue ist ausgeschlossen, wenn der Beiwohnende in einer öffentlichen Urkunde vor Amtsgericht, Notar oder Jugendamt (43 II RJWG.) seine Vaterschaft nach der Geburt des Kindes anerkannt hat (1718).

Die Zuständigkeit des Standesbeamten zur Beurkundung ist allgemein nur anerkannt, wenn die Anerkennung der Vaterschaft bei der Anzeige der Geburt oder bei der Eheschließung der Eltern erfolgt. Für eine spätere Anerkennung sind die Standesbeamten nicht in allen deutschen Ländern zuständig, so nicht in Bayern, Baden, Oldenburg.

Ein solches Anerkenntnis stellt keineswegs die uneheliche Vaterschaft schlechthin fest, sondern schließt lediglich die Berufung darauf aus, daß ein anderer der Mutter innerhalb der Empfängniszeit beigewohnt habe (1718). Im übrigen wirkt es nur wie ein außergerichtliches Geständnis, hindert also den Anerkennenden nicht, die eigene Beiwohnung zu bestreiten oder die Unmöglichkeit der Erzeugung aus dieser Beiwohnung zu behaupten.

Das Reichsgericht erblickt in der Anerkennung der Vaterschaft eine einseitige, empfangsbedürftige Willenserklärung, insofern darin ein Verzicht auf die Einrede der mehreren Zuhälter liegt (RG. **58** 348; **84** 319); dieser kann wegen Irrtums, arglistiger Täuschung oder Drohung nach 119 ff. BGB. angefochten werden.

Eine Irrtumsanfechtung durch den bloßen Nachweis der Unrichtigkeit des Anerkenntnisses, also des Irrtums über die Tatsache des Verkehrs mit andern, kommt zwar nicht in Frage (1718), wohl aber würde z. B. ein Inhaltsirrtum darin liegen, daß der Erklärende meint, das Anerkenntnis habe nur für die Namengebung Bedeutung. Das RG. hat bisher in der Ableugnung des Geschlechtsverkehrs mit andern durch die Mutter trotz Vorhalts eine arglistige Täuschung nicht erblicken wollen, weil keine allgemeine Rechtspflicht zur Offenbarung derartiger Tatsachen bestehe und der Anerkennende sich auf die Ableugnung nicht verlassen dürfe (RG. **58** 348). Das neuere Urteil vom 7. 5. 1923 (RG. **107** 175 ff.) bricht mit dieser unhaltbaren Anschauung und gibt zu, daß in einer solchen Ableugnung eine arglistige Täuschung im Sinne von 123 liegen kann, die zur Anfechtung berechtigt, wenn der Anerkennende die falsche Angabe geglaubt und dadurch zur Anerkennung tatsächlich bestimmt worden ist.

Nach dem UnehGE. 1705a soll die Anerkennung der Vaterschaft dem Vormundschaftsgericht gegenüber erfolgen, die Einwilligung des Kindes (bzw. des gesetzlichen Vertreters des geschäftsunfähigen oder geschäftsbeschränkten Kindes) ist erforderlich. Die Anfechtung der Anerkennung wird geregelt; namentlich wird zugelassen, daß der Vater sie mit der irrtümlichen Annahme begründet, die Mutter habe in der Empfängniszeit nur mit ihm verkehrt. Das ist nur folgerichtig, wenn man die Einrede der mehreren Beiwohner formell beseitigt; die Anerkennung ist dann als die Äußerung des Willens aufzufassen, auf Grund der Beiwohnung als Vater gelten zu wollen.

c) Auf einen Rechtsstreit, der die uneheliche Vaterschaft zum Gegenstand hat, finden die Vorschriften, welche für den Rechtsstreit über das Bestehen oder Nichtbestehen eines Eltern- und Kindesverhältnisses gelten, nach 644 ZPO. keine Anwendung. Der als unehelicher Vater in Anspruch Genommene kann sich also aller zulässigen Beweismittel bedienen, um die Einrede der mehreren Beischläfer darzutun; er kann die Mutter als Zeugin laden und ihr auch den Eid zuschieben, wenn sie als Mitklägerein (1715) auftritt. Um hier einen unzulässigen Gewissensdruck zu vermeiden, ist scharf zu beachten, daß nur über bestimmt bezeichnete Tatsachen der Eid zugeschoben werden kann (451 ZPO.). Der Richter muß also dem Versuch Widerstand leisten, mittels der Eideszuschiebung die Tatsache der Beiwohnung durch einen anderen erst herauszuholen. Der Beweisführer wird mit der allgemeinen Behauptung der Beiwohnung durch einen anderen nicht gehört, er muß seine Behauptung nach Person, Ort und Zeit näher bestimmen.

Der UnehGE. sieht in 1705a 2 und 1705h vor, daß das Vormundschaftsgericht die uneheliche Vaterschaft feststellen soll. In 1705i wird deshalb die Wiederaufnahme des Verfahrens zugelassen, wenn sich nach Rechtskraft der Entscheidung ergibt, daß die Vaterschaft mit Unrecht festgestellt worden ist. Für den Fall der rechtskräftigen Abweisung eines Antrags auf Feststellung der unehelichen Vaterschaft oder eines Wiederaufnahmeantrags wird die Erneuerung des Antrags von dem Vorbringen neuer, bisher nicht geltend gemachter Tatsachen abhängig gemacht.

Darüber hinaus soll nach § 1718 des UnehGE. das Vormundschaftsgericht über alle im VI. Titel des BGB. gegebenen Ansprüche des Kindes, seiner Mutter und ihrer Erben, sowie über Ausgleichungsansprüche unter Gesamtschuldnern auf Antrag eines Berechtigten unter Ausschluß der Rechtswegs entscheiden.

2. Näherer Inhalt des Unterhaltsanspruchs.

Im Gegensatz zur Unterhaltspflicht der Verwandten, die als eine familienrechtliche Verpflichtung unter besonderen Regeln steht, ist der Unterhaltsanspruch des unehelichen Kindes mehr nach schuldrechtlichen Gesichtspunkten ausgestattet. Es kommt auf die Bedürftigkeit des Kindes und die Leistungsfähigkeit des Vaters für den ordentlichen Unterhaltsanspruch nach 1708 nichts an. — Das Kind kann regelmäßig Unterhalt nur bis zum vollendeten 16. Lebensjahr verlangen (1708); insoweit aber kann der Unterhalt für die Vergangenheit nachgefordert werden (1711) und der Anspruch erlischt nicht mit dem Tode des Vaters (1712). — Der Unterhalt ist nur in Geld zu leisten (1710). — Das Kind kann wegen des Anspruchs abgefunden werden (1714). — In gewissen Punkten steht das uneheliche Kind also besser als das eheliche.

Der UnehGE. will nunmehr den Unterhaltsanspruch gegen den als „Vater" geltenden Erzeuger mehr dem familienrechtlichen Unterhaltsanspruch des ehelichen Kindes annähern — während die Unterhaltspflicht des oder der mehreren möglichen Erzeuger schwächer wirken soll (vgl. 1717 d. E.).

a) Der Unterhalt umfaßt den gesamten Lebensbedarf, einschließlich der Kosten der Erziehung und Vorbildung zu einem Beruf — und zwar so, wie er der Lebensstellung der Mutter entspricht (1708 I u. II).

Der UnehGE. unterscheidet die Unterhaltspflicht des als Vater geltenden Erzeugers 1708ff und die der als mögliche Erzeuger in Betracht kommenden Beiwohner (1717). Bei der Bemessung sollen im ersteren Falle auch die Vermögens- und Erwerbsverhältnisse des Vaters berücksichtigt werden, im letzteren Falle nur die Lebensstellung der Mutter.

b) Der Anspruch beginnt mit der Geburt des Kindes und dauert bis zur Vollendung des 16. Lebensjahres, ohne daß es auf die Bedürftigkeit des Kindes und die Leistungsfähigkeit des Vaters ankäme (1708 I).

Hier steht das uneheliche Kind zweifellos besser als das eheliche, was sich beim Zusammentreffen von unehelichen mit ehelichen bemerkbar macht (vgl. § 41 II 4c dieses Buches).

Über das 16. Jahr hinaus wird dem Kinde ein außerordentlicher Unterhaltsanspruch zugebilligt, aber nur, wenn es infolge körperlicher oder geistiger Gebrechen außer stande ist, sich selbst zu unterhalten; weitere Voraussetzung ist die Leistungsfähigkeit des Vaters (1708 II u. 1603 I).

Diese außerordentliche Unterhaltspflicht will der UnehGE. 1708aff. erweitern für den Fall, daß die Berufsvorbildung ohne Verschulden des Kindes bis zu seinem 16. Lebensjahre noch nicht hinreichend fortgeschritten ist (1708 I) und daß dem Vater die Sorge für die Person oder die elterliche Gewalt über das Kind zusteht (1708 III).

Auf der anderen Seite nimmt der E. 1708b auf die Leistungsunfähigkeit des unehelichen Vaters Rücksicht und verpflichtet ihn nur mehr wie den ehelichen Vater, alle verfügbaren Mittel zu seinem und des Kindes Unterhalt gleichmäßig zu verwenden. Beim Zusammentreffen unehelicher Kinder mit ehelichen und der Ehefrau beschränkt sich unter den bezeichneten Voraussetzungen die Unterhaltspflicht gegenüber dem unehelichen Kinde auf das, was mit Rücksicht auf die Bedürfnisse sowie auf die Vermögens- und Erwerbsverhältnisse der Beteiligten der Billigkeit entspricht (1708 b I).

Endlich schließt der Entw. den Unterhaltsanspruch des Kindes insoweit aus, als die Einkünfte seines Vermögens und der Ertrag seiner Arbeit zum Unterhalt ausreichen (1708 c); damit wäre auch das Moment der Bedürftigkeit berücksichtigt.

c) Der Unterhalt ist durch Entrichtung einer Geldrente zu gewähren, die für drei Monate vorauszuzahlen ist. Durch eine Vorausleistung für eine spätere Zeit wird der Vater nicht befreit (1710 I u. II).

Die Befugnis des Unterhaltspflichtigen, bei ehelichen Kindern den Unterhalt unter Umständen auch in anderer Weise, insbesondere in Natur zu gewähren (1612 I und II), wird dem unehelichen Vater nicht zugestanden. Die Vorausleistung über 3 Monate hinaus befreit zwar auch den ehelichen Vater nicht (1614 II); da aber der Unterhaltsanspruch des ehelichen Kindes erneute Bedürftigkeit voraussetzt, steht der eheliche Vater insofern günstiger. Trotzdem nimmt Kipp S. 391 mit Recht an, daß auch der uneheliche Vater sich darauf berufen kann, daß das Kind den Geldbetrag, der für eine spätere Zeit gezahlt ist, noch hinter sich hat. Schon die Möglichkeit, den Bereicherungsanspruch des Vaters gegen den Unterhaltsanspruch aufzurechnen, rechtfertigt diese Annahme, ohne daß man auf Treu und Glauben zurückzugreifen braucht.

Der UnehGE. 1710a räumt dem Vormundschaftsgericht die Befugnis ein, die Gewährung des Unterhalts auch in anderer Art als Zahlung einer Geldrente zu gestatten, wenn besondere Gründe es rechtfertigen.

d) Der Unterhalt wird anders als der der ehelichen Verwandten (1613) auch für die Vergangenheit geschuldet (1711).

Der UnehGE. 1711 will das einschränken auf die Zeit von der Inverzugsetzung oder der Antragsstellung beim Vormundschaftsgericht an.

e) Der Unterhaltsanspruch erlischt nicht mit dem Tode des Vaters, ist also passiv vererblich (1712 I Halbs. 1). Er entsteht gegen die Erben, selbst wenn der Vater vor der Geburt des Kindes gestorben ist (1712 I Halbs. 2). Doch haben die Erben das Recht, das Kind mit dem Betrag abzufinden, der ihm als Pflichtteil gebühren würde, wenn es ehelich wäre (1712 II).

Dagegen erlischt er mit dem Tode des Kindes, soweit er nicht auf Erfüllung oder Schadensersatz wegen Nichterfüllung für die Vergangenheit oder auf zur Zeit des Todes bereits fällige, im voraus zu bewirkende Leistungen gerichtet ist (1713 I). Die Vierteljahresrente gebührt dem Kinde, das den Beginn des Vierteljahres erlebt hat, voll (1710 III).

Die Beerdigungskosten hat der Vater zu tragen, soweit ihre Bezahlung nicht von den Erben des Kindes zu erlangen ist (1713 II).

Der UnehGE. regelt die Ansprüche nach dem Tode des Vaters genauer, nimmt auf die Verhältnisse der Erben mehr Rücksicht, gibt dem Kinde unter Umständen ein Recht auf Abfindung in Höhe des Pflichtteiles usw.

f) Während der Verzicht des ehelichen Verwandten auf den Unterhalt für die Zukunft schlechthin nichtig ist, ohne Rücksicht darauf, ob er unentgeltlich oder entgeltlich erfolgt (RG. **50** 96), erklärt 1714 II nur den unentgeltlichen Verzicht des unehelichen Kindes auf den Unterhalt für die Zukunft für nichtig.

Dagegen läßt das Gesetz in 1714 I ausdrücklich zu entgeltliche Vereinbarungen zwischen dem unehelichen Vater und dem Kind über den Unterhalt für die Zukunft oder über eine an Stelle des Unterhalts zu gewährende Abfindung; nur bedürfen derartige Verträge der Genehmigung des Vormundschaftsgerichts (1714).

Solche Abfindungen sind außerordentlich häufig. Ihre Anpassung an die Geldentwertung hat der Rechtsprechung große Schwierigkeiten bereitet. Anfänglich machte sie einen Unterschied zwischen Vergleichen, die in öffentlicher Urkunde errichtet und vollstreckbar sind, und privaten, formlosen Abfindungsverträgen. Dort bejahte man die Abänderungsmöglichkeit auf Grund der Ges. v. 13. 8. 1919 über die Abänderung des 323 ZPO., hier verneinte man sie — bis man mit fortschreitender Geldentwertung die Notwendigkeit der Aufwertung aller derartiger Forderungen anerkannte.

3. Die Unterhaltspflicht des unehelichen Vaters geht der der Mutter und der mütterlichen Verwandten vor (1709).

Soweit die Mutter oder ein unterhaltspflichtiger mütterlicher Verwandter dem Kinde den Unterhalt gewährt, geht der Unterhaltsanspruch des Kindes ohne weiteres auf den Gewährenden über. Der Übergang kann nicht zum Nachteil des Kindes geltend gemacht werden, die Regreßforderung steht also bei teilweisem Übergang des Unterhaltsanspruchs dem dem Kinde verbliebenen Teil nach (1709 II).

Streitig ist, ob der übergegangene Anspruch dieselben prozessualen Bevorzugungen (Pfändungsprivileg des LohnbeschlagnahmeG. und der ZPO.) genießt, wie der Unterhaltsanspruch des Kindes selbst. Dafür OLG. München, Seuff. A. 69, 382.

Der UnehGE. 1709 I sieht jetzt vor, daß die Mutter und die mütterlichen Verwandten vor dem Vater haften sollen, soweit dies nach den Vermögens- und Erwerbsverhältnissen des Beteiligten unter Berücksichtigung ihrer sonstigen Verpflichtungen der Billigkeit entspricht.

III. Ersatzansprüche der Mutter.

Der Verführer einer unbescholtenen, weiblichen Person war nach kanonischem Recht zur Heirat und Dotierung verpflichtet, duc et dota. Die gemeinrechtliche Praxis schwächte das ab zu einem duc aut dota. Sie verpflichtete den Verführer zum Ersatz des Deflorationsschadens

(Verschlechterung der Heiratsaussichten) und den unehelichen Vater zum Ersatz der Kosten des Wochenbettes (Sechswochenkosten). Dem französischen Recht sind derartige Ansprüche fremd.

Das BGB kennt — abgesehen vom Ersatzanspruch aus strafbarer Handlung — einen Deflorationsanspruch nur auf Grund der Beiwohnung im Brautstand (1300), spricht dagegen der unehelichen Mutter ganz allgemein einen Ersatzanspruch auf die Kosten der Entbindung und Schwangerschaft zu.

1. Die Voraussetzungen des Ersatzanspruches sind dieselben wie die des Unterhaltsanspruches des unehelichen Kindes; auf Bedürftigkeit der Mutter und Leistungsfähigkeit des Vaters kommt nichts an.

Der Anspruch steht der Mutter auch dann zu, wenn der Vater vor der Geburt des Kindes gestorben ist oder wenn das Kind tot geboren ist (1715 II).

Die Frage, ob die Mutter den Anspruch auch bei einer Fehlgeburt hat, ist zu bejahen; dagegen KG. OLGR. 38 256.

2. Der Ersatzanspruch umfaßt (1715 I):

a) Die Entbindungskosten,

b) die Kosten des Unterhalts, d. h. des gesamten Lebensbedarfs für die ersten 6 Wochen nach der Entbindung ohne Rücksicht auf den wirklichen Aufwand;

c) die infolge der Schwangerschaft oder Entbindung notwendig gewordenen weiteren Aufwendungen auch über die ersten 6 Wochen hinaus.

Man denke an die Kosten einer infolge der Schwangerschaft oder Entbindung entstandenen Krankheit, an die Beerdigungskosten, wenn die Mutter infolge der Entbindung stirbt. Streitig ist, ob auch entgangener Arbeitsverdienst zu ersetzen ist. Das Schrifttum bejaht die Frage meist mit Rücksicht auf den Zweck des Gesetzes, die Praxis verneint sie überwiegend wegen des engen Wortlauts.

3. Das Maß der Ansprüche bestimmt sich nach der Lebensstellung der Mutter. Den gewöhnlichen Betrag der zu ersetzenden Kosten kann die Mutter ohne Rücksicht auf den wirklichen Aufwand verlangen (1715 I 2).

4. Der Anspruch verjährt in 4 Jahren. Die Verjährung beginnt erst mit dem Ablauf von 6 Wochen nach der Geburt des Kindes (1715 III).

Der UnehGE. 1715 will die Rechte der Mutter erweitern und spricht ihr auch einen Anspruch auf Ersatz der Kosten des Unterhalts für vier Wochen vor der Entbindung zu.

Sonstiger Vermögensschaden soll ihr nach Billigkeit ersetzt werden (1715 II); für die Beerdigungskosten soll der Vater hinter den Erben der Mutter haften.

IV. Sicherstellung der Unterhalts- und Entschädigungsansprüche.

Voraussetzung für die Entstehung der Ansprüche ist die Geburt des Kindes. Da die unehelichen Mütter meist den minderbegüterten Volksklassen angehören, würde sehr oft eine Notlage entstehen, wenn man mit der Geltendmachung der Ansprüche bis zur Geburt des Kindes warten müßte. Deshalb eröffnet 1716 schon vor der Geburt des Kindes die Möglichkeit der Sicherstellung dieser Ansprüche. Schon vor der Geburt des Kindes kann auf Antrag der Schwangeren durch einstweilige Verfügung angeordnet werden, daß der Vater das erste Unterhaltsquartal alsbald nach der Geburt an die Mutter oder den Vormund zu zahlen und angemessene Zeit vor der Geburt zu hinterlegen hat. In gleicher Weise kann die Zahlung des gewöhnlichen Betrags der nach 1715 zu ersetzenden Entbindungs- und Unterhaltskosten an die Mutter und dessen Hinterlegung angeordnet werden (1716 I).

Eine Gefährdung der Ansprüche braucht zum Erlaß der einstweiligen Verfügung ausnahmsweise (vgl. 935 ff. ZPO.) nicht glaubhaft gemacht zu werden (1716 II); es genügt die Glaubhaftmachung der Ansprüche (Schwangerschaft, voraussichtlicher Zeitpunkt der Niederkunft, Beiwohnung des in Anspruch Genommenen in der Empfängniszeit).

Nach 38 RJWG. kann auf Antrag des Jugendamts oder einer unverehelichten Mutter für eine Leibesfrucht ein Pfleger bestellt werden, auch wenn die Voraussetzung des 1912 BGB. (Nachweis besonderer Fürsorgebedürftigkeit) nicht gegeben ist.

§ 41. IV. Titel. Verwandtschaftsrecht. — Unterhaltspflicht.

I. Allgemeines.

Als Überrest der Gemeinschaft des Familienvermögens hat sich die Vermögensfolge einer gegenseitigen Unterstützungspflicht naher Verwandter erhalten, die heute ihren Rechtsgrund lediglich in der Einheit der Blutsgemeinschaft findet.

Das BGB. nennt diese Unterstützungspflicht „Unterhaltspflicht" und beschränkt sie — wie das römische und gemeine Recht — auf Verwandte in gerader Linie (1601).

Unter Seitenverwandten, z. B. Geschwistern, besteht also keine Unterhaltspflicht, ebensowenig unter Verschwägerten und Stiefverwandten, wie z. B. Schwiegereltern und Schwiegerkindern.

Das schweiz. Recht erkennt auch unter Geschwistern eine solche Pflicht an (328 ZivilGB.; ebenso früher das preuß. R.). Nach code civil art. 206, 207 sind auch Schwiegereltern und -kinder einander unterhaltspflichtig.

Neben der Unterhaltspflicht der Blutsverwandten kennt das BGB. auch noch familienrechtliche Unterhaltspflichten auf anderer Grundlage, nämlich die des Ehegatten (1360ff.), des unehelichen Vaters (1708) usw. — eine Erstreckung auf Seitenverwandte oder Verschwägerte kommt aber nirgends in Frage.

Der Unterhaltsanspruch ist vom Gesetz als ein familienrechtlicher Anspruch ausgestaltet worden, der in erster Linie nicht von schuldrechtlichen, sondern familienrechtlichen Erwägungen beherrscht wird. Er entsteht auf Grund des Verwandtschaftsverhältnisses nicht in einer ein für allemal bestimmten Höhe, sondern wird beeinflußt durch die Bedürftigkeit der einen und die Leistungsfähigkeit der anderen Seite. Er entsteht deshalb auch nicht mit dem Bedürfnisfall als ein einheitliches Forderungsrecht, sondern erneuert sich nach Maßgabe seiner Voraussetzungen fort und fort.

Daraus ergeben sich wichtige Folgerungen, nämlich die Unvererblichkeit nach dem Tode des Pflichtigen (1615), die Unverjährbarkeit des Anspruchs im ganzen (194), und die Unmöglichkeit, ihn im Konkurse des Pflichtigen für die Zukunft geltend zu machen (3 KO. läßt als Konkursforderungen nur bestehende Ansprüche zu).

Durch die Kennzeichnung des Unterhaltsanspruchs als eines familienrechtlichen wird selbstverständlich nicht geleugnet, daß er auch obligatorischen Charakter hat, insofern er auf eine Leistung geht; aber es wird dadurch zum Ausdruck gebracht, daß die Analogie des Schuldrechts nur so weit Platz greifen kann, als die Eigenart des Familienrechts nicht eine besondere Behandlung bedingt.

II. Die Voraussetzungen der Unterhaltspflicht sind:

1. Bedürftigkeit des Unterhaltsberechtigten. Bedürftig ist, wer außerstande ist, sich selbst zu unterhalten (1602 I), sei es aus dem Vermögen, dessen Stamm eventuell angegriffen werden muß, sei es durch Verwertung der Arbeitskraft.

In Betracht kommt aber nur für die Unterhaltsbestreitung verwertbares Vermögen und eine nach der Lebensstellung zumutbare Verwertung der Arbeitskraft. Keinenfalls kann man z. B. dem Universitätsstudenten eine Tätigkeit ansinnen, die ihn an der Erfüllung seiner Hauptaufgabe, dem Studium, nennenswert hindert. Die Betätigung als Werkstudent ist grundsätzlich nicht zumutbar. In Frage kommt etwa: Stundengeben für einen Philologen, juristische Beschäftigung auf einem Anwaltbüro für ein älteres juristisches Semester u. dgl., um damit einen Teil des Unterhalts zu beschaffen. Doch hängt alles von den Verhältnissen des einzelnen Falles ab. Grundsätzlich wird man auch heute noch einen Studenten als erwerbsunfähig im Sinne des 1602 ansehen müssen (RGJW. 1901 S. 480, RGRecht 1920 Nr. 680).

Eine Ausnahmestellung nimmt das minderjährige unverheiratete Kind gegenüber seinen Eltern ein, einerlei ob es in der häuslichen Gemeinschaft lebt oder nicht: es braucht den Stamm seines Vermögens nicht anzugreifen, es kann Gewährung des Unterhalts insoweit verlangen, als die Einkünfte seines Vermögens und der Ertrag seiner Arbeit zum Unterhalt nicht ausreichen (1602 II).

Die Beweislast für die Bedürftigkeit liegt dem Unterhalt Beanspruchenden ob. Der Student wird also nachweisen müssen, daß er sich trotz ernstlicher Bemühungen standesgemäßen Nebenverdienst nicht beschaffen konnte bzw. daß ihm ein Nebenerwerb überhaupt nicht oder doch nach dem gegenwärtigen Stand seines Studienganges (Examensvorbereitung u. dgl.) nicht zugemutet werden kann.

2. Leistungsfähigkeit des in Anspruch Genommenen; denn die Selbsterhaltung geht vor (1603).

Der Pflichtige muß imstande sein, ohne Gefährdung seines standesmäßigen Unterhalts den Unterhalt zu gewähren, und zwar bei Berücksichtigung seiner sonstigen Verpflichtungen. Die Schulden dürfen dabei keineswegs insgesamt abgezogen werden, vielmehr kommt es darauf, was mit Rücksicht auf das Vermögen, dessen Einkünfte und die Erwerbsmöglichkeiten zur Deckung der Verbindlichkeiten (Verzinsung der Schulden und planmäßige Abtragung) nach wirtschaftlichen Grundsätzen zurückzustellen ist (RG. in JW. 1910 S. 16; RGRecht 1917 Nr. 1653). Auf die Erhaltung des Stammvermögens hat der Pflichtige nicht schlechthin ein Recht, sondern nur soweit, als dessen Erhaltung zur Sicherung des standesmäßigen Unterhalts auch für die Zukunft nötig ist; davon abgesehen muß er auch das Kapital angreifen. Nicht minder ist seine Erwerbsfähigkeit zu berücksichtigen, also zu veranschlagen, was er durch zumutbare Arbeit verdienen kann, nicht was er tatsächlich verdient. Bei der Gefährdung des Unterhalts kommt es nicht nur auf die Gegenwart an, sondern es ist auch die zukünftige Entwicklung zu berücksichtigen.

Der Beweis der Leistungsfähigkeit liegt nicht dem Bedürftigen ob, vielmehr ist die Leistungsunfähigkeit als Einwendung vom Inanspruchgenommenen zu beweisen.

Eine Ausnahmestellung nimmt auch hier wieder ein das minderjährige, unverheiratete Kind.

Ihm gegenüber ist die Unterhaltspflicht der Eltern gesteigert; diese dürfen ihren eigenen Unterhalt nicht voranstellen, sondern müssen alle verfügbaren Mittel zu ihrem und der Kinder Unterhalt gleichmäßig verwenden (1603 II 1). Diese Verpflichtung tritt nicht ein, soweit der Unterhalt eines Kindes aus dem Stamme seines Vermögens bestritten werden kann oder ein anderer unterhaltspflichtiger Verwandter (etwa der Großvater) vorhanden ist (1603 II 2).

Bei der Bemessung der Leistungsfähigkeit der Unterhaltspflichtigen werden in keinem Fall die Rechte berücksichtigt, die der Ehegatte oder die Eltern am Vermögen des Pflichtigen haben (1604, 1605).

a) Beim gesetzlichen Güterstand wird die Leistungsfähigkeit der Frau nicht bloß nach ihrem Vorbehaltsgut, sondern auch ihrem eingebrachten Gut bemessen. Das Nutzverwaltungsrecht des Mannes tritt also gegenüber dem Unterhaltsanspruch der Schwiegereltern des Mannes oder eines Kindes der Frau aus früherer Ehe zurück (1604 I). Freilich muß der Frau so viel verbleiben, daß ihr eigener standesmäßiger Unterhalt gesichert ist. Da aber der Mann nach 1360 zum Unterhalt der Frau verpflichtet ist, ist diese Voraussetzung bei auskömmlichen Verhältnissen des Mannes verwirklicht. Dieser muß also es unter Umständen geschehen lassen, daß das ganze Vorbehalts- und eingebrachte Gut zum Unterhalt der Schwiegereltern verwandt wird. Die Unterhaltsbeiträge sind selbstverständlich nach Billigkeit auf eingebrachtes und Vorbehaltsgut zu verteilen.

Nach 1386 I 2 ist ferner der Mann der Frau gegenüber verpflichtet, für die Dauer der Nutzverwaltung die der Frau kraft gesetzlicher Unterhaltspflicht obliegenden Leistungen zu tragen, sofern sie bei ordnungsmäßiger Verwaltung aus den Einkünften des Vermögens bestritten werden. Insoweit haftet er dem Unterhaltsgläubiger der Frau nach 1388 auch persönlich mit dem eigenen Vermögen. Darüber hinaus muß er den Zugriff der unterhaltsberechtigten Verwandten seiner Frau in den Stamm des Eingebrachten dulden.

b) Bei einem Güterstand der Gütergemeinschaft wird es so angesehen, als ob das Gesamtgut dem unterhaltspflichtigen Gatten allein gehöre (1604 II). Der Mann haftet auch hier den unterhaltsberechtigten Verwandten der Frau persönlich, da gesetzliche Unterhaltspflichten der Frau Gesamtgutsschulden sind (1459 II).

Danach ist die Verneinung der Unterhaltspflicht des Mannes gegenüber den Schwiegereltern usw. doch sehr cum grano salis zu verstehen.

c) Beim Vermögen eines minderjährigen Kindes wird die elterliche Nutzung nicht berücksichtigt, was die Leistungsfähigkeit des Kindes unterhaltsberechtigten Verwandten z. B. Großeltern gegenüber angeht (1605).

Über Umgehungsverträge vgl. Kipp § 97 IV.

3. Reihenfolge der Unterhaltspflichtigen.

Unter den Pflichtigen besteht eine Reihenfolge, in der sie herangezogen werden, die im wesentlichen der Erbfolgeordnung entspricht.

a) Vor den Verwandten haftet zunächst der Ehegatte — auch der geschiedene — des Unterhaltspflichtigen (1608).

Seine Haftung beruht auf der Vorschrift des § 1360, die die Ehegatten einander zur Unterhaltsgewährung verpflichtet, ohne Rücksicht darauf, ob der eigene standesmäßige oder auch nur notdürftige Unterhalt gewahrt ist.

Für den Fall des Zusammentreffens der Unterhaltspflicht eines Gatten mit der von Verwandten des unterhaltsbedürftigen Gatten wird nun die Verpflichtung des Gatten gemildert; er gilt schon dann als leistungsunfähig, wenn er dem andern Gatten bei Berücksichtigung seiner sonstigen Verpflichtungen nicht ohne Gefährdung des eigenen standesmäßigen Unterhalts den Unterhalt gewähren kann. Für diesen Fall kann der unterhaltspflichtige Gatte den bedürftigen Gatten auf seine leistungsfähigen Verwandten verweisen; deren Haftung geht vor (1608 I 2).

Der Leistungsunfähigkeit eines Gatten steht gleich, wenn die Rechtsverfolgung gegen ihn im Inland ausgeschlossen oder wesentlich erschwert ist (1608 I 3, 1607 II); die verlassene Frau kann sich also sofort an ihre Verwandten halten.

Für den Fall der Scheidung und Todeserklärung vgl. 1608 II.

b) Die Abkömmlinge sind vor den Verwandten der aufsteigenden Linie unterhaltspflichtig nach der gesetzlichen Erbfolgeordnung und dem Verhältnis der Erbteile (1606 I).

Es haften also die Kinder vor den Enkeln, an Stelle eines verstorbenen Kindes haften dessen Abkömmlinge in Höhe des bei der Erbfolge auf sie entfallenden Stammteiles.

c) Unter den Verwandten der aufsteigenden Linie haften die näheren vor den entfernteren, mehrere gleichnahe zu gleichen Teilen. Der Vater haftet jedoch vor der Mutter. Nur wenn diese die Nutznießung am Kindesvermögen hat, haftet sie vor dem Vater; sie muß, wenn sie diese primäre Haftung beseitigen will, auf die Nutznießung verzichten (1606 II).

Die Erbfolgeordnung wird allerdings durch die Vorschrift verlassen, daß die Großeltern und entfernteren Vorfahren nach Köpfen haften. Die Linienteilung der Erbfolge paßt hier nicht.

Zu allen Gruppen ist festzustellen, daß ein leistungsunfähiger Verwandter als nicht vorhanden zu behandeln ist. Dadurch erhöht sich die Unterhaltspflicht der gleichnahen Verwandten, gegebenenfalls tritt die Unterhaltspflicht des entfernteren Verwandten ein (1607 I). Der Leistungsunfähigkeit wird der Fall gleichgestellt, wo die Rechtsverfolgung gegen den Pflichtigen im Inland ausgeschlossen oder wesentlich erschwert ist.

Beispiel: Der verarmte Vater hat einen vermögenden und einen Sohn, der sich im Ausland aufhält, während dessen Frau mit einem Kinde in Deutschland lebt. Dann müssen der reiche Sohn und der Enkel für seinen Unterhalt aufkommen. Falls der Enkel leistungsunfähig ist, kann sich der Großvater für dessen Teil nicht an seine noch lebende begüterte Mutter halten, sondern nur an seinen reichen Sohn, der die ganze Unterhaltslast tragen muß.

Wer wegen Ausschlusses oder Erschwerung der Rechtsverfolgung an Stelle eines vor ihm Haftpflichtigen als Nachmann herangezogen wird, erwirbt nach Maßgabe seiner Unterhaltsleistung den Unterhaltsanspruch des Unterhaltsberechtigten gegen den nicht belangbaren Verwandten; er darf den übergegangenen Anspruch aber nicht zum Nachteil der Unterhaltsberechtigten geltend machen (1607 II).

Angenommen der im Ausland lebende Sohn habe seinem Vater anstatt der von ihm beanspruchten 3000 Mk. nur 1500 Mk. als äußerstes, was er leisten könne, gesandt und der inländische reiche Sohn habe dem Vater außer seinem Teil von 3000 Mk. die fehlenden 1500 als Nachmann gegeben, dann darf er den auf ihn übergegangenen väterlichen Unterhaltsanspruch in Höhe von 1500 Mk. nicht vom Bruder beitreiben, weil er sonst den Vater schädigen würde.

4. Reihenfolge der Unterhaltsberechtigten.

Es ist denkbar, daß ein Unterhaltspflichtiger von mehreren Bedürftigen in Anspruch genommen wird. Dann muß er ihnen allen Unterhalt gewähren, soweit er dazu imstande ist. Ist er dazu außerstande, schreibt das Gesetz folgende Rangordnung vor (1609).

a) Die Abkömmlinge gehen den Verwandten der aufsteigenden Linie vor und unter ihnen hat wiederum den Vorrang, wer zur gesetzlichen Erbfolge berufen ist — die Kinder schließen also ihre Abkömmlinge aus, die Abkömmlinge verstorbener Kinder stehen den noch lebenden Kindern gleich (1609 I).

Die Unterhaltspflicht gegenüber den unehelichen Kindern gehört zu den Verbindlichkeiten, die der Vater nach 1603 bei Bemessung seiner Leistungsfähigkeit vorweg zu berücksichtigen hat; denn insoweit ist ihm die Einrede des Notbedarfs versagt (vgl. RG. **106** 373).

b) Der Ehegatte steht den minderjährigen unverheirateten Kindern gleich; anderen Kindern, den Enkeln und Vorfahren geht er vor (1609 II 1).

Ein geschiedener Ehegatte und der nach 1351 unterhaltsberechtigte Gatte geht den volljährigen oder verheirateten Kindern und den übrigen Verwandten vor (1609 II 2). Daß er den minderjährigen, unverheirateten Kindern nachstehe, ist in 1609 II nicht ausgesprochen (RG. **75** 344ff.). Aus 1579 ergibt sich vielmehr, daß er ihnen nicht grundsätzlich nachsteht, daß vielmehr in jedem einzelnen Falle nach Billigkeit zu entscheiden ist, ob der Anspruch des geschiedenen Gatten oder der anderen Beteiligten (eines etwaigen neuen Gatten und minderjähriger unverheirateter Kinder) vorzugsweise Berücksichtigung verdient; regelmäßig werden sich alle Beteiligten eine entsprechende Herabsetzung des ihnen zukommenden Unterhalts gefallen lassen müssen.

c) Unter den Verwandten aufsteigender Linie gehen die näheren den entfernteren vor, also die Eltern den Großeltern usw. Zwischen Vater und Mutter wird hier kein Unterschied gemacht (1609 I).

Zu allen Gruppen a—c ist festzustellen, daß ein zur Verfügung stehender Betrag, der für mehrere in der Rangordnung gleichstehende Personen nicht ausreicht, gleichmäßig nach dem Verhältnis ihres Bedarfs auf sie zu verteilen ist.

Wo uneheliche Kinder mit ehelichen zusammentreffen, kann es vorkommen, daß die Ansprüche der unehelichen, da sie unter den sonstigen Verbindlichkeiten (1603) vorweg in Rechnung gestellt werden, voll befriedigt werden, während der Vater sich seinen ehelichen Kindern gegenüber mit Erfolg auf seine Leistungsunfähigkeit beruft und sie auf die Großeltern verweist. Entsprechendes gilt für das Zusammentreffen des Unterhaltsanspruchs der Ehefrau mit dem von unehelichen Kindern des Mannes.

Ein höchst unbilliges Ergebnis! Für die Zwangsvollstreckung sehen allerdings 850 IV ZPO. und 4a LohnbeschlG. vor, daß die Aufhebung der Unpfändbarkeit gewisser Forderungsbeträge zugunsten des Unterhaltsanspruchs des unehelichen Kindes nicht durchgreift, soweit der Vollstreckungsschuldner dieser Bezüge bedarf, um seinen notdürftigen Unterhalt zu befriedigen und die Unterhaltspflicht gegenüber dem Ehegatten und den Verwandten zu erfüllen. Das Reichsgericht hat es aber abgelehnt, aus dieser Vollstreckungsbestimmung den allgemeinen Schluß zu ziehen, daß der Unterhaltsanspruch der ehelichen Kinder und des Gatten dem der unehelichen Kinder vorgeht (RG. **106** 372). Zum mindesten müßte man anerkennen, daß die unehelichen Kinder nicht besser gestellt werden dürfen als die ehelichen, daß in jedem einzelnen Falle nach Billigkeit zu entscheiden ist, ob der eine oder andere Anspruch vorzugsweise Berücksichtigung verdient. Der UnehGE. will in 1708b dementsprechend die Unterhaltspflicht des unehelichen Vaters bei einer solchen Konkurrenz auf das beschränken, was mit Rücksicht auf die Bedürfnisse sowie die Vermögens- und Erwerbsverhältnisse der Beteiligten der Billigkeit entspricht.

III. Der Inhalt des Unterhaltsanspruchs.

1. Der Unterhalt umfaßt den gesamten Lebensbedarf, einschließlich der Kosten der Erziehung und Vorbildung zu einem Beruf — und zwar entsprechend der Lebensstellung des Bedürftigen. Grundsätzlich kann dieser also standesmäßigen, d. h. auskömmlichen Unterhalt verlangen, bei dem nicht bloß auf die unter allen Umständen zu befriedigenden Bedürfnisse zu sehen ist, sondern auch auf seine Lebensstellung. Diese wird beeinflußt durch eine Reihe von Umständen, wie Stand und Vermögensverhältnisse der Eltern, Anlagen, Ausbildung und Berufswahl des Bedürftigen, die selbständige Entwicklung seiner Persönlichkeit und die erlangte Berufsstellung, bei der Frau auch durch den Stand des Mannes usw.

Was dementsprechend zu leisten ist, kann nur auf Grund der Verhältnisse des einzelnen Falles entschieden werden. Sie entscheiden auch darüber, welche Ausbildung einem Kinde zu gewähren ist, was dazu gehört und wie lange die Erziehung und Vorbildung zu dauern hat.

Der Sohn eines dem gebildeten höheren Bürgerstand angehörigen Vaters kann z. B. bei entsprechendem Vermögen oder Einkommen des Vaters und entsprechender Beanlagung die Mittel zu voller Hochschulbildung verlangen (RG. i. R. 1909 Nr. 3790, RGLeipzZ. 1921, 306 Nr. 7, OLGE. **21** 246; **40** 79). Der Vater kann, wenn er sich einmal mit dem Universitätsstudium einverstanden erklärt hat, dem Sohn später nicht willkürlich die Mittel sperren; anders natürlich bei Änderung der wirtschaftlichen Verhältnisse oder grober Pflichtverletzung des Sohnes.

Ausnahmsweise kann nur notdürftigen Unterhalt verlangen, wer durch eigenes sittliches Verschulden unterhaltsbedürftig geworden ist (1611 I). Gleiches gilt, wenn der Bedürftige sich dem Pflichtigen gegenüber einer Verfehlung schuldig macht, die als Pflichtteilsentziehungsgrund anerkannt ist (1611 II).

Der Bedürftige kann sich wegen der infolgedessen eintretenden Anspruchsbeschränkung nicht an andere Unterhaltspflichtige halten (1611 III).

2. Der Unterhalt ist regelmäßig durch Geldrente vierteljährlich im voraus zu leisten (1612 I u. III u. 760). Die Vierteljahresrente gebührt dem Berechtigten, der den Beginn des Vierteljahres erlebt hat, voll (760 III).

Wenn besondere Gründe es rechtfertigen, kann der Verpflichtete verlangen, daß ihm die Unterhaltsgewährung in anderer Art gestattet wird (1612 I 2).

Der Landwirt, dem die Geldzahlung schwer fällt, erbietet sich zur Naturalverpflegung, der Enkel will den dem Trunk ergebenen Großvater in einer Verpflegungsanstalt unterbringen.

Die Eltern haben ganz allgemein unverheirateten Kindern gegenüber das Recht zu bestimmen, in welcher Art und für welche Zeit im voraus sie Unterhalt gewähren wollen; doch kann das Vormundschaftsgericht auf Antrag des Kindes aus besonderen Gründen die elterliche Bestimmung ändern, bleibt aber an die von den Eltern gewählte Art der Gewährung durch Geldrente gebunden (1612 II).

3. Für die Vergangenheit wird grundsätzlich kein Unterhalt geschuldet (1613). Das folgt aus dem Zweck der Unterhaltspflicht, die Lebensbedürfnisse des Berechtigten zu decken — in praeteritum non vivitur — ist aber auch im Interesse des Pflichtigen geboten, der seine eigene Lebenshaltung mit Rücksicht auf die Unterhaltspflicht einrichten muß.

Davon macht das Gesetz eine Ausnahme von dem Zeitpunkt an, zu dem der Verpflichtete in Verzug gekommen oder der Unterhaltsanspruch rechtshängig geworden ist (1613); hier kann der Berechtigte nach seiner Wahl, Erfüllung oder Schadensersatz wegen Nichterfüllung fordern (280).

4. Für die Zukunft kann auf den Unterhalt nicht verzichtet werden, (1614 I).

Jede Vereinbarung, durch welche der Unterhaltsanspruch gemindert oder aufgehoben werden soll, auch die entgeltliche, auch die im Vergleichswege, ist nichtig (RG. **50** 96, RGJW. 1902 S. 220).

Eine Vorausleistung befreit den Pflichtigen bei erneuter Bedürftigkeit des Berechtigten, falls der Unterhalt durch Geldrente geleistet wird, nur für drei Monate; falls er in anderer Weise geleistet wird, auf eine der Art und dem Zweck der Rente entsprechende Zeit. Wenn der Unterhaltspflichtige den Zeitabschnitt, für den vorausgeleistet werden soll, selbst zu bestimmen hat (Eltern gegenüber einem unverheirateten Kind), befreit die Vorausleistung nur für einen den Umständen nach angemessenen Zeitabschnitt (1614 II).

Wenn ein Dritter an Stelle des Unterhaltspflichtigen dem Berechtigten Unterhalt gewährt, so hat er nach 679 BGB. den Erstattungsanspruch des Geschäftsführers ohne Auftrag gegen den Pflichtigen, falls er die Übernahme der Geschäftsführung sobald als möglich angezeigt hat. 1613 steht dem Erstattungsanspruch nicht entgegen, wohl aber muß sich der Geschäftsführer unter Umständen vom Pflichtigen entgegenhalten lassen, daß er den Unterhaltsberechtigten mit den erforderlichen Mitteln versehen habe und infolge zulässiger Vorausleistung für die kritische Zeit gar nicht mehr unterhaltspflichtig gewesen sei, folglich auch nicht durch den Geschäftsführer von einer Verbindlichkeit befreit worden sei.

5. Der Unterhaltsanspruch erlischt grundsätzlich mit dem Tode des Berechtigten oder des Verpflichteten (1615).

Ausgenommen sind die Ansprüche, die nach 1613 für die Vergangenheit geltend gemacht werden können, und auf die im Augenblick des Todes fälligen Vorausleistungen (1612 II III).

Beim Tode des Berechtigten hat der Pflichtige die Beerdigungskosten zu tragen, soweit ihre Bezahlung nicht vom Erben zu erlangen ist (1615). Gleiches gilt für die Feuerbestattungskosten in Höhe standesmäßiger Beerdigungskosten.

6. Der Unterhaltsanspruch ist unabtretbar und unpfändbar (850 I ZPO., 400); gegen ihn kann nicht aufgerechnet werden (394).

Das Recht auf den Unterhalt im ganzen ist unverjährbar (194 II). Die Forderungen auf rückständige Leistungen verjähren in vier Jahren (197).

III. Abschnitt.

Vormundschaftsrecht.

Begriff und Aufgabe der Vormundschaft. — Arten. — Geschichtliches. § 42.

I. Begriff und Aufgabe. Die Vormundschaft ist das Amt der Fürsorge und Vertretung schutzbedürftiger, der elterlichen Gewalt entbehrender Personen.

1. Die Vormundschaft ist zwar kein Familienverhältnis, aber ein aus der Schutzgewalt der Sippe (Muntrecht) herausgewachsenes Amt, das die Familienfürsorge, namentlich die fehlende elterliche Fürsorge, ersetzen soll und dementsprechend ausgestaltet ist.

Der Zweck dieses Amtes, die fehlende Familienfürsorge zu ersetzen, hat zu einer familienrechtlichen Ausgestaltung der ganzen Einrichtung geführt. Am klarsten tritt das hervor bei der Altersvormundschaft über Minderjährige; sie ist als ein Ersatzmittel der elterlichen Gewalt ausgebaut. Aber auch bei der Vormundschaft über schutzbedürftige Volljährige finden Schutz und Fürsorge nach Art elterlicher Fürsorge statt. Und die Fürsorge in einzelnen Angelegenheiten durch Pfleger ist vormundschaftsähnlich, also elternähnlich normiert.

Deshalb gehört die Vormundschaft ins Familienrecht und nicht ins Schuldrecht (dahin verwies sie Windscheid in seinem Pandektenlehrbuch). Wenn sich auch schuldrechtliche Verpflichtungen zwischen Mündel und Vormund ergeben nach Art eines Auftragsverhältnisses (1834 ff.), so ist das nur eine Seite der Einrichtung und ändert nichts an der im Grundzug amtsrechtlichen Stellung des Vormunds.

2. Die Vormundschaft soll die fehlende Familienpflege, namentlich die fehlende elterliche Gewalt, ersetzen. Deshalb setzt sie nur ein, wenn ein Kind überhaupt nicht unter der elterlichen Gewalt steht — sei es, daß die Eltern fehlen oder unbekannt sind — oder wenn sie die elterliche Gewalt oder ihre Ausübung verloren haben (1773).

Bei Volljährigen, die der elterlichen Gewalt entwachsen sind, ist weitere Voraussetzung die Entmündigung (1896).

Zur Bevormundung kommt es ferner, wenn den Eltern die elterliche Gewalt in einem solchen Umfang entzogen ist, daß sie weder in Angelegenheiten der Person noch des Vermögens vertretungsberechtigt sind (1773).

3. Die Vormundschaft ist zwar ein Amt, der Vormund aber kein Staatsbeamter, sondern nur der Träger einer sozialrechtlichen Amtsstellung.

Nur wenn man das erkennt, eröffnet sich das Verständnis für die eigenartige Mischung von öffentlichrechtlichen und privatrechtlichen Vorschriften für die Ausgestaltung der Vormundschaft. Auch hier zeigt sich, daß die sozialrechtlichen Interessen teils mit den Mitteln des öffentlichen, teils des Privatrechts Schutz erfahren.

Öffentliches Recht gilt für die Bestellung des Vormunds; denn die Vormundschaft kann nur durch Anordnung des Vormundschaftsgerichts übertragen werden (1774) — soweit sie nicht nach der Jugendwohlfahrtsgesetzgebung den Jugendämtern, also Behörden, als Amtsvormundschaft zusteht.

Der Rechts- und Pflichtenkreis des Vormunds ist ein sozialrechtlicher, insoweit dieser als Vertreter der staatlichen Gemeinschaft einem ihm Untergeordneten elternähnliche Familienfürsorge angedeihen läßt. Die Einzelausgestaltung seiner Rechtsstellung ist vorwiegend in den Formen des Privatrechtes erfolgt — ganz wie beim Familienrecht im engeren Sinne. Es bestehen zwischen Mündel und Vormund ähnliche Ausgleichverpflichtungen, wie zwischen Auftraggeber und Beauftragtem. Der Vormund muß eigennützig verwandte Mündelgelder verzinsen (1834 u. 668); er hat einen Anspruch auf Vorschuß oder Ersatz von Aufwendungen zwecks Führung der Vormundschaft (1835 und 669, 670) — was für die Amtsvormundschaft des Jugendamts dahin beschränkt ist, daß dessen allgemeine Verwaltungskosten nicht ersetzt zu werden brauchen (RJWG. 33 II).

Die Haftung des Vormundes ist dagegen nicht wie die des Familienvaters auf die Sorgfalt in eigenen Angelegenheiten beschränkt (so im römischen Recht), vielmehr haftet er als Amtsträger für jede Fahrlässigkeit; mehrere haften als Gesamtschuldner (1833).

4. Obervormundschaft. Der Staat hat die Vormundschaft eingerichtet in Anerkennung einer ihm obliegenden sozialethischen Verpflichtung zur Fürsorge für das Jugendalter und darüber hinaus für jeden seines Schutzes besonders bedürftigen Volksgenossen. Diese

Fürsorge ist ein wichtiger Teil der sog. Jugend- und Volkswohlfahrtspflege, die durch Erhaltung und Stärkung der Volkskraft die Voraussetzungen für die Existenz und Blüte der staatlichen Gemeinschaft selbst sichert.

Mit der bloßen Einrichtung der Vormundschaft und der obrigkeitlichen Ernennung eines Vormundes sind aber die eben erwähnten Aufgaben noch nicht voll erfüllt. Es muß auch das pflichtmäßige Arbeiten der Vormünder gewährleistet werden. Auf die Kraft der elterlichen Liebe und Hingabe kann bei ihrem Wirken nicht gerechnet werden.

Der Staat nimmt deshalb für sich die Obervormundschaft in Anspruch und betraut mit ihrer Ausübung, obwohl es sich um einen Zweig der Wohlfahrtsverwaltung handelt, nicht eine Verwaltungsbehörde, sondern das Gericht.

Das rechtfertigt sich durch den privaten Charakter der vom Vormund zu besorgenden Angelegenheiten. Als Vormundschaftsgericht fungieren die Amtsgerichte. Zuständigkeit und Verfahren sind in dem RG. betr. die Angelegenheiten der freiwilligen Gerichtsbarkeit v. 17. 5. 1898 geordnet. Beschwerdegericht ist das Landgericht.

Die schwierige Frage, wie ein fruchtbringendes Zusammenwirken von Vormund und Vormundschaftsgericht am besten gesichert werden kann, löst das BGB. in Anschluß an die Preußische Vormundschaftsordnung vom 5. 7. 1875. Danach liegt der Schwerpunkt in der Fürsorge des Vormundes, der bei seiner Amtsführung möglichst selbständig gestellt wird und die Verwaltung grundsätzlich selbstverantwortlich zu führen hat. Das Vormundschaftsgericht ist, abgesehen von der Ernennung und Entlassung des Vormundes, beschränkt auf die Aufsicht über dessen Amtsführung und die Entscheidung über die Genehmigung wichtiger Rechtsgeschäfte. Ein Recht zum eigenmächtigen Eingriff hat es nur ausnahmsweise.

II. Einzel- und Berufs- oder Amtsvormundschaft. Wenn die Vormundschaft ein Amt ist, so gewinnt die Frage der Auswahl der geeignetsten Persönlichkeiten für dies Amt besondere Bedeutung. In dieser Richtung hat das BGB. versagt. Während sonst in Deutschland die Erlangung von Amtsstellen an die Erfüllung peinlicher und hochgeschraubter Vorbedingungen geknüpft ist, geht das BGB. davon aus, daß sich ungefähr jedermann zum Vormund eigne. Die Vorschriften über Fähigkeit und Tauglichkeit (1780 ff.) sind nur die Zusammenstellung einiger Ausschlußgründe. Das Gesetz kennt grundsätzlich nur die Einzelvormundschaft, die als ein unentgeltliches Ehrenamt zu führen ist (1836). Kohler hat für diese Regelung das harte Wort von der „vereinzelten Dilettantenvormundschaft" geprägt (S. 486).

Die Vorschriften des BGB. passen nur für kleinere Verhältnisse auf dem Land und in der Kleinstadt, wo Verwandte oder befreundete Personen, die mit den Verhältnissen des Mündels vertraut sind, für ein solches Amt zur Verfügung stehen. Diese Vorschriften passen aber nicht für die Verhältnisse der Großstadt, wo solche Beziehungen und damit ein persönliches Interesse des Vormunds für den Mündel vielfach fehlen und der Grundsatz der Unentgeltlichkeit die Neigung des mit seinen eigenen Angelegenheiten schon hinreichend beschäftigten Großstädters zur Übernahme und hingebenden Führung eines so verantwortungsvollen Amtes sicher nicht erhöht.

Ganz besonders hat sich diese Unzulänglichkeit des Gesetzes zum Nachteil der unehelichen Kinder geltend gemacht, für die geeignete Persönlichkeiten nur schwer, zum mindesten erst nach zeitraubendem Suchen zu finden waren.

Deshalb entstand bald nach Inkrafttreten des BGB. für solche Fälle eine Bewegung zur Einführung der Berufsvormundschaft, d. h. der Betrauung besonders geeigneter, gegebenenfalls auch zu besoldender Persönlichkeiten mit einer Reihe von Vormundschaften unter gleichzeitiger Benutzung oder Schaffung einer Organisation, die die vormundschaftliche Fürsorge nicht bloß vom guten Willen des Einzelnen abhängig macht, sondern diesen als Glied der Organisation fördert und stützt.

Eine gesetzliche Handhabe für diese Strömung bot Art 136 EG., der unter gewissen Voraussetzungen eine Ausnahme vom Bestellungsgrundsatz des 1773 machte und den Landesrechten die Befugnis gab zur Errichtung von Anstalts- und Berufsvormundschaften.

Danach konnten der Vorstand einer unter staatlicher Verwaltung oder Aufsicht stehenden Erziehungs- oder Verpflegungsanstalt oder ein Beamter (der nach den Ausführungsgesetzen, wenn nicht Anstaltsbeamter, so doch durchweg ein Gemeindebeamter sein mußte) kraft Gesetzes mit der Vormundschaft über die Minderjährigen betraut werden, die in der Anstalt oder in einer unter Aufsicht des Vorstandes oder Beamten stehenden Familie untergebracht waren. Das Landesrecht konnte die gleichen Vorschriften für uneheliche Kinder treffen, die unter Aufsicht des Vorstandes oder Beamten in der mütterlichen Familie belassen wurden.

Statt den Bestellungsgrundsatz ganz auszuschalten, konnte das Landesrecht sich auch auf die Bestimmung beschränken, daß der Vorstand oder Beamte vor den nach BGB. zur Vormundschaft berufenen Personen als Vormund bestellt werden kann.

Von diesen Vorbehalten haben die meisten Bundesstaaten Gebrauch gemacht.

So Preußen AG. Art. 78, FürsErzG. 12, Bayern AG. 100, Sachsen AG. 37—39, Württemberg Ges. über die Berufsvormundschaft usw.

Daneben setzte eine umfangreiche freie Vereinstätigkeit ein. Im Jahre 1911 wurde in Frankfurt der Verein „Archiv deutscher Berufsvormünder" gegründet (Klumker) mit dem Zweck „den Ausbau berufsvormundschaftlicher Einrichtungen usw. zu fördern." Konfessionelle Verbände (so die katholische „Caritas" und der protestantische Kinderrettungsverein) nahmen sich der Mündel an und stellten geeignete Personen zur Übernahme von Vormundschaften zur Verfügung.

Neben die gesetzliche Berufsvormundschaft trat so die Sammelvormundschaft durch Bestellung, d. h. die rechtlicher Besonderheiten entbehrende Übertragung vieler Vormundschaften an eine geeignete und bereite Persönlichkeit (vgl. 1786 Ziff. 8).

Auf diesen Wegen hat sich für die überwiegende Mehrheit der Unehelichen die Berufsvormundschaft durchgesetzt.

Den Schlußstein dieser Entwicklung setzt das am 1. 4. 1924 in kraft getretene Reichs-Jugendwohlfahrtsgesetz vom 9. Juli 1922. Unter Aufhebung des Art 136 EG. hat es die Berufsvormundschaft reichsgesetzlich für gewisse Fälle eingeführt, so daß heute neben die Einzelvormundschaft des BGB. die Berufsvormundschaft des RJWG. getreten ist.

Das Gesetz führt zunächst ein die Amtsvormundschaft der von den Gemeinden oder Gemeindeverbänden einzurichtenden Jugendämter (§ 8) in zwei Formen:

a) als gesetzliche Amtsvormundschaft über alle unehelichen Kinder, die im Bezirk des Jugendamtes geboren werden (35) —

b) als bestellte Amtsvormundschaft für alle zu bevormundenden Minderjährigen, insofern das Jugendamt mit seinem Einverständnis vor den nach BGB. 1776 als Vormünder berufenen Personen zum Vormund bestellt werden kann, wenn kein geeigneter anderer Vormund vorhanden ist (41).

Daneben läßt das Gesetz die Bestellung einer Anstalts- oder Vereinsvormundschaft zu (47). Auf ihren Antrag können zu Vormündern bestellt werden:

a) Vorstände einer unter staatlicher Verwaltung oder Aufsicht stehenden Anstalt — aber auch

b) Vorstände privater! Anstalten oder Vereine, die vom Landesjugendamt für geeignet erklärt sind.

III. Arten der Vormundschaft.

Innerhalb der Vormundschaft im weiteren Sinne unterscheidet man die Vormundschaft im engeren Sinne und die Pflegschaft.

1. Die Vormundschaft i. eng. S. bezweckt eine allgemeine Fürsorge für die Person oder das Vermögen. Das Gesetz sieht sie in zwei Bedürfnisfällen vor:

a) über Minderjährige, wenn die elterliche Gewalt fehlt oder versagt, — sog. Altersvormundschaft,

b) über Volljährige, die der elterlichen Gewalt entwachsen sind für den Fall der Entmündigung — Volljährigenvormundschaft.

Regelmäßig wird für eine Vormundschaft nur ein verwaltender Vormund bestellt, das Gericht kann jedoch auch eine Mehrheit von verwaltenden Vormündern bestellen, soll dies aber nur aus besonderen Gründen tun (1775).

Zwecks größerer Sicherung des Mündels und Entlastung des Vormundschaftsgerichts kann neben dem Vormund ein Gegenvormund bestellt werden, um das Vormundschaftsgericht bei der Beaufsichtigung des Vormunds zu unterstützen (1792).

2. Die Pflegschaft ist vormundschaftliche Personenfürsorge mit begrenzterem Aufgabenkreis; sie bezweckt grundsätzlich nur eine Fürsorge für einzelne Angelegenheiten (vgl. § 63 dieses Buches).

IV. Geschichtliches.

1. In Rom stand die vormundschaftliche Gewalt über Unmündige (impuberes) anfänglich der agnatischen Familie, weiterhin der gens zu. Seit den XII Tafeln konnte der pater familias testamentarisch einen tutor ernennen. Später trat als dritte Form ergänzend dazu die Vormundschaft durch obrigkeitliche Berufung. So unterschied man tutela testamentaria, legitima und dativa. Der tutor hatte die Fürsorge für die persönlichen und Vermögensangelegenheiten des Mündels und das Recht, durch auctoritatis interpositio, d. i. förmliche Zustimmung die Geschäfte des Schutzbefohlenen wirksam zu machen. Die Frauentutel (tutela mulierum) ist in geschichtlicher Zeit schon auf die auct. interp. zu gewissen Geschäften beschränkt und umfaßt nicht mehr die Vermögensverwaltung; und auch in dieser Beschränkung verblaßt sie immer mehr und wird im 5. Jahrhundert nach Christus abgeschafft.

Inhaltlich wandelte sich die tutela aus einem im Interesse des Vormundes begründeten Gewaltverhältnis um in eine im Interesse des Mündels getroffene Fürsorgeeinrichtung, ein Amt (munus).

Neben der Tutel entwickelte sich im römischen Recht die cura als Vormundschaft über pflegebedürftige Mündige, namentlich als cura minorum, prodigi und furiosi. Ihr Wesen erschöpft sich in der Vermögensfürsorge, die durch formlose Zustimmung (consensus) zu gewissen Geschäften geschah. Während die Unmündigen einen tutor haben mußten, wurde die cura über die Minderjährigen anfänglich nur mittelbar erzwungen (der consensus sollte die Gefahr der Anfechtung wegen Übervorteilung ausschließen); erst im Laufe der Zeit wurde aus einer Einrichtung für bestimmte gefährliche Geschäfte ein ständiges Amt der Fürsorge für die minores viginti quinque annis.

In der Kaiserzeit bildete sich eine staatliche Obervormundschaft mit scharfer Überwachung der Vormünder aus.

2. Auch das ältere deutsche Recht kannte eine Fürsorge für Personen, die weder der ehemännlichen noch väterlichen Munt unterstanden, also für unverheiratete Frauen, vaterlose Minderjährige, Geisteskranke, Gebrechliche, Greise. Trägerin der Vormundschaft war anfänglich die Sippe, die sie durch den nächsten Schwertmagen ausübte. Mit der Schwächung des Familienverbandes tritt das Recht des nächsten Schwertmagen als geborenen Vormundes immer mehr hervor, die Sippe wird auf seine Beaufsichtigung, also die Obervormundschaft beschränkt. Später nimmt der König als oberster Schutzherr der Witwen und Waisen die Obervormundschaft in Anspruch, der Gedanke der staatlichen Fürsorge bricht sich Bahn. Die weitere Auflösung des Familienverbandes führt zur Anerkennung des Rechtes des Vaters, letztwillig über die Bevormundung zu bestimmen, den Vormund zu küren. In den Städten nimmt die Obrigkeit die Überwachung des Vormundes in die Hand. Städtische Vormundschaftsordnungen werden erlassen, die mangels eines geborenen oder gekorenen Vormundes die obrigkeitliche Ernennung (und evtl. Absetzung) eines Vormundes vorsehen. Auch der geborene oder gekorene Vormund muß sich auf die Dauer eine Prüfung auf seine Tauglichkeit gefallen lassen. Das Bestellungsprinzip bricht sich Bahn.

Inhaltlich verdrängt im späteren Mittelalter der Fürsorgegedanke völlig den Machtgedanken, der der vormundschaftlichen Gewalt der Sippe neben dem Schutzgedanken innewohnte.

Die Frauenvormundschaft wird ganz wie im römischen Recht immer mehr abgeschwächt. Was die Jugendlichenvormundschaft angeht, so erstreckte sich diese ursprünglich bis zu dem Zeitpunkt, wo das Kind zu seinen Jahren gekommen war (ein Zeitpunkt, der verschieden, vom zwölften bis achtzehnten Jahr, festgelegt wurde); später wurde die Bevormundung bis zur Volljährigkeit vorgeschrieben, ohne daß ein der tutela und cura der Römer entsprechender Unterschied zwischen Unmündigen und Mündigen gemacht worden wäre.

3. Die Rezeption hat wenig Einfluß gehabt. Der Unterschied zwischen tutela und cura wurde nicht aufgenommen (mit zeitweiser Ausnahme im sächsischen Recht). Die Vormundschaft behielt ihren einheitlichen Charakter. Der Vormund bedurfte, auch wenn er vom Vater benannt war, der obrigkeitlichen Bestätigung (confirmatio iuris Germanici). Die Obervormundschaft übten nach gemeinem Recht die Gerichte. Die Führung der Vormundschaft erfolgte im allgemeinen nach den Grundsätzen des spätrömischen Rechts.

Die Geschlechtsvormundschaft über Frauen verschwand. Neben die Vormundschaft über Minderjährige und entmündigte Geisteskranke trat die über Verschwender und Trunksüchtige.

Das Vormundschaftswesen wurde durch die Reichspolizeiordnungen von 1548 und 1577 und durch landesgesetzliche Vormundschaftsordnungen geregelt.

4. Weittragende Bedeutung erlangte die Preuß. Vormundschaftsordnung von 1875. Sie brach mit dem gemeinrechtlichen, aus dem römischen Recht überkommenen Grundsatz scharfer Überwachung und Abhängigkeit des Vormundes und ersetzte ihn durch den Grundsatz der Selbstverwaltung. Das Vormundschaftsgericht wurde auf die Überwachung der Amtsführung und die Genehmigung wichtiger Geschäfte beschränkt.

Die Preuß. Vormundschaftsordnung machte nach dem Vorbild des allgemeinen Landrechts einen Unterschied zwischen der Vormundschaft als allgemeiner Fürsorge für Person und Vermögen — und der Kuratel als Fürsorge für einzelne Angelegenheiten oder einen bestimmten engeren Kreis von Angelegenheiten.

5. Das BGB. hat sich im wesentlichen an die Preuß. VO. angeschlossen.

I. Titel. Vormundschaft über Minderjährige.

§ 43. I. Kapitel. Anordnung der Vormundschaft.

I. Das Bestellungsprinzip.

Nach BGB. tritt die Vormundschaft niemals ohne weiteres kraft Gesetzes oder testamentarischer Anordnung (ex lege oder ex testamento) ein, sondern nur kraft obrigkeitlicher Bestellung. Das Vormundschaftsgericht hat die Vormundschaft von Amts wegen anzuordnen (1774).

Um dem Gericht Kenntnis von jedem Bedürfnisfall zu verschaffen, sind einer Reihe von Behörden und sonstigen Beteiligten Anzeigepflichten auferlegt, so dem Standesbeamten (48 FrGG.), den Gerichten (50 FrGG.), dem Gemeindewaisenrat (49 FrGG.), dem Gewalthaber, Vormund, Gegenvormund (1894 II, 1895, 1909 II), den Erben des Vormundes usw. (1894 I, 1895, 1915).

Die gesetzliche Amtsvormundschaft über alle unehelichen, im Bezirke des Jugendamts geborenen Kinder erlangt nach RJWG. 35 das Jugendamt.

Außerdem erlangt der für eine Leibesfrucht bestellte Pfleger mit der Geburt des Kindes im Einverständnis mit dem Jugendamt ohne weiteres die Vormundschaft (38 RJWG).

In allen anderen Fällen der Berufsvormundschaft (Jugendamts-, Anstalts-, Vereinsvormundschaft) wird das Bestellungsprinzip aufrecht erhalten.

II. Die Bedürfnisfälle.

Ein Minderjähriger erhält einen Vormund (1773):

1. wenn er nicht unter elterlicher Gewalt steht,

so namentlich, wenn beide Eltern tot oder für tot erklärt sind, so wenn die elterliche Gewalt des Vaters fortgefallen ist oder ruht, ohne daß sie oder ihre Ausübung auf die Mutter übergegangen wäre (1684, 1685), so bei unehelichen Kindern (1591 ff.), Kindern aus einer Nichtehe oder aus einer für nichtig erklärten Ehe, deren Nichtigkeit beiden Eltern bekannt war (1699);

2. wenn die Eltern weder in den die Person noch in den das Vermögen betreffenden Angelegenheiten zur Vertretung des Minderjährigen berechtigt sind,

so z. B., wenn die Gewalt des Vaters ruht und die Mutter tot oder die Ehe aufgelöst ist, ohne daß die Gewalt der Mutter übertragen wäre, wenn die Gewalt der Mutter ruht, so im Falle des 1666 II;

3. wenn sein Familienstand nicht zu ermitteln ist (Findelkind).

III. Die Person des Vormundes.

1. Das Vormundschaftsgericht hat — abgesehen von den Fällen der gesetzlichen Berufsvormundschaft (35 u. 38 RJWG.) — den Vormund auszuwählen, ist aber in der Wahl nicht völlig frei.

a) Von vornherein scheiden aus die für unfähig erklärten Personen, nämlich Geschäftsunfähige, sowie wegen Geistesschwäche, Verschwendung oder Trunksucht Entmündigte (1780).

Ihre Bestellung sowie die von ihnen vorgenommenen Rechtshandlungen sind nichtig.

b) Nicht in Betracht kommen ferner die Personen, die nicht bestellt werden sollen, die sog. Untauglichen — ohne daß ihre Bestellung ungültig wäre.

α) Kraft Gesetzes sind schlechthin untauglich (1781): Minderjährige, unter vorläufige Vormundschaft Gestellte, wer nach 1910 zur Besorgung seiner Vermögensangelegenheiten einen Pfleger erhalten hat, der Gemeinschuldner während der Dauer des Konkurses, wer der bürgerlichen Ehrenrechte für verlustig erklärt ist, soweit sich nicht aus dem StGB. ein anderes ergibt. (Dabei ist zu beachten, daß 34 Ziff. 6 Strafgesetzbuch von „Unfähigkeit, Vormund zu sein" spricht, was selbstverständlich im Hinblick auf 1781 Nr. 4 einengend im Sinne von Untauglichkeit auszulegen ist.)

β) Kraft elterlicher Anordnung ist untauglich, wer durch Anordnung des Vaters oder der ehelichen Mutter des Mündels von der Vormundschaft ausgeschlossen ist (1782).

γ) Mangels behördlicher Erlaubnis sind untauglich Beamte oder Religionsdiener, die nach den Landesgesetzen einer besonderen Erlaubnis zur Übernahme der Vormundschaft bedürfen (1784).

Nach 48 RJWG. darf diese Erlaubnis nur versagt werden, wenn ein wichtiger, dienstlicher Grund vorliegt.

Für Angehörige der Wehrmacht trifft das WehrG. vom 23. 3. 1921 § 33 eine entsprechende Bestimmung.

δ) Beseitigt ist dagegen der Untauglichkeitsgrund des 1783, wonach eine Frau, die mit einem andern als dem Vater des Mündels verheiratet ist, mangels Zustimmung ihres Mannes nicht bestellt werden soll (48 RJWG.).

c) Auch aus dem Kreise der danach Tauglichen kann das Vormundschaftsgericht regelmäßig nicht frei den wählen, der ihm am geeignetsten erscheint, sondern muß die Ansprüche gewisser Personen auf Bestellung zum Vormund berücksichtigen, falls diese nicht das Interesse des Mündels gefährdet (1776—1778).

Das Gesetz spricht von Berufung zur Vormundschaft und stellt unter den Berufenen außerdem eine bestimmte Rangordnung auf, an die das Gericht gebunden ist (1778).

Dieses Recht auf Bestellung und die nähere Bestimmung der Berufenen (wer vom Inhaber der elterlichen Gewalt benannt ist und gewisse nahe Verwandte) lassen als Wurzel der Vormundschaft die Muntgewalt der Sippe erkennen. Als Überrest der Vormundschaft der Familie wurde später das Recht der Eltern anerkannt, den Vormund im Testament zu bestimmen. Daraus erklärt sich die Verbindung dieser Berechtigung mit der elterlichen Gewalt durch das BGB. Das RJWG. hat mit diesen Rechten der Familie gebrochen, wo das Wohl des Mündels das erfordert, und dem Vormundschaftsgericht das Recht gegeben, das Jugendamt mit seinem Einverständnis vor den im § 1776 BGB. berufenen Personen als Vormund zu bestellen, soweit nicht ein geeigneter anderer Vormund vorhanden ist (41 RJWG.).

α) Berufung durch letztwillige Verfügung.

An erster Stelle ist berufen, wer vom Vater des Mündels durch letztwillige Verfügung zum Vormund benannt ist; der Vater hat das Benennungsrecht nur, wenn er zur Zeit seines Todes im Besitz der elterlichen Gewalt und zwar des vollen Vertretungsrechtes ist (1776 Nr. 1, 1777).

An zweiter Stelle ist berufen, wer von der ehelichen Mutter des Mündels als Vormund benannt ist; das Benennungsrecht der Mutter unterliegt den gleichen Voraussetzungen wie das des Vaters (1776 Nr. 2, 1777 I 2).

β) Berufung durch das Gesetz.

An dritter Stelle ist berufen der Großvater des Mündels von väterlicher Seite, an vierter Stelle der Großvater von mütterlicher Seite (1776 Nr. 3 und 4).

Wer dergestalt berufen ist, hat ein Recht auf die Berufung und auf die Einhaltung der Reihenfolge; wenn er übergangen wird, hat er die sofortige Beschwerde (60 I Nr. 1 FrGG.). Sein Recht ist freilich kein unbedingtes, es ist ausgeschlossen, wenn er unfähig oder untauglich ist, (1780—1784), wenn er die Übernahme der Vormundschaft verzögert oder daran verhindert ist oder wenn seine Bestellung das Interesse des Mündels gefährden würde (1778 I). Außerdem können vorgezogen werden für eine minderjährige Ehefrau deren Mann und für ein uneheliches Kind dessen Mutter (1778 II) — sowie ganz allgemein nach 41 RJWG. das Jugendamt, wenn kein geeigneter anderer Vormund vorhanden ist. Wenn das Hindernis an der Übernahme der Vormundschaft ein vorübergehendes ist, kann der Berufene nach Wegfall des Hindernisses die Entlassung des bisherigen Vormundes und seine eigene Bestellung verlangen (1778 II).

Das Recht auf Berufung schließt die Ernennung eines Mitvormundes ohne Zustimmung des Berufenen aus (1778 IV).

d) Erst wenn kein Berufener vorhanden ist, wählt das Vormundschaftsgericht nach Anhörung des Gemeindewaisenrates frei eine geeignete Persönlichkeit aus — unter möglichster Berücksichtigung von Verwandten und Verschwägerten, sowie der Konfession des Mündels (1779).

Verwandte und Verschwägerte, die nicht berufen sind, haben keine Beschwerde aus eigenem Recht, sondern nur wegen Verletzung der Mündelinteressen (57 I Ziff. 9 FrGG.).

IV. Es besteht eine staatsbürgerliche Verpflichtung zur Übernahme der Vormundschaft für jeden Deutschen, den das Vormundschaftsgericht als Vormund ausgewählt hat, sofern ihm nicht ein Unfähigkeits- oder Untauglichkeitsgrund (1780—84) oder ein Ablehnungsgrund zur Seite steht (1785 und 1786).

1. Ein Ablehnungsrecht hat:

a) Nicht mehr jede Frau — so 1786 Nr. 1 —, sondern nach 48 RJWG. nur eine Frau, die mindestens zwei schulpflichtige Kinder hat oder glaubhaft macht, daß die ihr obliegende Fürsorge für ihre Familie die Ausübung des Amtes dauernd besonders erschwert.

b) Wer das 60. Lebensjahr vollendet hat (1786 Nr. 2).

c) Wer mehr als vier minderjährige eheliche oder diesen gleichgestellte Kinder hat, wobei ein von einem anderen an Kindesstatt angenommenes Kind nicht mitgezählt werden darf (1786 Nr. 3).

d) Wer durch Krankheit oder Gebrechen verhindert ist, die Vormundschaft ordnungsmäßig zu führen (1786 Nr. 4).

e) Wer wegen Entfernung seines Wohnsitzes vom Sitze des Vormundschaftsgerichtes die Vormundschaft nicht ohne besondere Belästigung führen kann (1786 Nr. 5).

f) Wer nach 1844 zur Sicherheitsleistung angehalten wird (1786 Nr. 6).

g) Wer mit einem andern zur gemeinschaftlichen Führung der Vormundschaft bestellt werden soll (1786 Nr. 7).

h) Wer mehr als eine Vormundschaft oder Pflegschaft führt (1786 Nr. 8). Die Vormundschaft oder Pflegschaft über mehrere Geschwister gilt nur als eine; die Führung von zwei Gegenvormundschaften steht der Führung einer Vormundschaft gleich.

i) Angehörige der Wehrmacht (WehrG. v. 23. 3 1921 § 33).

2. Das Ablehnungsrecht erlischt, wenn es nicht vor der Bestellung bei dem Vormundschaftsgericht geltend gemacht wird (1786 II).

3. Grundlose schuldhafte Ablehnung macht dem Mündel gegenüber verantwortlich für den Schaden, der durch die Verzögerung der Bestellung des Vormundes entsteht (1787 I). Der Ablehnende muß die Vormundschaft — unbeschadet seines Beschwerderechts — auf Verlangen des Vormundschaftsgerichts vorläufig übernehmen (1787 II).

4. Das Vormundschaftsgericht kann den Ausgewählten durch Ordnungsstrafen zur Übernahme, gegebenenfalls zur vorläufigen Übernahme (1787 II) anhalten (1788 I).

Die einzelne Strafe darf den Betrag von 300 Mk. nicht übersteigen, die Strafen dürfen nur in Zwischenräumen von mindestens einer Woche und nicht mehr als dreimal verhängt werden (1788 II), so daß man sich mit Zahlung von höchstens 900 Mark von der Übernahme einer Vormundschaft befreien kann, vorbehaltlich der Ersatzpflicht nach 1787.

Auf die Amtsvormundschaft findet nach 33 RJWG. das Ordnungsstrafverfahren keine Anwendung.

V. Der Bestellungsakt und die Bestallung.

1. Die Bestellung des Vormundes erfolgt durch Verpflichtung des Vormundes zu treuer und gewissenhafter Führung der Vormundschaft (1789), die Verpflichtung soll mittels Handschlags an Eidesstatt erfolgen (1789 2), ohne daß diese Form wesentlich wäre; wesentlich ist nur, daß der Vormund gegenüber dem Vormundschaftsrichter (oder dem von diesem ersuchten Richter) die fragliche Verpflichtung übernimmt. Die Verpflichtung ist also ein Rechtsakt, zu dem Gericht und Vormund zusammenwirken müssen; da er aus öffentlichrechtlichen Willenserklärungen besteht, unterliegt er nicht den Vorschriften des BGB. über die Irrtumsanfechtung (KGRJA. **14** 8 ff.).

Die Bestellung verträgt grundsätzlich keine Bedingung oder Befristung; doch kann die Entlassung für den Fall vorbehalten werden, daß ein bestimmtes Ereignis eintritt oder nicht eintritt (1790).

2. Um sich im Rechtsverkehr und bei der Führung von Rechtsstreitigkeiten (56 ZPO.) ausweisen zu können, erhält der Vormund eine Bestallung, d. h. eine öffentliche Urkunde des Vormund-

schaftsgerichts über sein Amt (1791). Rechte und Pflichten aus dem Amt beginnen aber bereits mit der Bestellung.

Die Bestallung ist als Zeugnis des Gerichts von Beweiswert, hat aber nicht die verstärkte rechtliche Wirkung der Vollmachtsurkunde mit ihrem erhöhten Verläßlichkeitsschutz i. S. der §§ 170ff. BGB. § 174 ist auf einseitige Geschäfte nicht analog anwendbar (RG. 74 263).

VI. Bestellung eines Mitvormundes oder Gegenvormundes.

1. Mitvormund. Das Vormundschaftsgericht soll in der Regel für den Mündel — und wenn mehrere Geschwister zu bevormunden sind, für alle Mündel — nur einen Vormund bestellen (1775). Eine Bestallung mehrerer Vormünder soll das Gericht nur aus besonderen Gründen (1775) vornehmen, so z. B. wegen besonders schwieriger und umfangreicher Vermögensverwaltung. Die Regel des 1775 gilt auch bei Benennung mehrerer Vormünder mit gleichem Rang durch Vater oder Mutter.

2. Dagegen kann das Vormundschaftsgericht einen Gegenvormund bestellen (1792 I), wenn nicht der Vater oder die eheliche Mutter des Mündels die Bestellung eines solchen bei der Benennung ausgeschlossen haben (1852, 1855, 1856); doch kann auch eine solche Anordnung bei Gefährdung des Wohles des Mündels außer Kraft gesetzt werden (1857).

Ein Gegenvormund soll bestellt werden, wenn mit der Vormundschaft eine Vermögensverwaltung verbunden ist, es sei denn, daß die Verwaltung nicht erheblich, oder daß die Vormundschaft von mehreren Vormündern gemeinschaftlich zu führen ist (1792 II). Führen diese die Vormundschaft nicht gemeinschaftlich, so kann der eine zum Gegenvormund des andern bestellt werden (1792 III).

Neben dem Amtsvormund wird kein Gegenvormund bestellt, neben dem Anstalts- oder Vereinsvormund kann einer bestellt werden (RJWG. 33 I, 47 II).

Für die Berufung und Bestellung des Gegenvormundes gilt Gleiches wie für die des Vormundes (1792 IV, 1776—1791).

II. Kapitel. Führung der Vormundschaft.

I. Der Wirkungskreis des Vormunds im allgemeinen. § 44.

1. Der Vormund soll Elternstelle beim Mündel vertreten. Seine Gewalt hat daher im wesentlichen den gleichen Inhalt wie nach 1627 und 1630 die elterliche Gewalt. „Der Vormund hat das Recht und die Pflicht, für die Person und das Vermögen des

Mündels zu sorgen, insbesondere den Mündel zu vertreten" (1793).

2. Als gesetzlicher Vertreter ist er berechtigt, für den geschäftsunfähigen oder geschäftsbeschränkten Mündel Rechtsgeschäfte vorzunehmen oder in Ergänzung der Willenserklärung des Geschäftsbeschränkten die erforderliche Zustimmung zu geben oder zu versagen. Vermögensrechtliche Erwerbsgeschäfte soll er grundsätzlich im Namen des Mündels vornehmen, Verpflichtungen, die sachlich den Mündel angehen, kann er auch im eigenen Namen eingehen, da dadurch der Mündel nicht gefährdet wird. Die Besitzrechte des Mündels übt er ebenfalls als Vertreter aus, je nachdem sie dem Mündel als unmittelbarem oder mittelbarem Besitzer zustehen. Welche Besitzstellung er im Verhältnis zum Mündel hat, ist bestritten. R.A. nach ist er nicht als dessen Besitzdiener anzusehen.

Die Vertretungsmacht des Vormundes erstreckt sich nicht auf höchstpersönliche Rechtsgeschäfte, die nur vom Mündel selbst vorgenommen werden können.

3. Die Übertragung des Amts im ganzen oder in seinen einzelnen Befugnissen ist unstatthaft. Dagegen darf der Vormund sich, unbeschadet seiner Aufsichtspflicht und Leitung, der Unterstützung dritter Personen bedienen, z. B. einer in der Kinderpflege erfahrenen weiblichen Person den Besuch des Mündels übertragen (KGJ. 38 A 34 ff.), oder einen Bevollmächtigten bestellen, ja sogar bei großem Umfang einen Generalbevollmächtigten mit der Verwaltung der Vermögensangelegenheiten betrauen. Das darf aber nie dazu führen, daß sich der Vormund der Verwaltung ganz entschlägt. Bei wichtigen Rechtshandlungen, die verständigerweise seines persönlichen Entschlusses bedürfen, kann er sich nicht vertreten lassen, so bei genehmigungspflichtigen Geschäften, der Zustimmung zur Eheschließung des Mündels usw.

Die Grenzziehung ist schwierig und streitig (vgl. RG. 76, 185). Daß die Erteilung der Vollmacht durch den Vormund nicht im eigenen Namen, sondern dem des Mündels erfolgt, ist zu beachten.

Eine Pflichtverletzung bei der Erteilung der Vollmacht berührt grundsätzlich deren Rechtsgültigkeit nicht. Ausnahmsweise kann allerdings die Erteilung nach 138 nichtig oder nach 1822 Nr. 11 unwirksam sein. Wenn auch dem Dritten im allgemeinen eine Prüfung nicht zugemutet werden kann, ob der Vormund die Vertretungsmacht mißbraucht, so kann sich doch ein Dritter, der das erkannt hat oder bei einiger Aufmerksamkeit hätte erkennen müssen, wegen unlauteren Verhaltens auf die Vollmacht nicht berufen (so RG. 71 222, 75 301, 85 353).

4. Dem Mündel gegenüber haftet der Vormund (und der Gegenvormund) nicht bloß für die Sorgfalt in eigenen Angelegenheiten, sondern für jede Fahrlässigkeit (276). Seine Pflichtverletzung ist keine unerlaubte Handlung, sondern die Verletzung eines durch die Bestellung begründeten gesetzlichen Schuldverhältnisses. Die Verjährung der Ersatzansprüche des Mündels vollzieht sich folglich nicht in 3 Jahren (852), sondern in 30 Jahren (vgl. 204). Maßgebend ist nicht der Gerichtsstand der unerlaubten Handlung, sondern der der Vermögensverwaltung (31 ZPO.). Wenn sich der Vormund zulässigerweise eines Erfüllungsgehilfen bedient, haftet er aber nicht für ihn nach 278, sondern nur für Verschulden in der Auswahl oder Beaufsichtigung (1833 I).

Der Mündel dagegen haftet für ein Verschulden des Vormundes als seines gesetzlichen Vertreters nach 278. Seine Haftung beschränkt sich auf ein Verschulden bei der Erfüllung eines Schuldverhältnisses, umfaßt dagegen nicht die Fälle der unerlaubten Handlung. Anders nur in den Fällen des 833, 1 und 835, wo ein Verschulden nicht vorausgesetzt wird. Nach RG. **83** 243 wird er auch dann verhaftet, wenn der Vormund bei Abschluß eines Vertrages arglistig handelt, da es sich um einen vertraglichen Anspruch handelt!? besser, da es sich um die Verletzung einer Legalobligation (culpa in contrahendo) handelt.

II. Die Sorge für die Person. § 45.

1. Die Personenfürsorge umfaßt die gleichen Angelegenheiten und hat den gleichen Inhalt wie die des elterlichen Gewalthabers (1800 und 1631—1633). Sie umfaßt also das Recht und die Pflicht, den Mündel zu erziehen, zu beaufsichtigen und seinen Aufenthalt zu bestimmen (1631 I). Kraft des Fürsorgerechts hat der Vormund dem Kinde auch den Namen zu geben, was namentlich bei Findelkindern praktisch wird.

Auch der Vormund hat das Recht und die Pflicht, angemessene Zuchtmittel gegen den Mündel anzuwenden; auf seinen Antrag hat ihn das Vormundschaftsgericht durch Anwendung geeigneter Zuchtmittel zu unterstützen (1631). Der Vormund kann Klage auf Herausgabe des Mündels gegen jeden erheben, der ihn ihm widerrechtlich vorenthält (1632).

Er kann auch unter Umständen eine einstweilige Verfügung beim Gericht nach den Vorschriften der ZPO. beantragen. Das Vormundschaftsgericht ist zu einer derartigen Anordnung nicht zuständig (KG. OLG. **1** 366ff., **2** 450ff.).

Bei einer verheirateten bevormundeten Frau beschränkt sich die Sorge auf die Vertretung in den die Person betreffenden Angelegenheiten (1633).

2. Das Sorgerecht umfaßt an sich das Recht, über die religiöse Erziehung des Mündels zu bestimmen. Doch kann dem Vormund die Sorge dafür entzogen werden, wenn er nicht dem Bekenntnis angehört, in dem der Mündel zu erziehen ist (1801); dann ist ein Pfleger zu bestellen (1909).

Auf die Amtsvormundschaft findet 1801 keine Anwendung (RJWG. 33 I, 47 II). Der Amtsvormund hat aber auf das religiöse Bekenntnis oder die Weltanschauung des Mündels oder seiner Familie bei der Unterbringung Rücksicht zu nehmen (33 III RJWG.).

Nach 3 II RG. über die religiöse Kindererziehung bedarf der Vormund zur Bestimmung über die religiöse Erziehung der Genehmigung des Vormundschaftsgerichtes. Vorher sind die Eltern, sowie erforderlichenfalls Verwandte, Verschwägerte und die Lehrer des Kindes zu hören, wenn es ohne erhebliche Verzögerung und ohne unverhältnismäßige Kosten geschehen kann. 1847 II (Auslagenersatz) findet entsprechende Anwendung. Das Kind ist zu hören, wenn es das 10. Lebensjahr vollendet hat.

Eine schon erfolgte Bestimmung über die religiöse Erziehung kann weder vom Vormund noch vom Pfleger geändert werden.

Wenn beide Eltern vor dem Inkrafttreten des Gesetzes (1. 1. 1922) verstorben sind und nachweisbar über die Erziehung in einem bestimmten Bekenntnis einig waren, so kann der Vormund mit Genehmigung des Vormundschaftsgerichtes bestimmen, daß der Mündel in diesem Bekenntnis erzogen wird, (10 des Ges.) — was von Bedeutung für die Fälle ist, wo nach dem bisherigen Recht, z. B. Preuß. LR., das Kind trotz abweichenden Willens der Eltern in der Religion des Vaters erzogen werden mußte.

3. Das Fürsorgerecht des Vormundes kann durch das konkurrierende Sorgerecht der Eltern kraft Gesetzes begrenzt sein, so daß ihm nur die Vertretung in den die Person betreffenden Angelegenheiten zusteht, während ihm im übrigen die Personensorge überhaupt nicht oder nicht in vollem Umfang zukommt.

Ausgeschlossen wird sie durch das Fürsorgerecht der minderjährigen, der wiederverheirateten und der unehelichen Mutter (1696, 1697, 1707). Hier hat der Vormund nur die Stellung eines Beistandes.

Begrenzt wird sie ferner, wenn die elterliche Gewalt des Vaters nach 1676 II wegen beschränkter Geschäftsfähigkeit usw. auf die Fürsorge für die Person des Kindes beschränkt wird. Dann steht dem Vater das Fürsorgerecht neben dem Vormund zu, dessen Ansicht bei Meinungsverschiedenheiten vorgeht.

4. Das Erziehungsrecht des Vormunds kann ihm ferner entzogen werden durch Anordnung des Vormundschaftsgerichts dahingehend, daß der Mündel zum Zweck der Erziehung in einer geeigneten Familie oder in einer Erziehungsanstalt oder in einer Besserungsanstalt untergebracht werden soll (1838, 1). Durch die

Unterbringung geht das Erziehungsrecht auf den Vorstand der Anstalt oder das Haupt der Familie über; das Fürsorgerecht im übrigen verbleibt dem Vormund.

Eine Pflichtverletzung des Vormundes braucht nicht notwendig vorzuliegen, noch die Gefahr der Verwahrlosung zu bestehen, soweit nicht den Eltern an Stelle oder neben dem Vormund die Personensorge zusteht (1666). Das KG. hat eine solche Unterbringung schon zum Zweck der Erlernung der deutschen Sprache für zulässig erachtet, ZBl. FrG. 5 260[222].

III. Sorge für das Vermögen. § 46.

1. Allgemeines. Auch die Vermögensfürsorge des Vormundes hat grundsätzlich den gleichen Inhalt wie die des elterlichen Gewalthabers. Ihr Zweck ist Erhaltung des Vermögens (sichere Aufbewahrung und Erhaltung) und nutzbringende Verwertung im Rahmen ordnungsmäßiger Geschäftsführung. Spekulationsgeschäfte gehen auf Gefahr des Vormundes. Bei seinen Verfügungen ist er nicht gehindert, auch das Interesse der Familie und namentlich der Kinder des Mündels zu berücksichtigen, aber erst in zweiter Linie und nicht gegen das Interesse des Mündels (RGJW. 1912, 67).

a) Die Grundlage der Verwaltung bildet das Vermögensverzeichnis, von dessen Einreichung der Vormund nicht befreit werden kann (1802).

Der Vormund muß das vorhandene und später zufallende Vermögen verzeichnen, das Verzeichnis mit der Versicherung der Richtigkeit und Vollständigkeit versehen und so dem Vormundschaftsgericht einreichen (1802 I). Das Verzeichnis muß auch die Schulden und Lasten enthalten. Ein etwaiger Gegenvormund ist zuzuziehen (1802 I 2). Der Vormund kann sich bei der Aufnahme des Verzeichnisses auf Kosten des Mündels der Hilfe eines Beamten, eines Notars oder eines anderen Sachverständigen bedienen (1802 II). Ist das eingereichte Verzeichnis ungenügend, so kann das Vormundschaftsgericht anordnen, daß das Verzeichnis durch eine zuständige Behörde oder einen zuständigen Beamten oder Notar aufgenommen wird.

b) Die zum Vermögen des Mündels gehörigen Sachen darf er in (unmittelbaren) Besitz nehmen, er kann sie aber auch dem Mündel nach pflichtmäßigem Ermessen belassen.

Verweigert der Mündel die Herausgabe, so hat er sich an das Vormundschaftsgericht zu wenden, das einen Gerichtsvollzieher mit der Wegnahme beauftragt (SA. 67 Nr. 136).

c) Der Vormund soll sein Vermögen und das des Mündels getrennt halten. Eine Verwendung des Mündelvermögens im

Eigeninteresse ist ihm untersagt (1805) und macht ihn ersatzpflichtig (1833); Geld hat er von der Zeit der Verwendung an zu verzinsen. 1805 gilt auch für Amts- und Vereinsvormünder.

Inanspruchnahme unentgeltlicher Dienstleistungen ist keine Vermögensverwendung, begründet aber, soweit der Vormund kein Recht auf die Dienste hat, u. U. Schadenersatz- oder Bereicherungsansprüche. Es wird nicht zu beanstanden sein, wenn der Vormund, der den Mündel in Pflege genommen hat, sich nach Art der Eltern in vernünftigem Rahmen auch Dienste leisten läßt.

d) Schenkungen und Freigebigkeiten in Vertretung des Mündels sind verboten und nichtig. Ausgenommen sind Schenkungen, durch die einer sittlichen Pflicht oder auf den Anstand zu nehmenden Rücksicht entsprochen wird (1804.)

Nach 1804 ist auch die wirksame Zustimmung zu einer vom Mündel selbst vollzogenen Schenkung unwirksam. Der Vormund einer entmündigten, in Gütergemeinschaft lebende Ehefrau kann auch der Schenkung des Ehemanns aus dem Gesamtgut nicht wirksam zustimmen (RG. **91** 40).

e) Verwaltungsfreies Vermögen kann ganz wie bei der elterlichen Vermögensverwaltung vorkommen, wenn bei einem Erwerb von Todes wegen oder durch unentgeltliche Zuwendung unter Lebenden der Erblasser oder der Schenkgeber das Verwaltungsrecht ausgeschlossen haben; dann ist ein Pfleger zu bestellen (1909 I), durch dessen Bestellung das Verwaltungsrecht des Vormundes ausgeschlossen wird. Bis dahin hat der Vormund Verwaltungsrecht und -pflicht, muß aber vom Bedürfnis der Pflegschaft unverzüglich Anzeige machen.

Statt das Verwaltungsrecht auszuschließen, können der Erblasser oder Schenkgeber nach 1803 auch bindende Anordnungen für die Verwaltung geben, von denen der Vormund nur mit Genehmigung des Vormundschaftsgerichts oder der (ersetzbaren) Zustimmung des noch lebenden Schenkgebers abweichen darf (1803 III).

2. Die Anlage von Mündelgeldern insbesondere. Der Vormund ist verpflichtet, das zum Vermögen des Mündels gehörige Geld verzinslich anzulegen, soweit er es nicht zur Bestreitung von Auslagen bereit zu halten hat (1806). Die Art der Anlage ist dem Vormund nicht völlig freigegeben, sondern es ist ihm eine sog. mündelsichere Anlage vorgeschrieben (1807 ff.). Das BGB. zählt in 1807 die zugelassenen Anlegungsarten auf, beläßt aber dem Landesrecht weitgehenden Spielraum zur näheren Bestimmung und Ergänzung.

a) Als mündelsicher werden anerkannt („die Anlegung soll nur erfolgen") 1807:

α) Forderungen, für die eine sichere Hypothek an einem inländischen Grundstück besteht oder sichere Grundschulden oder Rentenschulden an inländischen Grundstücken (1807 I Nr. 1).

Die LandesG. können für die innerhalb ihres Geltungsbereichs belegenen Grundstücke die Grundsätze bestimmen, wonach die Sicherheit einer Hypothek, einer Grundschuld oder Rentenschuld festzustellen ist (1807 II).

Vgl. PrAG. art. 73 und PrSchätzungsamtsG. vom 8. 6. 1918, BayrAG. 92. Über Erbbaurechtshypotheken vgl. VO. v. 15. 1. 1919 § 18ff.

Durch die Ausführungsgesetze werden die Beleihungsgrenzen und ihre Ermittlung bestimmt. Maßgebend ist in Preußen entweder ein Vielfaches des staatl. festgestellten Grundsteuerreinertrages (das Fünfzehnfache, wenn kein Recht vorgeht oder gleich steht, sonst das Zwanzigfache, so nach 23 II Pr.SchätzungsamtG.) — oder der Bruchteil eines durch Taxe ermittelten Wertes (Grenze bei ländlichen Grundstücken die ersten $^2/_3$, bei städtischen die ersten $^6/_{10}$, so nach 23 I des fragl. G.).

β) Verbriefte Forderungen gegen das Reich oder einen Bundesstaat (Land), sowie Forderungen, die in das Reichsschuldbuch oder in das Staatsschuldbuch eines Bundesstaates (Landes) eingetragen sind (1807 I Nr. 2).

γ) Verbriefte Forderungen, deren Verzinsung vom Reich oder einem Bundesstaat (Land) gewährleistet ist (1807 I Nr. 3).

δ) Wertpapiere, insbesondere Pfandbriefe, sowie verbriefte Forderungen jeder Art gegen eine inländische kommunale Körperschaft oder die Kreditanstalt einer solchen Körperschaft, sofern die Wertpapiere oder die Forderungen von dem Bundesrate (jetzt Reichsrat) zur Anlegung von Mündelgeld für geeignet erklärt sind (1807 I Nr. 4).

Vgl. BekM. v. 7. 7. 1901, wonach der Bundesrat derartige Forderungen unter der Voraussetzung für geeignet erklärt hat, daß die Forderung entweder durch den Gläubiger kündbar ist oder einer regelmäßigen Tilgung unterliegt. Von der Ermächtigung, Wertpapiere für mündelsicher zu erklären, hat der Bundesrat nur in vereinzelten Fällen und zwar zugunsten öffentlicher Körperschaften Gebrauch gemacht (BekM. v. 22. 3. 1901; 28. 12. 1901; 18. 3. 1905; 14. 8. 1910) und zugunsten der deutschen Ostafrikanischen Gesellschaft (Bek. v. 24. 8. 1903).

In neuerer Zeit ist die Mündelsicherheit auch in anderen Fällen mehrfach anerkannt worden, z. B. zugunsten der Schuldverschreibungen der bayr. Girozentrale in München, der Emscher Genossenschaft, des Ruhrverbandes, der Vorzugsaktien der Rhein-Main-Donau-AG. in München usw. (Vgl. Hoeniger-Cahn, BGB. mit NebenG. S. 747).

Nach Art. 212 EG. bleiben ferner die bisherigen landesgesetzlichen Vorschriften für das Gebiet des betr. Bundesstaates in Kraft, wonach gewisse Wertpapiere zur Anlage geeignet sind. Auf Grund dessen sind regelmäßig als mündelsichere Anlagen anzuerkennen namentlich Pfandbriefe und Kommunalobligationen der Hypothekenbanken (HypothekenbankG. vom 13. 7. 1909 § 35 Nr. 2 u. 41) sowie Schuldverschreibungen der Gemeinden und Kirchengemeinden (vgl. PrAG. 74, Bayr. ÜbergangsG. 32.

ε) Die Anlage bei einer inländischen öffentlichen Sparkasse, wenn sie von der zuständigen Behörde des Bundesstaates (Landes), in dem sie ihren Sitz hat, zur Anlegung von Mündelgeld für geeignet erklärt ist (1807 I Nr. 5. EG. 99 PrAG. 75 Bayr. Minist.-Bek. vom 21. 12. 1899).

Die Anlage soll mit Sperrvermerk erfolgen, d. h. so, daß zur Abhebung stets Genehmigung des Gegenvormundes oder des Vormundschaftsgerichtes erforderlich ist (1809).

b) Wenn die verzinsliche Anlage nach 1807 nicht tunlich ist, so soll aushilfsweise und vorübergehend (streitig) das Geld bei der Reichsbank, bei einer Staatsbank oder bei einer anderen durch Landesgesetz dazu für geeignet erklärten inländischen Bank oder bei einer Hinterlegungsstelle angelegt werden (1808). Die Anlage hat auch hier verzinslich zu geschehen, so daß die Anlage bei der Reichsbank, die verzinsliche Geldeinlagen nicht annimmt, ausgeschlossen ist.

Die Anlage soll auch hier mit Sperrvermerk erfolgen (1809).

Landesgesetzlich sind meist nur öffentliche Banken als geeignete Anlagestellen anerkannt worden. Für Preußen sind unter gewissen Voraussetzungen (76 I AG.) auch Privatbanken zugelassen. Die Zuständigkeit der Hinterlegungsstellen kann nach Art 144 EG. die Landesgesetzgebung ausgeschlossen werden, was vielfach geschehen ist.

Im Falle der Amtsvormundschaft kann Mündelgeld auch bei den mündelsicheren Rechtsträgern des Jugendamts (der das Jugendamt errichtenden Körperschaft) angelegt werden (33 II RJWG.). Auf die Anstalts- und Vereinsvormundschaft wird 33 zwar in 47 II RJWG. für anwendbar erklärt; da aber Voraussetzung einer solchen Anlage die „Mündelsicherheit" ist, ergibt sich, daß private Anstalten und Vereine das Geld nicht bei sich selbst anlegen dürfen.

c) Der Vormund soll die Anlegung des Geldes nur mit Genehmigung des Gegenvormundes bewirken. Diese wird durch die Genehmigung des Vormundschaftsgerichts ersetzt. Ist kein Gegenvormund vorhanden, so soll die Anlegung nur mit Genehmigung des Vormundschaftsgerichts erfolgen, wenn nicht die Verwaltung durch mehrere Vormünder gemeinschaftlich erfolgt (1810).

d) Aus besonderen Gründen kann das Vormundschaftsgericht dem Vormund eine andere Anlegung als die gesetzlich angeordnete gestatten (1811).

In KGJ. 37 A 65 wird es als berechtigt bezeichnet, dem Vormund die Gewährung eines Darlehens an die Mutter des Mündels zu gestatten, wenn es dieser hierdurch ermöglicht wird, sich aus ihrer bedrängten Lage dauernd zu befreien. Die Motive IV 1120 verweisen auf den Fall, daß der Mündel ausländische Werte ererbt hat und zur Vermeidung von Verlusten die weitere Anlage in diesen Werten durch Nachzahlungen oder durch Ausübung eines Bezugsrechts nötig wird usw.

Die Hauptfrage, die bisher im Rahmen des 1811 praktisch geworden ist, war zur Zeit der Inflation die, ob das Gericht mit Rücksicht auf die Geldentwertung nicht allgemein dem Vormund eine andere, sog. wertbeständige Anlage gestatten könne. Dagegen BayrObLGJW. 1922, 396; ebenso RGKomm. zu 1811, weil dies einer Aufhebung der gesetzlichen Vorschriften gleichkommen würde. Vgl. auch Engelmann, LeipzZ. 1922, 54ff.

Infolge der engen Auslegung der gesetzlichen Vorschriften über die „mündelsichere" Anlage, war es dem Inflation treibenden Staat möglich, seine Bedürfnisse durch Beraubung der Mündelvermögen zu decken. Erst als es zu spät war, wurde auch von Regierungsseite anerkannt, daß mit einer weitherzigeren Handhabung des 1811 geholfen werden könne (vgl. noch D. JZ. 1923, **181**). Nur z. T. werden diese Sünden durch das Aufwertungsgesetz gut gemacht.

Erst durch das Gesetz über die Anlegung von Mündelgeld vom 23. 6. 1923 hat 1811 folgenden Zusatz erhalten:

> Die Erlaubnis soll nur verweigert werden, wenn die beabsichtigte Art der Anlegung nach Lage des Falles den Grundsätzen einer wirtschaftlichen Vermögensverwaltung zuwiderlaufen würde.

e) Eine schuldhafte Verletzung der Anlagevorschriften macht den Vormund ersatzpflichtig (1833).

Doch liegt noch nicht ohne weiteres darin ein Verschulden, daß der Vormund die Anlage nicht sofort vornimmt, es muß ihm eine billige Frist zur Überlegung und Ausführung gelassen werden.

Die Vorschriften der §§ 1806ff. betreffen weiterhin nicht die zu Beginn der Vormundschaft vorhandenen oder dem Mündel später durch Erbfall zufallenden Anlagen, wie z. B. Wertpapiere. Ob diese in mündelsichere Anlagen umzuwandeln sind, ist Frage des pflichtmäßigen Ermessens im Einzelfall. Oft würde solche Umwandlung nur verlustreich sein, z. B. zur Zeit eines Tiefstandes der Effekten wie im August 1925.

Die Vorschriften der §§ 1806ff. sind bloße Ordnungsvorschriften. Eine anderweite Anlage ist nicht ungültig, der Vormund trifft sie aber auf seine Gefahr.

Der RGKomm. nimmt zu 1806 sogar an, daß durch 1806 die Befugnis des Vormunds nicht ausgeschlossen werde, das Mündelgeld, wenn er dies für vorteilhafter halte, in anderer Weise, etwa durch Ankauf eines Grundstückes, Vergrößerung des Geschäfts, Beteiligung an einer Gesellschaft usw. nutzbar anzulegen. Noch weitergehend KGOLGE. **30** 149ff. Demgegenüber ist vom Standpunkt des geltenden Rechts zu betonen, daß ein derartiges Vorgehen ohne Einholung der Zustimmung des Gerichts den Vormund nicht von seiner Haftpflicht befreien kann, wenn die Anlage sich ohne Verschulden als schadenbringend erweist; in der Mißachtung der §§ 1806 liegt bereits das Verschulden.

3. Pflicht zur Hinterlegung von Wertpapieren und Kostbarkeiten (1814 ff.).

a) Der Vormund muß die zum Vermögen des Mündels gehörigen Inhaberpapiere — und mit Blankoindossament versehenen Orderpapiere — nebst Erneuerungsscheinen bei einer nach Landesrecht zuständigen Hinterlegungsstelle (EG. 144, 145) oder bei der Reichsbank hinterlegen, mit der Bestimmung, daß die Herausgabe nur mit Genehmigung des Vormundschaftsgerichts verlangt werden kann (1814, 1 und 3).

Das gilt nicht für Inhaberpapiere, die nach 92 zu den verbrauchbaren Sachen gehören (z. B. Banknoten oder Bestände eines Bankgeschäfts), auch nicht für die Zins-, Renten- oder Gewinnanteilscheine (1814, 2).

b) An Stelle der Hinterlegung kann der Vormund die Papiere auf den Namen des Mündels umschreiben lassen, Reichs- und Staatspapiere kann er in Buchforderungen umwandeln lassen — beidemal mit der Bestimmung, daß er über sie nur mit Genehmigung des Vormundschaftsgerichts verfügen kann (1815 I).

Das Vormundschaftsgericht kann auch seinerseits die Umwandlung in Buchforderungen mit einem derartigen Sperrvermerk anordnen (1815 II).

Einen entsprechenden Vermerk hat der Vormund auch bei den schon vorhandenen oder später erworbenen Buchforderungen eintragen zu lassen (1816).

c) Aus besonderen Gründen kann das Vormundschaftsgericht den Vormund von der Verpflichtung zur Hinterlegung und Eintragung des Sperrvermerks entbinden (1817).

So z. B., wenn der Mündel durch die Vertrauenswürdigkeit des Vormunds oder die Aufbewahrungseinrichtungen gegen Verlust und Veruntreuung genügend gesichert ist (vgl. KGJ. 20 A 225 ff.).

Wie das Gericht, können auch Vater und Mutter des Mündels dem Vormund Hinterlegung und Sperrvermerk erlassen (1853, 1777); ebenso ein Dritter, der dem Mündel von Todes wegen oder unter Lebenden eine unentgeltliche Zuwendung macht (1803).

d) Aus besonderen Gründen kann das Vormundschaftsgericht aber die Hinterlegungs- und Eintragungspflicht auch ausdehnen auf sonstige Wertpapiere und Kostbarkeiten (1818).

Hinsichtlich der Zins-, Renten- und Gewinnanteilscheine kann die Hinterlegung auch ohne besonderen Grund auf Antrag des Vormunds angeordnet werden (1818 Halbs. 2).

e) Stets hindert die kraft gesetzlicher Verpflichtung vorgenommene Hinterlegung nicht bloß die Verfügung des Vormunds, sondern auch die Eingehung einer Verpflichtung zu solcher Verfügung ohne die Genehmigung des Vormundschaftsgerichts (1819). Die Hinterlegung erzeugt also eine allgemeine Beschränkung der Vertretungsmacht des Vormunds (1819).

Gleiches gilt hinsichtlich der Hypothekenforderung, Grundschuld oder Rentenschuld, wenn die Briefe hinterlegt sind (1819) — und Entsprechendes gilt für umgeschriebene Inhaberpapiere und Buchforderungen (1820).

Ist der hinterlegte Gegenstand aber herausgegeben oder der Sperrvermerk gelöscht, so fällt die Beschränkung Dritten gegenüber fort, gleichgültig, ob das zu Recht oder Unrecht geschehen ist.

4. Eine allgemeine Verpflichtung des Vormunds zur Sicherheitsleistung für das seiner Verwaltung unterstellte Vermögen besteht nicht. Das Vormundschaftsgericht kann aber aus besonderen Gründen den Vormund zur Sicherheitsleistung anhalten, deren Art und Umfang es nach seinem Ermessen bestimmt; 232 ff. sind also nicht anwendbar (1844).

Zur Erzwingung der Sicherheitsleistung steht dem Vormundschaftsgericht das Ordnungsstrafrecht zu (1837). Da jedoch das Anhalten zur Sicherheitsleistung einen Ablehnungsgrund vor der Bestellung zum Vormund bildet (1786 Nr. 6), wird man dem schon bestellten Vormund in diesem Falle einen Anspruch auf Entlassung zubilligen müssen (1889). Das Vormundschaftsgericht kann ihn aber auch ohne seinen Antrag mangels Sicherheitsleistung entlassen (1886).

Auf den Amts-, Anstalts- und Vereinsvormund sind die Vorschriften über die Sicherheitsleistung nicht anwendbar (RJWG. 33 I, 47).

IV. Der Genehmigungszwang. § 47.

1. Allgemeines. Der Selbständigkeit des Vormunds sind für zahlreiche Rechtsgeschäfte Schranken dadurch gezogen, daß er zu ihrer Vornahme die Genehmigung des Gegenvormundes oder des Vormundschaftsgerichts einholen muß.

Der Ausdruck Genehmigung umfaßt dabei sowohl die vorherige wie nachfolgende Zustimmung.

Das Erfordernis der Genehmigung ist regelmäßig in dem Sinne einer Beschränkung der Vertretungsmacht des Vormunds vorgeschrieben; der Vormund wird, wenn er die Geschäfte ohne die erforderliche Genehmigung vornimmt, ähnlich wie ein Vertreter ohne Vertretungsmacht behandelt (1829—1831). In Ausnahmefällen ist das Erfordernis der Genehmigung nur im Sinne einer Ordnungsvorschrift aufgestellt; das ohne Genehmigung vorgenommene Rechtsgeschäft ist gültig, der Vormund macht sich aber einer Pflichtwidrigkeit schuldig (1837, 1886) und wird dem Mündel schadensverantwortlich (1833).

Gleichgültig ist es für das Erfordernis der Genehmigung, ob der Vormund selbst handelt oder nur seine Zustimmung zu einem vom Mündel vorgenommenen Rechtsgeschäft gibt; sonst wäre die Umgehung des Genehmigungszwangs ohne weiteres möglich. Einer Umgehung auf dem Umweg über 110 beugt 1824 ausdrücklich vor, indem er bestimmt, daß der Vormund Gegenstände, zu deren Veräußerung eine Genehmigung erforderlich ist, dem Mündel nicht ohne diese Genehmigung zur Erfüllung eines vom Mündel geschlossenen Vertrages oder zur freien Verfügung überlassen darf.

2. Fälle. Die Genehmigung des **Gegenvormundes** ist erforderlich zur Verfügung über die zum „Kapitalvermögen" (im Gegensatz zum Grundstücksvermögen [1821]) des Mündels gehörigen Ansprüche; über bewegliche Sachen des Mündels kann der Vormund — abgesehen von Geld und Wertpapieren — grundsätzlich frei verfügen. Nach 1812 I bedarf der Vormund der Genehmigung des Gegenvormundes:

a) Zur Verfügung über eine Forderung oder über ein anderes Recht, kraft dessen der Mündel eine Leistung verlangen kann (wie z. B. über eine Hypothek, Grundschuld, Rentenschuld, Reallast);

Nach der herrschenden Auffassung (vgl. Planck Komm. § 1812 Anm. 1) unterliegen dingliche Ansprüche auf die Herausgabe beweglicher Sachen der Vorschrift des 1812 nicht. Dagegen Kipp § 115 I 1.

b) zur Verfügung über ein Wertpapier des Mündels, da darin zugleich eine Verfügung über das im Papier verkörperte Recht liegt;

c) zur Eingehung der Verpflichtung zu einer solchen Verfügung.

Als Verfügung ist auch anzusehen die Einziehung einer Forderung (Kündigung und Annahme der Leistung zum Zweck der Erfüllung [RG. **79** 9 ff.]), die Erteilung einer Löschungsbewilligung (bestr.) — nicht aber die Prozeßführung.

Um aber dem Vormund die Amtsführung nicht zu sehr zu erschweren, wird er bei der Annahme einer geschuldeten Leistung in folgenden Fällen vom Genehmigungszwang befreit: α) wenn der Gegenstand der Leistung nicht in Geld oder Wertpapieren besteht (rechtfertigt sich namentlich daraus, daß der Vormund bewegliche Sachen — außer Wertpapieren — frei veräußern darf); β) wenn der Anspruch (nicht die einzelne Leistung) nicht mehr als 300 Mark beträgt; γ) wenn der Anspruch zu den Nutzungen des Mündelvermögens gehört (anders bei der Rückzahlung des Kapitals); δ) wenn der Anspruch auf Nebenleistungen (Kündigungs-Rechtsverfolgungskosten u. dgl.) geht (1813). — Doch erstrecken sich die Befreiuungen zu β) u. γ) nicht auf die Erhebung von Geld, bei dessen Anlegung ein anderes bestimmt worden ist; die Befreiung zu γ) gilt auch nicht für die Erhebung von Geld, das nach 1807 I Nr. 1—4 angelegt ist (1813 II).

Soweit die Genehmigung des Vormundschaftsgerichts zu den hierunter fallenden Rechtsgeschäften nach 1819—1822 notwendig ist (so z. B. bei Wertpapieren, die mit Sperrvermerk hinterlegt sind [1819] und Grundstücksforderungen [1821]), genügt diese (1812 I 1). Auch davon abgesehen, wird die Genehmigung des Gegenvormundes durch die des Vormundschaftsgerichts ersetzt (1812 II); fehlt ein Gegenvormund, so tritt an Stelle seiner Genehmigung die des Vormundschaftsgerichts, sofern nicht die Vormundschaft von mehreren Mitvormündern gemeinschaftlich geführt wird (1812 III). Endlich kann das Vormundschaftsgericht zur selbständigen Vornahme der fraglichen Geschäfte eine allgemeine Ermächtigung erteilen, soll das aber nur tun, wenn es zur Vermögensverwaltung, insbesondere zum Betrieb eines Erwerbsgeschäftes erforderlich ist (1825).

Eine reine Ordnungsvorschrift ist 1810, wonach der Vormund die Anlegung des Mündelgeldes nur mit Genehmigung des Gegenvormundes bewirken soll.

3. Fälle. Die Genehmigung des **Vormundschaftsgerichts** ist zunächst für eine Reihe von Rechtsgeschäften erforderlich, die die Person des Mündels betreffen.

Antrag auf Ehelichkeitserklärung und die Einwilligung des Mündels dazu (1728/29, 1731); Eingehung und Aufhebung des Kindesannahmevertrags und zwar sowohl für Annehmenden wie Kind (1750—1752, 1755, 1770); Antrag des Mündels auf Entlassung aus der Staatsangehörigkeit (19 I StAngG. v. 22. 7. 1913); Bestimmung über die religiöse Erziehung des Mündels (10 Ges. über religiöse Kindererziehung vom 15. 6. 1921); Antrag auf Todeserklärung des Mündels (ZPO. 962 III). Bei Geschäftsunfähigkeit des Mündels ist die Genehmigung notwendig zwecks Anfechtung der Ehe, Scheidungsklage, Anfechtung der Ehelichkeit eines Kindes (1336 II, 1341, I, 1595 II, in Verb. mit 612 II, 641 II ZPO.

Vor allem ist die vormundschaftsgerichtliche Genehmigung erforderlich für eine große Zahl von Vermögensverwaltungsgeschäften, nämlich:

a) Verfügungen (und Eingehung einer entsprechenden Verpflichtung zur Verfügung) über nach 1814 und 1818 hinterlegte Wertpapiere, Kostbarkeiten und über die in hinterlegten Hypotheken-, Grundschuld- und Rentenschuldbriefen verkörperten Rechte, ferner über in Namenpapiere oder Buchforderungen umgewandelte Inhaberpapiere sowie gesperrte Buchforderungen (1819 und 1820).

b) Grundstücksgeschäfte nach Maßgabe von 1821, nämlich:

Verfügungen über ein Grundstück oder ein Recht an einem Grundstück (1821 Nr. 1), Verfügung über eine Forderung, die auf Übertragung des Eigentums an einem Grundstück oder auf Begründung oder Übertragung eines Rechtes an einem Grundstück oder auf Befreiung eines Grundstückes von einem solchen Recht gerichtet ist (1821 Nr. 2), Eingehung der Verpflichtung zu einer der vorgenannten Verfügungen (1821 Nr. 3), endlich ein Vertrag, der auf den entgeltlichen Erwerb eines Grundstücks oder eines Rechts an einem Grundstück gerichtet ist (1821 Nr. 4).

Zu den Grundstücksrechten im Sinne dieser Vorschriften gehören Hypotheken, Grundschulden und Rentenschulden nicht, da sie der Verkehr zum beweglichen, zum sog. Kapitalvermögen rechnet (1821 II). Danach ist wohl zur Belastung des Grundstückes mit einer Hypothek die Genehmigung des Vormundschaftsgerichts erforderlich, da die Belastung eine Verfügung über das Grundstück ist; nicht dagegen zur Veräußerung der Hypothek, für die 1812 gilt.

Die Streitfrage, ob es als eine Belastung des Grundstücks anzusehen ist, wenn der Vormund ein Grundstück erwirbt und gleichzeitig für einen Teil des Kaufpreises eine Hypothek (Restkaufpreishypothek) bestellt, ist für den Vormund bedeutungslos, da er ja schon nach 1821 Nr. 4 der Genehmigung des Vormundschaftsgerichts für den Erwerb bedarf. Anders für den Inhaber der elterlichen Gewalt, der im Erwerb vom Grundbesitz nicht beschränkt ist (vgl. § 32 II 3a α).

c) Gewisse Geschäfte, die sich auf das Gesamtvermögen oder eine Erbschaft beziehen, nämlich:

Die Verpflichtung des Mündels zu einer Verfügung über sein Vermögen (oder einen Bruchteil) im ganzen, über eine ihm angefallene Erbschaft (oder einen ihm angefallenen Erbteil 1922 II) oder seinen künftigen gesetzlichen Erbteil oder künftigen Pflichtteil, sowie die Verfügung über den Anteil des Mündels an einer Erbschaft (1822 Nr. 1), die Ausschlagung einer Erbschaft oder eines Erbteils (1922 II) oder eines Vermächtnisses, der Verzicht auf den Pflichtteil nach dem Tode des Erblassers und der Erbteilungsvertrag (1822 Nr. 2), der Erbverzicht und Pflichtteilsverzicht auf seiten des Verzichtenden (2346 und 2347). Endlich der Erbvertrag des geschäftsbeschränkten Erblassers mit seinem Ehegatten oder Verlobten (2275 II und III; vgl. auch 2282 II, 2290 III, 2291, 2292).

d) Verträge über ein Erwerbsgeschäft, nämlich solche, die auf den entgeltlichen Erwerb oder die Veräußerung gerichtet sind, sowie ein zum Betrieb eines Erwerbsgeschäfts eingegangener Gesellschaftsvertrag (1822 Nr. 3).

e) Gewisse Kreditgeschäfte, nämlich Aufnahme von Geld auf Kredit des Mündels (1822 Nr. 8), Übernahme einer fremden Verbindlichkeit, namentlich Verbürgung (1822 Nr. 10).

f) Gewisse andere vermögensrechtlich bedenkliche Geschäfte, nämlich:

Ausstellung eines Inhaberpapiers, Eingehung einer Verbindlichkeit aus einem Wechsel oder Orderpapier (1822 Nr. 9), Erteilung einer Prokura (1822 Nr. 11), Rechtsgeschäfte, wodurch die für eine Forderung des Mündels bestehende Sicherheit aufgehoben oder gemindert oder die Verpflichtung dazu begründet wird (1822 Nr. 13), ein Vergleich oder Schiedsvertrag, es sei denn, daß der Gegenstand des Streites oder der Ungewißheit in Geld schätzbar ist und den Wert von 300 Mark nicht übersteigt (1822 Nr. 12), Vereinbarungen zwischen dem unehelichen Vater und dem Kind über den Unterhalt für die Zukunft oder eine Abfindung (1714).

g) Pachtverträge über ein Landgut oder einen gewerblichen Betrieb (1822 Nr. 4).

h) Gewisse Verträge, wodurch dem Mündel eine persönliche Bindung oder wiederkehrende Leistungen für längere Zeit auferlegt würden, nämlich:

Ein Lehrvertrag, der für längere Zeit als ein Jahr geschlossen wird (1822 Nr. 6), Dienst- oder Arbeitsverträge, wenn der Mündel zu persönlichen Leistungen für längere Zeit als ein Jahr verpflichtet werden soll (1822 Nr. 7), und Verträge, wodurch der Mündel zu wiederkehrenden Leistungen über das vollendete 21. Lebensjahr verpflichtet wird, wenn das Vertragsverhältnis länger als ein Jahr über diesen Zeitpunkt hinaus fortdauern soll, wie z. B. Miet- oder Pachtverträge (1822 Nr. 5).

Das Vormundschaftsgericht kann zur selbständigen Vornahme der in 1822 Nr. 8—10 bezeichneten Geschäfte dem Vormund eine allgemeine Ermächtigung erteilen, soll das aber nur tun, wenn es zur Vermögensverwaltung, insbesondere zum Betrieb eines Erwerbsgeschäftes erforderlich ist (1825).

Eine reine Ordnungsvorschrift ist 1823, wonach der Vormund nicht ohne Genehmigung des Vormundschaftsgerichts ein neues Erwerbsgeschäft im Namen des Mündels beginnen oder ein bestehendes Erwerbsgeschäft des Mündels auflösen soll.

4. Verfahren bei der vormundschaftsgerichtlichen Genehmigung.

a) Das Vormundschaftsgericht hat die Sachlage von Amts wegen zu prüfen und ist in seinem Vorgehen nicht von einem Antrag abhängig (12 FrGG.). Für seine Entscheidung ist ausschließlich das Interesse des Mündels maßgebend.

b) Es soll vorher den Gegenvormund anhören, wenn ein solcher vorhanden und das tunlich ist (1826). In gewissen Fällen ist auch die Anhörung des Mündels (1827) und der Verwandten oder Verschwägerten (1847) vorgeschrieben.

c) Die Genehmigung kann nur dem Vormund gegenüber erklärt werden, nicht auch gegenüber dem Mündel oder dem Dritten, demgegenüber das Rechtsgeschäft vorzunehmen ist (1828). § 182 I über die Zustimmung gilt also nicht (RG. **59** 277). Mit der Mitteilung an den Vormund ist aber der Beschluß dem Dritten gegenüber noch nicht wirksam geworden. Das geschieht erst, wenn der Vormund diesem die Genehmigung mitteilt oder ihm gegenüber das Rechtsgeschäft auf Grund der Genehmigung vornimmt. Die Mitteilung des Genehmigungsbeschlusses an den Vormund ist nur eine innere Angelegenheit zwischen diesem und dem Gericht, ein Dritter kann sich darauf nicht berufen. Bis zur Mitteilung des Beschlusses durch den Vormund an den Dritten kann die Genehmigung frei widerrufen und auf Beschwerde des Vormunds vom Beschwerdegericht zurückgenommen werden (FrGG. 55, 18 I, 62). Erst von da ab ist sie unabänderbar.

Die Mitteilung steht im Belieben des Vormundes, so daß er trotz ihm erteilter Genehmigung das wirksame Zustandekommen eines Vertrages verhindern kann.

d) Die Genehmigung macht das Geschäft nur so wirksam, wie es zur Genehmigung unterbreitet ist. Bei einem schriftlichen Vertrag trifft sie also nur den beurkundeten Inhalt; mündliche Nebenabreden, die dem Gericht nicht zur Genehmigung mitgeteilt sind, werden nicht gedeckt (RG. **50** 284, **61** 209, **99** 72).

e) Die Genehmigung selbst ist formfrei.

f) Ist der Mündel volljährig geworden, so tritt seine Genehmigung an Stelle derjenigen des Vormundschaftsgerichts (1829 III).

5. Bei Vornahme eines Rechtsgeschäfts ohne die erforderliche Genehmigung des Vormundschaftsgerichts unterscheidet das Gesetz zwischen einseitigen Rechtsgeschäften und Verträgen.

a) Ein einseitiges Rechtsgeschäft — wie z. B. die Eintragungs- und Löschungsbewilligung bei der Hypothek — ist endgültig unwirksam und kann auch durch Nachbringung der Genehmigung nicht wirksam gemacht werden (1831).

Das ist die gleiche Behandlung wie beim einseitigen Rechtsgeschäft des Geschäftsbeschränkten und des vollmachtlosen Vertreters (111); der Gegner, der sich die Vornahme des Rechtsgeschäfts gefallen lassen muß, soll nicht für unbestimmte Zeit im Ungewissen bleiben. Dies Bedenken fällt weg, wenn für die Vornahme des Rechtsgeschäfts eine Frist vorgeschrieben ist und die erforderlichen Erklärungen vor Ablauf der Frist sämtlich vorliegen. Deshalb gestattet das RG. z. B. bei Ausschlagung der

Erbschaft das Nachbringen der Genehmigung (RG. Warn. 1915 Nr. 120 Seuff A. **71** 106 ff. — anders KGJ. 42 A 89; RJA. **5** 143; **12** 105).

Selbst wenn der Vormund das Rechtsgeschäft mit der vormundschaftsgerichtlichen Genehmigung einem andern gegenüber vornimmt, muß er auf Verlangen die Genehmigung in schriftlicher Form vorlegen; tut er das nicht, ist das Rechtsgeschäft unwirksam, wenn der Gegner es aus diesem Grunde unverzüglich zurückweist (1831).

b) Verträge dagegen können durch nachträgliche Genehmigung wirksam werden (1829 I). Bis zur Entscheidung über die Erteilung oder Verweigerung der Genehmigung entsteht ein Schwebezustand (schwebende Unwirksamkeit), während dessen der Vertragsgegner — abgesehen vom Fall der Täuschung (1830) — an den Vertrag gebunden ist. Die Genehmigung sowie deren Verweigerung ist dem Vormund zu erklären (1828), wird aber dem Vertragsgegner gegenüber erst wirksam, wenn sie ihm vom Vormund mitgeteilt wird, was durchaus in seinem Belieben steht (1829 I 2); bis dahin kann auch das Vormundschaftsgericht seine Entscheidung noch ändern.

Zur alsbaldigen Lösung dieses Schwebezustandes gibt 1829 II dem Vertragsgegner — ähnlich wie bei den Verträgen Geschäftsbeschränkter — ein Aufforderungsrecht gegenüber dem Vormund (bzw. dem volljährig gewordenen Mündel [1829 III]) zur Mitteilung darüber, ob die Genehmigung erteilt sei. Die Gebundenheit erlischt und die Genehmigung gilt als verweigert, wenn die Mitteilung der Genehmigung nicht binnen zwei Wochen nach Empfang der Aufforderung erfolgt (1829 II).

Neben dem Aufforderungsrecht gibt 1830 dem Vertragsgegner auch ein Widerrufsrecht, aber nicht grundsätzlich (wie 109 I bei Verträgen Minderjähriger), sondern nur ausnahmsweise (vgl. 109 II), nämlich dann, wenn der Vormund beim Vertragsschluß objektiv wahrheitswidrig die Genehmigung des Vormundschaftsgerichts behauptet hat; der Widerruf ist ausgeschlossen, wenn der Vertragsgegner das Fehlen der Genehmigung beim Vertragsschluß gekannt hat. Außerdem kann der Vormund, der das Vorliegen der Genehmigung behauptet hat, nach Analogie des § 179 als falsus procurator belangt werden (bestr.).

Die Vorschriften über Verträge gelten auch dann, wenn der Mündel selber den Vertrag geschlossen hat. Der Dritte kann zunächst nach 109 widerrufen bis zur Genehmigung des Vormundes, dann noch nach 1830 bis zur Mitteilung der Genehmigung des Vormundschaftsgerichts.

Falls die Genehmigung dem Vormund schon vor dem Vertragsschluß durch Mitteilung nach 1828 erteilt ist, ohne daß der Dritte beim Abschluß des Vertrages davon Kenntnis hat, bleibt er an den Vertrag gebunden und hat das Aufforderungsrecht des 1829 nicht, obwohl er sich zunächst in ähnlicher Ungewißheit befinden mag, wie beim Fehlen der Genehmigung; er kann diese Ungewißheit durch Erkundigung beim Vormundschaftsgericht jederzeit beseitigen.

5. Die Rechtsnatur der vormundschaftsgerichtlichen Genehmigung ist streitig.

Die Genehmigung des Vormundschaftsgerichts ist eine obrigkeitliche Handlung, eine Staatswillenserklärung, die die Vertretungsmacht des Vormunds erweitert; sie darf nicht als Zustimmung im Sinne der §§ 182 BGB. aufgefaßt werden, ist überhaupt keine privatrechtliche Willenserklärung — und deshalb finden die Vorschriften des BGB. über die Unwirksamkeit und Anfechtbarkeit von Rechtsgeschäften auf sie keine unmittelbare Anwendung. Das hindert aber nicht, diese Vorschriften analog anzuwenden, da die Genehmigung eine für bestimmte Rechtshandlungen vorgeschriebene Mitwirkung an der Verwaltung des Vormundes ist, die zusammen mit der Erklärung des Vormundes den rechtsgeschäftlichen Tatbestand bildet und die privatrechtliche Wirkung hervorbringt (vgl. RG. **71** 170, Fuchs im Recht. 1912, 110 ff., Josef Buschs Z. **42** 47, A. A. Kipp i. Recht 1912 5 ff., 556 ff.).

Dagegen ist die Mitteilung der Genehmigung (oder Versagung) durch den Vormund an den Dritten eine privatrechtliche Willenserklärung, nicht eine bloße Wissensmitteilung; denn die Mitteilung muß in dem Sinne erfolgen, daß der Vormund die Genehmigung (oder Versagung) sich zu eigen macht, nicht etwa vom Rechtsmittel der Beschwerde Gebrauch machen will (KGJ. 38 A 64).

6) Auf die erforderliche Genehmigung des Gegenvormundes finden die Vorschriften der §§ 1828—31 entsprechende Anwendung (1832). Seine Erteilung oder Versagung der Genehmigung kann nur dem Vormund gegenüber erklärt werden und wird dem Dritten gegenüber erst wirksam mit der entsprechenden Mitteilung durch den Vormund. Die vorherige Anhörung des Gegenvormundes kommt natürlich nicht in Betracht.

Die Genehmigung des Gegenvormundes ist selbstverständlich keine obrigkeitliche Handlung, wenn er sie auch als Hilfsorgan des Vormundschaftsgerichts vornimmt, sondern eine privatrechtliche Willenserklärung, die die Vertretungsmacht des Vormunds erweitert. Gegen die Anwendung der Anfechtungsregeln (119 ff.) auf sie bestehen keine Bedenken.

7. Der Genehmigungszwang bedeutet eine Beschränkung der Vertretungsmacht des Vormundes, zugleich aber auch eine Milderung seiner Verantwortlichkeit. Deshalb fragt sich, ob der

Vormund nicht auch in anderen Fällen ein Rechtsgeschäft wirksam dem Genehmigungszwang unterstellen kann. Abgesehen von 1818 ist das r. A. nach zu verneinen, das Gericht müßte die Entscheidung über die Genehmigung ablehnen (KGPosMschr. 1904, 141 ff). Ein unter entsprechender Klausel geschlossener Vertrag könnte also nicht zustande kommen.

Ebensowenig können die Eltern, der Erblasser oder Schenkgeber weitere Fälle des Genehmigungszwangs einführen.

V. Ausschluß der Vertretungsmacht des Vormunds. § 48.

1. Die Vertretungsmacht des Vormundes ist in einer Reihe von Fällen ausgeschlossen:

a) Sie umfaßt nicht die Rechtsgeschäfte, für die der Mündel die Stellung eines unbeschränkt Geschäftsfähigen hat (112, 113).

b) Sie erstreckt sich nicht auf die Angelegenheiten, für die ein Pfleger bestellt ist (1794, 1909).

c) Wegen Interessenzwiespalts ist dem Vormund das Selbstkontrahieren verboten im Rahmen des 181 (1795 II). Er darf nicht im Namen des Mündels mit sich im eigenen Namen oder als Vertreter eines Dritten ein Rechtsgeschäft vornehmen, außer wenn es ausschließlich in der Erfüllung einer Verbindlichkeit besteht. Er darf also auch mehrere Mündel nicht vertreten, wenn sie miteinander ein Rechtsgeschäft vorzunehmen, z. B. einen Gesellschaftsvertrag zu schließen haben.

Auch das Gericht kann eine Gestattung zum Selbstkontrahieren nicht erteilen; das gilt auch für den Pfleger (Verein. ZS. RG. 71 162) und führt z. B. bei der Erbauseinandersetzung oft zu einer wahren „Pflegerhäufung". Unpraktisch!

Außerdem entzieht 1795 Nr. 1 und 3 dem Vormund ausdrücklich die Vertretungsbefugnis für Rechtsgeschäfte (Rechtshandlungen) und Rechtsstreite zwischen dem Mündel und den nächsten Verwandten des Vormunds (dem Ehegatten und den Verwandten gerader Linie) — mit Ausnahme der Erfüllungsgeschäfte.

Weiter ist dem Vormund die Vertretungsmacht entzogen, wenn er selbst der Schuldner des Mündels aus einer durch Pfandrecht, Hypothek oder Bürgschaft gesicherten Forderung ist, und es sich um die Übertragung oder Belastung dieser Forderung oder um die Aufhebung oder Minderung dieser Sicherheiten handelt (1795 Nr. 2). Gleiches gilt für einen Rechtsstreit über eine derartige Angelegenheit (1795 Nr. 3).

Endlich kann das Vormundschaftsgericht auch in anderen Fällen dem Vormund die Vertretung für einzelne Angelegenheiten oder einen bestimmten Kreis von Angelegenheiten entziehen, wenn das Interesse des Mündels in erheblichem Gegensatz steht zum Interesse des Vormundes oder eines von ihm vertretenen Dritten oder seines Gatten oder eines seiner Verwandten in gerader Linie (1796).

d) Die Vertretungsmacht des Vormunds ist schlechthin beschränkt durch das Verbot von Schenkungen aus dem Vermögen des Mündels mit Ausnahme derer, durch die einer sittlichen Pflicht oder einer auf den Anstand zu nehmenden Rücksicht entsprochen wird (1804).

Der Vormund kann auch der vom Mündel selbst vorgenommenen Schenkung nicht zustimmen, auch das Vormundschaftsgericht kann eine Schenkung nicht genehmigen, ein Mündel kann — abgesehen von Anstandsschenkungen — nichts verschenken.

2. Nimmt der Vormund trotz Ausschluß der Vertretungsmacht ein Rechtsgeschäft vor, ist dies als ohne Vertretungsmacht vorgenommen anzusehen (RG. **56** 104 ff., **68** 37 ff.). Die Rechtsfolgen beurteilen sich also nach 177 ff.

Einseitige Rechtsgeschäfte sind schlechthin nichtig, Verträge können durch Genehmigung eines Pflegers — und soweit sie rein vorteilhaft sind, durch die des Mündels selbst — wirksam werden. Gegebenenfalls haftet der Vormund als falsus procurator nach 179.

3. Läßt der Sachverhalt klar ersehen, daß der Vormund die Vertretungsmacht zu seinem eigenen Nutzen oder zu dem eines andern mißbraucht, so ist zwar die Vertretungsmacht nicht ausgeschlossen, doch kann der Dritte, der diese mißbräuchliche Ausnutzung erkannt hat oder bei einiger Aufmerksamkeit hätte erkennen müssen, sich wegen seines unlauteren Verhaltens auf die Vertretungsmacht nicht berufen (vgl. RG. **52** 99, **71** 222, **75** 301; noch weitergehend **85** 353).

§ 49. VI. Ansprüche aus der Führung der Vormundschaft.

1. Der Vormund (auch der Gegenvormund) kann für Aufwendungen, die er ohne Verschulden für gerechtfertigt halten durfte, nach den Regeln des Auftrags Ersatz und Vorschuß verlangen (1835). Die nötigen Mittel kann der Vormund nach 181 selbst aus dem Vermögen des Mündels entnehmen. Der ihm zukommende Geldbetrag ist von der Zeit der Verwendung an zu verzinsen (256).

Für Zeitversäumnis infolge der Amtsführung kann er keinen Ersatz verlangen; eine dafür gewährte Entschädigung ist Vergütung. Bei Dienstleistungen muß man scheiden zwischen den zur Verwaltungstätigkeit gehörigen vormundschaftlichen Diensten und den sonstigen Diensten, die der Vormund regelmäßig durch einen andern (Rechtsanwalt, Arzt, Handwerker usw.) verrichten läßt. Für jene erhält er keinen Ersatz, für diese kann er angemessenen Ersatz verlangen, wenn er sie kraft seines Gewerbes oder Berufes selbst leistet (1835 II). Der Vormund, der Arzt ist, kann also für die ärztliche Behandlung des Mündels das übliche Honorar berechnen.

Schäden, die der Vormund bei Führung der Vormundschaft erleidet, sind ihm nur so weit zu ersetzen, als sie sich unter den Gesichtspunkt der „Aufwendung" bringen lassen.

Bei Streitigkeiten über Ersatzpflicht und Höhe entscheidet nicht das Vormundschafts-, sondern das Prozeßgericht.

2. Ein Anspruch auf Vergütung für die Führung der Vormundschaft steht dem Vormund grundsätzlich nicht zu (1836 I 1).

Das Vormundschaftsgericht kann ihm jedoch eine angemessene Vergütung bewilligen, soll das aber nur tun, wenn das Vermögen des Mündels sowie der Umfang und die Bedeutung der vormundschaftlichen Geschäfte es rechtfertigen (1836 I 2 und 3). Aus besonderen Gründen kann auch dem Gegenvormund eine angemessene Vergütung bewilligt werden (1836 I 2).

Die Vergütung kann auch für eine vergangene Zeit bewilligt werden, sie kann ferner nach der ausdrücklichen Vorschrift des 1836 I 4 jederzeit für die Zukunft geändert oder entzogen werden. Nach 18 FrGG. muß man sogar annehmen, daß die Entscheidung für die Vergangenheit abgeändert werden kann (KGJ. 51 A 44). Das Vormundschaftsgericht soll vor jeder Entscheidung den Vormund und auch den Gegenvormund (wenn ein solcher vorhanden oder zu bestellen ist) hören (1836 II).

3. Amtsvormünder, Vereins- und Anstaltsvormünder erhalten nur ihre besonderen Aufwendungen — ausschließlich der allgemeinen Verwaltungskosten — ersetzt. Einen Anspruch auf Vergütung haben sie nicht, da sie regelmäßig für ihre Dienste durch das ihnen zufließende Gehalt entschädigt werden (RJA. 13 169) oder doch ihr Amt im Sinne einer freiwilligen Liebestätigkeit versehen (33 II, 47 RJWG.).

VII. Führung durch mehrere Vormünder. § 50.

1. Sind ausnahmsweise (1775) mehrere Vormünder bestellt worden, so führen sie regelmäßig die Vormundschaft gemeinschaftlich (1797 I 1). Sie können also den Mündel nur gemeinschaftlich vertreten und müssen alle Geschäfte gemeinschaftlich besorgen. Das ist vernünftigerweise nicht so zu verstehen, daß alle handeln müssen, es genügt, wenn einer mit Zustimmung der andern handelt.

Bei Meinungsverschiedenheiten entscheidet das Vormundschaftsgericht, sofern nicht bei der Bestellung ein anderes bestimmt wird (1797 I 2). Das Gericht kann einer der verschiedenen Meinungen den Vorzug geben oder alle verwerfen, nicht aber selber die zu ergreifenden Maßnahmen vorschreiben, weil das der Selbständigkeit des Vormunds widersprechen würde. Jeder Vormund hat aber selbständig das Recht der Beschwerde (58 I FrGG.).

Um die daraus erwachsenden Schwierigkeiten zu vermeiden, empfiehlt es sich für das Gericht, bei der Bestellung zu bestimmen, daß der Mehrheitswille für gewisse oder alle Angelegenheiten entscheiden solle. Nach der Bestellung geht das nur mehr auf dem Umweg über die Entlassung und Neubestellung.

Wenn die Vormundschaft gemeinschaftlich zu führen ist, erübrigt sich die Bestellung eines Gegenvormundes (1792 II).

2. Das Vormundschaftsgreicht kann die Führung der Vormundschaft aber auch unter mehrere Vormünder nach bestimmten Wirkungskreisen verteilen (1797 II 1);

Man denke daran, daß einem Vormund die Sorge für die Person, einem andern die für das Vermögen zugewiesen wird oder daß für die Verwaltung eines industriellen Unternehmens ein besonderer Vormund bestellt wird.

Dann führt jeder Vormund innerhalb des ihm überwiesenen Wirkungskreises die Vormundschaft selbständig (1797 II 2). Für diesen Fall kann der eine Vormund zum Gegenvormund des anderen bestellt werden (1792 III — vgl. noch 1798 für den Fall von Meinungsverschiedenheiten). Nach 18 FrGG. ist das Vormundschaftsgericht jederzeit in der Lage, die Verteilung aufzuheben oder abzuändern.

3. Bestimmungen, die Vater oder Mutter für die Geschäftsverteilung oder die Entscheidung von Meinungsverschiedenheiten nach Maßgabe des 1777 (durch letztwillige Verfügung unter der Voraussetzung des Benennungsrechts) getroffen haben, sind vom Vormundschaftsgericht zu befolgen, sofern nicht ihre Befolgung das Interesse des Mündels gefährden würde (1797 III).

4. Jeder Vormund haftet für sein Verschulden. Sind für den Schaden mehrere nebeneinander verantwortlich, so haften sie als Gesamtschuldner (1833 II).

§ 51. VIII. Der Gegenvormund.

1. Der Gegenvormund fungiert als Unterstützungsorgan des Vormundschaftsgerichts bei der Beaufsichtigung des Vormundes.

Er hat darauf zu achten, daß der Vormund die Vormundschaft pflichtmäßig führt, und hat dem Vormundschaftsgericht unverzüglich Anzeige zu machen von etwaigen Pflichtwidrigkeiten des Vormunds, sowie von Fällen, in denen das Vormundschaftsgericht zum Eingreifen berufen ist, wie z. B. vom Tod, Wegfall oder Verhinderung des Vormundes (1799 I).

Namentlich muß er sich also beim Amtsantritt über den Stand des Vermögens und die mündelsichere Anlage unterrichten (RG. **79** 11).

Zu einem unmittelbaren Eingreifen in die vormundschaftliche Verwaltung ist er nicht berechtigt. Soweit seine Genehmigung erforderlich ist, kann er nach pflichtmäßiger unverzüglicher Prüfung durch ihre Versagung das Geschäft verhindern; im übrigen ist er auf die Anrufung des Gerichts beschränkt, wenn er eine vom Vormund beabsichtigte Maßnahme als pflichtwidrig oder unzweckmäßig beanstandet.

2. Um ihm die Möglichkeit zur sachgemäßen Erfüllung seiner Aufsichtspflichten zu verschaffen, verpflichtet das Gesetz den Vormund, ihn bei der Aufnahme des Vermögensverzeichnisses zuzuziehen (1802) und ihm auf Verlangen über die Führung der Vormundschaft Auskunft zu erteilen, sowie Einsicht in die auf die Vormundschaft bezüglichen Papiere zu gestatten (1799 II).

Die vom Vormund zu legende Rechnung über die Vermögensverwaltung (1840, 1890), ist dem Gegenvormund unter Nachweis des Vermögensbestandes vorzulegen und von ihm mit den Bemerkungen zu versehen, die durch die Prüfung geboten sind (1842, 1891).

3. Der Gegenvormund haftet wie der Vormund dem Mündel auf Ersatz des durch schuldhafte Pflichtverletzung entstandenen Schadens (1833 I 1), z. B. bei schuldhafter, die Mündelinteressen mißachtender Genehmigung oder schuldhafter Verzögerung seiner Entscheidung.

4. Der Gegenvormund hat wie der Vormund Anspruch auf Verwendungsersatz (1835). Eine Vergütung kann ihm nur unter außergewöhnlichen Umständen bewilligt werden (1836 I 2).

III. Kapitel. Fürsorge und Aufsicht des Vormundschaftsgerichts.

I. Rechtsnatur, Ziel und Grenzen der vormundschaftsgerichtlichen Tätigkeit. § 52.

1. Die Fürsorgetätigkeit des Vormundschaftsgerichts vollzieht sich in den Formen der freiwilligen Gerichtsbarkeit — also grundsätzlich nicht durch autoritative Entscheidung dessen, was Recht ist (wie im Zivilprozeß), sondern durch Überwachung der vormundschaftlichen Verwaltung und Mitwirkung bei der

Rechtsgestaltung, sei es durch Genehmigung von Rechtsgeschäften (z. B. 1821 ff.), sei es durch Anordnung dessen, was geschehen soll (z. B. 1838, 1846 usw.).

Auch wo ein Streit entschieden wird, z. B. 1629, ist der Unterschied zum Urteil des Zivilprozesses, das ein Recht feststellt, augenscheinlich; die Entscheidung des Vormundschaftsrichters spricht sich aus über die Vornahme einer beabsichtigten Handlung.

Die gekennzeichnete grundsätzliche Scheidung zwischen Zivilprozeß und freiwilliger Gerichtsbarkeit kann freilich durch positive Vorschriften durchbrochen werden. Ebenso wie eine an sich der freiwilligen Gerichtsbarkeit zugehörige Rechtsschutzhandlung durch positiven Rechtssatz dem Zivilprozeß zugewiesen sein kann — man denke an das Entmündigungs- und das Aufgebotsverfahren — ist es auch möglich, das Vormundschaftsgericht mit der Feststellung dessen, was ist, zu betrauen. Die im Entwurf eines Gesetzes über die unehelichen Kinder geplante Feststellung der unehelichen Vaterschaft durch das Vormundschaftsgericht (1705a Nr. 2, 1705g ff. d. Entw.) würde z. B. einen an sich dem Zivilprozeß zugehörigen Rechtsstreit der freiwilligen Gerichtsbarkeit eingliedern.

Die Zuständigkeit und das Verfahren der Vormundschaftsgerichte sind FrGG. 35 ff. geregelt.

Sachlich zuständig sind die Amtsgerichte (35); die örtliche Zuständigkeit ergibt sich aus 36 ff.

Gegen die Verfügungen des Vormundschaftsgerichts findet das Rechtsmittel der Beschwerde statt; über diese entscheidet das Landgericht (19). Die Beschwerde steht zunächst jedem zu, dessen Recht durch die Verfügung beeinträchtigt wird (20). Darüber hinaus erweitert FrGG. 57 das Beschwerderecht subjektiv zwecks schärferer Kontrolle über die Führung der Vormundschaft. Endlich gibt FrGG. 59 dem Mündel ein selbständiges Beschwerderecht.

Die weitere Beschwerde ist nur wegen Gesetzesverletzung zulässig (27—29).

In Ergänzung zu FrGG. 16 geben 51—53 genauere Bestimmungen über den Eintritt der Wirksamkeit gewisser Verfügungen des Vormundschaftsgerichts. In Ausnahme von FrGG. 18 wird durch 55 die Unabänderlichkeit einer Verfügung, durch die die Genehmigung zu einem Rechtsgeschäft erteilt oder verweigert wird, nicht vom Eintritt der Rechtskraft abhängig gemacht, sondern davon, ob die Genehmigung oder Verweigerung einem Dritten gegenüber wirksam geworden ist; von diesem Augenblick an ist das Gericht diesem Dritten gegenüber an seine Verfügung gebunden. Im übrigen ist das Gericht nach 18 zur Abänderung einer von ihm erlassenen Verfügung, die nicht der sofortigen Beschwerde unterliegt, ohne weiteres befugt.

2. Da es sich beim Vorgehen des Vormundschaftsgerichts um Verwaltungstätigkeit handelt, hat das Gericht sie von Amts wegen auszuüben. Oberstes Ziel muß sein, das Wohl des Mündels möglichst zu fördern ohne Rücksichtnahme auf damit nicht verträgliche Interessen Dritter.

Einem Dritten ist deshalb wegen Verletzung eigener Interessen durch das Gericht das Beschwerderecht zu versagen (KGJ. 28 A 293 ff; 36 A 3 ff.; Bayer. ObLGRJA. 1 137 ff.; 4 191).

3. Entsprechend dem Grundsatz der Selbstverwaltung des Vormunds ist das Vormundschaftsgericht in der Hauptsache auf die Aufsicht über die Führung der Verwaltung beschränkt (1837). Darin liegt, daß das Gericht in Fragen der Zweckmäßigkeit dem Vormund keine bindende Anweisungen erteilen kann.

Der Vormund entscheidet z. B. selbständig über die Art der Erziehung, die Berufswahl, über die für die Erziehung usw. aufzuwendenden Kosten, über den Abschluß von Rechtsgeschäften, für die kein Genehmigungszwang vorgeschrieben ist, die Anstrengung von Prozessen.

Die Überwachung des Gerichts hat sich darauf zu richten, ob der Vormund seine gesetzlichen Pflichten und die ihm auferlegten besonderen Anordnungen erfüllt. Gegen Pflichtwidrigkeiten hat das Gericht durch geeignete Gebote und Verbote, notfalls durch Ordnungsstrafen einzuschreiten (1837).

Neben den besonderen Pflichten hat nun aber der Vormund bei der Bestellung die allgemeine Verpflichtung zu treuer und gewissenhafter Amtsführung übernommen (1789). Daraus ergibt sich r. A. nach ein Recht des Vormundschaftsgerichts auch zum Einschreiten in Zweckmäßigkeitsfragen. Ist die Zweckwidrigkeit des Vorgehens des Vormundes so augenscheinlich und so groß, daß sie zu einer erheblichen Schädigung des Mündels führen muß, wird sie zur Pflichtwidrigkeit, die ein Einschreiten des Gerichts erfordert; so KG. in OLG. 7 125 und RGK. 1837 Note 1. Das Gericht vermag allerdings, wenn dem Vormund seine Pflichtwidrigkeit nicht als Verschulden angerechnet werden kann, nur so vorzugehen, daß es den Vormund wegen Gefährdung der Mündelinteressen entläßt und ihm bis zur Entscheidung des neuen Vormundes vorläufig die Vornahme der gefährdenden Handlung verbietet (KG. in RJA. 6 18).

Die Selbständigkeit des Vormundes ist demnach cum grano salis zu nehmen und besteht wirklich nur da, wo man über die Zweckmäßigkeit einer Maßnahme verschiedener Meinung sein kann. Selbst hier bleibt dem Gericht, wenn seine Auffassungen oder Ratschläge mißachtet werden, die Möglichkeit der Entlassung, die nach 1886 keine Pflichtwidrigkeit voraussetzt.

II. Die einzelnen Befugnisse des Vormundschaftsgerichts. § 53.

1. Das Aufsichtsrecht des Vormundschaftsgerichts erstreckt sich auf die gesamte Tätigkeit des Vormundes und Gegenvormundes. Es enthält nicht nur das Recht zur Überwachung, sondern auch

Recht und Pflicht, durch geeignete Gebote und Verbote gegen Pflichtwidrigkeiten einzuschreiten (1837).

Art und Maß der Anordnungen haben der beanstandeten Pflichtverletzung zu entsprechen. In Betracht kommen z. B. die Anordnung des persönlichen Erscheinens, das Verbot einer Handlung, etwa einer unzulässigen Vermögensanlage, das Gebot, eine solche rückgängig zu machen, die Aufstellung eines Wirtschaftsplanes usw.

2. Als Hilfsmittel zur Ausübung des Aufsichtsrechts dienen das Recht, die Einreichung eines Vermögensverzeichnisses zu verlangen, das Recht auf Auskunft und das Recht auf periodische Rechnungslegung.

a) Nach 1802 ist der Vormund verpflichtet, das bei Anordnung der Vormundschaft vorhandene und später anfallende Mündelvermögen zu verzeichnen und das Verzeichnis dem Vormundschaftsgericht einzureichen.

b) Nach 1839 kann das Vormundschaftsgericht jederzeit vom Vormund und Gegenvormund Auskunft über die Führung der Vormundschaft und die persönlichen Verhältnisse des Mündels verlangen.

Auf Grund dessen kann das Gericht bei besonderer Veranlassung auch Vorlage der Belege verlangen, die zu einem Vermögensverzeichnis gehören, oder der zum Mündelvermögen gehörigen Wertpapiere; das Gericht kann sich auch mit der üblichen periodischen Berichterstattung begnügen.

c) Nach 1840 hat der Vormund dem Vormundschaftsgericht über die Vermögensverwaltung periodisch Rechnung zu legen (1840).

Diese öffentlichrechtliche, durch Ordnungsstrafen erzwingbare Pflicht des Vormundes gegenüber dem Vormundschaftsgericht ist scharf zu scheiden von der privatrechtlichen Verpflichtung des Vormundes gegenüber dem Mündel, diesem nach Beendigung des Amtes über die Verwaltung Rechenschaft abzulegen (1890); darauf hat der Mündel einen im Zivilprozeß einklagbaren Anspruch.

α) Die Verpflichtung zur Rechnungslegung gegenüber dem Gericht bezieht sich nur auf das der Verwaltung des Vormundes unterworfene Mündelvermögen, also z. B. nicht auf Vermögen, das der Ehemann des Mündels nach dem gesetzlichen Güterrecht oder etwa ein Testamentsvollstrecker verwaltet.

β) Die Rechnung ist im allgemeinen jährlich zu legen; das Rechnungsjahr bestimmt das Vormundschaftsgericht (1840 II). Bei Verwaltungen von geringem Umfang kann dieses sich nach Rechnungslegung für das erste Jahr mit längeren Zeitabschnitten, jedoch höchstens dreijährigen, begnügen (1840 III). Mehrere Vormünder legen die Rechnung gemeinschaftlich.

γ) Inhaltlich soll die Rechnung eine geordnete Zusammenstellung der Einnahmen und Ausgaben enthalten, über den Ab- und Zugang des Vermögens Auskunft geben, und, soweit Belege erteilt zu werden pflegen, mit Belegen versehen sein (1841 I). Bei einem Erwerbsgeschäft mit kaufmännischer Buchführung genügt als Rechnung eine aus den Büchern gezogene Bilanz; das Vormundschaftsgericht kann jedoch Vorlage der Bücher und sonstigen Belege verlangen.

δ) Ist ein Gegenvormund vorhanden oder zu bestellen, so hat ihm der Vormund die Rechnung unter Nachweis des Vermögensbestandes vorzulegen, der Gegenvormund hat sie mit den durch die Prüfung veranlaßten Bemerkungen zu versehen (1842).

ε) Das Vormundschaftsgericht hat die Rechnung rechnungsmäßig und sachlich zu prüfen und, soweit erforderlich, ihre Berichtigung und Ergänzung herbeizuführen (1843 I). Das Gericht kann danach gewisse Ausgabeposten beanstanden und ihre Absetzung verlangen, ebenso die Einsetzung gewisser Einnahmeposten vorschreiben — ohne damit der Entscheidung der Rechtsfrage zwischen Vormund und Mündel vorgreifen zu können. Notfalls können Streitpunkte schon vor Beendigung der Vormundschaft durch einen Prozeß zwischen dem Vormund und einem für den Mündel zu bestellenden Pfleger (1909) ausgetragen werden (1843 II). Auch die Anerkennung eines Postens durch das Vormundschaftsgericht bindet den Mündel nicht, da das Gericht nicht als sein Vertreter, sondern nur als Aufsichtsorgan handelt. Deshalb findet auch keine Entlastung des Vormundes durch das Gericht statt.

Eine Bekräftigung der Rechnungslegung durch Offenbarungseid kann vom Vormundschaftsgericht nicht verlangt werden; (259 II verpflichtet nur den zum Offenbarungseid, der „Rechenschaft" (1890) zu legen hat, nicht aber den zur Rechnungslegung Verpflichteten.

ζ) Vater und Mutter können, sofern sie den Vormund zu benennen haben, in der dafür vorgeschriebenen Form den von ihnen benannten Vormund von der Verpflichtung entbinden, während der Dauer seines Amtes Rechnung zu legen (1854/55). Doch kann das Vormundschaftsgericht diese Anordnung außer Kraft setzen, wenn ihre Befolgung das Wohl des Mündels gefährden würde (1857).

3. Das Vormundschaftsgericht kann den Vormund aus besonderen Gründen zur Sicherheitsleistung für das seiner Verwaltung unterliegende Vermögen anhalten (1844, vgl. § 46 III 4 S. 289 dieses Buches).

4. Das Vormundschaftsgericht kann den Vormund und Gegenmund zur Befolgung seiner Anordnungen durch Ordnungsstrafen anhalten (1837 II). Die einzelne Strafe darf den Betrag von 300 Mark nicht übersteigen (1837 II 2); sie muß vor ihrer Festsetzung angedroht worden sein (33 FrGG.).

5. Das Vormundschaftsgericht kann ausnahmsweise durch eigene Maßregeln die Interessen des Mündels wahrnehmen, also unter Umständen selbst die sonst dem Vormund obliegenden Fürsorgehandlungen vornehmen, wie z. B. die Kündigung einer

Forderung, Versilberung eines Wertpapieres, Unterbringung des Mündels usw. — Dies aber nur unter der Voraussetzung, daß ein Vormund noch nicht bestellt oder daß der bestellte Vormund an der Erfüllung seiner Pflichten verhindert ist (1846).

Regelmäßig wird die Bestellung eines Pflegers in solchem Falle genügen (1909); das Vormundschaftsgericht selbst darf nur handeln, wenn ein Aufschub untunlich ist (vgl. RG. **71** 162 ff.).

§ 54. III. Die Anordnung der Schutzaufsicht insbesondere.

Das Vormundschaftsgericht hat einen Minderjährigen unter Schutzaufsicht zu stellen, wenn sie zur Verhütung seiner körperlichen, geistigen oder sittlichen Verwahrlosung geboten und ausreichend erscheint (56 RJWG.). Kennzeichnend ist, daß die Voraussetzungen ganz allgemein formuliert und auf eine objektive Gefährdung abgestellt sind.

Die Schutzaufsicht oder Erziehungsaufsicht war bisher reichsrechtlich nicht geregelt. Doch wurde sie von den Vormundschaftsgerichten häufiger auf Grund von 1631, 1666 und 1909 angeordnet. Jetzt wird sie durch das RJWG. zu einer allgemeinen vormundschaftsgerichtlichen Erziehungsmaßnahme erhoben. Auch das neue Jugendgerichtsgesetz vom 16. 2. 1923 § 7 zählt sie unter den vom Jugendgericht im Strafverfahren gegen Jugendliche anzuordnenden Erziehungsmaßnahmen auf.

1. Die Anordnung steht nach 57 RJWG. dem Vormundschaftsgericht unter den obigen Voraussetzungen von Amts wegen oder auf Antrag zu. Antragsberechtigt sind die Eltern, der gesetzliche Vertreter und das Jugendamt. Dies ist vor der Entscheidung stets zu hören (57 I RJWG.).

Nach 6 JugendgerichtsG. hat das Jugendgericht im Strafverfahren gegen einen Jugendlichen (vom vollendeten 14. bis vollendeten 18. Jahr, § 1 des G.) von Strafen abzusehen, wenn es Erziehungsmaßregeln für ausreichend hält. Als Erziehungsmaßregeln läßt 7 u. a. zu: Schutzaufsicht und Fürsorgeerziehung. Nach 7 III bestimmen sich Voraussetzungen, Ausführung und Aufhebung sowie Erlöschen der Schutzaufsicht nach dem RJWG. Das Jugendgericht kann die Erziehungsmaßregeln entweder selbst anordnen oder ihre Notwendigkeit aussprechen und die Auswahl und Anordnung dem Vormundschaftsgericht überlassen; dieses ist dann verpflichtet, irgendeine Erziehungsmaßnahme anzuordnen (§ 5 JugendGG.).

2. Die Schutzaufsicht besteht in dem Schutze und der Überwachung des Minderjährigen (58 I 1 RJWG.). Ausgeübt wird sie durch einen „Helfer", der den Erziehungsberechtigten bei der Sorge für die Person des Minderjährigen zu unterstützen und überwachen hat (58 I 2), also wie ein Beistand i. S. der §§ 1688—89 BGB. fungiert. Soweit der Arbeitsverdienst des Minderjährigen

in Betracht kommt, erstreckt sich diese unterstützende und überwachende Fürsorge auch auf das Vermögen (z. B. Kontrolle über die Verwendung des Verdienstes, hinsichtlich dessen der Minderjährige nach 113 als geschäftsfähig behandelt wird).

Über den Umfang seines Wirkungskreises entscheidet die Bestellung (58 III). Der Helfer hat bei der Ausübung seines Amtes das Recht auf Zutritt zum Minderjährigen. Eltern, gesetzlicher Vertreter und Personen, denen der Minderjährige zur Verpflegung oder Erziehung übergeben ist, sind dem Helfer zur Auskunft verpflichtet. Der Helfer hat dem Vormundschaftsgericht jeden Fall, in dem es zum Einschreiten berufen ist, unverzüglich anzuzeigen (58 V) und über die Führung des Minderjährigen auf Verlangen Bericht zu erstatten (60 II).

3. Als Helfer wird vom Vormundschaftsgericht bestellt das Jugendamt (aber nur mit seinem Einverständnis [VO. v. 14. 2. 1924 Art 1 II Ziff. 7]) oder nach Anhörung des Jugendamts eine Vereinigung für Jugendhilfe oder eine einzelne Person (diese beiden aber nur bei Bereitschaft [60 I RJWG.]).

Bei der Übertragung ist auf das religiöse Bekenntnis oder die Weltanschauung des Minderjährigen möglichst Rücksicht zu nehmen (60 I 2 RJWG.).

Das Vormundschaftsgericht hat den Helfer zu entlassen, wenn dies dem Wohle des Minderjährigen förderlich erscheint (60 I 3 RJWG.). Wo das Jugendamt oder eine Vereinigung als Helfer fungiert, kann das Vormundschaftsgericht selbstverständlich — statt diese zu entlassen — nur die Tätigkeit der mit der Ausübung der Schutzaufsicht betrauten Einzelperson beanstanden und auf ihren Ersatz durch eine geeignete Kraft hinwirken.

4. Die Schutzaufsicht erlischt mit der Volljährigkeit des Minderjährigen oder durch rechtskräftige Anordnung der Fürsorgeerziehung. Sie ist aufzuheben, wenn ihr Zweck erreicht oder die Erreichung anderweit sicher gestellt ist (59 RJWG.).

5. Falls zur Zeit der Anordnung der Schutzaufsicht eine Beistandschaft der Mutter bestand (1687 ff. BGB.), soll diese aufgehoben werden, soweit sich ihr Wirkungskreis mit dem der Schutzaufsicht deckt (61 RJWG.).

6. Mit Einverständnis des Erziehungsberechtigten kann das Jugendamt die Schutzaufsicht freiwillig, d. h. ohne gerichtliche Anordnung ausüben, muß aber dann das Vormundschaftsgericht von dem Eintritt der Schutzaufsicht benachrichtigen (60 III RJWG.). Diese freiwillige Schutzaufsicht ist, weil erfolgversprechender, in erster Linie anzustreben.

§ 55. IV. Die Anordnung der Fürsorgeerziehung insbesondere.

Das Vormundschaftsgericht hat einen Minderjährigen, der das 20. Lebensjahr noch nicht vollendet hat, unter gewissen Voraussetzungen der Fürsorgeerziehung zu überweisen, d. h. eine öffentliche Ersatzerziehung anzuordnen, die der Verhütung oder Beseitigung der Verwahrlosung dient (62 RJWG.).

Bereits das StGB. sah in 56 und 55 Unterbringung in einer Erziehungs- oder Besserungsanstalt oder in einer Familie vor (vgl. ferner 362 StGB.). EGBGB. Art 135 hielt die landesgesetzlichen Vorschriften über die Zwangserziehung Minderjähriger aufrecht; die Zwangserziehung war aber — unbeschadet der strafrechtlichen Vorschriften — nur zulässig, wenn sie vom Vormundschaftsgericht angeordnet wurde. Die Anordnung konnte erfolgen:

einmal in den Fällen der §§ 1666 und 1838 BGB.; außerdem nur, wenn die Zwangserziehung zur Verhütung des völligen sittlichen Verderbens des Minderjährigen notwendig war.

Die Landesrechte haben auf Grund dessen die Materie meist neu geordnet. Bemerkenswert unter den früheren Gesetzen war das WürttembergG. v. 2. 5. 1852.

Die ganze Materie der Fürsorgeerziehung ist nunmehr durch das RG. für Jugendwohlfahrt (RJWG.) einheitlich geregelt worden unter Aufhebung des Art 135 EGBGB. (64 RJWG.). Doch ist es nicht gelungen, die strafgerichtliche Anordnung der Fürsorgeerziehung zu beseitigen, vielmehr hat auch das JugendgerichtsG. die Fürsorgeerziehung als eine von den Jugendgerichten anzuordnende Erziehungsmaßregel zugelassen unter Aufhebung der §§ 55—57 StGB. (47 JugGG.).

Immerhin bestimmen sich die Voraussetzungen, die Ausführung und Aufhebung sowie das Erlöschen der Fürsorgeerziehung — auch soweit das Jugendgericht sie anordnen kann — nach dem RJWG. (7 III JugGG.).

Die auf Grund des Art 135 EGBGB. erlassenen Landesgesetze gelten als mit dem Inkrafttreten des RJWG. (1. 4. 1924) aufgehoben (EGRJWG. 4).

1. Die Vorbedingungen der Fürsorgeerziehung zählt 63 RJWG. auf. Wenn sie alle gegeben sind, muß die Fürsorgeerziehung angeordnet werden.

a) Der Minderjährige darf das **18.** bzw. **20.** Lebensjahr noch nicht vollendet haben (63).

Im allgemeinen ist das vollendete 18. Lebensjahr die Altersgrenze (63 I). Falls jedoch positive Anhaltspunkte für einen Erfolg der Fürsorgeerziehung gegeben sind, kann diese auch noch angeordnet werden, wenn der Minderjährige das 18. aber nicht das 20. Lebensjahr vollendet hat (63 II).

Maßgebend für die Altersgrenze ist der Zeitpunkt des Eingangs des Antrags oder der Einleitung des Verfahrens von Amts wegen (63 III).

b) Außerdem müssen:

α) entweder die Voraussetzungen der §§ 1666 oder 1838 BGB. vorliegen; und weiter muß die Entfernung des Minderjährigen aus seiner bisherigen Umgebung zur Verhütung der Verwahrlosung erforderlich und eine nach dem Ermessen des Vormundschaftsgerichts geeignete anderweite Unterbringung ausgeschlossen sein (63 I Ziff. 1 RJWG.).

Der Tatbestand des 1666 sieht die Entziehung der Personensorge wegen Mißbrauchs oder Vernachlässigung durch den elterlichen Gewalthaber vor. 1838 gestattet gegenüber dem Vormund oder Pfleger schlechthin die Unterbringung des Mündels in einer Familie, Erziehungs- oder Besserungsanstalt, falls das Vormundschaftsgericht eine solche Maßnahme für zweckmäßig erachtet. Doch ist zu beachten, daß 33 RJWG. die Anwendung des § 1838 ausschließt, wenn der Mündel unter Amts-, Anstalts- oder Vereinsvormundschaft steht.

β) Oder es muß die Fürsorgeerziehung zur Beseitigung einer bereits bestehenden Verwahrlosung wegen Unzulänglichkeit der Erziehung erforderlich sein (63 I Ziff. 2 RJWG.).

Hier liegt der Schwerpunkt der Neuregelung. Art 135 EGBGB. sprach von „völligem sittlichen Verderben".

2. Die Anordnung der Fürsorgeerziehung erfolgt durch Beschluß des Vormundschaftsgerichts (63 I 1 RJWG.) entweder von Amts wegen oder auf Antrag (65 I RJWG.).

Antragsberechtigt ist das zuständige Jugendamt. Das Antragsrecht kann landesgesetzlich ausgedehnt werden (65 I 2 und 3 RJWG.).

Im Jugendstrafverfahren kann das Jugendgericht die Fürsorgeerziehung anordnen (5 II und 7 I Ziff. 6 JugGG.). Es soll sie aber nur dann selbst anordnen, wenn in erster Instanz die Zuständigkeit dafür auch außerhalb des Strafverfahrens begründet ist (JugGG. 5 III), d. h. wenn das Jugendgericht bei dem Amtsgericht gebildet ist, das zugleich Vormundschaftsgericht ist.

a) Das Vormundschaftsgericht muß vor der Beschlußfassung das Jugendamt hören. Es soll, wenn keine erheblichen Schwierigkeiten entgegenstehen, den Minderjährigen, seine Eltern und seine gesetzlichen Vertreter hören; weitere Anhörungen kann das Landesrecht vorschreiben (65 II RJWG.). Es kann die ärztliche Untersuchung des Minderjährigen anordnen und ihn für höchstens 6 Wochen in einer geeigneten Anstalt zur Beobachtung unterbringen lassen (65 IV RJWG.).

b) Der Beschluß ist mit Gründen zu versehen und muß, wenn er die Fürsorgeerziehung anordnet, den Eintritt der gesetzlichen Voraussetzungen unter Bezeichnung der für erwiesen erachteten Tatsachen feststellen (65 III RJWG.). Über die Zustellung vgl. 65 IV RJWG. Gegen den Beschluß ist sofortige Beschwerde mit aufschiebender Wirkung zulässig (65 VI RJWG.). Die Ausführbarkeit der Fürsorgeerziehung tritt erst mit der Rechtskraft ein (70 II 3 RJWG.).

c) Bei Gefahr im Verzug kann das Vormundschaftsgericht die vorläufige Fürsorgeerziehung beschließen (67 RJWG.), deren Ausführbarkeit schon mit dem Erlaß des Beschlusses eintritt (70 II 3 RJWG.).

d) Das Fürsorgeerziehungsverfahren kann durch Beschluß des Vormundschaftsgerichts auf längstens ein Jahr ausgesetzt werden; aus besonderen Gründen kann die Aussetzung noch auf höchstens ein weiteres Jahr verlängert werden — aber nicht über das vollendete 20. Lebensjahr hinaus, da von da ab die Fürsorgeerziehung überhaupt nicht mehr angeordnet werden kann (66 RJWG.). Für die Dauer der Aussetzung muß eine Schutzaufsicht angeordnet werden (66 III RJWG.).

3. Die Durchführung der Fürsorgeerziehung geschieht in einer geeigneten Familie oder Erziehungsanstalt unter öffentlicher Aufsicht und auf öffentliche Kosten (62 RJWG.).

a) Die Fürsorgeerziehungsbehörde wird durch Landesgesetz bestimmt (70 I 1 RJWG.). Nach Möglichkeit soll sie aber mit dem Landesjugendamt vereinigt werden (70 I 2 RJWG.). Da die Errichtung der Landesjugendämter nach Art 1 Ziffer 2 der VO. über das Inkrafttreten des RJWG. ins Ermessen der Länder gestellt worden ist, ist diese Vereinigung vielfach gegenstandslos geworden.

Nach 18 PrAGRJWG. sind in Preußen Fürsorgeerziehungsbehörden die Provinzialausschüsse, die Landesausschüsse Wiesbaden und Kassel, der Magistrat Berlin, der Kreisausschuß Lauenburg, der Landesausschuß Hohenzollern. Nach 26 dess. AG. haben die Aufsicht: die Oberpräsidenten und in höherer Instanz der Minister für Volkswohlfahrt.

Eine von dem zuständigen Vormundschaftsgericht angeordnete Fürsorgeerziehung muß von der Fürsorgebehörde des Ortes, der die Zuständigkeit des Vormundschaftsgerichtes begründet, ausgeführt werden (70 II 1 RJWG.). Dabei soll sie sich regelmäßig der Jugendämter bedienen (70 II 2 RJWG.).

b) die Ausführung der Fürsorgeerziehung wird ebenfalls durch Landesgesetz geregelt (70 I 1 RJWG.).

Reichsrechtlich sind nur einige Grundsätze festgelegt:

α) Im Falle der Familienerziehung ist der Minderjährige mindestens bis zum Aufhören der Schulpflicht in einer Familie seines Bekenntnisses unterzubringen (69 I RJWG.).

β) Im Falle der Anstaltserziehung ist der Zögling, soweit möglich, in einer Anstalt seines Bekenntnisses unterzubringen (69 I RJWG.).

γ) Minderjährige ohne Bekenntnis sollen in einer Familie oder Anstalt bestimmten Bekenntnisses nur mit ihrem Einverständnis untergebracht werden, sofern sie ihr Bekenntnis selbst bestimmen können (vom vollendeten 14. Lebensjahr an); andernfalls ist das Einverständnis der Erziehungsberechtigten nötig (69 II RJWG.).

δ) Die Unterbringung soll unter ärztlicher Mitwirkung erfolgen (70 II 4 RJWG.).

Die weitere Bestimmung des 70 II 5 RJWG., daß Minderjährige, die an geistigen Regelwidrigkeiten oder an schweren ansteckenden Erkrankungen leiden, in Sonderanstalten oder Sonderabteilungen unterzubringen sind, ist durch die VO. vom 14. 2. 24 Art 1 Ziff. 8 aufgehoben.

ε) Widerruflich kann auch die Erziehung in der eigenen Familie des Minderjährigen unter öffentlicher Aufsicht angeordnet werden, wenn dadurch die Erreichung des Zwecks der Fürsorgeerziehung nicht gefährdet wird. Die der Fürsorgebehörde zustehende Anordnung bedarf aber innerhalb der ersten drei Monate nach Ausführbarkeit (Vollstreckbarkeit) des Fürsorgeerziehungsbeschlusses der Zustimmung des Vormundschaftsgerichts. Gegen die Verweigerung steht der Fürsorgeerziehungsbehörde die sofortige Beschwerde zu (69 IV RJWG.).

ζ) Die Fürsorgeerziehungsbehörde gilt für den Abschluß von Dienst- und Lehrverträgen als gesetzlicher Vertreter des Minderjährigen (70 III RJWG.). Sie kann diesen nach 113 BGB. ermächtigen, in Dienst oder Arbeit zu treten. Im übrigen greift die Fürsorgeerziehung nicht in die gesetzliche Vertretung des Minderjährigen ein.

η) Die Fürsorgeerziehungsbehörde kann die Entmündigung eines Fürsorgezöglings wegen Geisteskrankheit oder Geistesschwäche beantragen (70 IV RJWG.).

c) Die Träger der Kosten der Fürsorgeerziehung werden durch die Landesgesetzgebung bestimmt (70 I 1 RJWG.). Nach PrAGRJWG. 22 sind Kostenträger die Kommunalverbände, bei denen Fürsorgeerziehungsbehörden bestehen; sie erhalten einen Zuschuß von $^2/_3$ aus der preußischen Staatskasse. Der in 78 RJWG. vorgesehene Reichszuschuß wird nicht gewährt (VO. v. 14. 2. 1924 Art 3). Die Kosten sind dem Kostenträger auf sein Verlangen gemäß 75 RJWG. aus dem pfändbaren Vermögen des Minderjährigen oder des nach BGB. zu seinem Unterhalt Verpflichteten zu erstatten — und zwar nach den näheren Bestimmungen der Landesgesetzgebung. Allgemeine Verwaltungskosten werden nicht ersetzt (75 RJWG.).

4. Die Fürsorgeerziehung endet:

a) mit Eintritt der Volljährigkeit (72 I RJWG.),

b) durch frühere Aufhebung (72 II RJWG.).

Sie ist aufzuheben, wenn ihr Zweck erreicht oder anderweit sicher gestellt ist und zwar von Amts wegen oder auf Antrag des Jugendamts, der Fürsorgeerziehungsbehörde, des gesetzlichen Vertreters oder der Eltern (72 II RJWG.). Zuständig ist an sich das Vormundschaftsgericht, doch kann landesgesetzlich entweder das Vormundschaftsgericht oder die Fürsorgeerziehungsbehörde für zuständig erklärt werden (72 III RJWG., vgl. dort die Einzelheiten).

Die Aufhebung kann auch unter Vorbehalt des Widerrufs erfolgen (72 II 2 RJWG.).

Zulässig ist die vorzeitige Entlassung des Minderjährigen wegen Unausführbarkeit der Fürsorgeerziehung aus Gründen, die in seiner Person liegen; doch muß eine anderweite gesetzlich geregelte Bewahrung sichergestellt sein (73 RJWG.). Man denke an schwere Psychopaten, Zöglinge mit Geistesstörungen, unverbesserliche Dirnen. Ein VerwahrungsG. ist in Vorbereitung (Reichstagsdrucks. 1920/24 Nr. 1766).

§ 56. Die Pflichten des Vormundschaftsgerichts.

Die Ausübung des Aufsichtsrechts und der sonstigen Befugnisse des Vormundschaftsgerichts ist nicht nur ein Recht, sondern auch eine Pflicht des Vormundschaftsrichters. Schuldhafte Pflichtverletzung macht ihn dem Mündel nach 839 I und III schadensersatzpflichtig.

1. Die Pflichtverletzung ist eine unerlaubte Handlung, da der Vormundschaftsrichter, anders als der Vormund, zum Mündel in keinem vertragsähnlichen Pflichtverhältnis steht.

Also Verjährung nach 852, 853, Ausgleichungspflicht nach 841, Gerichtsstand nach 32 ZPO.

2. Die Haftung besteht nur dem Mündel, nicht aber Dritten gegenüber.

3. Fällt dem Vormundschaftsrichter nur Fahrlässigkeit zur Last, kann er nach 839 I 2 nur dann in Anspruch genommen werden, wenn der Mündel nicht auf andere Weise, etwa durch Inanspruchnahme des pflichtwidrigen Vormundes, Ersatz erlangen kann.

Selbst wenn der Vormundschaftsrichter vorsätzlich gehandelt hat, tritt seine Ersatzpflicht nicht ein, wenn der Mündel vorsätzlich oder fahrlässig unterlassen hat, den Schaden durch Gebrauch eines Rechtsmittels abzuwenden (839 III).

Hier erhebt sich die interessante Frage, ob dem Mündel ein schuldhaftes Handeln des Vormundes als das seine nach 278 angerechnet werden kann. Nach RG. (75 258, 77 211, 79 319) ist im Gebiet der unerlaubten Handlung 278 nicht anwendbar. Davon abgesehen kann aber auch darin eine weitere schuldhafte Pflichtwidrigkeit des Vormundschaftsrichters liegen, daß er den Vormund nicht auf die Zulässigkeit eines Rechtsmittels hingewiesen hat.

IV. Kapitel. Mitwirkung des Gemeindewaisenrates. — Das Jugendamt. § 57.

I. Allgemeines. Die Auswahl der geeignetesten Persönlichkeit als Einzelvormund kann man von der alleinigen und persönlichen Tätigkeit des Vormundschaftsrichters nicht erwarten; ebensowenig ist er allein zur persönlichen Überwachung der einzelnen Vormundschaften imstande. Deshalb hat ihm das Gesetz nach dem Vorbild der preußischen Vormundschaftsordnung als Hilfsorgan einen von der Gemeinde zu stellenden, ehrenamtlich tätigen Beamten, den Gemeindewaisenrat, zur Seite gegeben; dieser hat die, im einzelnen Fall zum Vormund, Pfleger usw. geeigneten Personen dem Vormundschaftsgericht vorzuschlagen (1849) und in Unterstützung des Gerichts darüber zu wachen, daß sich die Vormünder der Personenfürsorge pflichtmäßig annehmen (1850) usw.

Bisher wurde die Einrichtung des Gemeindewaisenrats durch das Landesrecht geregelt. Der Gemeindewaisenrat hat aber die auf ihn gesetzten Erwartungen nur zum Teil erfüllt. In den Städten hielt es schwer, geeignete Personen zur Übernahme des Amtes zu finden, und ihre Tätigkeit hielt sich als unentgeltliche Nebenbeschäftigung vielfach in einem rein formalen Rahmen.

Deshalb hat das RJWG. die Jugendämter mit den Obliegenheiten des Gemeindewaisenrates betraut (42 RJWG.). Davon erhofft man eine Belebung der Tätigkeit des Gemeindewaisenrates. Denn diese verantwortungsvolle Aufgabe können nur Personen erfüllen, die die Waisen- und Jugendpflege zum Beruf machen.

Außerdem hat man das Jugendamt wegen dieser Sachkunde noch über den Aufgabenkreis des Gemeindewaisenrats hinaus zur Mitwirkung im Vormundschaftswesen berufen. Daß es mit der Amtsvormundschaft betraut ist (35 RJWG.) oder mit ihr betraut werden kann (41 RJWG.), ist schon früher hervorgehoben worden (§ 42 dieses Buches), so daß hier nur mehr seine sonstigen Aufgaben zu behandeln sind.

Zusammensetzung, Verfassung und Verfahren des Jugendamtes werden auf Grund landesrechtlicher Vorschriften durch eine Satzung des zuständigen Selbstverwaltungskörpers geregelt (9 I RJWG.). Als stimmberechtigte Mitglieder des Jugendamts sind neben den leitenden Beamten in der Jugendwohlfahrt erfahrene und bewährte Männer und Frauen aller Bevölkerungskreise, insbesondere aus den im Bezirk des Jugendamts wirkenden freien Vereinigungen für Jugendwohlfahrt und Jugendbewegung auf deren Vorschlag zu berufen. Diese Vereinigungen haben Anspruch auf zwei Fünftel der Zahl der nicht beamteten Mitglieder (9 II RJWG.). In das Jugendamt sollen hauptamtlich in der Regel nur Personen berufen werden, die eine für die Betätigung in der Jugendwohlfahrt hinreichende Ausbildung besitzen, die insbesondere durch eine mindestens einjährige praktische Arbeit in der Jugendwohlfahrt erworben ist (9 III RJWG.). Das Vormundschaftsgericht ist zur Teilnahme an den Sitzungen des Jugendamtes berechtigt und hat in ihnen beratende Stimme (9 IV RJWG.). — Das Jugendamt kann die Erledigung einzelner Geschäfte oder Gruppen von Geschäften besonderen Ausschüssen, in die auch andere Personen als seine Mitglieder berufen werden, sowie Vereinigungen für Jugendhilfe und für Jugendbewegung oder einzelnen in der Jugendwohlfahrt erfahrenen und bewährten Männern und Frauen widerruflich übertragen (11 RJWG.).

II. Die einzelnen Obliegenheiten des Gemeindewaisenrats (Jugendamts).

1. Er hat dem Vormundschaftsgericht die Personen vorzuschlagen, die sich im einzelnen Falle zum Vormunde, Gegenvormund oder Mitglied eines Familienrats eignen (1849).

Soweit es sich um Bestellung berufener Personen handelt, kommt natürlich ein Vorschlagsrecht nicht in Frage, allenfalls eine Äußerung über die Tauglichkeit solcher Personen (vgl. 1778). Wenn das Jugendamt nach 35 ff. RJWG. gleichzeitig Amtsvormund ist, entfällt praktisch das Vorschlagsrecht. Soweit das Jugendamt nach 41 RJWG. als Amtsvormund bestellt werden kann, ist eine Bestellung nur mit seinem Einverständnis möglich; es kommt also insofern nur eine Äußerung über die Voraussetzungen einer solchen Bestellung in Frage.

2. Der Gemeindewaisenrat hat in Unterstützung des Vormundschaftsgerichts darüber zu wachen, daß die Vormünder der in seinem Bezirk weilenden Mündel für die Person der Mündel, insbesondere für ihre Erziehung und ihre körperliche Pflege, pflichtmäßig Sorge tragen (1850 I 1). Er hat dem Vormundschaftsgericht Mängel und Pflichtwidrigkeiten, die er in dieser Hinsicht wahrnimmt, anzuzeigen und auf Erfordern über das persönliche Ergehen und das Verhalten eines Mündels Auskunft zu erteilen (1850 I 2).

Soweit das Jugendamt gleichzeitig Gemeindewaisenrat und Amtsvormund ist, kommen diese Überwachungspflichten praktisch nicht in Frage. Die unter der Amtsvormundschaft stehenden Mündel werden also nicht besonders durch den Gemeindewaisenrat überwacht.

Zwecks Überwachung kann der Gemeindewaisenrat persönlich den Mündel aufsuchen und nachprüfen, wie er untergebracht ist, verpflegt wird usw. Der Wohnungsinhaber darf ihm den Zutritt nicht verweigern.

3. Eine Gefährdung des Mündelvermögens, von der er Kenntnis erlangt, muß der Gemeindewaisenrat dem Vormundschaftsgericht anzeigen (1850).

Eine Überwachungspflicht ist damit nicht ausgesprochen; ebensowenig steht ihm eine Einmischung in die Vermögensverwaltung zu.

4. Endlich hat der Gemeindewaisenrat von jedem Falle, in dem ein Vormund, Gegenvormund oder Pfleger zu bestellen ist, Anzeige zu machen (49 FrGG.).

Das Vormundschaftsgericht hat seinerseits dem Gemeindewaisenrat mitzuteilen: 1. Die Anordnung der Vormundschaft über einen in dessen Bezirk weilenden Mündel, 2. den Namen des bestellten Vormunds und Gegenvormunds, 3. einen Wechsel in der Vormundschaft (1850 I).

Vgl. über Aufenthaltsverlegung des Minderjährigen (1850 II).

III. Die weiteren Aufgaben des Jugendamts.

Das Jugendamt hat — abgesehen von den Obliegenheiten, die ihm als Gemeindewaisenrat zufallen — nach dem RJWG. noch folgende weitere Aufgaben:

1. Es hat das Vormundschaftsgericht bei allen Maßnahmen zu unterstützen, die die Sorge für die Person Minderjähriger betreffen, insbesondere durch Begutachtung bei der Festsetzung von Geldrenten für den Unterhalt Minderjähriger (43 I 1 RJWG.).

2. Das Vormundschaftsgericht muß das Jugendamt hören vor Entscheidungen in einer Reihe von Fällen.

1635 I 2 (Anordnung hinsichtlich der Personensorge für Kinder aus geschiedenen Ehen), 1666 (Maßnahmen bei schuldhafter Gefährdung der Person des Kindes), 1727 (Ergänzung der mütterlichen Einwilligung zur Ehelichkeitserklärung des unehelichen Kindes), 1728 II (Genehmigung der Einwilligung des gesetzlichen Vertreters für den Antrag auf Ehelichkeitserklärung), 1729 II (Genehmigung der Einwilligung des beschränkt geschäftsfähigen Kindes durch das VG. bei der Ehelichkeitserklärung), 1750 (Genehmigung des Adoptionsvertrages durch das VG. bei Kindern unter 14 Jahren), 1751 (Genehmigung des VG. für einen beschränkt geschäftsfähigen Annehmenden).

Bei Gefahr im Verzug kann das Vormundschaftsgericht einstweilige Anordnungen auch schon vor Anhörung des Jugendamtes treffen (43 I 2 und 3 RJWG.).

3. Das Vormundschaftsgericht kann das Jugendamt mit dessen Einverständnis betrauen mit der Ausführung der Anordnungen aus 1631 II (Unterstützung des Vaters durch Anwendung geeigneter Zuchtmittel gegenüber dem Kind), 1636, 2 (Nähere Regelung des persönlichen Verkehrs mit dem Kinde für den Gatten, dem die Personensorge nicht zusteht) sowie sonstiger Anordnungen (43 I 4 RJWG.).

4. Das Jugendamt hat die Vormünder, Beistände und Pfleger seines Bezirkes planmäßig zu beraten und bei der Ausübung des Amtes zu unterstützen (45 RJWG.).

5. Das Landesjugendamt kann auf Antrag des Jugendamtes Mitglieder oder Beamte des Jugendamtes ermächtigen, Beurkundungen gemäß 1718 und 1720 II des BGB. (Vaterschaftsanerkennung des Erzeugers und des Ehemannes) vorzunehmen, sowie die im 1706 II BGB. bezeichneten Erklärungen (Namenserteilung durch den Ehemann der Mutter des unehelichen Kindes) entgegenzunehmen und zu beglaubigen (43 II RJWG.).

IV. Im Verhältnis zum Vormundschaftsgericht hat der Gemeindewaisenrat die Stellung einer gleichberechtigten Behörde. Er ist ein Organ der Gemeinde, die ihn bestellt hat. Infolgedessen hat das Vormundschaftsgericht sich, wenn es Beanstandungen geltend machen will, an den Gemeindevorstand zu wenden und diesen um Abhilfe zu ersuchen; irgendeine Disziplinargewalt steht ihm nicht zu, sofern das Landesrecht sie ihm nicht übertragen hat.

Nach herrschender Praxis (RG. **102** 285) hat der Gemeindewaisenrat das Recht der Beschwerde gegen Anordnungen des Vormundschaftsgerichts gemäß 57 I Ziff. 9 FrGG.

Für das Jugendamt, das ebenfalls eine Einrichtung der Gemeinde ist (8 RJWG.), gilt Entsprechendes, soweit es sich um die besonderen, ihm nicht als Gemeindewaisenrat zugewiesenen Aufgaben der §§ 43 ff. RJWG. handelt. Wenn es z. B. die Unterstützung des Vormundschaftsgerichts unterläßt, ist die Beschwerde im Aufsichtsweg einzulegen; eine Disziplinargewalt hat das Vormundschaftsgericht nicht.

§ 58. V. Kapitel. **Befreite Vormundschaft.**

I. Allgemeines. Bei besonderer Vertrauenswürdigkeit eines Vormundes mögen die starken Bindungen, denen die Amtsführung unterliegt, als unnötig erscheinen und eine Lockerung vertragen. Das Gesetz selbst räumt gleichwohl dem Altersvormund in keinem einzigen Fall eine freiere Stellung ein. Aber es gibt dem Vater und der Mutter die Befugnis, den Vormund unter gewissen Voraussetzungen von bestimmten Beschränkungen und Verpflichtungen zu befreien.

II. Die Voraussetzungen der Befreiungsanordnung.

1. Der Vater und die Mutter können die Anordnung nur treffen, wenn sie zur Zeit ihres Todes die elterliche Gewalt über das Kind haben und sowohl für die Person wie das Vermögen des Kindes vertretungsberechtigt sind (1856, 1777 I).

2. Die Befreiung kann nur durch letztwillige Verfügung erfolgen (1856, 1777 III).

3. Die Befreiung kann nur für den Vormund angeordnet werden, den der befreiende Elternteil benannt hat. Doch darf man in der Befreiungsanordnung eines Elternteils für den vom andern benannten Vormund eine Bestätigung dieser Benennung erblicken (1852 I, 1855).

III. Zulässiger Inhalt der Befreiungen.

1. Ausschluß der Bestellung eines Gegenvormundes (1852 I).

Damit ist der Vormund nicht bloß von der Aufsicht eines Gegenvormundes befreit, sondern auch von seiner Mitwirkung bei der Vornahme der Rechtsgeschäfte, die nach 1809, 1810 und 1812 der Genehmigung des Gegenvormundes bedürfen. Ebenso fällt damit in diesen Fällen weg die als Ersatz der Genehmigung des Gegenvormundes vorgesehene Genehmigung des Vormundschaftsgerichts (1852 II 2).

2. Befreiung von den in 1809 und 1810 vorgesehenen Beschränkungen bei der Geldanlage oder von dem in 1812 vorgesehenen Erfordernis der Genehmigung des Gegenvormundes oder des Vormundschaftsgerichts zu Verfügungen über Forderungen oder andere Rechte auf eine Leistung, sowie über Wertpapiere.

Die fraglichen Befreiungen können einzeln oder alle angeordnet werden — ohne daß die Bestellung eines Gegenvormundes ausgeschlossen wird (1852 II).

3. Befreiung von der Pflicht, Inhaber- und Orderpapiere zu hinterlegen (1814) und den Sperrvermerk in das Reichs- oder Staatsschuldbuch eintragen zu lassen (1816, 1853).

4. Befreiung von der Pflicht zur periodischen Rechnungslegung (1840), nicht aber von der Schlußrechnung (1854). An Stelle der Rechnungslegung tritt dann eine nach Ablauf von je zwei Jahren einzureichende Übersicht über den Vermögensbestand (vgl. die Einzelheiten in 1854 II und III).

IV. Das Vormundschaftsgericht kann die elterlichen Anordnungen außer Kraft setzen, wenn ihre Befolgung das Interesse des Mündels gefährden würde (1857).

V. Die Amtsvormundschaft genießt nach 33 I RJWG. stets alle zulässigen Befreiungen der §§ 1852—1854. Das Gleiche gilt nach 47 II RJWG. für die Anstalts- und Vereinsvormundschaft, nur kann ein Gegenvormund, insbesondere das Jugendamt, bestellt werden.

§ 59. VI. Kapitel. Die Mitwirkung der Familie. — Einrichtung eines Familienrates.

I. Beratende Mitwirkung der Familie.

Die Familie wirkt im allgemeinen nur beratend mit bei der Führung der Vormundschaft.

1847 macht dem Vormundschaftsgericht die Anhörung der Verwandten oder Verschwägerten des Mündels vor einer Entscheidung zur Pflicht — und zwar auf Antrag des Vormundes oder Gegenvormundes stets, in wichtigen Angelegenheiten auch von Amts wegen.

Wichtige Angelegenheiten sind insbesondere: die Volljährigkeitserklärung, die Ersetzung der Einwilligung zur Eheschließung im Falle des § 1304, die Ersetzung der Genehmigung des Vormundes zur Eheschließung im Falle des § 1337, die Entlassung aus dem Staatsverband und die Todeserklärung.

Die Anhörung soll nur erfolgen, wenn es ohne erhebliche Verzögerung und ohne unverhältnismäßige Kosten geschehen kann (1847 I).

Die Verwandten und Verschwägerten können von dem Mündel Ersatz ihrer Auslagen (nach Festsetzung der Höhe durch das Vormundschaftsgericht) verlangen (1847 II).

II. Tätige Beteiligung der Familie an der Obervormundschaft im Familienrat.

Das BGB. läßt aber unter gewissen Voraussetzungen auch eine tätige Beteiligung der Familie an der Obervormundschaft zu durch Einrichtung eines Familienrats, der an die Stelle des Vormundschaftsgerichts tritt (1872). Da der Familienrat aus dem Vormundschaftsrichter als Vorsitzenden und einigen Mitgliedern besteht (1860), ist er nichts anderes wie ein durch Zuziehung von Privatpersonen erweitertes Vormundschaftsgericht.

Seine Einrichtung wird sich namentlich da empfehlen, wo große industrielle oder landwirtschaftliche Betriebe fortzusetzen sind und die dem Richter fehlenden technischen Kenntnisse usw. durch die Zuziehung von Verwandten und Verschwägerten oder sonstigen Sachkundigen ergänzt werden sollen. Der Familienrat ist eine obligatorische Einrichtung des französischen Rechts, in der sich die altdeutsche Obervormundschaft der Sippe erhalten hat (Art 405 code civil). Die preuß. VormO. hat ihn von da als fakultatives Organ übernommen (§§ 71 ff.).

III. Die Einzelregelung des Familienrates.

1. Voraussetzungen seiner Einsetzung (1858/59).

a) Letztwillige Anordnung des benennungsberechtigten Elternteils (1858) oder

b) Antrag eines Verwandten oder Verschwägerten des Mündels oder des Vormundes, wenn das Vormundschaftsgericht die Einsetzung für im Interesse des Mündels liegend erachtet (1859);
2. Zusammensetzung (1860—71);
3. Rechte und Pflichten, Amtsführung (1872—77);
4. Beendigung des Amts eines Familienratsmitglieds (1878);
5. Aufhebung des Familienrates (1879—81).

VII. Kapitel. Ende der Vormundschaft. § 60.

Vorbemerkung. Es ist zu unterscheiden: das Ende der Vormundschaft überhaupt — und die Beendigung des Amtes eines bestimmten Vormundes bei Fortdauer des Bedürfnisses der Bevormundung.

I. Die Vormundschaft endet mit Wegfall der Voraussetzungen, unter denen sie anzuordnen ist (1882), ohne daß grundsätzlich ein besonderer Aufhebungsakt nötig wäre — also:

1. mit dem Tod oder der Todeserklärung des Mündels (1884 II);

Ist der Mündel nur verschollen, so hat das Vormundschaftsgericht die Vormundschaft aufzuheben, wenn ihm der Tod des Mündels bekannt wird (1884 I); eine vorherige Todeserklärung ist also nicht nötig.

2. mit der Volljährigkeit oder Volljährigkeitserklärung des Mündels;

3. mit Eintritt oder Wiedereintritt der elterlichen Gewalt.

Beispiele: Annahme an Kindesstatt (1757), Legitimation durch Ehelichkeitserklärung (1736); für die Legitimation durch nachfolgende Ehe trifft 1883 eine Sondervorschrift. Wird nach Verwirkung der elterlichen Gewalt durch den Vater die Ehe aufgelöst, so erhält die Mutter die elterliche Gewalt (1684 Ziff. 2). — Das Ruhen der elterlichen Gewalt, das zur Bestellung der Vormundschaft geführt hat, hört auf, die verwitwete minderjährige Mutter wird z. B. volljährig und erlangt dadurch die elterliche Gewalt. Das Vormundschaftsgericht überträgt einem Elternteil die Vertretungsmacht, die es ihm entzogen hatte (1666 II, 1686), wieder zurück (1671).

II. Das Amt des Vormundes (und des Gegenvormundes [1895]) endet:

1. Ohne weiteres mit dem Tod, der Todeserklärung oder Entmündigung des Vormundes (1885),

2. mit der Entlassung des Vormundes durch das Vormundschaftsgericht. Diese erfolgt:

a) auf seinen Antrag, wenn ein wichtiger Grund vorliegt, namentlich wenn ein gesetzlich anerkannter Grund zur Ablehnung der Übernahme des Amtes nachträglich eintritt (1889);

b) von Amts wegen in folgenden Fällen.

α) Die Entlassung soll erfolgen:

wenn die Mündelinteressen durch die Fortführung des Amtes, namentlich wegen pflichtwidrigen Verhaltens des Vormundes, aber auch aus unverschuldeten Gründen, z. B. langwieriger Erkrankung gefährdet würden (1886);

(Nach 33 I und 47 II RJWG. unanwendbar auf den Amts-, Anstalts- und Vereinsvormund.)

oder wenn in der Person des Vormundes einer der Untauglichkeitsgründe des 1781 vorliegt (1886)

(ebenfalls für den Amts-, Anstalts- und Vereinsvormund unanwendbar.)

oder wenn eine dienstliche Hinderung des zum Vormund bestellten Beamten oder Religionsdieners eintritt (1888, 1784).

Man denke an die Versagung oder Rücknahme der landesrechtlich notwendigen Erlaubnis zur Übernahme oder Fortführung der Vormundschaft — oder an die landesgesetzlich etwa zulässige Untersagung der Fortführung. Nach 48 RJWG. darf aber die Erlaubnis nur versagt werden, wenn ein wichtiger dienstlicher Grund vorliegt.

β) Die Entlassung kann erfolgen, wenn bei seiner Bestellung die Entlassung für den Fall vorbehalten war, daß ein bestimmtes Ereignis eintreten werde oder nicht (1790) — und nunmehr diese Bedingung sich erfüllt.

Die Wiederverheiratung einer zum Vormund bestellten Frau ist nach 48 I RJWG. kein Entlassungsgrund mehr; 1887 ist aufgehoben.

γ) Die Entlassung des Vormundes muß erfolgen, wenn ein vor ihm Berufener nur vorübergehend verhindert war und nach Hebung des Hindernisses seine Bestellung zum Vormund beantragt (1778 II).

III. Rechtsfolgen des Endes der Vormundschaft.

1. Der Vormund hat nach Beendigung seines Amtes oder der Vormundschaft das verwaltete Vermögen herauszugeben und über die Verwaltung Rechenschaft abzulegen (1890, 1). Soweit er dem Vormundschaftsgericht Rechnung gelegt hat, genügt die Bezugnahme auf diese Rechnung (1890, 2).

Diese Pflichten bestehen gegenüber dem Mündel und sind je nach den Umständen entweder dem Mündel selbst gegenüber zu erfüllen (so z. B. bei Volljährigkeit des Mündels) oder gegenüber dem neuen gesetzlichen Vertreter bzw. den Erben des Mündels. Diese Rechenschaftsablegung gegenüber dem Mündel ist eine privatrechtliche Verpflichtung und scharf zu scheiden von der öffentlichrechtlichen Verpflichtung zur Rechnungslegung gegenüber dem Vormundschaftsgericht i. S. des § 1840; die Ablegung der Rechenschaft erfolgt nach

259, der Vormund ist also gegebenenfalls auch zur Leistung des Offenbarungseides gehalten (vgl. 259). Nicht minder ist er nach 260, 261 zur Auskunft und zum Offenbarungseid verpflichtet.

Der Vormund hat die Rechnung, nachdem er sie dem Gegenvormund vorgelegt hat (vgl. über dessen Pflichten 1891), dem Vormundschaftsgericht einzureichen. Dieses hat die Rechnung rechnungsmäßig und sachlich zu prüfen und deren Abnahme durch Verhandlung mit den Beteiligten unter Zuziehung des Gegenvormundes zu vermitteln. Soweit die Rechnung als richtig anerkannt wird, hat das Vormundschaftsgericht das Anerkenntnis zu beurkunden (1892).

Wird die Rechnung nicht eingereicht, so kann das Vormundschaftsgericht den Vormund dazu durch Ordnungsstrafen anhalten.

Wird die Rechnung nicht als richtig anerkannt, so ist der Mündel bzw. der neue gesetzliche Vertreter auf den Prozeßweg zu verweisen. Die Herausgabe des Vermögens hat das Vormundschaftsgericht weder zu vermitteln noch zu bewirken; auch insoweit steht dem Mündel usw. nur der Weg der Klage offen.

Einen Verzicht des volljährig gewordenen Mündels dem Vormund gegenüber hat das Vormundschaftsgericht zu beachten und die Prüfung und Abnahme der Rechnung zu unterlassen.

Doch bindet ein nur in einer Eingabe ans Vormundschaftsgericht erklärter Verzicht den Mündel gegenüber dem Vormund nicht, der Mündel kann trotzdem die Vermittlungstätigkeit des Vormundschaftsgerichts anrufen (RG. 23 A 12).

2. Der Vormund hat seine Bestallung dem Vormundschaftsgericht zurückzugeben (1893 II).

3. Der Vormund ist auch nach Beendigung der Vormundschaft zur Fortführung der Mündelgeschäfte und zur Vertretung des Mündels berechtigt — bis er von der Beendigung Kenntnis erlangt oder sie kennen muß. Die Gutgläubigkeit des Dritten, der sich mit dem Vormund einläßt, wird ebenfalls durch Kennen oder Kennenmüssen der Beendigung der Vormundschaft oder des vormundschaftlichen Amtes ausgeschlossen (1893 I, 1682).

Eine Verpflichtung zur Weiterführung dringlicher Geschäfte liegt ihm nicht allgemein ob, sondern nur beim Tode des Mündels (1893 I, 1683).

Entsprechendes gilt auch für Geschäftsführungsrecht und -pflicht sowie die Vertretungsmacht des Gegenvormundes (1895).

4. Der Vormund hat dem Vormundschaftsgericht den Tod des Gegenvormundes oder eines Mitvormundes, der Gegenvormund den Tod des Vormundes unverzüglich anzuzeigen. Die gleiche Anzeigepflicht trifft die Erben des Vormundes und des Gegenvormundes (1894, 1895).

II. Titel. Vormundschaft über Volljährige.

§ 61. I. Kapitel. Endgültige Vormundschaft über Volljährige.

I. Voraussetzungen. Die Vormundschaft über Volljährige tritt nur ein, wenn der Volljährige entmündigt ist (1896).

II. Rechtliche Behandlung. Es finden grundsätzlich die Vorschriften für die Vormundschaft über Minderjährige Anwendung, soweit nicht Abweichungen angeordnet sind (1897).

III. Besondere Vorschriften gelten für:

1. die Anordnung der Vormundschaft:

a) Vater und Mutter sind weder berechtigt einen Vormund zu benennen, noch jemanden von der Vormundschaft auszuschließen (1898).

b) Vor den Großvätern sind der (eheliche) Vater und danach die eheliche Mutter als Vormund berufen (1899 I, vgl. 1776).

Doch gilt das nicht für den adoptierten Mündel, der von einem anderen als dem Ehegatten seines Vaters oder seiner Mutter an Kindesstatt angenommen ist (1899 II). — Stammt der Mündel aus einer nichtigen Ehe, so ist von den Eltern nicht berufen, wer die Nichtigkeit der Ehe kannte (1899 III).

c) Die Ehegatten sind nicht berufen, dürfen aber als Vormund bestellt werden und zwar vor den Eltern und Großvätern (1900 II); die Ehefrau bedarf, um zum Vormund ihres Mannes bestellt zu werden, seiner Zustimmung nicht (1900), im Gegensatz zu dem inzwischen durch 48 RJWG. aufgehobenen Grundsatz des § 1783.

d) Die eheliche Mutter darf — selbst wenn die Ehe eine Putativehe und sie bösgläubig ist — vor den Großvätern zum Vormund bestellt werden, wenn sie auch nicht berufen ist [1900 II]; sogar die uneheliche Mutter darf vor dem Großvater zum Vormund bestellt werden (1900 III).

2. Die Personenfürsorge.

Sie ist begrenzt durch den Zweck der Vormundschaft — also z. B. kein Erziehungsrecht (1901 I).

Während nach 1633 die Personenfürsorge für eine minderjährige verheiratete Frau sich auf die Vertretung beschränkt und die Personenfürsorge im übrigen dem Ehemann zusteht — gilt diese Beschränkung nicht für die Vormundschaft über eine volljährige verheiratete Frau (1901 II).

Denn regelmäßig wird der Ehemann zum Vormund bestellt werden; wo seiner Bestellung ausnahmsweise Bedenken entgegenstehen, liegt aber ebendeswegen kein Anlaß zur Beschränkung des Vormundes vor (1901 II).

3. Die Vermögensfürsorge.

Hier ist der Vormund des Volljährigen noch beschränkter als der Altersvormund.

Er kann eine Ausstattung aus dem Mündelvermögen nur mit Genehmigung des Vormundschaftsgerichtes versprechen oder gewähren (1902 I).

Zu einem Miet- oder Pachtvertrag sowie zu einem anderen Vertrag, durch den der Mündel zu wiederkehrenden Leistungen verpflichtet wird, bedarf der Vormund der Genehmigung des Vormundschaftsgerichts, wenn das Vertragsverhältnis länger als vier Jahre dauern soll (1902 II 1).

Die Vorschrift des 1822 Nr. 4, wonach der Vormund zu einem Pachtvertrag über ein Landgut oder einen gewerblichen Betrieb schlechthin der Genehmigung bedarf, bleibt unberührt (1902 II 2).

4. Die befreite Vormundschaft.

a) Der eheliche Vater und die eheliche Mutter sind als Vormünder kraft Gesetzes aller Befreiungen teilhaftig, die sie bei der Altersvormundschaft anordnen können (1903 I, 1904). Folglich unterbleibt auch die Bestellung eines Gegenvormundes (1903 I 1, 1904 1).

Wenn der Vater oder die Mutter im Falle der Minderjährigkeit des Mündels zur Vermögensverwaltung nicht berechtigt sein würden, gelten diese Befreiungen nicht (1903 II).

b) Das Vormundschaftsgericht kann die Befreiungen außer Kraft setzen, wenn sie das Interesse des Mündels gefährden (1903 I 3); unter dieser Voraussetzung kann auch ein Gegenvormund bestellt werden.

c) Der Mutter ist außerdem ein Gegenvormund zu bestellen, wenn sie die Bestellung beantragt oder wenn das Vormundschaftsgericht aus besonderen Gründen gemäß 1687 Nr. 3 die Bestellung für nötig erachtet (1904, 2).

Wird ein Gegenvormund bestellt, so stehen der Mutter die in 1852 bezeichneten Befreiungen nicht zu, d. h. die Maßnahmen der Mutter unterliegen dem Genehmigungszwang nach 1812 und den für die Geldanlage gegebenen Vorschriften der 1809 und 1810. Wird dem Vater ein Gegenvormund bestellt, so hat das Vormundschaftsgericht im einzelnen Fall anzuordnen, wie weit es die Befreiungen entziehen will.

5. Familienrat.

Ein Familienrat kann nur auf Antrag der Verwandten oder Verschwägerten des Mündels oder des Vormundes oder Gegenvormundes eingesetzt werden, wenn das Vormundschaftsgericht die Einsetzung im Mündelinteresse für angemessen erachtet (1905 I).

Vater und Mutter des Mündels sind nicht berechtigt, Anordnungen über die Einsetzung und Aufhebung oder die Mitgliedschaft zu treffen (1905 II).

6. Ende der Vormundschaft.

Die Vormundschaft endet in entsprechender Anwendung des § 1882 mit der Aufhebung des Entmündigungsbeschlusses.

Bei Aufhebung auf Grund einer Anfechtungsklage kann die Wirksamkeit der von oder gegenüber dem Entmündigten vorgenommenen Rechtsgeschäfte nicht auf Grund des Beschlusses in Frage gestellt werden (115 I 1). Davon abgesehen, wirkt die Aufhebung nicht zurück, die von oder gegenüber dem Vormund vorgenommenen Rechtsgeschäfte werden also durch die Aufhebung nicht beeinflußt (115 I 2).

§ 62. II. Kapitel. Vorläufige Vormundschaft.

I. Voraussetzungen.

Ein Volljähriger, dessen Entmündigung beantragt ist, kann unter vorläufige Vormundschaft gestellt werden, wenn das Vormundschaftsgericht es zur Abwendung einer erheblichen Gefährdung der Person oder des Vermögens des Volljährigen für erforderlich erachtet (1906).

Die Vormundschaft ist nichtig, wenn der Entmündigungsantrag nicht rechtswirksam gestellt ist, während die irrige Annahme der Gefährdungsvoraussetzung durch das Vormundschaftsgericht der Wirksamkeit der Anordnung nicht schadet.

II. Rechtliche Behandlung.

Die vorläufige Vormundschaft ist wahre Vormundschaft, hat aber nur vorübergehende Bedeutung. Sie führt zur Beschränkung der Geschäftsfähigkeit und gibt dem Mündel die Stellung eines geschäftsbeschränkten Minderjährigen (114).

III. Sondersätze:

1. Die Vorschriften über die Berufung gelten nicht, also freie Wahl des Vormundes durch das Vormundschaftsgericht (1907).

2. Die vorläufige Vormundschaft endet:

a) ohne weiteres mit der Rücknahme oder der rechtskräftigen Abweisung des Entmündigungsantrags (1908 I),

b) mit der Bestellung des endgültigen Vormunds auf Grund der erfolgten Entmündigung (1908 II),

c) mit ihrer Aufhebung, die bei Wegfall des Schutzbedürfnisses zu erfolgen hat (1908 III).

III. Titel. Pflegschaft.

I. Kapitel. Wesen und Fälle der Pflegschaft. § 63.

I. Begriff und Zweck der Pflegschaft.

Die Pflegschaft ist vormundschaftliche Personenfürsorge mit begrenzterem Aufgabenkreis.

1. Die Aufgaben der Pflegschaft. Sie dient:

a) Zur Ergänzung des elterlichen oder vormundschaftlichen Schutzes für einzelne Angelegenheiten, an deren Besorgung der Gewalthaber oder Vormund verhindert ist (1909 I),

b) zur Erweiterung des vormundschaftlichen Schutzes:

α) zum Teil im Anschluß an die Altersvormundschaft (Pflegschaft für eine Leibesfrucht [1912]),

β) zum Teil im Anschluß an die Vormundschaft über Volljährige [Gebrechlichkeitspflegschaft (1910) und Abwesenheitspflegschaft (1911)],

c) zum vorläufigen Ersatz einer nicht sofort einrichtbaren Vormundschaft [Vorläufige Pflegschaft (1909 III)],

d) zum Schutz der Interessen unbekannter Beteiligter, z. B. eines Nacherben (1913).

2. Die Begrenzung des Aufgabenkreises. Während der Vormund allgemein mit der Fürsorge für den Mündel und mit seiner Vertretung betraut ist, ist der Wirkungskreis des Pflegers entsprechend dem besonderen Fürsorgebedürfnis, das die Einleitung einer Pflegschaft voraussetzt, begrenzt. Grundsätzlich wird ein Pfleger nur für einzelne Angelegenheiten oder einen Kreis von solchen bestellt.

Im Fall der Gebrechlichkeitspflegschaft kann dem Pfleger allerdings die Sorge für alle Angelegenheiten einer fürsorgebedürftigen, volljährigen Person anvertraut werden (1910 I). Da aber die Pflegschaft auf die Geschäftsfähigkeit des Pfleglings keinen Einfluß hat, dient sie nur zur Unterstützung des Pflegebefohlenen. Der Pfleger ist kein gesetzlicher Vertreter, sondern ein vom Staat bestellter Bevollmächtigter, was auch darin zum Ausdruck kommt, daß die Pflegschaft nur mit Einwilligung des Gebrechlichen angeordnet werden darf. Jedenfalls ergibt sich aus all dem, daß auch die Gebrechlichkeitspflegschaft einen begrenzteren Aufgabenkreis hat als die Vormundschaft.

Ohne weiteres erhellt das für den zweiten Fall, wo ein Pfleger mit allen Angelegenheiten einer fürsorgebedürftigen Person betraut werden kann, dem der vorläufigen Pflegschaft (1909 III).

Auch hier führt die Pflegschaft nicht zu einer Beschränkung der Geschäftsfähigkeit und ist zeitlich begrenzt, da sie in eine Vormundschaft übergeleitet werden muß.

3. Die Pflegschaft bezweckt in allen diesen Fällen nur die Fürsorge für Personen (auch für juristische Personen). Es gibt nur Personen- nicht aber Sachpflegschaften vormundschaftlicher Art.

Der in 1914 geregelte Fall der Pflegschaft für ein Sammelvermögen ist keine Pflegschaft im eigentlichen Sinne, sondern eine Güterpflege, die systematisch falsch eingruppiert ist. (Vgl. Allgem. Teil, 303.)

II. Die einzelnen Fälle der Pflegschaft.

1. Die Ergänzungspflegschaft (1909).

Wer unter elterlicher Gewalt oder unter Vormundschaft steht, erhält für Angelegenheiten, an deren Besorgung der Gewalthaber oder der Vormund verhindert ist, einen Pfleger (1909 I 1).

Ob die Verhinderung auf tatsächlichen oder rechtlichen Gründen beruht, ist gleichgültig. Eine wichtige rechtliche Verhinderung ergibt sich aus dem Verbot des Selbstkontrahierens (181). Als besonderen Fall hebt das Gesetz den hervor, daß ein Dritter bei unentgeltlicher Vermögenszuwendung an den Mündel die Verwaltung des Gewalthabers oder Vormundes ausgeschlossen hat (1909 I 2).

Das Vormundschaftsgericht hat das Fürsorgebedürfnis zu prüfen; es kann die Bestellung eines Pflegers bei offenbarer Mutwilligkeit der Rechtsverfolgung ablehnen (bestritten, vgl. z. B. RGJ. 50 A 38).

Der Gewalthaber oder Vormund sind verpflichtet, dem Vormundschaftsgericht unverzüglich Anzeige zu machen, wenn das Bedürfnis einer Pflegschaft eintritt (1909 II).

2. Pflegschaft für eine Leibesfrucht (1912).

Ein ungeborenes, schon erzeugtes Kind ist noch nicht rechtsfähig; es erhält aber zur Wahrung seiner künftigen Rechte, soweit diese der Fürsorge bedürfen, einen Pfleger (1912 1).

Das gilt auch für ein zu erwartendes uneheliches Kind.

Wenn aber das Kind, falls es bereits geboren wäre, unter elterlicher Gewalt stehen würde, soll eine Pflegschaft nicht angeordnet werden, die Fürsorge steht vielmehr dem Vater oder der Mutter zu (1912, 2).

Nach 38 RJWG. kann auf Antrag des Jugendamtes oder einer unverehelichten Mutter für eine Leibesfrucht ein Pfleger bestellt werden, auch wenn die Voraussetzung des 1912, 1 BGB. nicht gegeben ist. Es bedarf also keines besonderen Nachweises, daß die künftigen Rechte der Fürsorge bedürfen; die Fürsorgebedürftigkeit wird ohne weiteres angenommen. Doch gilt dieser Sondersatz, wie sich aus der systematischen Stellung des 38 RJWG. ergibt, nur für uneheliche Kinder. Nach 38, 2 RJWG. wird der Pfleger mit der Geburt des Kindes im Einverständnis mit dem Jugendamt Vormund; § 35 RJWG., der dem Jugendamt die Amtsvormundschaft über das uneheliche Kind mit seiner Geburt zuweist, findet also keine Anwendung (38, 3 RJWG.).

Eine Pflegschaft nach 1912 kann auch für eine künftige juristische Person eingerichtet werden (RGOLGE. **24** 246).

3. Gebrechlichkeitspflegschaft (1910).

Ein Volljähriger, der nicht unter Vormundschaft steht, kann einen Pfleger für seine Person und sein Vermögen erhalten, wenn er infolge körperlicher Gebrechen, insbesondere weil er taub, blind oder stumm ist, seine Angelegenheiten nicht zu besorgen vermag (1910 I). Die Pflegschaft darf nur mit seiner Einwilligung angeordnet werden, es sei denn, daß eine Verständigung mit ihm nicht möglich ist (1910 III).

Da die Pflegschaft auf die Geschäfts- und Prozeßfähigkeit des Pfleglings keinen Einfluß hat, bleibt dieser neben dem Pfleger handlungsfähig; der Pfleger hat die Stellung eines vom Staat ernannten Bevollmächtigten.

Die Pflegschaft kann auch auf einzelne Angelegenheiten oder einen bestimmten Kreis von Angelegenheiten, insbesondere die Vermögensangelegenheiten beschränkt werden, wenn ein Fürsorgebedürfnis nur in einem solchen Umfang besteht. Eine derartige beschränkte Pflegschaft wird auch zugelassen, falls ein Volljähriger an geistigen Gebrechen leidet (1910 II).

Infolgedessen ist das Vormundschaftsgericht in der Lage, von der Entmündigung eines Geisteskranken oder Geistesschwachen abzusehen, wenn die mildere Maßnahme der Pflegschaft ausreicht, so z. B. wenn die vollständige Heilung in absehbarer Zeit zu erwarten ist und deshalb die Stellung des Entmündigungsantrags unterbleibt (RG. **52** 240, **65** 202). Die im Verfahren der zwangsweisen Versetzung eines Beamten in den Ruhestand nach 62 RBG. v. 18. 5. 1907 vorgesehene Pflegschaft gehört dem öffentlichen Recht an, 1910 ist auf sie nicht anwendbar.

4. Die Abwesenheitspflegschaft (1911).

Ein abwesender Volljähriger, dessen Aufenthalt unbekannt ist, erhält einen Pfleger für seine Vermögensangelegenheiten, soweit sie der Fürsorge bedürfen (1911 I 1). Gleiches gilt, wenn der Aufenthalt des Abwesenden zwar bekannt ist, dieser aber an der Rückkehr und Besorgung seiner Vermögensangelegenheiten verhindert ist, etwa durch Gefangenschaft (1911 II).

Das Gesetz erwähnt besonders den Fall, wo der Widerruf eines erteilten Auftrags oder einer Vollmacht nötig wird (1911 I 2).

5. Vorläufige Pflegschaft (1909 III).

Wenn die Voraussetzungen für die Anordnung einer Vormundschaft vorliegen, ein Vormund aber noch nicht bestellt ist, ist eine Pflegschaft anzuordnen (1909 III).

Das darf selbstverständlich nur geschehen, wenn der sofortigen Bestellung eines Vormundes Hindernisse im Wege stehen, wenn z. B. Zweifel über die Berufung einer Person zu klären sind oder es schwierig ist, einen geeigneten Vormund zu finden.

6. Pflegschaft für unbekannte oder ungewisse Beteiligte (1913).

Ist unbekannt oder ungewiß, wer bei einer Angelegenheit der Beteiligte ist, so kann dem Beteiligten für diese Angelegenheit, soweit eine Fürsorge erforderlich ist, ein Pfleger bestellt werden (1913, 1). Insbesondere kann einem Nacherben, der noch nicht erzeugt ist, oder dessen Persönlichkeit erst durch ein künftiges Ereignis bestimmt wird, für die Zeit bis zum Eintritt der Nacherbfolge ein Pfleger bestellt werden (1913, 2).

Dasselbe gilt, wenn durch Vertrag eine Leistung zugunsten eines noch nicht erzeugten Dritten bedungen wird (331, RG. 29 A 156). Voraussetzung der Pflegerbestellung ist aber immer, daß die Rechtsordnung künftigen Rechten noch nicht erzeugter Personen Rechnung trägt. Die Bestellung ist z. B. ausgeschlossen, um einen Kaufvertrag mit einer noch nicht erzeugten Person abschließen zu können (RG. 20 A 241).

§ 64. II. Kapitel. Das Sonderrecht der Pflegschaft.

I. Da die Pflegschaft im Sinne des BGB. eine Unterart der vormundschaftlichen Fürsorge ist, finden auf die Pflegschaft die für die Vormundschaft geltenden Vorschriften entsprechende Anwendung, soweit sich nicht aus dem Gesetz ein Anderes ergibt (1915 I).

II. Sondervorschriften für die Pflegschaft.

1. Die Bestellung eines Gegenvormundes ist nicht erforderlich, aber auch nicht unzulässig, falls nicht Vater oder Mutter sie ausgeschlossen haben (1915 II, 1852).

2. Die Grundsätze über die Berufung gelten nicht für eine nach 1909 anzuordnende Ergänzungspflegschaft — also freie Auswahl des Pflegers durch den Richter (1916).

Verständlich, da der Pfleger hier oft die Interessen des Pfleglings gegenüber dem Gewalthaber wahrzunehmen hat.

Besonderes gilt, wenn die Pflegschaft anzuordnen ist für ein Vermögen, das dem Gewaltunterworfenen von einem Dritten letztwillig oder unentgeltlich unter Lebenden zugewandt ist unter Ausschluß der väterlichen oder vormundschaftlichen Verwaltung (1909 I 2). Hier erkennt das Gesetz dem Zuwender das Recht zu, eine bestimmte Person als Pfleger zu berufen: Die Berufung muß aber vom Erblasser durch letztwillige Verfügung und vom Dritten bei der Zuwendung erfolgen (1917 I).

Die Vorschriften des 1778 (betr. die Umgehung des Berufenen) finden entsprechende Anwendung. Ein Recht, bestimmte Personen auszuschließen (1782) steht dem Zuwender nicht zu.

3. Für die Führung der Pflegschaft können der Erblasser oder Schenker zu Gunsten des von ihnen benannten Pflegers dieselben Befreiungen anordnen, die nach 1852—1854 Vater und Mutter bei der Vormundschaft bestimmen können (1917 II).

Vgl. 1917 II 2: Recht des Vormundschaftsgerichts, die Befreiungen außer Kraft zu setzen, wenn sie das Interesse des Pfleglings gefährden, und 1917 III: Einholung oder Ersatz der Zustimmung des noch lebenden Zuwenders dazu.

4. Die Geschäftsfähigkeit des Pfleglings wird durch die Pflegschaft selbst nicht beeinflußt. — Aber sie fehlt aus anderen Gründen bei der Ergänzungspflegschaft (1909 I). Sie kann fehlen bei der Gebrechlichkeitspflegschaft (1910) und der vorläufigen Pflegschaft (1909 III); regelmäßig ist jedoch der Gebrechliche in der Geschäftsfähigkeit nicht beschränkt, ebensowenig der Abwesende.

So ist ein Widerstreit zwischen den Handlungen des Pfleglings und denen des Pflegers möglich — ganz wie wenn jemand selbst einen Bevollmächtigten bestellt hat. Dementsprechend ist auch der Widerstreit zu lösen: Die zuerst vorgenommene Handlung ist wirksam, bei gleichzeitiger Vornahme widersprechender Handlungen bleibt die Wirkung aus; gegenüber einem Widerspruch des geschäftsfähigen Pfleglings darf das Vormundschaftsgericht die Pflegerhandlung nicht genehmigen. Der Pflegling kann die Handlung des Pflegers unter denselben Voraussetzungen und in demselben Umfang rückgängig machen, wie jemand seine eigenen Handlungen rückgängig machen kann.

5. Für die Beendigung der Pflegschaft überhaupt gilt im Gegensatz zur Vormundschaft die Regel, daß sie nicht ohne weiteres (ipso iure) mit dem Wegfall ihrer Voraussetzungen endet, sondern durch Aufhebungsbeschluß des Vormundschaftsgerichts; die Pflegschaft ist aufzuheben, wenn der Grund für ihre Anordnung weggefallen ist (1919). Das rechtfertigt sich daraus, daß die Fortdauer des Fürsorgebedürfnisses im einzelnen Fall verschieden und sein Wegfall nicht immer leicht festzustellen ist. Wo dafür ein sicherer Zeitpunkt gegeben ist, bleibt es bei der Beendigung von Rechts wegen.

a) Fälle der Beendigung von Rechts wegen.

α) Die Ergänzungspflegschaft endet mit der Beendigung der elterlichen Gewalt oder Vormundschaft (1918 I),

β) die Pflegschaft für eine Leibesfrucht mit der Geburt des Kindes (1918 II, vgl. RJWG. 38, 2), γ) Die Pflegschaft zur Besorgung einer einzelnen Angelegenheit mit deren Erledigung (1918 III).

δ) Die vorläufige Pflegschaft nach 1909 III muß, obwohl das nicht gesagt ist, entsprechend dem gesetzgeberischen Grundgedanken enden mit der Bestellung des Vormundes (anders d. herrsch. Meinung).

b) Fälle der Beendigung durch Aufhebungsbeschluß.

α) Ein Aufhebungsbeschluß ist nötig bei der Gebrechlichkeitspflegschaft, die nicht zur Besorgung einer einzelnen Angelegenheit eingerichtet ist. Sie ist aufzuheben, wenn der Gebrechliche die Fähigkeit, seine eigenen Angelegenheiten allein zu besorgen, wiedererlangt; da sie nach 1910 III nur mit Einwilligung des Gebrechlichen eingerichtet werden darf, ist sie außerdem ohne weiteres aufzuheben, wenn der Gebrechliche es beantragt, selbst wenn das Fürsorgebedürfnis weiter bestehen sollte (1920).

β) Ein Aufhebungsbeschluß ist nötig bei der Abwesenheitspflegschaft. Sie ist aufzuheben, wenn der Abwesende an der Besorgung seiner Vermögensangelegenheiten nicht mehr verhindert ist (1921 I). Selbst der Tod des Abwesenden führt nicht ohne weiteres zur Beendigung; das Vormundschaftsgericht hat aber die Pflegschaft aufzuheben, wenn ihm der Tod bekannt wird (1921 II). Das Todeserklärungsurteil führt dagegen das sofortige Ende der Pflegschaft herbei (1921 III).

γ) Ein Aufhebungsbeschluß ist endlich nötig bei der Pflegschaft für unbekannte Beteiligte (1913), sofern es sich nicht um die Besorgung einer einzelnen Angelegenheit handelt und diese erledigt ist.

Für die Beendigung des Amtes eines bestimmten Pflegers gilt Gleiches wie bei der Vormundschaft (1915).

Sachregister.

(Die Zahlen verweisen auf die Seiten.)

A

B

F

J (j)

K

L

O

P

S

T

V

W

Band VIII. **Gewerblicher Rechtsschutz umfassend Urheber- und Verlagsrecht, Patent- und Musterschutzrecht, Warenzeichenrecht und Wettbewerbsrecht** von Dr. jur. Alexander Elster, Berlin. 1921. Oktav. Rm. 5.—, geb. 6.50

„Man merkt aus jedem Satz, welch reicher Schatz eigener praktischer Erfahrungen dem Verfasser zu Gebot steht."
Prof. Dr. M. Wassermann in Markenschutz und Wettbewerb.

Band IX. **Einführung in die Rechtswissenschaft** von Oberlandesgerichtsrat Professor Dr. Justus Wilhelm Hedemann, Jena. — 2. Auflage. 1926. Im Druck.

Band X. **Deutsche Rechtsgeschichte** von Professor Dr. Hans Fehr, Bern. Zweite Auflage. 1925. Oktav. Rm. 13.—, geb. Rm. 14.50

„Die Rechtsgeschichte von Fehr, auf die Bedürfnisse des akademischen Unterrichts zugeschnitten und doch auf der vollen Höhe einer wissenschaftlichen Arbeit stehend, will dem Studenten und auch sonst jedem an den Schicksalen des deutschen Volkes Interessierten ein lebensvolles Bild von unserer Rechtsvergangenheit geben." Kölnische Zeitung.

Band XII. **Römisches Privatrecht** von Geheimrat Prof. Dr. Friedrich Endemann, Heidelberg. 1925. Oktav. Rm. 9.—, geb. Rm. 10.50

„Der Verfasser legt das Hauptgewicht darauf, daß die Methode des römischen Rechts noch heute für die Aufgaben und die Stellung des Juristen, vor allem des Richters praktisch, ja unentbehrlich sei. — Der römische Zivilprozeß ist geschickt in die Darstellung des materiellen Rechts eingeflochten. Die Sprache ist einfach, klar und leicht verständlich. Anmerkungen, die so oft in anderen Werken stören, sind ganz vermieden. Um die Möglichkeit des Quellenstudiums ohne jede Mühe für den Leser zu verschaffen, sind in einem losen Anhang eine Reihe Stellen aus den Quellen beigefügt. So hat Endemann ein nach jeder Richtung hochstehendes Werk geschaffen." Der junge Rechtsgelehrte.

Band XIII. **Grundzüge des deutschen Privatrechts** von Professor Dr. Freiherr von Schwerin, Freiburg i. B. 1919. Oktav. Rm. 6.—, geb. 7.50.

„. . . Ein ausgezeichnetes Hilfsmittel dieser Art ist das vorliegende Buch. Das Werk ist klar und übersichtlich geschrieben, scheidet Wichtiges von weniger Wichtigem und erleichtert vor allem dem Studierenden das Eindringen in den Geist des deutschen Privatrechts." Zeitschrift für Rechtspflege in Bayern.

Band XVI. **Das deutsche Reichsstrafrecht** von Oberlandesgerichtsrat Professor Dr. H. Gerland, Jena. 1922. Oktav. Rm. 10.—, geb. 11.50

„Daß Gerlands Buch auf wissenschaftlicher Höhe steht, dafür bürgt schon der Name des Verfassers; daß aber trotzdem Ausdruck und Darstellung durchaus klar und verständlich sind, muß besonders hervorgehoben werden, da dieser Vorzug gerade bei sehr wissenschaftlich gehaltenen Arbeiten keineswegs immer zu finden ist. Durch knappe, geradezu klassische Kürze gelang es Gerland, auf engem Raume eine ungeheure Fülle des Stoffes zu bieten und auf jede Frage Antwort zu geben." Juristische Wochenschrift.

Band XVIII. **Deutsches Reichs- und Landesstaatsrecht I** von Professor Dr. Fritz Stier-Somlo, Köln a. Rh. 1924. Oktav. Rm. 16.50, geb. 18.—

„. . . . Es gibt eine glänzend geschriebene Darstellung des Reichsstaatsrechts mit vortrefflicher geschichtlicher Einleitung; ein nicht nur für den Juristen, sondern jeden Staatsbürger hochwertiges Schriftwerk." Badische Rechtspraxis.

Band VIII. **Gewerblicher Rechtsschutz umfassend Urheber- und Verlagsrecht, Patent- und Musterschutzrecht, Warenzeichenrecht und Wettbewerbsrecht** von Dr. jur. Alexander Elster, Berlin. 1921. Oktav. Rm. 5.—, geb. 6.50

„Man merkt aus jedem Satz, welch reicher Schatz eigener praktischer Erfahrungen dem Verfasser zu Gebot steht."
Prof. Dr. M. Wassermann in Markenschutz und Wettbewerb.

Band IX. **Einführung in die Rechtswissenschaft** von Oberlandesgerichtsrat Professor Dr. Justus Wilhelm Hedemann, Jena. — 2. Auflage. 1926. Im Druck.

Band X. **Deutsche Rechtsgeschichte** von Professor Dr. Hans Fehr, Bern. Zweite Auflage. 1925. Oktav. Rm. 13.—, geb. Rm. 14.50

„Die Rechtsgeschichte von Fehr, auf die Bedürfnisse des akademischen Unterrichts zugeschnitten und doch auf der vollen Höhe einer wissenschaftlichen Arbeit stehend, will dem Studenten und auch sonst jedem an den Schicksalen des deutschen Volkes Interessierten ein lebensvolles Bild von unserer Rechtsvergangenheit geben." Kölnische Zeitung.

Band XII. **Römisches Privatrecht** von Geheimrat Prof. Dr. Friedrich Endemann, Heidelberg. 1925. Oktav. Rm. 9.—, geb. Rm. 10.50

„Der Verfasser legt das Hauptgewicht darauf, daß die Methode des römischen Rechts noch heute für die Aufgaben und die Stellung des Juristen, vor allem des Richters praktisch, ja unentbehrlich sei. — Der römische Zivilprozeß ist geschickt in die Darstellung des materiellen Rechts eingeflochten. Die Sprache ist einfach, klar und leicht verständlich. Anmerkungen, die so oft in anderen Werken stören, sind ganz vermieden. Um die Möglichkeit des Quellenstudiums ohne jede Mühe für den Leser zu verschaffen, sind in einem losen Anhang eine Reihe Stellen aus den Quellen beigefügt. So hat Endemann ein nach jeder Richtung hochstehendes Werk geschaffen." Der junge Rechtsgelehrte.

Band XIII. **Grundzüge des deutschen Privatrechts** von Professor Dr. Freiherr von Schwerin, Freiburg i. B. 1919. Oktav. Rm. 6.—, geb. 7.50.

„. . . Ein ausgezeichnetes Hilfsmittel dieser Art ist das vorliegende Buch. Das Werk ist klar und übersichtlich geschrieben, scheidet Wichtiges von weniger Wichtigem und erleichtert vor allem dem Studierenden das Eindringen in den Geist des deutschen Privatrechts."
Zeitschrift für Rechtspflege in Bayern.

Band XVI. **Das deutsche Reichsstrafrecht** von Oberlandesgerichtsrat Professor Dr. H. Gerland, Jena. 1922. Oktav. Rm. 10.—, geb. 11.50

„Daß Gerlands Buch auf wissenschaftlicher Höhe steht, dafür bürgt schon der Name des Verfassers; daß aber trotzdem Ausdruck und Darstellung durchaus klar und verständlich sind, muß besonders hervorgehoben werden, da dieser Vorzug gerade bei sehr wissenschaftlich gehaltenen Arbeiten keineswegs immer zu finden ist. Durch knappe, geradezu klassische Kürze gelang es Gerland, auf engem Raume eine ungeheure Fülle des Stoffes zu bieten und auf jede Frage Antwort zu geben." Juristische Wochenschrift.

Band XVIII. **Deutsches Reichs- und Landesstaatsrecht I** von Professor Dr. Fritz Stier-Somlo, Köln a. Rh. 1924. Oktav. Rm. 16.50, geb. 18.—

„. . . . Es gibt eine glänzend geschriebene Darstellung des Reichsstaatsrechts mit vortrefflicher geschichtlicher Einleitung; ein nicht nur für den Juristen, sondern jeden Staatsbürger hochwertiges Schriftwerk."
Badische Rechtspraxis.

Metzger & Wittig, Leipzig.

Kolibri 360 GmbH
Ferdinand-Jühlke-Straße 7
99095 Erfurt, Deutschland
produktsicherheit@kolibri360.de